Gudrun Hennig
Georg Pelz
Transaktionsanalyse

Ausführliche Informationen zum Thema Transaktionsanalyse sowie zu jedem unserer lieferbaren und geplanten Bücher finden Sie im Internet unter **www.junfermann.de**
– mit ausführlichem Infotainment-Angebot zum JUNFERMANN-Programm

Gudrun Hennig
Georg Pelz

Transaktionsanalyse

Lehrbuch für Therapie und Beratung

Junfermann Verlag · Paderborn
2002

© Junfermannsche Verlagsbuchhandlung, Paderborn 2002
Coverfoto: Gudrun Hennig

Alle Rechte vorbehalten.
Das Werk einschließlich aller seiner Teile ist urheberrechtlich geschützt. Jede Verwendung außerhalb der engen Grenzen des Urheberrechtsgesetzes ist ohne Zustimmung des Verlages unzulässig und strafbar. Dies gilt insbesondere für Vervielfältigungen, Übersetzungen, Mikroverfilmungen und die Einspeicherung und Verarbeitung in elektronischen Systemen.

Druck: Freiburger Graphische Betriebe

Die Deutsche Bibliothek – CIP-Einheitsaufnahme
Hennig, Gudrun:
Transaktionsanalyse: Lehrbuch für Therapie und Beratung. / Gudrun Hennig, Georg Pelz. – Paderborn: Junfermann, 2002.
ISBN 3-87387-508-X

Unveränderter Nachdruck der 1997 bei Herder erschienenen Ausgabe.

ISBN 3-87387-508-X

Inhalt

1 Vorwort 7

2 Einführung 10
   2.1 Ursprung und kurze Geschichte der Transaktionsanalyse 10
   2.2 Menschenbild und ethische Haltungen 13
   2.3 Intuition und Rationalität 17
   2.4 Gesundheit – Krankheit – Heilung 21

3 Grundkonzepte der Transaktionsanalyse 27
   3.1 Persönlichkeitsanalyse: ‚Ich-Zustände' 27
   3.2 Kommunikationsanalyse: ‚Transaktionen' 42
   3.3 Analyse kommunikativer Muster: ‚Spiele' 52
   3.4 Motivationsanalyse: ‚Grundbedürfnisse' 65
   3.5 Analyse von Gefühlen: ‚Grundgefühle' und ‚Maschen' . 77
   3.6 Erlebnisgeschichtliche Analyse: ‚Lebensplan' 90

4 Die Anfangsphase von Psychotherapie und Beratung 106
   4.1 Die Voraussetzungen 106
   4.2 Die Anamnese in der Transaktionsanalyse: Praxis der Skriptanalyse 110
   4.3 Der Vertrag – Anfang und roter Faden der Behandlung . 129
   4.4 Die Diagnose 145
   4.5 Therapie- und Beratungsplanung 165

5 Transaktionsanalytische Arbeitsweisen 173
   5.1 Transaktionale Gesprächsführung in Therapie und Beratung 173
   5.2 Persönliche Stile und das Modell der Türen, Fenster und Fallen 182
   5.3 Zugänge mit kognitivem Schwerpunkt 191
   5.4 Zugänge mit emotionalem Schwerpunkt 205
   5.5 Zugänge mit verhaltensorientiertem Schwerpunkt . . . 226

6 Die Veränderung intrapsychischer Prozesse 240
   6.1 Die Veränderung des Erwachsenen-Ich-Zustands 240
   6.2 Veränderung des Kind-Ich-Zustands 258

6.3 Veränderung des Eltern-Ich-Zustands 278
6.4 Die Integration der Ich-Zustände 295

7 Paar-, Familien-, Gruppen- und Kindertherapie 300
7.1 Arbeit mit Paaren 300
7.2 Familientherapie 315
7.3 Arbeit mit Gruppen 329
7.4 Die Arbeit mit Kindern 343

8 Die Weiterbildung in Transaktionsanalyse 358

9 Anhang 362
9.1 Die Ethik-Richtlinien der TA-Gesellschaften 362
9.2 Literaturangaben 364
9.3 Adressen der TA-Gesellschaften 372
9.4 Sachregister 374

1. Vorwort

In unseren Seminaren begegnen uns immer wieder Menschen, die ein Buch über Transaktionsanalyse gelesen haben, neugierig geworden sind, die Transaktionsanalyse auf sich anzuwenden oder für den Beruf zu nutzen. Dabei taucht dann die Frage auf: Was macht eigentlich ein Transaktionsanalytiker? Auch in unserer eigenen Weiterbildung erlebten wir, daß manche Theorie und das konkrete Tun des Transaktionsanalytikers in Seminaren und Workshops vermittelt wurden und vieles nicht nachzulesen ist.

So haben wir uns entschlossen, ein Lehrbuch zu schreiben, das auch das „Wie" der Arbeit enthält. Dabei wurde uns schnell deutlich, wieso solche Bücher so selten sind: Der Anspruch, theoretisch klar und zugleich praktisch anwendbar zu schreiben, bedeutet eine Gratwanderung zwischen rezepthafter Simplifizierung und komplexer Abstraktion. Mancher Leser wird so immer wieder die Vertiefung oder die einfache Anwendbarkeit vermissen.

In der Auswahl der Themen und Methoden haben wir uns an den bewährten Modellen und Anwendungsweisen orientiert, gehen aber auch auf neuere Entwicklungen ein und beschreiben Transaktionsanalyse, wie sie heute praktiziert wird. Dies gilt besonders für die zunehmende Hinwendung der Transaktionsanalyse zu ‚normalen', ‚gesunden' Menschen und die Abkehr von einer allzu starken Orientierung an pathologischen Mustern. Dabei ist wichtig zu beachten, daß die Entwicklung der Transaktionsanalyse in den letzten vierzig Jahren sehr unterschiedliche Richtungen hervorgebracht hat und es den Rahmen des Buches sprengen würde, alle diese Ideen und praktischen Vorgehensweisen zu integrieren. Wir orientieren uns an den internationalen Standards der TA-Weiterbildung, sind dabei aber auch subjektiv in der Auswahl, ohne andere Richtungen damit negativ zu bewerten.

Als Leser haben wir dabei Personen vor Augen, die als erfahrene Praktiker verschiedenster Richtungen der Psychotherapie und psychosozialer Beratung interessiert sind, Elemente der Transaktionsanalyse in ihre Arbeit zu übernehmen. Wir denken aber auch an die vielen Menschen, die auf dem Weg zum geprüften Transaktionsanalytiker sind und eine solche Handreichung schätzen können. Manches Kapitel wird aber auch dem Lehrenden der Transaktionsanalyse eine willkommene Zusammenstellung des Stoffes sein oder Anlaß zu Diskussion und Präzisierung der eigenen Lehrmeinung.

Dabei kann und soll die Lektüre eines Buchs nicht die notwendige praktische Einübung und Supervision der eigenen Tätigkeit ersetzen.

Wenn wir dennoch sehr wirksame Arbeitsweisen beschreiben, bauen wir auf die ethische Grundhaltung unserer Leser, stets den Schutz und die umsichtige Behandlung der Klienten vor die eigene Neugier oder Begeisterung zu stellen.

Da es mittlerweile genügend Einführungen in die Transaktionsanalyse gibt (Steward/Joines 1990/1987, Schlegel 1988, Clarkson 1996/1992), sind die Grundlagen kurz gehalten. Dennoch soll das Buch auch ohne ständiges Nachschlagen in anderen Werken lesbar sein.

Die Praxisbeispiele sind selbstverständlich zum Schutz der Klienten anonymisiert und verfremdet. Wer sich also wiederzufinden meint, kann dies als Hinweis auf die Allgemeingültigkeit der Probleme und Methoden sehen.

In Kenntnis der Bemühungen vieler Transaktionsanalytiker, eine klare Abgrenzung zwischen Psychotherapie und Beratung zu finden, setzen wir doch immer wieder Therapie und psychosoziale Beratung gleich. Dies geschieht auf dem Hintergrund, daß nach unserer Auffassung die Modelle und Methoden in diesen Feldern häufig ähnlich oder gleich sind, Unterschiede eher in der Zielsetzung des Vertrages und im institutionellen Kontext zu finden sind. Ist das Ziel die Heilung psychischer Erkrankungen und das Bearbeiten der persönlichen Geschichte, sprechen wir von Psychotherapie, geht es mehr um die Begleitung und Änderung der Problemsituationen von Menschen ohne einen Heilungsanspruch auf der Basis der aktuellen Lebenssituation, betrachten wir dies eher als Beratung. Die Grenzen sind dabei fließend.

Die Gliederung des Buches orientiert sich weitgehend am Verlauf einer Beratung oder Therapie, geht von einfachen zu komplexen Arbeitsweisen und berücksichtigt immer wieder die Verknüpfung von innerem, individuellem Erleben und äußerer, sozialer Realität. Einzelne Theorien und Modelle werden daher in späteren Kapiteln wieder aufgegriffen und vertieft oder in einem speziellen Anwendungskontext dargestellt.

Zur leichteren Lesbarkeit haben wir einige Symbole gewählt:

📖 Hier geben wir Literaturempfehlungen zur Vertiefung.
🕰 Dieses Zeichen weist auf eine wiederkehrende Darstellung aus der Therapiegeschichte einer Person hin.
⌘ Mit diesem Zeichen markieren wir Beispiele zu den Ausführungen.
❖ Kommentare zur Fallgeschichte und zu Beispielen haben wir mit diesem Zeichen gekennzeichnet.

Bei den Literaturhinweisen fanden wir es bisweilen nützlich, zu erwähnen, wann ein Buch oder Aufsatz zuerst erschienen ist. Wir haben daher den Jahrgang der (meist englischen) Erstfassung an zweiter Stelle in die Klammer genommen (z. B. 1990/1966).

In der Verwendung der Geschlechtspronomen haben wir nach verschiedenen Versuchen uns wegen der leichteren Lesbarkeit entschieden, von Therapeuten/Beratern und Klienten zu schreiben und sprechen damit sowohl über Männer wie Frauen. Bei den Beispielen orientieren wir uns dabei an typischen Themen und Problemstellungen, was aber nicht meint, daß Personen des anderen Geschlechts diese Fragestellungen oder Probleme nicht hätten.

Unser Dank gilt zunächst unseren Lehrern, die uns in persönlicher und fachlicher Weise über lange Jahre der Weiterbildung unterstützt und gefördert haben. Insbesondere danken wir dabei unserem gemeinsamen Lehrer und Freund Dr. Rüdiger Rogoll, der uns als Lotse durch die vielen Klippen und Krisen geholfen hat.

Die Anregung zu dem Buch verdanken wir unserem Kollegen Dr. Johann Schneider. Den Mut zum Durchhalten gab uns die Unterstützung des Lektors des Herder-Verlags Peter Raab.

Viele Hinweise und Formulierungshilfen stammen von unseren Weiterbildungskandidaten, die unsere Entwicklung als TA-Lehrer miterlebt haben und zu gemeinsamem Lernen bereit waren.

Schließlich danken wir auch unseren Lebenspartnern, Familien und Freunden, die bereit waren, uns als gestreßte Autoren zu ertragen, Korrektur zu lesen und gemeinsame Zeit für das Projekt zu opfern. Insbesondere gilt der Dank Dipl.-Päd. Anna Rieg-Pelz für die aktive Mitarbeit und viele Anregungen.

Dr. med. Gudrun Hennig
Dr. phil. Georg Pelz

2. Einführung

2.1 Ursprung und kurze Geschichte der Transaktionsanalyse

Transaktionsanalyse ist eine relativ junge Psychotherapierichtung. Sie entstand Mitte der fünfziger Jahre, ist also gerade vierzig Jahre alt, profitierte von der enthusiastischen Neuerungsstimmung der Nachkriegsjahre und erlebt – wie im menschlichen Lebenslauf – gerade ihre ‚Midlife-Crisis': Die Fragestellung nach den Wurzeln, den bleibenden Werten in ihrer historischen Entwicklung, ihrer Bedeutung heute und den zukünftigen Aufgaben bestimmen die Diskussion.

Die ersten Ideen zur Transaktionsanalyse stammen von ihrem Gründer *Eric Berne* (1910–1970), einem Psychiater mit psychoanalytischer Lehrtherapie bei *Paul Federn* und *Erik Erikson*. Diese beiden Lehranalytiker haben sein Denken wesentlich geprägt: Von *Federn* übernahm er das Konzept der Ich-Zustände als Einheiten des Erlebens einer Person, *Eriksons* Theorie der menschlichen Entwicklung als eine Wechselwirkung zwischen inneren Prozessen (Lebensaufgaben) und sozialer Realität (Kultur und Gesellschaft) ist als Grundlage in die Ideen über den Lebensplan eines Menschen (Skript) eingegangen.

📖 Jorgensen/Jorgensen: Eric Berne. Master Gamesman. 1984.

Bernes Kritik und neue Ideen

Die Unzufriedenheit mit Teilen der Psychoanalyse in ihrer Theorie und Arbeitsweise wie ihrer berufsständischen Organisation animierte ihn zu einer Reihe von Neuerungen, die auch in der modernen Transaktionsanalyse Geltung haben:

Die Kritik an der **Behandlungsdauer** führte zu einer Methodik, die nicht die völlige Neustrukturierung der Persönlichkeit zum Ziel hatte, sondern punktuell und pragmatisch Problemlösungen suchte. Dafür wurde die **Zielorientierung** wesentlich: Im Therapievertrag legen Therapeut/Berater sich auf bestimmte, begrenzte Ziele fest. Um dies zu erreichen, mußte die **Zusammenarbeit zwischen Therapeut und Klient** neu geregelt werden: Beide sind für das Ziel verantwortlich, arbeiten so gleichberechtigt wie möglich zusammen. Der Therapeut/Berater besitzt nicht mehr ein Geheimwissen, das der Klient nicht verstehen kann. Das bedeutet auch, daß die **Fachsprache** der Sprache von Laien entsprechen muß. (*Berne* verwendete vielfach Begriffe aus dem amerikanischen Slang und orientierte sich am Verständnis eines achtjährigen Kindes.) Die Vielzahl von Begriffen aus der Transaktionsanalyse, die heute im allgemeinen Sprachgebrauch Eingang gefunden hat (z. B. ‚das Kind in dir', ‚Spiele', ‚Skript'; ‚o.k.-Haltung'), zeigt den Erfolg dieses Ansatzes. Diese begriffliche Einfachheit hat der Transaktionsanalyse leider auch den Ruf eingebracht, oberflächlich zu sein. Wer sich allerdings intensiver mit ihr beschäftigt, wird merken, daß Verständlichkeit und Gründlichkeit zugleich möglich sein können.

Die damals übliche **Einzeltherapie** wurde als unökonomisch angesehen. Viele Therapieschulen wandten sich in dieser Zeit der **Gruppentherapie** zu. *Berne* hielt 1957 einen Vortrag über ‚Transaktionsanalyse als neue und wirksame Methode der Gruppentherapie', der als erste öffentliche Vorstellung der Transaktionsanalyse gilt.

Auch die **Aktivität des Therapeuten** wurde überdacht: Wieso soll er seine Fachkompetenz, intuitiven Einsichten und emotionalen Reaktionen nicht für den therapeutischen Prozeß nutzbar machen und damit eine schnellere Heilung erreichen? Damit wird der Behandler als Mensch sichtbar, die Zusammenarbeit wird zur Begegnung, er braucht kein Guru oder Zauberer zu sein. Die daraus folgenden Fragestellungen zur ‚Abstinenz', der nötigen therapeutischen Distanz, führten zur Entwicklung von Ethikrichtlinien, als dies für andere noch lange kein Thema war.

Viele Fachleute suchten auf dem Hintergrund der TA-Haltungen eine **Einheit von professioneller und persönlicher Praxis**, die in Therapie und Weiterbildung Eingang fand: Die Suche nach eigener Weiterentwicklung, das offene Gespräch, eine familiäre Atmosphäre, das Engagement auch ohne finanzielle Interessen werden nicht mehr als Widerspruch zu einer professionellen Einstellung gesehen.

Die Entwicklung der Transaktionsanalyse

Aus Vorträgen entwickelte sich seit 1950 ein Arbeitskreis um *Berne*, die San-Francisco-Seminare für Soziale Psychiatrie, in dem die Ideen, Konzepte und Erfahrungen diskutiert wurden. Hieraus entstand 1964 die Internationale Gesellschaft für Transaktionsanalyse (ITAA). Neben den grundlegenden Büchern von *Berne* zur Psychotherapie (1961) und zur Gruppenbehandlung (1966) wurden die Ansätze in dem *Transactional Analysis Bulletin* und seit der Gründung der ITAA im *Transactional Analysis Journal* veröffentlicht.

Die Offenheit der Neuerungsbewegung führte zur Integration kybernetischer und systemischer Ideen (Kommunikationstheorie), lerntheoretischer, entwicklungs- und sozialpsychologischer Ansätze. Die Verbindung von TA-Theorie mit anderen Behandlungsmethoden wie Gestalttherapie, Psychodrama, Adlerianischer Therapie u. a. wurde erprobt (vgl. Barnes 1977, 1980, 1981). Mit der Zeit entstanden Konzepte zur Behandlung psychotischer und persönlichkeitsgestörter Menschen (u. a. Schiff et. al. 1975, Loomis/Landsman 1985, Kottwitz 1993, Goos/Kottwitz 1994), von Personen mit neurotischen Konflikten (u. a. McClure Goulding/Goulding 1981/1979) und Verhaltensstörungen (u. a. Woolams/Brown 1974/1983), zur Familientherapie (u. a. McClendon/Kadis 1983) und zur Paartherapie (u. a. Bader/Pearson 1988), ebenso zur Beratung (Steward 1991, Hagehülsmann 1993).

Nach Bernes Bestseller ‚Games people Play' (1964, dt.: 'Spiele der Erwachsenen 1967) wurde Transaktionsanalyse auch einer breiteren Öffentlichkeit bekannt. Da die Konzepte so leicht verständlich waren, interessierten sich über die Therapie hinaus auch Fachleute anderer Professionen für die Anwendung in ihren Bereichen. So wurde Transaktionsanalyse bald auch in der Beratung, Seelsorge, Erziehung, Erwachsenenbildung und der Organisationsentwicklung angewandt.

Transaktionsanalyse heute

Die Praxis der Transaktionsanalyse als Psychotherapie ist heute vielfältig geworden: Neben der Gruppentherapie gewinnt zunehmend auch die Einzelbehandlung wieder an Bedeutung. Sie wird im stationären, halbstationären oder ambulanten Setting für praktisch alle psychischen Störungen angeboten.

Von der Theorie und Methodik her versteht sich Transaktionsanalyse als Integrative Therapie (Erskine/Moursund 1991, Kottwitz 1992/1993/1994,Clarkson 1996). Sie verknüpft psychoanalytische und verhaltenstherapeutische Konzepte mit Methoden der Humanistischen Psychologie, intrapsychische und interpersonale Betrachtungsweisen, individuelle Analyse mit gesellschaftlichen Erscheinungen (kulturelles Skript, Drego 1993). Auch wenn sie ihren Ursprung in der phänomenologischen Betrachtung (Primat des Erlebens) hat, verknüpft sie diese Ideen mit einer kritischen Rationalität (Theorieanspruch und Hypothesenbildung) und einer hermeneutisch-historischen Methodik (Geschichtsbezug des Individuums).

Da die Grundsätze der Transaktionsanalyse einen individuellen Stil fördern, gibt es neben den klassischen Schulen der Transaktionsanalyse (San-Francisco-Schule, Neuentscheidungsschule, Cathexis-Schule) eine Vielzahl von Varianten in der Anwendung, die wir in diesem Buch nur andeutungsweise und keinesfalls vollzählig erfassen können.

In ihrer Organisationsform begann die Transaktionsanalyse als internationale Bewegung und ist es bis heute geblieben. Die Weiterbildung zum Transaktionsanalytiker ist international geregelt, auch wenn regionale oder nationale Besonderheiten gelten. Die Europäische Gesellschaft für Transaktionsanalyse (EATA) hat ca. 5000 Mitglieder, die Deutsche Gesellschaft (DGTA) ca. 1500.

2.2 Menschenbild und ethische Haltungen

Menschenbild

Das Menschenbild in der Transaktionsanalyse, das die Arbeitshaltung und den Arbeitsstil beeinflußt, ist durch die humanistische Psychologie geprägt.

Die Sichtweise, daß die Einflüsse der Umwelt uns wesentlich beeinflussen, hat für einige Zeit die genetischen Faktoren, die angeborenen Temperamente in den Hintergrund treten lassen. Wir denken, daß die Umwelteinflüsse auf ein Muster von Stärken und Schwächen treffen, die dann ein Gesamtbild ausmachen. Schädigende Faktoren können sowohl genetisch, perinatal und entwicklungsgeschichtlich als auch in unterschiedlichen Kombinationen auftreten.

Für *Berne* (1961) war die These, daß Menschen in ihrem Grunde in Ordnung (o.k.=okay) sind so wie sie sind, eine zentrale Überzeugung, die seine gesamte Theorieentwicklung prägt. Das bedeutet nicht, jedes Verhalten gut zu heißen, hier wird unterschieden zwischen dem ‚Sein' und dem ‚Verhalten'; der Mensch ist o.k., auch wenn er sich in bestimmten Situationen z.B. destruktiv verhält. Jeder von uns hat auch destruktive Anteile in sich, die *Berne* (1972) den ‚kleinen Faschisten' genannt hat; er beschreibt Perönlichkeitsanteile, die tief innerhalb des Kind-Ich vorhanden sind und von sozialen Idealen überdeckt sind.

Jeder Mensch kann denken (entsprechend seiner angeborenen Möglichkeiten, z. B. geistige Behinderung). Daraus leitet sich die **Lernfähigkeit sowie die Veränderungsfähigkeit** ab. Davon ausgehend gehört die Forderung an die Denkfähigkeit zur TA-Arbeit, so daß auch Informationen gegeben werden und deren Anwendung zum Verständnis der eigenen Situation erwartet wird.

Menschen können Entscheidungen treffen und damit über ihr eigenes Schicksal im Rahmen der Möglichkeiten entscheiden. Klienten haben selbst die Verantwortung für ihr eigenes Leben, das enthebt die Therapeuten/Berater nicht ihrer professionellen Verantwortung den Klienten gegenüber. Auch hier ist die Gleichberechtigung von Therapeuten/Beratern und den Klienten deutlich.

Jeder trägt **Verantwortung** für sich selbst, das betrifft auch Kinder im Rahmen ihrer Möglichkeiten und widerspricht nicht dem, für andere Sorge zu tragen, sondern damit ist die prinzipielle Verantwortlichkeit gemeint, die jeder für das eigene Leben hat.

Die **Autonomie,** die *Berne* (1966) als Ziel seiner Arbeit sah, spiegelt sich für ihn in der Möglichkeit, als autonomer Mensch Spontaneität, Bewußtheit und Intimität zu leben. Dies bedeutet Selbständigkeit im Kontakt zu anderen und nicht, wie es manchmal verstanden wird, einen rücksichtslosen Egoismus.

Die Wertschätzung und theoretische Betrachtung der gesunden Persönlichkeitsanteile und die Stärkung dieser, ist in den letzten Jahren deutlicher geworden, dies drückt sich in der Gesundheitspsychologie aus.

Grundlage für die Beratung und Therapie auf dem Boden dieser Überzeugungen sind die Arbeit innerhalb eines Vertrages, mit dem beide Seiten einverstanden sein müssen, und das Prinzip, daß die Kommunikation frei und offen ist. *Berne* (1961) vertrat die Einstellung, daß Informationen, die nicht auch im Beisein von Klienten gegeben werden können, wertlos seien.

Ethik

Die ethische Grundhaltung ist in den Berufen, die sich mit menschlicher Entwicklung befassen, besonders wichtig, weil Persönlichkeit und Beruf in diesem Bereich nicht trennbar sind. Da Abhängigkeiten bestehen, ist die Gefahr von Ausbeutung oder Mißbrauch gegeben. Die Gleichheit wird in der Haltung deutlich, die den Vertrag der Arbeit bestimmt, die Ungleichheit besteht z.B. im Informationsaustausch. Berater/Therapeuten erfahren sehr viel Intimes und erleben intensive Gefühle mit, die persönliche Seite der Professionellen bleibt im Hintergrund.

Wir stellen hier einige allgemeine Denkanstöße zu ethischen Fragestellungen im psychosozialen Bereich dar:

Die Seite der Berater/Therapeuten
Ein wichtiges Prinzip der beruflichen Ethik in der Heilkunde ist das **nicht schaden,** das ‚nihil nocere'. Bei jedem Umgang mit Störungen gibt es unangenehme Erfahrungen vergleichbar mit den Nebenwirkungen von Medikamenten. Wieviel von dem Schmerz, der verdrängt worden war, muß wieder aktiviert werden, damit der Klient sich zur Autonomie entwickeln kann? Dies können nicht allein Berater/Therapeuten entscheiden, hier brauchen die Klienten Informationen, um diese Entscheidung mitzutragen.

Wenn Studien durchgeführt werden, darf dabei den Klienten kein Schaden entstehen, auch hier brauchen Klienten Informationen über das, was geplant ist und welche Bedeutung es für sie selbst hat und welches Ziel damit verfolgt wird. Es muß auf Experimente verzichtet werden, wenn ein Schaden für Klienten entstehen könnte.

Die Ausbeutung von Klienten muß vermieden werden, dies bezieht sich auf unterschiedliche Bereiche, z.B. finanziell oder sexuell. Die Abstinenz ist eine Form der Vermeidung von Ausbeutung der Klienten, z.B. die Selbstdarstellung in der Therapie, um damit narzißtische Bedürfnisse zu befriedigen.

Die Schutzelemente sowohl für Therapeuten/Berater als auch für die Klienten sind in den ethischen Prinzipien daher von zentraler Bedeutung. Klare Grenzen sind hier hilfreich, Grenzen in bezug auf die schon besprochene Verantwortlichkeit, die die Beziehungsgestaltung betreffen, z.B. keine partnerschaftliche Beziehung während eines Therapie- oder Beratungsprozesses.

Ein weiterer Schutz für beide Seiten ist die Beachtung der Gefahren mehrerer unterschiedlicher professioneller oder persönlicher Beziehungen, z.B. jemand ist zur gleichen Zeit Supervisor und Therapeut oder beruflicher Kollege und auch Supervisor. Die parallelen Beziehungen lassen sich oft nicht ganz vermeiden, es ist wichtig, diesen Beeinflussungen Rechnung zu tragen und für Klarheit zu sorgen.

Schutz der Klienten
Dabei ist wichtig zu unterscheiden, sind es wirklich den Klienten dienende **Schutzelemente**, oder haben sie die Funktion der **Angstabwehr** für die Professionellen.
Die Neutralität dient der Gleichbehandlung z.B. in bezug auf Rasse oder Geschlecht. In diesen Bereich gehört auch, daß es wichtig ist, nicht zu missionieren, z.B. als Guru Jünger um sich zu versammeln und eine neue Weltordnung zu propagieren.
Ein wichtiger Schutz für Klienten ist bis zur Erweiterung ihrer Möglichkeiten ihre Abwehr; wird ihnen zu früh ihre Abwehr geraubt, sind sie schutzlos; es kann destruktive Desintegration die Folge sein. Dies gehört in die Gruppe der fundierten Ausbildung als verantwortliche(r) Professionelle(r).
Ein eindeutiger Standpunkt und klare Grenzen sind hier notwendig.

Ethikrichtlinien
In den Verbänden für Transaktionsanalyse sind **Ethikrichtlinien** entwickelt worden, die auch einerseits Anregungen geben, über diesen Themenkomplex nachzudenken, und andererseits **klare Regeln** setzen, die notwendig sind einzuhalten. In den meisten TA-Verbänden sind **Ethikkommissionen** eingerichtet worden. Jeder, der es für nötig erachtet, kann Fragen oder Anliegen an diese Ethikkommissionen richten.
Die Ethikrichtlinien sind aus prinzipiellen Gedanken über ethische Fragen spezifisch für den transaktionsanalytischen Bereich entwickelt worden. Sie sind in internationaler Zusammenarbeit erarbeitet worden. Sie sind mit geringfügigen Unterschieden sowohl in der internationalen (ITAA), der europäischen (EATA) und in der deutschen Gesellschaft (DGTA) gültig.
Jedes Mitglied der Gesellschaft unterwirft sich diesen Regeln, und diese sind somit Bestandteil jedes Vertrages.
Die Ethikrichtlinien der DGTA sind im Anhang angefügt.

Ziel von Beratung und Therapie ist **Heilung** im weitesten Sinne; das Verständnis von Heilung ist sehr unterschiedlich, dies muß von jeder professionellen Gruppe definiert werden. Das Heilen kann sich darauf beziehen, daß jemand frei wird von Symptomen oder frei wird für die Sinnfindung seines Lebens. Im Bereich ethischer Themen geht es hier darum, daß ein Verfahren nicht zur Heilslehre erhoben wird, für die dann missioniert wird und die Klienten damit in den Hintergrund gedrängt werden und als Personen unwichtig werden.

Ein Beispiel unethischen Verhaltens ist der Gebrauch der theoretischen Konzepte und der Erfahrungen im therapeutischen Bereich für Veranstaltungen mit Seminarcharakter zu nutzen, in denen in suggestiver Weise intensive Gefühle ausgelöst werden. Damit besteht die große Gefahr von Dekompensation, da diese Gefühle häufig zusammenhanglos bestehenbleiben und nicht bearbeitet werden.

2.3 Intuition und Rationalität

Intuition wird allgemein als subjektiver Erkenntnisprozeß gesehen, der spontan auftritt, einen unklaren Ursprung hat, gewöhnlich ganzheitlich und bildhaft ist und unmittelbar stimmig erscheint. Wir sind dabei sicher, etwas Wesentliches zu erfassen, auch wenn wir nicht wissen wieso.

Berne befaßte sich schon früh mit Fragen der Intuition und ihrer Verwendung in der Psychotherapie (1991/1949). Die ganzheitliche, integrative Funktion dieser Erkenntnis – *Clarkson/Leigh* (1992) beschreiben sie als rechtshemisphärische Informationsverarbeitung – erscheint ihm für diagnostische Aufgaben unentbehrlich. Er ist beeindruckt von ihrer Treffsicherheit und nimmt die unmittelbare Erkenntnis der Kinder als Modell für ein Denken, das unbeeinflußt durch die Erziehung das Wesentliche erfassen kann. In einer Reihe von Studien zum klinischen Urteil untersucht er die Bedingungen, unter denen Intuition treffsicher ist und wie man sie schulen kann (Berne 1991/1949, 1991/1952).

Da Intuition gleichzeitig auch eine falsche Gewißheit vermitteln kann, ist ihre Verknüpfung mit exakter Beobachtung und ihre Überprüfung durch das Urteil anderer (z. B. in der Supervision) wesentlich. So ist der Zugang zu Klienten oft intuitiv, die Interventionen sind dennoch rational.

Ebenso wie die Intuition für Therapeut/Berater als nützlich angesehen wird, unterstützt und fördert die Transaktionsanalyse auch die Intuition in dem Klienten als Quelle von Selbsterkenntnis und Lösungssuche.

 Berne: Transaktionsanalyse der Intuition, 1991.

Arten der Intuition

- Die **kindhafte Intuition** ist die Fähigkeit, mit den Augen eines Kindes unvoreingenommen, erkundend die Welt zu erfahren. Sie hilft, sich von vorgefertigten Gedankengängen frei zu halten und dadurch zu überraschenden und unkonventionellen Lösungen zu kommen. *Berne* nennt diese Funktion im Kind-Ich den ‚kleinen Professor': Sie hilft im Therapie- und Beratungsprozeß, Gefühle und verdeckte Botschaften zu erkennen, warnt uns vor Tricks, Spielen und Maschen oder zeigt Auswege im Labyrinth der Informationsflut. Eine Technik, den Klienten trotz aller Verhaltensprobleme o.k. erleben zu können, ist die Vorstellung, ihn als Kind zu sehen: Das intuitive Bild vom anderen in seiner Kindhaftigkeit läßt verstehen, wie Störungen als bestmögliche Lösung einer für das Kind unangenehmen oder auch gefährlichen Situation ausgetüftelt wurden. Das Problem besteht dann „nur noch" in der Beibehaltung dieser Lösungen im Erwachsenenalter.
- Die **geschulte Intuition (Expertenintuition)** ist eine Weiterentwicklung dieser kindlichen Fähigkeit durch Integration des Fachwissens und der Erfahrung. Auch hier ist die Freiheit von gängigen Lösungsschemata nötig, um besonders den Blick für das Wesentliche, das Unsagbare oder Nicht-Gesagte zu ermöglichen. Im TA-Modell der Ich-Zustände kooperieren hierbei Kind-Ich und Erwachsenen-Ich unter Vorrang des Erwachsenen-Ich. Diese Intuition hilft bei der Diagnose wie auch bei der Prognose, sie kann den Klienten sowohl als Kind sichtbar werden lassen wie auch seine Zukunft erahnen. *Bernd Schmid* (1991) spricht hier in Anlehnung an *C. G. Jung* von der ‚Intuition des Möglichen' und sieht die dadurch entstehende Interaktion als Schaffung einer gemeinsamen Realität zwischen Klient und Therapeut/Berater.
- Die **skriptgebundene Intuition** ist eine Folge der kindlichen Überlebens-Entscheidungen: Die Erfahrung von Schmerz, Angst und Scham bindet den Menschen in seinem Bemühen, eine Wiederholung der traumatischen Erfahrungen zu vermeiden. So werden auch intuitiv Hintertüren, Möglichkeiten von Maschen und Spielen gefunden. Die Fähigkeit von Klienten, in dem Therapeuten/Berater die Seiten zu entdecken, die das Problemverhalten unterstützen, ist immer wieder erstaunlich und oft nur in der Supervision aufzudecken.

Übersicht über die Arten der Intuition

Typus	Expertenintuition	kindhafte Intuition	skriptgebundene Intuition
Quelle	Erwachsenen-Ich (Er_2)	Kind-Ich (Er_1)	Kind-Ich (Er_1)
Ziel	Wesenserkenntnis, effektives Handeln bei geringer Information	Neugierbefriedigung, Weltbewältigung, vorbehaltlose Erkenntnis	Schutz vor Schmerz, Angst, Scham, Skriptbestätigung
Inhalt	bildhafte Zusammenhänge	Transfer hilfreicher Erfahrungen	Übertragungsprozesse
Eigenschaften	schöpferisch, kreativ, weise, visionär	‚naiv', spontan, treffsicher, kindhaft	regressiv, rebellisch, vermeidend, schädlich
angestrebte Beziehungsform	Subjekt-Subjekt	Subjekt-Objekt	symbiotisch: Subjekt-Introjekt
Erfordernisse der Anwendung	Training, empirische Prüfung	Supervision	Therapie

Bedingungen für intuitive Erkenntnis

Berne (1991/1949) beobachtete, daß die äußere Situation (z. B. Raumgestaltung) wenig zur Verbesserung der Intuition beitrug. Innere Haltungen des Beobachters waren hingegen ausschlaggebend: Ein Zustand der Wachsamkeit und Empfänglichkeit mit intensiver Konzentration im Unterschied zu passiver Aufmerksamkeit fördert intuitive Erkenntnis. Dabei darf sich das Ich des Beobachters nicht zur zielgerichteten Beteiligung oder denkend-analytischen Arbeitsweise verführen lassen. Eine urteilende Bewertung behindert eher. Intuition ermüdet, sie ist anstrengend, daher nicht jederzeit willentlich abrufbar.

Förderung der Intuition

Das Einüben der intuitiven Erkenntnisprozesse bedeutet ein regelmäßiges Training im Loslassen von Sicherheiten, die uns die Rationalität vermittelt. Folgende Schritte haben sich als nützlich erwiesen:

Elemente der Schulung intuitiver Erkenntnis
- Grundhaltung einüben: aufmerksam, neugierig, unvoreingenommen, interessiert, empfänglich
- analytische Denkregeln außer Kraft setzen: analoges (bildhaftes) Denken anstelle abstrakter Logik
- alle Sinnessysteme nutzen, mit allen Sinnen wahrnehmen
- die erste Idee, das erste Bild wahrnehmen
- Mehrdeutigkeit tolerieren, keine Eindeutigkeit erwarten oder suchen
- Ungewißheit als Chance begreifen, sich von der Angst vor Unsicherheit lösen
- Widersprüche suchen und verstärken, statt sie abbauen
- das ‚Ungesagte' hören, ‚Hören mit dem dritten Ohr', wie *Otto Rank* es nennt.
- mehr als eine Antwort suchen, ungewöhnliche Ideen aufgreifen, vorschnelle Bewertungen meiden

Die Rationalität

Das Gegengewicht zur Intuition und die Betonung der linkshemisphärischen Erkenntnis bilden die rationale Modellbildung und handlungsleitende Hypothesen. Die Praxis der Transaktionsanalyse besteht vielfach im Herausfiltern von Mustern des Verhaltens, Denkens, Fühlens und der Lebensgestaltung. Erst ihre Analyse und die Beobachtung ihrer Wiederholungen erlauben eine diagnostische und planerische Sicherheit. Die Stärke der TA-Modelle liegt in ihrer Pragmatik: Sie sind auch für den Laien verständlich, sprechen unmittelbar an und helfen so bei der Erkenntnis wie auch der Veränderung. Der Klient wird ermutigt, mitzudenken, sich zu erforschen und seine Veränderung zu planen.

Transaktionen, Spiele, Maschen und Elemente des Lebensplanes haben die Funktion von Hypothesen, die Voraussagen über das künftige Verhalten einer Person liefern. Erst wenn solche Voraussagen eintreffen, kann die Hypothese als belegt gelten. So ist z. B. die Hypothese, daß einem bestimmten Verhalten ein Spiel zugrunde liegt, erst durch die Beobachtung der einzelnen Schritte bis zum Endgefühl und durch eine mehrfache Wiederholung gültig. Die Zuordnung eines Erlebens zu einem bestimmten Ich-Zustand braucht neben der subjektiven Erlebnisqualität und der Verhaltensbeobachtung die soziale Reaktion eines Partners und den historischen Bezug im Leben des Klienten.

Erst aufgrund dieser rationalen Beweisführung lassen sich sinnvolle Vertragsinhalte für eine Behandlung ermitteln, Zwischenziele festlegen und Veränderungsstrategien entwickeln. Die Effektivitätsprüfung therapeutischer oder beraterischer Interventionen ist immer wieder die Prüfung der Tauglichkeit eines Modells für eine bestimmte Problemlage und der angemessenen Behandlungsschritte. Damit wird eine Unterscheidung zwischen Zufalls- oder Umgebungseinflüssen und therapeutischer/beraterischer Wirksamkeit möglich.

Erst die Wechselwirkung von intuitivem Erkennen und rationaler Analyse macht die Qualität und Stärke der transaktionsanalytischen Arbeitsweise aus.

2.4 Gesundheit – Krankheit – Heilung

Der entwicklungspsychologische Ansatz, die gesunde Entwicklung bekommt in Beratung und Psychotherapie immer mehr Bedeutung. Bei der **Förderung der Autonomie** geht es nicht nur um innere oder äußere Konflikte, sondern auch um Entwicklungsdefizite, die erst dann entdeckt werden können, wenn wir das Normale kennen.

In den letzten Jahren ist der Begriff **Gesundheit** immer weiter in das Zentrum in der psychosozialen Arbeit gerückt. Die Krankenkassen haben sich zum Teil in Gesundheitskassen umbenannt, da **Prävention** als notwendige Aufgabe gesehen wird. Im Beratungsbereich ist die Erhaltung und Förderung der Gesundheit wichtig geworden, in der Psychotherapie beschäftigen wir uns mehr mit der Wiederherstellung der Gesundheit, der Heilung.

Gesundheit

In der Transaktionsanalyse gibt es eine Pendelbewegung von dem Pathologiedenken, was ist nicht in Ordnung, und der Beschreibung der Störungen zu der Theorie der Entwicklung des Gesunden mit ihren Störungen.

Gesundheit wird häufig über ein Nicht-vorhanden-Sein von Krankheit definiert und als das „Normale" bezeichnet. In den Begriffen der TA wurden die Ziele von Therapie von *Berne* (1972) auch über die Abwesenheit von bestimmten Verhaltensmustern beschrieben, z. B. der Spielfreiheit. Uns ist es wichtig, eine Definition von Gesundheit zu haben, um klare Ziele erarbeiten zu können an Stelle von einer Definition über Abwesenheit von Krankheit.

Die Weltgesundheitsorganisation (WHO) hat eine Definition von Gesundheit erarbeitet: Gesundheit ist ein Zustand von vollkommenem körperlichem, geistigem und sozialem Wohlbefinden und nicht allein das Fehlen von Krankheit und Gebrechen.

Bei der Arbeit im psychosozialen Bereich erschien uns diese Definition einerseits zu anspruchsvoll, andererseits zu wenig differenziert. Die Beschreibung von *Herzka* (1986) bietet für uns wichtige Aspekte von Gesundheit:

„**Psychische Gesundheit** ist die Fähigkeit des Menschen, unter seelisch-geistigen Spannungen in einer für ihn selbst und seine Mitmenschen sinnvollen, nicht destruktiven Weise zu denken, zu fühlen und zu handeln und diese Spannungen in für ihn tragbaren Grenzen zu halten."

Seelisch-geistige Spannungen gehören zum normalen Leben, z. B. Bedürfnisse einerseits und Möglichkeit der Befriedigung andererseits; es gibt einen gesunden seelischen Spannungszustand. Abwesenheit dieser Spannung bedeutet den leiblichen bzw. seelisch geistigen Tod.

In der Beschreibung von **Gesundheit** wird häufig der Begriff **Normalität** im Gegensatz zu **Krankheit** gebraucht. Normal ist keine feste Größe. Da viele unserer Klienten den Begriff in unterschiedlicher Weise verwenden, haben wir aus dem Buch von *Herzka* (1986) eine Zusammenstellung übernommen, die Anregungen gibt, die unterschiedlichen Aspekte von **normal** zu durchdenken.

- Normalität ist abhängig von Erfahrung und Erwartung;
- Normalität bildet sich infolge von Tradition, Institutionalisierung, Propaganda, Mode und Abmachungen;

- Normalität wird verstanden statistisch (Häufigkeit), funktional (Funktionsfähigkeit), teleologisch (Entwicklungsziel);
- Normalität als Maßstab ist immer gegenwärtig, sowohl unreflektiert (was wir uns wünschen) als auch reflektiert (was wir kennen). Die Normalitätsvorstellung enthält meistens eine Wertung, bei der Quantität in Qualität umschlägt.

Krankheit

Krankheit ist ein Begriff aus der Medizin, lange Zeit wurde sie als etwas angesehen, das beseitigt werden muß und dem eine restitutio ad integrum (eine Wiederherstellung des Ausgangszustandes) folgt. Dies ist auch in der Medizin nicht grundsätzlich möglich. Es gibt Erkrankungen, die nicht ganz heilbar sind oder sogar tödlich verlaufen. Es ist notwendig, die Begrenztheit der Möglichkeiten zu akzeptieren. Auch wenn äußerlich ein Patient, der gesund geworden ist, so aussieht, als wäre er wie vorher, gibt es oft Veränderungen; z.B. nach einer Infektionskrankheit ist die Abwehrkraft gestärkt, häufig besteht dann eine Immunität, die bei Impfungen zur Prävention genutzt wird.

Dies ist vergleichbar mit der Behandlung seelischer Störungen, denn jede Problemlösung kann die Fähigkeit, mit weiteren Problemen leichter umzugehen, steigern.

Gesundheit und Krankheit sowie Heilung sind nicht absolut zu sehen. In der Medizin ist deutlich, daß Patienten mit vergleichbaren körperlichen Erscheinungen und Befunden eine ganz unterschiedliche Wahrnehmung haben, ob sie krank sind oder wie krank sie sind.

Die folgende Definition von Krankheit erscheint uns für den psychotherapeutischen und auch für den beraterischen Bereich sinnvoll: **„Seelische Störungen und psychische Krankheiten** sind dann gegeben, wenn seelisch-geistige Spannungen so heftig werden, daß sie unser Denken, Fühlen und Handeln während längerer Zeit beeinträchtigen oder anders gesagt: Wenn unsere emotionale und kognitive Selbstregulierung auf längere Zeit versagt." (Herzka 1986 S. 19). Für kurze Zeit kommt dieses Versagen bei uns allen immer wieder vor, auch Gesunde befinden sich in einem labilen Gleichgewicht.

Claude Steiner sah im Begriff Krankheit die Gefahr der Etikettierung; um dies zu vermeiden, haben wir die vorangehende Definition gewählt, da sie Krankheit über die Auswirkungen von Störungen zeigt und nicht als etwas Absolutes.

In der TA sehen wir die Ursachen von Störungen in den einschränkenden kindlichen Entscheidungen, die jeder von uns getroffen hat. Der Schweregrad dieser Entscheidungen und die Bereiche, in denen sie getroffen wurden, und die Ressourcen beeinflussen die Intensität der Störung.

Heilung

Unter Heilung verstehen wir den Prozeß, von Krankheit oder Störung zur Gesundheit zu gelangen. Im Englischen wird für Heilung der Begriff *cure* verwendet, der nicht die Assoziation zur Heilslehre nahelegt. Es ist wichtig, daß ein Theoriegebäude und die daraus resultierenden Konzepte nicht zur Heilslehre erkärt werden und dann eine rege Missionarstätigkeit beginnt. Um dieser Problematik zu entgehen, benutzen viele auch den Begriff des Wieder-gesund-Werdens. Wir verstehen unter Heilung den Weg, von einer **psychischen Störung** oder Krankheit wieder zu **psychischer Gesundheit** zu gelangen.

Häufig wird dieses Ziel von Klienten so formuliert: „Ich möchte wieder so sein wie früher, da war ich leistungsfähig, und das ist gesund." Das formulierte Anliegen und das, was wir als Professionelle anbieten können, ist oft divergent, da häufig das, was Klienten als gesund erlebt haben, Kompensationsmechanismen waren, die mit zu dem jetzigen Leiden beigetragen haben. Die Gedanken und Informationen hier sollen dazu dienen, einen eigenen Standpunkt in bezug auf Krankheit, Gesundheit und Heilung zu entwickeln und damit Klarheit darüber, welche Vertragsziele in den unterschiedlichen Zusammenhängen sinnvoll sein können.

Ein häufiges Verständnis von Heilung ist das Wiederherstellen der Gesundheit, die vollständige Wiederherstellung des Normalen, des Ausgangszustandes. Diese Vorstellung der Wiederherstellung hat einerseits den Vorteil, daß Klienten nicht auf die Idee kommen, sich Ziele zu setzen, die ihrer Persönlichkeit, ihrem Temperament nicht entsprechen, aber andererseits die Zielsetzung sehr einschränken. Die illusionäre Vorstellung, daß ‚alles' machbar sei, läßt Klienten und Berater/Therapeuten die Ziele zu hoch setzen; die Folge sind häufig massive Enttäuschungen.

Leonhard Schlegel (1991) hat die bis dahin erschienene Literatur zusammengestellt und zieht vor, von Lebensleitlinien zu sprechen, und faßt fünf Punkte zusammen: „Mut, Entscheidung und Fähigkeit zu Selbstverantwortlichkeit; dazu die Realität zu sehen, wie sie wirklich ist; zu redlicher Mitmenschlichkeit; zum Anpacken und selbständigen Lösen seiner Probleme; zu sozialer Verantwortlichkeit." (Schlegel 1991 S. 18).

Aus der transaktionsanalytischen Literatur haben wir folgende Gedanken zu Heilung ausgewählt

- *Berne* (1966) bezeichnet die Skriptveränderung, die zur **Heilung** gehört, als Entwicklung der Fähigkeit des Menschen, spontan bewußt und in intensivem Kontakt zu leben. Er unterscheidet ‚Fortschritte machen' von Heilung. Er schreibt, daß jemand lange immer wieder eine Besserung erzielen kann, ohne daß es demjenigen wirklich gutgeht und Erfolge deutlich werden. Er zeigt, daß diese Art, Fortschritte zu machen, eine Heilung verhindert. *Berne* beschreibt, daß Menschen als Prinzen und Prinzessinnen geboren werden und daß das Leben sie zu Fröschen macht. Mit Hilfe der Therapeuten und der Gruppe können sie wieder dahin zurückkommen, Prinzen oder Prinzessinnen zu sein. Er geht dabei auch von der für Mediziner typischen Vorstellung des Zurück zur Gesundheit aus. Später führt *Berne* (1972 S. 299) aus: „Während einer Therapie entschließt sich ein Patient, nicht mehr ein kranker Mann, sondern ein gesunder Mann mit einigen Unzulänglichkeiten und Schwächen, mit denen er sich nun ganz objektiv befassen kann, zu sein."
- *Woollams* und *Brown* (1978) schreiben: Bei Störungen, die das Gefühlsleben betreffen, ist das Zurück zur Gesundheit unüblich; ihnen ist die Unterscheidung **unterstützende Therapie** und **wiederherstellende Therapie** wichtig.
- *Summerton* (1994) beschreibt als Heilung die Möglichkeit, Antworten im aktuellen Leben zu finden und das Leben so wieder aufzubauen, daß wir nicht automatisch ohne Selbstreflexion über Gedanken, Verhalten und unsere Kommunikation mit anderen leben.
- *Clarkson* (1996/1992) unterscheidet die Psychotherapie mit **Heilung** von **Wachstumsprozessen**. Sie beschreibt Wendepunkte im Leben, die deutliche Veränderungen nicht nur im inneren System, sondern auch im allgemeinen Leben deutlich werden lassen, wie neue Freunde oder ein anderer Beruf. Diese Wendepunkte können entweder therapiebedingt sein oder aus Wachstumsprozessen stammen.

Daraus wird sichtbar, daß Heilung kein eindeutiger absoluter Begriff ist. Wir verwenden Heilung hier in dem Sinne, daß die Lösung eines definierten Problems als Heilung in diesem Bereich angesehen wird.

Das Konzept der Verträge ist eine gute Hilfe, festzulegen, was und in welchem Bereich Klienten etwas verändern möchten, z.B. eine stützende oder eine wiederherstellende Therapie. An diesem Punkt entscheiden Klienten darüber, was das Ziel ihrer Arbeit sein wird, auch wenn Therapeuten oder Berater andere Vorstellungen entwikkeln, was für diesen spezifischen Klienten schön oder gut sein könnte. Hier ist es wichtig, sich einerseits mit den eigenen Ideen zurückzuhalten, Angebote zu machen und nicht eine Anpassung zu erwarten und andererseits Klienten, wenn Gefahren deutlich werden, darauf hinzuweisen.

Wir gehen nicht davon aus, daß es sinnvoll ist, den Versuch zu machen, alle Probleme zu lösen, damit derjenige nun für ‚den Rest seines Lebens' geheilt ist und sich ‚nie wieder mit Problemen herumschlagen muß'. Wir sehen Heilung als das Heilwerden in einem spezifischen Bereich.

Hierbei ist es wichtig, die Grenzen der Veränderungsmöglichkeit zu sehen und zu akzeptieren. Im Zeitalter gigantischer technischer Entwicklungen ist eine häufige Illusion die Möglichkeit der grenzenlosen Veränderbarkeit, ohne die Persönlichkeit ihrer genetischen Ausstattung mit Stärken und Schwächen zu respektieren.

3. Grundkonzepte der Transaktionsanalyse

Zur klassischen Transaktionsanalyse (bis ca. 1970) gehören verschiedene Theorie- und Anwendungskonzepte, die getrennt anwendbar sind. Sie überschneiden einander bisweilen, sie sind auch nicht immer theoretisch genau aufeinander abgestimmt. Neuere Konzepte werden in den verschiedenen Anwendungskapiteln dargestellt und als solche deutlich gemacht.

3.1 Persönlichkeitsanalyse: ‚Ich-Zustände'

Die **Persönlichkeitsanalyse** vermittelt Erkenntnisse über die Geschichte eines Menschen, ermöglicht Hypothesen über seine inneren Strukturen und bietet eine Basis für Interventionen. Für die Beschreibung konstanter (struktureller) Merkmale der Person wurden Modelle entwickelt, die das Erleben, die Einstellungen und das Verhalten erklären und eine Basis der Veränderung des Erlebens und Verhaltens bieten.

Berne schrieb: „Was immer mit den Ich-Zuständen zu tun hat, gehört auch in das Forschungsgebiet der Transaktionsanalyse, was sie nicht betrifft, hat auch mit ihr nichts zu tun." (Berne 1974, S. 179). Diese Aussage macht deutlich, daß das Konzept der Ich-Zustände in der Theorie der Transaktionsanalyse eine zentrale Bedeutung hat.

📖 Parent, Adult, and Child ego states were first systematically studied by transactional analysis, and they're its foundation stones and its mark. Whatever deals with ego states is transactional analysis, and whatever overlooks them is not.
(Berne 1970, S. 243)

Wurzeln und Definitionen

Ein und dieselbe Person nimmt sich in unterschiedlichen Erlebnisweisen wahr, die das Denken, Fühlen und die darauf bezogenen Verhaltensweisen beeinflussen. Ich-Zustände sind Einheiten des Erlebens und beinhalten Denken, Fühlen und Verhalten, die eine geschlossene Gestalt bilden. Das Erleben wird in diesen Einheiten organisiert. Diese Einheiten werden im Gedächtnis gespeichert und sind dadurch wichtige Faktoren in der Entwicklung der persönlichen Identität. Die Vorstellungen über das Hier und Heute, die Erinnerung an frühere Erlebnisse und die von außen integrierten Anteile machen die Persönlichkeit aus.

Definitionen und Grundideen über Ich-Zustände von Berne
„Da ein Ich-Zustand das gesamte Verhalten und die Erfahrung eines Menschen in einem gegebenen Moment umfaßt, muß ein aktiver Ich-Zustand des einen oder anderen Typs Einfluß auf Verhalten und Erfahrung haben." (Berne 1961 S. 61 Übers. G. H.).

Die Ideen, Konzepte, Theorien und Beobachtungen stammen aus *Bernes* Arbeit als psychoanalytisch ausgebildeter Psychiater, der in unterschiedlichen Bereichen, wie Krankenhaus, Armee und ambulanter Praxis, arbeitete. Seine Definitionen von Ich-Zuständen sind unterschiedlich, sie sind vom Arbeitskontext und von der Zielgruppe, für die sie gedacht sind, abhängig. Wir werden im folgenden, soweit es möglich ist, die theoretischen Konzepte und **Modelle** zwei Bereichen zuordnen, wir werden die **externe, die Verhaltens- und Kommunikationsebene** von der **internen, verdeckten, der psychologischen Ebene** unterscheiden. Die erste ist beobachtbar, die zweite ist intuitiv erfaßbar und erfahrbar, das metaphorische, bildhafte Element geht auf beide Ebenen ein und wird in den Begriffen wie Kind-Ich oder Eltern-Ich deutlich.

Berne beschreibt Ich-Zustände als Teile des Ichs, hier greift er auf Arbeiten von *Federn* (1952) und *Weiß* (1950) zurück. Er erweiterte die Konzepte aus der Ich-Psychologie durch die Erfahrung und Beobachtung und verknüpfte in eleganter Weise das beobachtbare Verhalten und die Reaktionen darauf mit den innerpsychischen Prozessen.

Berne (1961) sieht das Erwachsenen-Ich als den an der aktuellen Realität orientierten Teil, er beobachtete zwei weitere Bereiche der Persönlichkeit, die er als Kind-Ich-Zustand, den Speicher von Erfahrungen, und als Eltern-Ich-Zustand, von anderen Übernommenes, bezeichnete.

„Der Begriff Ich-Zustand soll allein den Zustand des Bewußtseins und die darauf bezogenen Verhaltensmuster, wie sie natürlich vorkommen, beschreiben. Dieser Begriff vermeidet den Gebrauch von Konstrukten wie Instinkt, Kultur, Überich, Animus und das Eidetische und so weiter." (Berne 1961 S. 11 Übers.G. H.).

Weitere Entwicklungen zu Ich-Zuständen
Für dieses Buch haben wir die Definitionen gewählt, die uns theoretisch sinnvoll erscheinen in bezug auf die Grundannahmen über Ich-Zustände und dabei auch relevant für die beratende und therapeutische Anwendung sind.

Wir können in diesem Rahmen der umfassenden Diskussion der Ich-Zustände nicht gerecht werden, unsere Auswahl richtet sich nach den genannten Kriterien, sie beinhaltet keine Wertung und bedeutet somit nicht, daß andere Konzepte irrelevant seien.

Trautmann und Erskine (1981) faßten die bis dahin beschriebenen Modelle zusammen und betonten die Wichtigkeit des Ursprungsmodelles von *Berne*, das in die Gruppe der historischen, lebensgeschichtlichen, Modelle gehört. Sie stellten die Modelle unter den Begriffen Struktur und Funktion zusammen, die in der praktischen Arbeit eine weite Verwendung gefunden haben. Die funktionalen Modelle haben sich dort bewährt, wo Verhaltensbeschreibungen und Funktionen wie z. B. Eltern-sein mit eingehen.

📖 Erskine und Trautmann: Ego States, in: TAJ Vol. 11, No 2, April 1981: In der Systematik der Ich-Zustände haben wir den Artikel von *Drego* zugrunde gelegt, da die Art und Weise, in der sie die vorliegende Literatur bearbeitet, unserer Auffassung nach gut vertreten ist.
📖 Pearl Drego: Paradigms and Models of Ego States, in: TAJ Vol. 23 No 1, Jan 1993.

Modelle und Grundlagen von Ich-Zuständen

Drego systematisiert das Wissen über Ich-Zustände. Sie bezieht sich auf die Grundideen von *Berne* und moderne Wissenschaftstheorien. Dabei stellt sie den theoretischen Grundannahmen exemplarische Beispiele gegenüber.

Einerseits faßt sie diese Theorie in Modelle, die sie als Möglichkeit sieht, Aspekte in Systemen und Subsystemen darzustellen, andererseits befruchten die Modelle in ihrer Anwendung nun ihrerseits die Theorie.

Die vier Diagnosearten von Ich-Zuständen sind die Basis eines Schemas, das die zugrundeliegenden Gemeinsamkeiten der Definitionen, Diagramme und Fallbeispiele der Ich-Zustände von *Berne* betont.

> „cowpoke story"
> *Berne* berichtet von Gesprächen mit einem Rechtsanwalt, der von seinen Ferien in früheren Zeiten erzählt, wie er auf einer Ranch mithilft und von dem Rancher als ‚cowpoke' bezeichnet wird. Er kommentiert das mit: „Ich bin kein Cowboy, sondern nur ein kleiner Junge." Während des Berichtes erlebt Berne ihn wie einen kleinen Jungen, der gerade in den Ferien ist. Dieses Beispiel war mit Grundlage bei der Entwicklung seiner Ich-Zustands-Konzepte.

Drego erläutert an der inzwischen legendär gewordenen ‚cowpoke story' von *Berne* vier exemplarische Beispiele für vier Grundannahmen zur Theorie der Ich-Zustände und entwickelt daraus vier Ich-Zustands-Modelle.

Primäre Grundannahme. Die Beobachtungen aus der ‚cowpoke-story'				
Kriterien für die Definition	Erfahrung	lebensgeschichtliche Erinnerungen	metaphorisch bildhafter Ausdruck	Beziehung
Bilder der Realität	phänomenologische Modelle	lebensgeschichtliches Modell	Verhaltensmodell	soziales Modell

Die Grundannahmen über Ich-Zustände sind metaphorisch, transaktional/beziehungsorientiert, erfahrungsorientiert und biographisch/historisch. Die daraus entwickelten Modelle sind die verhaltensorientierten, die sozialen, die erfahrungsmäßigen und die lebensgeschichtlichen Modelle.

Für die praktische Arbeit stehen die Modelle und ihre Anwendung im Vordergrund, so daß wir bei der Darstellung hier den Weg gewählt haben, erst die Modelle darzustellen und dann den Bezug zu den Grundannahmen, dem theoretischen Hintergrund, herzustellen.

Modelle, die sich auf den äußeren Prozeß beziehen

1. Verhaltensmodell oder auch als Funktionsmodell bekannte Darstellungsweise der Ich-Zustände dient der Verhaltensbeschreibung, -diagnose und -veränderung.

Eltern-Ich-Zustand
Berne unterschied im Funktionsmodell zuerst den Eltern-Ich-Zustand in **kritisches und fürsorgliches Eltern-Ich** und den Kind-Ich-Zustand in **freies** und **reagierendes, angepaßtes Kind–Ich**. *Kahler* (1978) differenzierte das Funktionsmodell weiter aus und stellte die positiven und negativen Anteile von Eltern-Ich und Kind-Ich dar.

Das fürsorgliche oder nährende Eltern-Ich wird oft als rein positiv angesehen, es gibt aber auch negative Anteile, wie z. B. die überfürsorgliche Haltung Kindern gegenüber, die das Kind in seinen Fähigkeiten abwertet. Ebenso ist es anfänglich für viele schwierig, die positiven Anteile des kritischen Eltern-Ich zu sehen, da Kritik in unserem Sprachgebrauch häufig einen negativen Beigeschmack hat. Ein Beispiel für positiv kritisches Eltern-Ich zeigt ein Vater in der Situation mit seinem Kind am Straßenrand, wenn er in strengem Ton sagt: „Bleib stehen, es kommt ein Auto."

Kind-Ich-Zustand
Wir verwenden für die Verhaltensbeschreibung lieber den Begriff reagierendes **als angepaßtes Kind-Ich**, da Anpassung in der Regel als brav angesehen wird. Die Reaktion auf Elterliches kann einerseits brav und andererseits rebellisch sein. Der Begriff reagierendes Kind umfaßt beides. Anpassung kann sinnvoll und angemessen sein; wenn jemand den positiven elterlichen Anweisungen folgt, kommt sie aus dem positiv reagierenden Kind. Der negative Kindanteil ist zum Beispiel das rachsüchtige Kind, das auf eigene Kosten Aufmerksamkeit erzwingt, z. B. ein Kind, das mit dem Kopf an die Wand schlägt, um von der Mutter gesehen zu werden (Kahler 1978). Zur Information über die weiteren Differenzierungen im Funktionsmodell empfehlen wir:

📖 T. Kahler: TA revisited. (1978)

Dieses Modell basiert auf der **metaphorischen, bildhaften** Grundlage der Ich-Zustände in ihrer Verhaltensmanifestation. In seinem Beispiel beschreibt *Berne*, „der Ausdruck des Rechtsanwaltes erschien wirklich mehr wie der eines kleinen Jungen", in diesem Zusammenhang ist Kind eine Metapher, eine Benennung für das Verhalten.

Entsprechende Metaphern gibt es auch für die anderen Ich-Zustände: z. B. das freie Kind, das irgendwo spielend mit sich zufrieden sitzt, für das kritische Eltern-Ich der strafende Vater mit den Falten

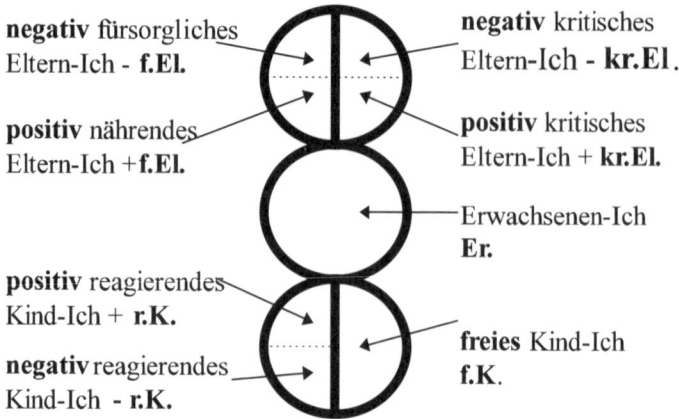

auf der Stirn und der heftigen Stimme oder die schrille Stimme einer schimpfenden Mutter, die auf heftige Weise für Ordnung sorgt. Eine Metapher für Fürsorglichkeit ist z.B. eine stillende Mutter oder ein Vater mit einem Kind an der Hand.

Der klar denkende und überlegt handelnde Wissenschaftler ist ein Bild für das Erwachsenen-Ich.

Metapher:

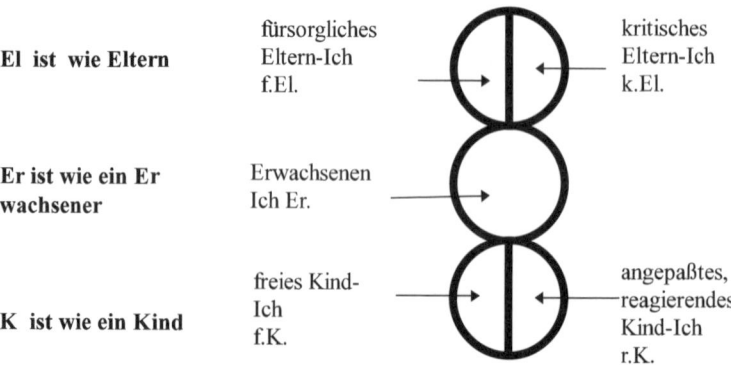

2. Das soziale Modell ermöglicht die Beschreibung von Kommunikation und wird zur sozialen Diagnose der Ich-Zustände verwendet.

In vorangegangenen Modell beschreibt ein Außenstehender, wie er den Beobachteten erlebt. Die Pfeile in diesem Modell zeigen an, an welchen Ich-Zustand die Botschaften gesendet werden. Das Gegenüber kann aus der eigenen Reaktion auf den Ich-Zustand des Absenders schließen. So wird von einer elterlichen Aussage der Kind-Ich-Zustand des Gegenübers angesprochen. In diesem Modell kommt der innere Prozeß der Beteiligten nicht zum Tragen, es bezieht sich allein auf die Kommunikation.

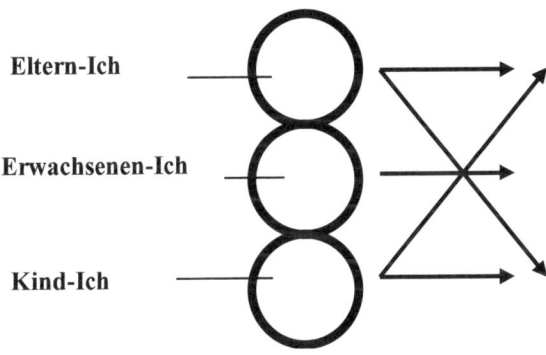

Eltern-Ich

Erwachsenen-Ich

Kind-Ich

Die **beziehungsmäßige** Grundlage hat ihren Schwerpunkt auf den Interaktionen mit anderen Personen, mit den Reaktionen auf die von den Ich-Zuständen des Senders ausgehenden Stimuli, dies wird mit einem Pfeil in Richtung auf den angesprochenen Ich-Zustand dargestellt.

Eltern-Ich sorgt und gibt Regeln vor

Erwachsenen-Ich verarbeitet Informationen

Kind-Ich von anderen abhängig oder an eigenen Bedürfnissen orientiert

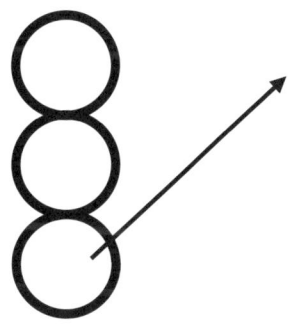

In dem Beispiel von *Berne* sagt der Rechtsanwalt: „Das ist das, wie ich mich fühle, ich bin nicht wirklich ein Rechtsanwalt, ich bin gerade ein kleiner Junge." Er spricht damit den Eltern-Ich-Zustand des anderen an.

Modelle, die sich auf den inneren Prozeß beziehen

3. Die phänomenologischen bildhaften Modelle
Das phänomenologische Modell zeigt, wie jeder von uns sich in einer bestimmten Situation seines Lebens erlebt hat, oder wenn sich heute jemand wie Vater oder Mutter erlebt. Es sind sozusagen Momentaufnahmen aus dem Erleben eines Pesönlichkeitsanteiles als ganze Person, die anderen Persönlichkeitsanteile treten dabei in den Hintergrund. Daher wurde die Darstellung so gewählt, daß eine Persönlichkeit innerhalb eines Ich-Zustandes dargestellt wird (nach Berne 1961 S. 186).

Die Bezugspersonen
Der Erwachsene
Das Kind

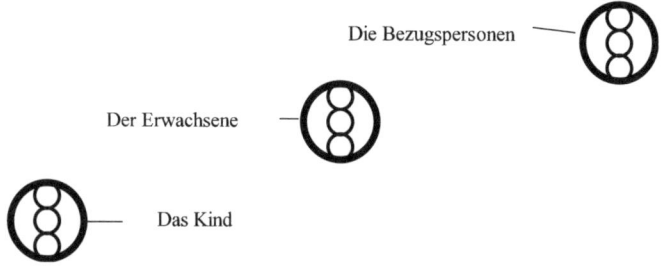

Die **erfahrungsmäßige, phänomenologische** Grundlage zeigt, daß Individuen sich in bestimmten Situationen erleben wie in ihrem früheren Leben. Im Beispiel von *Berne* sagt der Klient: „Ich bin kein Rechtsanwalt, ich bin nur ein kleiner Junge." Er beschreibt hier sein inneres Erleben, das eines kleinen Jungen aus früherer Zeit.

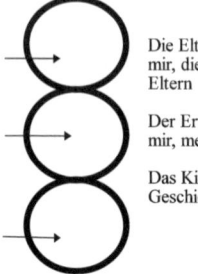

EL ist eine zusammengehörig erlebte Serie von übernommenen Gefühlen, Haltungen und Verhalten
ER ist ein an der aktuellen Realität orientierter Satz von Gefühlen, Haltungen und Verhalten
K ist ein früher erlebter (archaischer) Satz von Gefühlen, Haltungen und Verhalten
Die Elternfiguren in mir, die Geschichte der Eltern
Der Erwachsene in mir, meine Geschichte
Das Kind in mir, meine Geschichte

4. Die **lebensgeschichtlichen Modelle**, die als Strukurmodelle viel Verwendung gefunden haben.

Die Darstellung zeigt die Unterteilung der Ich-Zustände der erwachsenen Persönlichkeit. Um die Abbildung übersichtlich zu gestalten, wurde links die Unterteilung des Kind-Ich-Zustandes dargestellt, in der Mitte die des Eltern-Ich-Zustandes und rechts die des Erwachsenen-Ich-Zustandes.

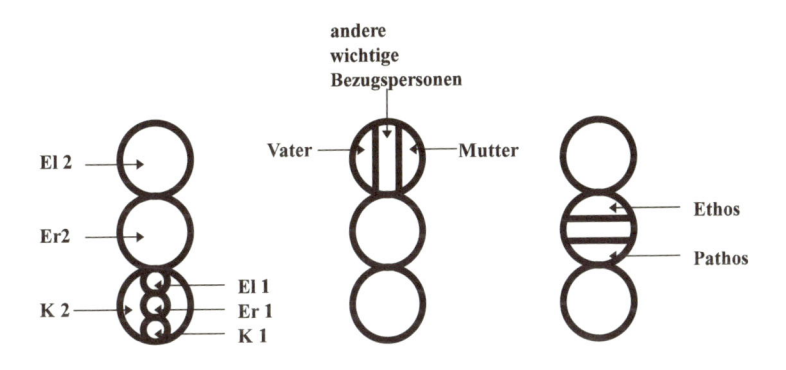

Der Kind-Ich-Zustand
Der Kind-Ich-Zustand ist von den Persönlichkeitsanteilen her auch in El, Er und K gegliedert.

Es handelt sich hier um kindliche Anteile in dem Sinne, daß diese Qualitäten in kindlicher Weise vorhanden sind. Das Eltern-Ich im K2, das El^1, hat unterschiedliche Benennungen erhalten wie **Elektrode**, das bedeutet, daß dieser Teil schnell anspringt (*Berne*, 1975/1972), oder **Schweine-Eltern-Ich** (*Steiner* 1982), dies bezieht sich auf die destruktiven elterlichen Botschaften im El^1. Das Erwachsenen-Ich im K2 wird der **kleine Professor** genannt, er hat noch wenig Informationen und denkt noch kindlich ganzheitlich.

Zur Darstellung der lebensgeschichtlichen Anteile werden unterschiedliche Modelle verwandt, je nach dem auf welchem Persönlichkeitsaspekt der Schwerpunkt liegt, z.B. Persönlichkeitsentwicklung oder Eltern-Ich-Strukturen. Die Informationen erhalten wir aus der biographischen Anamnese oder durch gezielte Befragung zu wichtigen Themen, z.B. wie die Einschulung verlaufen ist, oder wie es war, wenn der Vater in der Wohnung etwas reparierte oder wie die Mutter das erste Mal Auto fuhr oder wie die große Schwester Hausaufgaben machte. Diese Beispiele geben Informationen über Rollenverhalten, Geschwisterposition oder wichtige Lebensereignisse.

Der Eltern-Ich-Zustand
Im Eltern-Ich sind die Elternfiguren als ganze Personen introjiziert, sie werden dort auch als solche wirksam. In der Darstellung des inneren Dialoges werden diese Anteile deutlich. Im Eltern-Ich sind nicht nur ‚Personen', sondern auch Wertvorstellungen, Haltungen und Meinungen verankert.

Der Erwachsenen-Ich-Zustand
Obwohl *Berne* nicht explizit über die geschichtliche Dimension des Erwachsenen-Ich schreibt, bringt er diese Dimension über seine Begriffe wie **Ethos** und **Pathos** als Unterteilung dieses Persönlichkeitsanteils mit hinein, denn sie beschreiben Anteile des Erwachsenen-Ichs, die inhaltlich zu den elterlichen bzw. kindlichen Bereichen gehören und eine Entwicklung des Erwachsenen-Ich bedeuten. Es sind die ethisch bestimmten und die gefühlsmäßig bestimmten Anteile (Berne 1961 S. 209).

Die **biographische** Grundlage kommt aus der Erlebnisgeschichte, den Erinnerungen eines Ich-Zustandes. Diese geschichtliche Dimension wird auch in der Vorstellung der psychischen Organe als Hintergrund der Ich-Zustände deutlich. Hier gebrauchte *Berne* die aus der Gehirnentwicklung geprägten Begriffe für die Beschreibung der psychischen Strukturen. Er erwartete, daß in der weiteren Forschung Hirnstrukturen für die psychischen Organe gefunden werden würden. Heute verwenden wir diese Begriffe als Beschreibung der Herkunft der Inhalte. *Berne* bezeichnete die übernommenen Anteile als die **Exteropsyche**, die Erfahrungen aus der Kindheit als **Archeopsyche** und die Anteile, die mit der heutigen Zeit in Verbindung stehen, als die **Neopsyche**.

übernommen von Elternfiguren

Realitätsbezug

stammt aus der Kindheit

El

Er

K

Modelle werden zur Darstellung von bestimmten Aspekten des Systems verstanden und nicht als Abbildung der Realität, sie sind vergleichbar mit Landkarten, die die Orientierung erleichtern.

Diagnose der Ich-Zustände

Aus diesen vier Modellen werden vier Wege der Diagnose von Ich-Zuständen angewendet, um diese bestimmen zu können. Hier eine kurze Zusammenstellung dazu, sie werden im Kap. 4.4 Diagnose ausfürlich besprochen.

Vier Diagnosekriterien von Ich-Zuständen	
Verhaltensbeobachtung ➜	Verhaltensdiagnose
Beziehungsangebot ➜	soziale Diagnose
lebensgeschichtliche Information ➜	historische Diagnose
inneres Erleben ➜	phänomenologische Diagnose

Sowohl für Therapie als auch Beratung benötigen wir alle vier Darstellungen der Ich-Zustände, denn nur wenn alle vier Diagnosemöglichkeiten genutzt werden können, ist die Diagnose eines Ich-Zustandes sicher.

Dies erklärt, weshalb immer wieder heftige Diskussionen bei der Bestimmung von Ich-Zuständen entstehen, denn selten sind alle vier Diagnosearten möglich.

Auch in der Beratung ist die Kenntnis der inneren Prozesse sinnvoll, um die Beratung angemessen planen zu können. Für die Überprüfung des Verlaufs von Beratung und Therapie sind die vier Diagnosearten hilfreich und dienen dem Erkennen der Veränderung, also dem Erfassen der Wirksamkeit.

Die Modelle brauchen die theoretische Einbindung, die folgende Definition beinhaltet die Überlegungen der vorangegangenen Darstellungen und ist in dieser Weise noch einmal eine Zusammenfassung, die einen weiteren Rahmen gibt als die vorangegangenen Definitionen.

„**Ein Ich-Zustand ist eine Sammlung von stimmigen und zusammenhängenden Mustern des Seins, Entscheidens, Denkens, Fühlens, Verhaltens, das eine Person als stimmige Einheit erlebt und nach außen hin zeigt.**" (Summerton 1994 Übers. G. H.).

Psychische Energie

Ich-Zustände sind durch psychische Energie aktivierbar, für jegliche Veränderung benötigen wir eine Veränderung der Ich-Zustandsbesetzung, im Amerikanischen wird der deutsche Begriff Besetzungsenergie mit ‚cathexis' übertragen.

> Der Begriff Besetzungsenergie ist dem analytischen Begriff der Libido gleichzusetzen. Berne (1961) bezieht sich in seiner Betrachtung auf einen frühen Artikel von *Freud*, der schon 1924 in englischer Sprache erschien, darin heißt es: „Libido bedeutet in der Psychoanalyse zunächst die Kraft der auf das Objekt gerichteten Sexualtriebe. Bei weiterem Studium ergab sich die Nötigung, dieser ‚Objektlibido' eine der auf das eigene Ich gerichtete ‚narzißtische oder Ichlibido' an die Seite zu stellen, und die Wechselwirkung dieser beiden Kräfte haben es gestattet, von einer großen Anzahl normaler wie pathologischer Vorgänge im Seelenleben Rechenschaft zu geben." (Freud 1926 S. 195).

Arten der psychischen Energie
Die Besetzung der Ich-Zustände, sowohl der innere Prozeß als auch die Aktivität nach außen, ist davon abhängig, wo die psychische Energie gebündelt ist. *Berne* (1961) beschreibt drei unterschiedliche Energieformen. Es gibt die **gebundene Energie**. Ein Teil ist jedem Ich-Zustand eigen. Ein anderer Teil ist die Energie, die in einen anderen Ich-Zustand wechseln kann und dann als **ungebundene Energie** der Besetzung eines Ich-Zustandes dient. Der Begriff der ungebundenen Energie stiftet immer wieder Verwirrung, so daß *Glöckner* (1992) die entbundene Energie vorschlägt nach der Übersetzung von *Schlegel* (1979). Dadurch wird der Wechsel von Bindung und ‚Entbindung' deutlich. Zusammen mit der **freien Energie** wird sie als aktive Energie bezeichnet. Wichtig dabei ist, daß eine Person sich als **ichsynton** erlebt, wenn alle **drei Energieformen** in einem Ich-Zustand vereint sind. Befinden sich die ungebundene Energie und die freie Energie in unterschiedlichen Ich-Zuständen, wird dies als Spannung erlebt; wenn eine solche Situation über einen längeren Zeitraum besteht, bedeutet dies ungesunden Streß.

Energiebewegungen

> ⌘ Beispiel: Eine Patientin erlebte, wenn sie aus ihrem Erwachsenen-Ich reagierte, immer wieder, daß sie sich als nicht ganz ‚da' erlebte und immer wieder ganz schnell innerlich elterliche Botschaften hörte. In die-

> sem Fall war die energetische Besetzung so, daß sich die freie Energie
> und die gebundene Energie im Erwachsenen-Ich befanden und die ge-
> bundene Energie im Eltern-Ich war. Die Patientin hielt die Spannung des
> Erwachsen-Seins bei bestimmten Themen nicht lange aus, sondern
> wechselte dann in den Kind-Ich-Zustand.

In dem Beispiel wird deutlich, wie Energie gebunden ist und die Patientin bei bestimmten Themen, ‚bei denen die Eltern mitreden konnten', Spannung spürte und die Energie im Erwachsenen-Ich-Zustand nicht halten konnte. Der beeinflussende Ich-Zustand war in diesem Fall das Eltern-Ich und der beeinflußte Ich-Zustand das reagierende Kind-Ich.

Graphisch ist diese Energieverteilung folgendermaßen darstellbar:

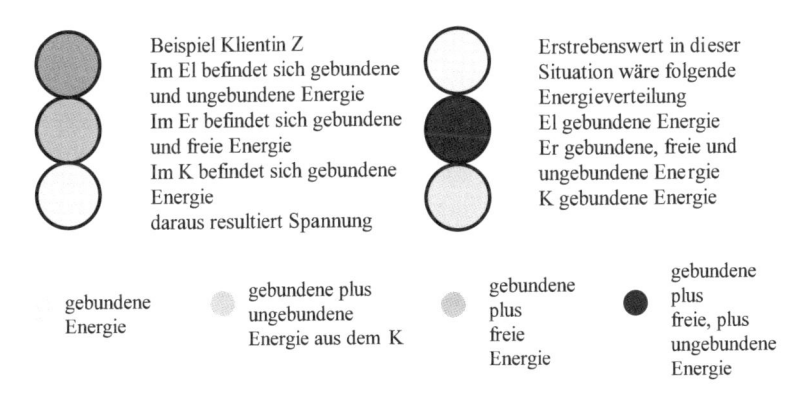

Beispiel Klientin Z Im EI befindet sich gebundene und ungebundene Energie Im Er befindet sich gebundene und freie Energie Im K befindet sich gebundene Energie daraus resultiert Spannung	Erstrebenswert in dieser Situation wäre folgende Energieverteilung EI gebundene Energie Er gebundene, freie und ungebundene Energie K gebundene Energie

gebundene Energie	gebundene plus ungebundene Energie aus dem K	gebundene plus freie Energie	gebundene plus freie, plus ungebundene Energie

Es wird hier deutlich, daß die ungebundene Energie den ‚Introjekten' entspricht, die in dieser Weise wirksam werden. Sie lösen das Festhalten der Energie, die Fixierungen im Kind-Ich-Zustand aus, so daß die eindeutige Besetzung eines Ich-Zustandes behindert wird. Bei Besetzung eines Ich-Zustandes mit allen drei Energieformen erlebt sich die Person als ichsynton, Berne hat dies als das Erleben des realen Selbst bezeichnet.

Von Patienten kommt während der therapeutischen Arbeit in befreienden Situationen, z.B. Gefühlsarbeit, die Rückmeldung über plötzliche Wärme im Sinne eines Hitzeschubes, der mit der Befreiung der Energie gleichgesetzt werden kann.

Ich-Zustandsgrenzen
Die Ich-Zustandsgrenzen stellte Berne sich wie durchlässige Membranen von unterschiedlicher Durchlässigkeit vor, die die Geschwindigkeit des Energieflusses bestimmen. Es gibt sehr bewegliche Personen, die schnell den Ich-Zustand wechseln, und solche, die eher träge sind und sich langsam bewegen.

Egogramm

Aus dem funktionalen Modell in seiner Aufteilung in fürsorgliches Eltern-Ich, kritisches Eltern-Ich, Erwachsenen-Ich, angepaßtes Kind-Ich und freies Kind-Ich hat *Dusay* (1972) eine Möglichkeit der graphischen Darstellung der Energieverteilung entwickelt.

Er geht davon aus, daß die psychische Energie, die eine Person zur Verfügung hat, konstant ist und in einer für diesen Menschen typischen Besetzung der Ich-Zustände gezeigt wird. Er nannte diese Darstellung das **Egogramm**, es wird aus der Beobachtung erstellt. *Dusay* schreibt, daß das Egogramm auf Intuition basiert und logisch aufgebaut ist. Er verwandte folgendes Modell, in dem die Ich-Zustände in einer horizontalen Skala aufgetragen werden.

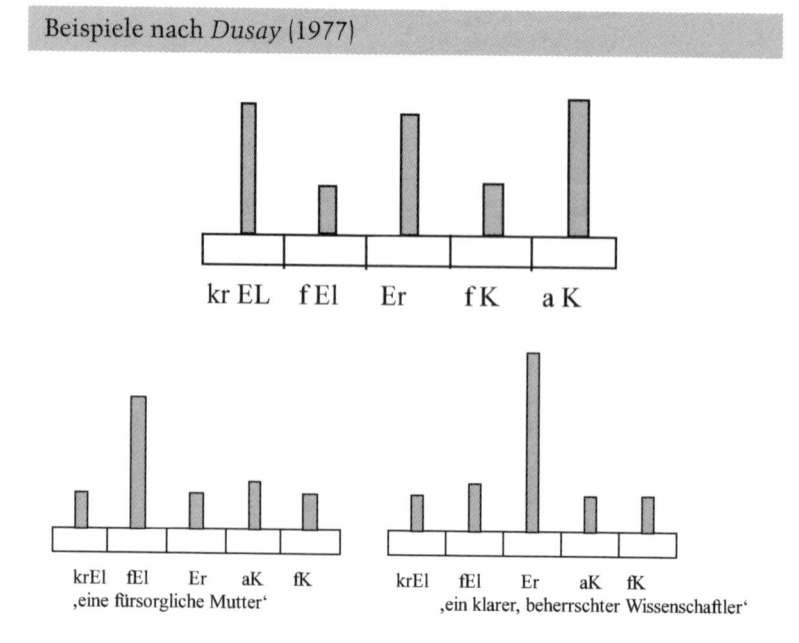

Beispiele nach *Dusay* (1977)

kr EL   f El   Er   f K   a K

krEl   fEl   Er   aK   fK
‚eine fürsorgliche Mutter'

krEl   fEl   Er   aK   fK
‚ein klarer, beherrschter Wissenschaftler'

Diese dargestellten Egogramme sind typisch für bestimmte Persönlichkeiten. Da die innere Empfindung und das äußere Verhalten oft nicht übereinstimmend erlebt werden, kann die Beobachtung von außen mit dem inneren Erleben gegenübergestellt werden. Die Darstellung der Eigenbeobachtung wird als Psychogramm bezeichnet. Diese beiden Grafiken werden gegeneinander aufgetragen.

Wenn beispielsweise sich jemand innerlich kindlich unsicher erlebt, zeigt derjenige oder diejenige dies nicht unbedingt nach außen. Der Ich-Zustand, der dann in einer solchen Situation nach außen gezeigt wird, ist häufig das Eltern-Ich. Diese Person erlebt sich dann nicht ichsynton.

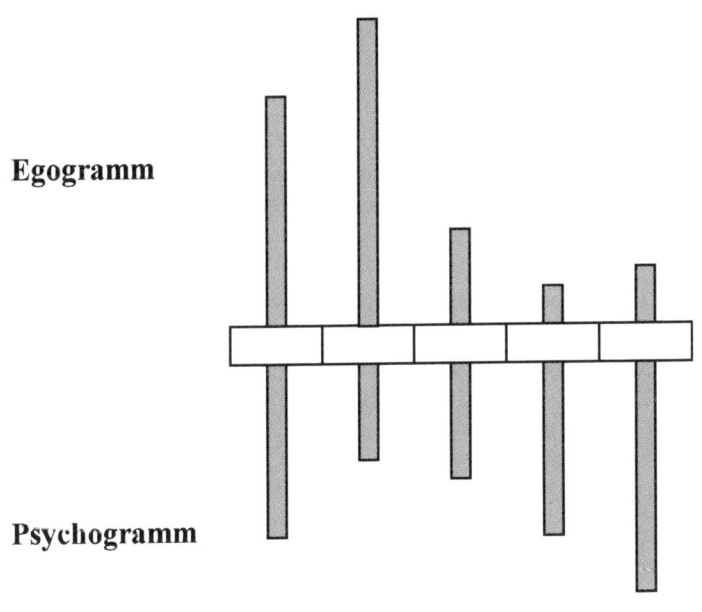

Egogramm

Psychogramm

Anwendungsbereiche von Egogramm und Psychogramm
Aus diesen Beispielen wird deutlich, daß die **Anwendung** des Egogramms, auch in Verbindung mit dem Psychogramm, für **Beratungssituationen** hilfreich ist, der Berater kann sich nach einem Gespräch in dieser Form der Übersicht das Egogramm seiner Klienten auftragen und in weiteren Gesprächen andere Ich-Zustände, die erforderlich sind, aktivieren (s. Kap. 3.3).

⌘ Beispiel: Ein Arbeitsuchender, der überwiegend seinen reagierenden, braven Kind-Ich-Zustand besetzt, wird sich kaum Informationen über Arbeitsstellen oder Umschulung beschaffen oder aufnehmen, sondern abwartend auf Hilfe hoffen.

❖ Kommentar: Hier ist es notwendig, diesen Mann einzuladen, seinen Erwachsenen-Ich-Zustand zu besetzen. Nach der These der konstanten Energiemenge werden, in diesem Fall, wenn der Klient seinen Erwachsenen-Ich-Zustand vermehrt besetzt, andere in ihrer Häufigkeit abnehmen. Das bedeutet, wenn der Erwachsenen-Ich-Zustand aktiviert wird, hat der Klient die Möglichkeit, das kritische Eltern-Ich oder das reagierende, angepaßte Kind-Ich zu reduzieren.

Das Psychogramm ist hilfreich, um Diskrepanzen zwischen innerem Erleben und äußerer Beobachtung aufzudecken und in den Beratungsprozeß einzubeziehen, z. B. in der Paarberatung.

3.2 Kommunikationsanalyse: ‚Transaktionen'

Die Analyse der Transaktionen gab der Transaktionsanalyse ihren Namen und ist neben dem Modell der Ich-Zustände charakteristisch für die klassische Transaktionsanalyse. Der Begriff stammt aus dem Bankwesen und beschreibt eine Aktion eines Klienten und die entsprechende Bestätigung.

Der Ausgangspunkt bei Informationstheorie und Kybernetik

In der Entwicklung seines Kommunikationsmodells setzt sich *Eric Berne* mit den damals aktuellen Schriften von *Norbert Wiener* und anderen Pionieren der Kybernetik und Informationstheorie auseinander. Die Radiotechnik und die ersten Modelle des Computers standen Pate für die Analyse des menschlichen Kommunikationsgeschehens.

Das ‚**Sender- und Empfängermodell**' ist typisch für diese Betrachtungsweise: Die Analyse bezieht sich auf Merkmale des Senders, des Empfängers und die Art der Übermittlung einer Botschaft.

Da die Antwort des Empfängers in sich auch wieder eine Botschaft

Kommunikative Ketten

Person 1	Person 2
Stimulus →	
	← Reaktion / Stimulus
← Reaktion Stimulus →	
	← Reaktion / Stimulus
← Reaktion Stimulus →	
	← Reaktion / Stimulus
← Reaktion usw.	

Jeder Pfeil stellt eine Transaktion dar.

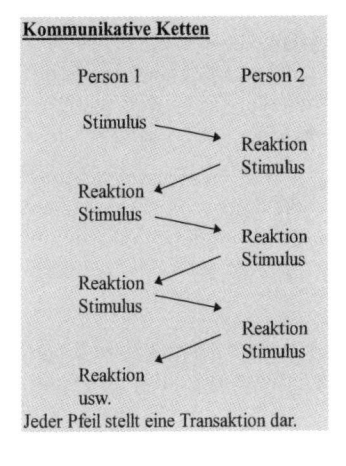

darstellt, entsteht daraus eine **kommunikative Kette**: Jede Reaktion des Empfängers macht ihn zum Sender einer neuen Botschaft für den ursprünglichen Sender.

Da menschliche Kommunikation bei Kontakten fortwährend stattfindet, ist der Anfangspunkt (die ‚**Interpunktion**') subjektiv. Zu der aktuellen Situation gibt es immer ein Vorher und Nachher, was ebenso in die Analyse einbezogen werden könnte.

Berne (1953/1991) erweitert diese vereinfachte Form der informationsbezogenen Analyse um den Aspekt der ‚latenten Kommunikation' und betont die Wichtigkeit der nonverbalen Botschaften, die vom Empfänger intuitiv erspürt werden können. Das Gelingen der Kommunikation hängt von der Reaktion des Empfängers auf diese nonverbalen Anteile ab.

Das Kommunikationsmodell der Transaktionsanalyse

Die ‚Transaktion'
Eine ‚Transaktion' ist die kleinste kommunikative Einheit und besteht aus einer Botschaft des Senders (‚Stimulus') und einer Reaktion des Empfängers (‚Response') darauf. ‚Stimulus' und ‚Response' können non-verbal sein.

Die parallele Transaktion
Die einfachste und klarste Form der Kommunikation findet statt, wenn der Sender aus einem bestimmten Ich-Zustand eine Botschaft an einen entsprechenden Ich-Zustand des Empfängers richtet, dort empfangen wird und die Antwort des Empfängers denselben Weg an den ursprünglichen Sender zurück geht. Diese Form der Kommunikation nennt Berne entsprechend der graphischen Darstellungsmöglichkeit eine **parallele Transaktion.**

Parallele Transaktionen sind grundsätzlich zwischen allen Ich-Zuständen möglich, wenn sie die Bedingung erfüllen, daß der Empfänger aus dem angesprochenen Ich-Zustand heraus an den aktiven Ich-

Die ‚parallele' Transaktion

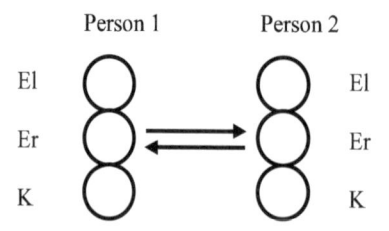

```
         Person 1    Person 2
    El      ◯          ◯      El
    Er      ◯  ⇄      ◯      Er
    K       ◯          ◯      K
```

Zustand des Senders reagiert. Im technischen Bild gesprochen, liegen Sender und Empfänger auf der gleichen Wellenlänge, sind aufeinander abgestimmt.

Der psychologische Effekt ist, daß sich Sender und Empfänger verstehen. Nach der ersten Kommunikationsregel, die Berne daraus ableitet, kann eine solche Kommunikation ungehindert fortfließen.

Die gekreuzte Transaktion
Erfolgt die Reaktion des Empfängers aus einem anderen Ich-Zustand als dem vom Sender angesprochenen oder wendet sich an einen anderen Ich-Zustand als den des Senders, spricht *Berne* von einer gekreuzten Transaktion. Im Schaubild kreuzen sich hier die Kommunikationspfeile. Der Sender erfährt nicht die erwartete Reaktion, fühlt sich oft nicht verstanden, die Kommunikation ist momentan unterbrochen.

Die Kreuztransaktion

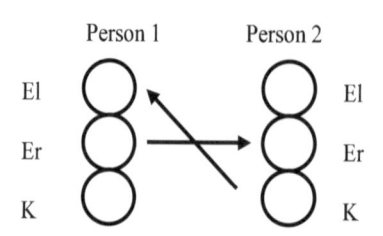

```
         Person 1    Person 2
    El      ◯          ◯      El
    Er      ◯  ⤫       ◯      Er
    K       ◯          ◯      K
```

Nach der zweiten Kommunikationsregel führt die Kreuztransaktion zu einer Unterbrechung, einer ‚Schaltpause'. Damit eine Verständigung wieder erreicht wird, muß eine der beiden Personen den Ich-Zustand wechseln.

Kreuztransaktionen können nützlich oder hinderlich sein, sie ent-

stehen entweder durch bewußte oder unbewußte interne Prozesse: z.B.
- durch andere Erwartungen – der Empfänger vermutet eine andere Botschaft, ist von der Botschaft überrascht;
- durch Entscheidung – der Partner will einen Ich-Zustandswechsel erreichen;
- durch Ablehnung der Botschaft – der Empfänger will diese Botschaft so nicht annehmen;
- durch einen anderen Bezugsrahmen – der Empfänger kann die Botschaft nicht verstehen;
- durch Einschränkung der Kommunikationsfähigkeit – Ausschluß von Ich-Zuständen oder Mangel an Flexibilität;
- als rebellische Reaktion – absichtliches oder unabsichtliches ‚Mißverstehen';
- aus Machtkampf- und Kontrollgründen – wer kann wen kontrollieren;
- aus Projektionen – der Sender wird in einem anderen Ich-Zustand gesehen, daher erfolgt die Antwort ‚vermeintlich parallel', insbesondere bei Übertragungs- und Gegenübertragungsphänomenen (s.u.).

Latente, doppelbödige oder verdeckte Transaktion
In seiner Erweiterung des informationstheoretischen Modells betrachtet *Berne* (1991, 81 ff) das ‚Rauschen', die Zwischenzeileninformation als den für den Psychologen interessanteren Aspekt der Kommunikation, da es über den ‚inneren Zustand' des Senders Auskunft gibt. Daher unterscheidet er zwischen ‚offener' und ‚latenter Botschaft'. Die offene Botschaft, d.h. der Inhalt der Mitteilung, wird in der TA ‚soziale Ebene' genannt.

Die latente Transaktion

Person 1   Person 2

El   ◯   ◯   El
        offene Botschaft
Er   ◯ ─────────→ ◯   Er
        latente Botschaft
K   ◯ ─ ─ ─ ─ ─→ ◯   K

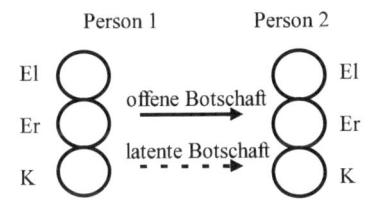

latentes, verdecktes Beziehungsangebot
von ‚K' zu ‚K', z.B. beim Flirt

Der Erfolg der Kommunikation hängt allerdings davon ab, ob der Empfänger die ‚latente Botschaft', die Weise, wie der Inhalt gemeint ist, verstehen und darauf eingehen kann.

Die ‚psychologische' Ebene gibt also Auskunft über den inneren Zustand, die Motivation des ‚Senders' und die Beziehung zum Empfänger. Diese kann
- bewußt doppeldeutig gestaltet sein (z. B. Ironie),
- vorbewußt wesentliche, meist emotionale Seiten der kommunikativen Beziehung mit ausdrücken oder auch
- eine unbewußte Aktivität aus ‚Eltern-Ich-, oder ‚Kind-Ich'-Zuständen signalisieren.

Je nach Zusammenhang wird in der Transaktionsanalyse von Doppelbotschaften oder verdeckten bzw. heimlichen Botschaften gesprochen.

Stimmen Inhalt und Ausdruck überein, werden sie graphisch nicht gesondert dargestellt. Hervorgehoben werden dagegen Botschaften aus verschiedenen Ich-Zuständen, die beim Gegenüber Verwirrung auslösen können: Welcher Teil der Botschaft ist nun wesentlich?

Da der latente Aspekt der Kommunikation die Motivation des Senders enthält, besagt die daraus abgeleitete dritte Kommunikationsregel, daß das Ziel der Kommunikation durch die psychologische Ebene bestimmt wird.

Ebenen der Kommunikation

Soziale Ebene	Psychologische Ebene
• Inhalts- bzw. Sachaspekt	• aktueller innerer Zustand des Senders: Stimmungen, Emotionen, Bedürfnisse
	• Beziehung zwischen Sender und Empfänger: Motivation, emotionaler Bezug, Bindungsform (z. B. Symbiose)
	• überdauernder innerer Zustand des Senders: Einstellungen, Entscheidungen, Lebensplan (Skript)

Die **dritte Kommunikationsregel** besagt daher, daß die psychologische Ebene das Ziel des Gespräches bestimmt. Kann der Empfänger die verdeckte Ebene wahrnehmen und darauf reagieren, wird dieser

Teil zum Mittelpunkt der weiteren Kommunikation. Wird die verdeckte Ebene hingegen nicht wahrgenommen oder geht der Empfänger nicht darauf ein, ist der Sender gezwungen, diesen Teil der Kommunikation, der ihm wichtig ist, deutlicher darzustellen.

Für Psychotherapie und Beratung ist diese Regel besonders wichtig, da die verdeckte Ebene für das Anliegen des Klienten mehr Bedeutung hat als die Information auf der ‚sozialen' Ebene.

Doppelbotschaften

soziale Ebene ⟶
psychologische Ebene − − − − ▶

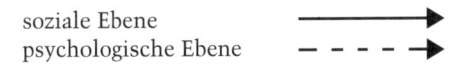

Verdeckter Appell des 'K' an ein 'El' - Verdeckter 'El'-Impuls an ein 'K'

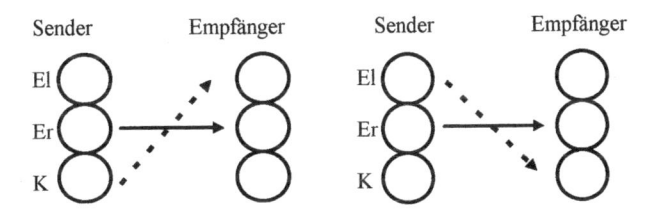

Klient: (soziale Ebene)
„Ich komme wegen Ängsten"
(psych. Ebene)
„Mach du mir die Angst weg!"

Nachteile dieser Kommunikationsform sind darin zu sehen, daß der Empfänger verdeckte Botschaften nicht unbedingt wahrnehmen muß (‚Mißachtung') oder aber umgekehrt verdeckte Botschaften vermuten kann (‚Phantasie'), wo sie nicht enthalten sind.

Motive für Doppelbotschaften sind u.a.:
- Sie enthalten den Reiz des Versteckspiels und Entdecktwerdens (z.B. Bedürfnis nach An-/Aufregung, Flirt).
- Jemand kann einen Teil der Botschaft verbergen wollen, weil die offizielle Regel von Anstand nicht erlaubt, diese Botschaft offen und direkt auszusprechen (z.B. Scham als Hindernis).
- Es kann sein, daß es zu ängstigend wäre, diese Botschaft direkt zu sagen (z.B. Ärgerreaktion).
- Es kann vorkommen, daß jemand prüft, ob der Gesprächspartner die versteckte Botschaft erkennt (d.h. empathisch genug ist).

- Ebenso können verdeckte Botschaften in Form von Ironie gebraucht werden und damit die Beziehung zwischen Sender und Empfänger verschleiern helfen.
- Die verdeckte Botschaft kann auch eine erhöhte Wachsamkeit beim Empfänger bewirken.

Anguläre Transaktion als Verführung des ‚K'

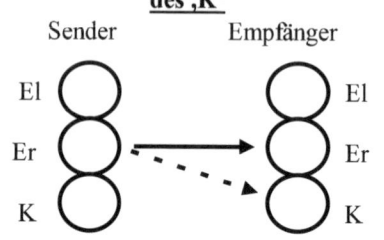

Sender   Empfänger

El   El
Er   Er
K   K

Therapeut / Berater:
„Es wird nicht leicht sein, Ihnen zu helfen. Aber wenn Sie gut mit mir zusammenarbeiten, wird es schon gehen."

Praktische Kommunikationsanalyse

Analyse einzelner Transaktionen
Für den Anfang und zur Übung ist es sinnvoll, Transaktionen Schritt für Schritt zu analysieren. Hierzu werden üblicherweise Tonbandaufzeichnungen verwendet. Hören Sie jeweils nur einen Satz und die zugehörige Reaktion und fragen sich dann:
1. Aus welchem Ich-Zustand heraus sendet eine Person?
2. An welchen Ich-Zustand des Empfängers wendet sich der Sender?
3. Aus welchem Ich-Zustand heraus reagiert der Empfänger?
4. An welchen Ich-Zustand des Senders wendet sich der Empfänger?

Energiebesetzung in ‚Erwachsenen-' ‚Kind-' oder ‚Eltern-Ich'
- Sind die Inhalte und Ausdruck situationsbezogen und führen das Gespräch auf ein klares Ziel hin? (‚Er'-Aktivität)
- Wirken die Inhalte und der Ausdruck wie Wiedergaben von einem inneren Tonband und ein wenig mechanisch oder rollenhaft? (‚El'-Besetzung)

- Haben Sie eher den Eindruck, einem Kind zuzuhören? Sind Inhalt und Ausdruck eher jünger als die sprechende Person? („K'-Besetzung)

Latente und verdeckte Transaktionen
In einem zweiten Durchgang achten Sie nur auf die Stimme, die Intonation, den Sprechfluß und die Pausen.
- Stimmen Inhalt und Ausdruck überein? (z. B. spricht jemand gefühlvoll oder nur über ein Gefühl?)
- Ist ein ‚Unterton' wahrnehmbar? Ist er eher elterlich oder kindlich?
- Was ist Ihr intuitiver Eindruck? Erleben Sie sich beim Hören klar oder eher unsicher bis verwirrt?
- Spüren Sie eine Tendenz, anders zu reagieren, als der Sprecher dies offen erwartet?
- Haben Sie den Eindruck, daß der Sprecher noch etwas anderes will, als er sagt?

Kommunikative Muster
Aus der Analyse einzelner Transaktionen ergeben sich oft typische Kommunikationsmuster:
- dauerhaft parallele Kommunikation ohne Ich-Zustandswechsel (Hinweise auf gemeinsamen Bezugsrahmen, Risiko von Zeitvertreib, Rollenfestschreibung)
- Gesprächsunterbrechungen durch wiederholte Kreuztransaktionen: Sind sie hilfreich oder blockierend? (Hinweise auf rebellische Gesprächsführung, Machtkampf)
- Gebrauch aller Ich-Zustände: Sind bestimmte Ich-Zustände überhäufig, werden eher gemieden oder sind nicht wahrnehmbar? (Hinweise auf konstanten Ich-Zustand oder Ausschluß)
- längere Sequenzen verdeckter Transaktionen (Hinweis auf Psychospiele)

‚Nützliche' und ‚problematische' Kommunikation

Die Transaktionsanalyse untersucht in erster Linie Störungsformen der Kommunikation und betont den Wert einer offenen, direkten Transaktion. Im Alltag wie in Therapie und Beratung können jedoch alle Transaktionsformen nützlich sein.

Starre Kommunikation als Ausdruck einer symbiotischen Beziehung

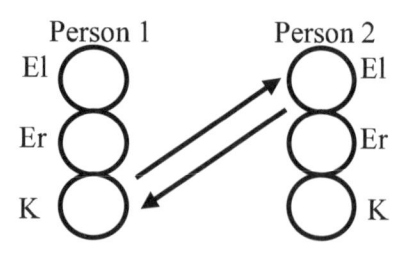

```
       Person 1           Person 2
   El ◯               ◯ El
   Er ◯      ↗       ◯ Er
   K  ◯      ↙       ◯ K
```

‚Ausbeutungstransaktion' nach
F. English

‚Strukturelle' und ‚funktionale' Betrachtungsweise
Häufig wird in der transaktionsanalytischen Literatur für die Kommunikation das ‚funktionale Modell' oder auch ‚Verhaltensmodell' der Ich-Zustände verwendet. Hierbei wird hilfreiche und störende Kommunikation nur durch ihre Angemessenheit (Bezug zur äußeren Situation, Freiheit von Über- oder Untertreibungen sowie positive Reaktion des Empfängers) unterschieden.

Theoretisch exakter können wir hingegen sagen, daß hilfreiche und angemessene Kommunikation aus der Bewußtheit des ‚Erwachsenen-Ich' des Senders unter Einbeziehung der Ressourcen des ‚K' und ‚El' stammen. Problematische Kommunikation wird hingegen unter Vermeidung eines oder mehrerer Ich-Zustände (Ausschluß), unklarer Integration (Trübung) oder direkt aus dem ‚Eltern-Ich'- oder ‚Kind-Ich'-Repertoire gestaltet.

Spezielle inhaltliche Probleme der Kommunikation
Eine Kommunikation, die nach den oben beschriebenen Merkmalen eine parallele Transaktion wäre und dennoch zu Problemen führt, soll noch näher beschrieben werden: Die **‚redefinierende Transaktion'**.

Redefinieren bedeutet, der Empfänger ‚hört' die Botschaft nicht oder in veränderter Weise. Bei der Redefinition wird also der Empfänger, nicht der Sender untersucht. Sie kann absichtlich geschehen (‚therapeutische Redefinition'), ebenso aber auch unbewußt, unabsichtlich aufgrund einer veränderten Wirklichkeitssicht, eines anderen Bezugsrahmens.

Nützliche Kommunikation

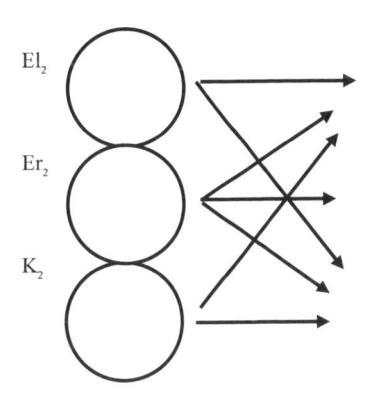

El_2

Er_2

K_2

Jeder Ich-Zustand kann mit jedem anderen kommunizieren, der ‚Sender' hat die freie Wahl, wie er sich äußern will.

Problematische Kommunikationsformen

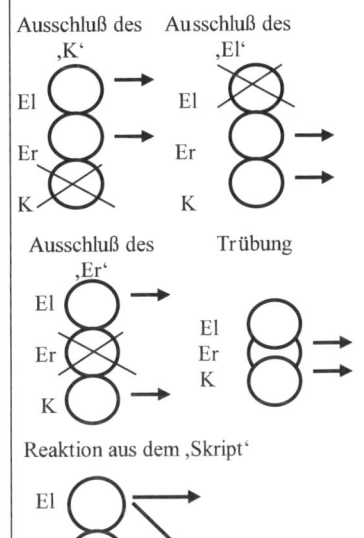

Ausschluß des ‚K'

El
Er
K

Ausschluß des ‚El'

El
Er
K

Ausschluß des ‚Er'

El
Er
K

Trübung

El
Er
K

Reaktion aus dem ‚Skript'

El
Er
K

Nimmt jemand die Botschaft nicht wahr und übergeht den Senderimpuls, sprechen wir von **blockierender Transaktion**. Wird der Senderimpuls nur teilweise oder verzerrt wahrgenommen, nennt die Transaktionsanalyse dies eine **tangentiale Transaktion**.

In beiden Fällen bedarf es zunächst einer Klärung des Hintergrunds der Redefinition, um mit dem Gespräch fortfahren zu können. Sie weisen gewöhnlich auf zentrale Probleme der Gesprächspartner hin

⌘ Redefinierende Transaktionen	
Tangentiale Transaktion	**Blockierende Transaktion**
Th/B.: „Was haben Sie *gesagt*, als Sie von den schlechten Noten Ihres Sohnes erfuhren?" Kl.: „Ich war total wütend."	Th/B.: „Was haben Sie *gesagt*, als Sie von den schlechten Noten Ihres Sohnes erfuhren?" Kl.: (weint) „Sie verstehen mich nicht!"

3.3 Analyse kommunikativer Muster: ‚Spiele'

Unter ‚Spielen' im Sinne der Transaktionsanalyse werden Serien verdeckter Transaktionen mit einem vorhersagbaren Ende verstanden, es sind also regelhafte Kommunikationsmuster. Im Deutschen ist dieser Begriff nicht eindeutig, da er oft auch auf das freie, genußvolle und kreative Spielen des Kindes bezogen wird.

Das Buch ‚Spiele der Erwachsenen' (1967/1964), das schnell zum Bestseller wurde, ist wohl die bekannteste Veröffentlichung *E. Bernes*. Die Ideen und Begriffe der Spielanalyse entnahm er weitgehend der mathematischen Spieltheorie, deren Ziel es ist, bei Regelspielen Wahrscheinlichkeiten und regelhafte Zusammenhänge im Entscheidungsverhalten von Menschen zu bestimmen. Für die Theoriebildung wurden Spiele wie Schach und Poker bevorzugt.

Berne hat eine Vielzahl von sozialen Situationen einer spieltheoretischen Analyse unterzogen, d.h. wiederholte Verhaltens-, Denk- und Fühlmuster als Systeme von Spielregeln, Spielplänen, Eröffnungen, Spielzügen, Einsätzen, bis hin zum Spielende und dem Spielgewinn betrachtet.

📖 Berne: Spiele der Erwachsenen. 1967.

> Grundlagen
> „Mathematische Spielanalyse betrachtet ‚Er-Er'-Transaktionen, während Transaktionale Spielanalyse sich mit den verborgenen, verdeckten Transaktionen befaßt, die im Alltagsleben die materiellen und die transaktionalen Gewinn-Auszahlungen bestimmen. Während die mathematische Spielanalyse die Regeln, wie ein Poker-Spieler gewinnen kann, bedenkt, fragt die transaktionale Spielanalyse, wieso jemand trotz der Absicht zu gewinnen diese Regeln verletzt und so am Ende verliert. Die mathematische Spielanalyse erklärt, was jemand tun muß, um zu gewinnen, die transaktionale Spielanalyse sagt, was er tut, um zu verlieren." (Berne, 1962, S. 24, Übers. G. P.).

Gewinner- und Verlierer-Spiele
Während die mathematische Spieltheorie ihre Zielsetzung in der Erforschung von Gewinnerverhalten und Gewinnoptimierung sucht, lenkte *Berne* die Aufmerksamkeit auf das skriptgebundene Spielverhalten und damit auf die Seite der Verlierer. Auch die sogenannten ‚positiven' Spiele wie ‚Kavalier', ‚Hilfreiche Hand' oder ‚Die werden noch einmal froh sein, daß sie mich gekannt haben', die er in ‚Spiele

der Erwachsenen' beschreibt, sind keine eigentlichen Gewinnerspiele, sondern eher Nicht-Verlierer-Spiele.

Berne weitete den logisch-kognitiven Ansatz der mathematischen Spielanalyse aus, indem er verdeckte Transaktionen, psychologische und existentielle Spielgewinne und deren Einbettung in den Lebensplan berücksichtigt. Die ‚Währung', in der gespielt wird, sind nun Gefühle (Maschen), der ‚Spielgewinn' ist kein Geldbetrag, wie beim Poker, sondern Triumph oder Enttäuschung. Die klassische Transaktionsanalyse untersucht in der Spielanalyse Kommunikationssequenzen und regelhaftes (stereotypes) Verhalten, die zu einem emotional negativen Ziel, der ‚Auszahlung' (der Skriptbestätigung und -verstärkung), führen.

Wir sind der Meinung, daß auch die positive Seite der regelhaften Kommunikationsmuster als ‚Gewinner-Spiele' ihren Ort in der Transaktionsanalyse haben sollte, und beziehen daher die nützliche Seite der Spiele in die Diskussion mit ein.

Einteilung von Spielen nach der existentiellen Grundeinstellung (o.k.-Positionen)

Grundeinstellung:	Ich bin o.k.	Ich bin nicht o.k.
Du bist o.k.	Gewinner-Spiele: Beide profitieren vom Umgang miteinander	Unterlegenheitsspiele: Ich verliere, weil andere gewinnen
Du bist nicht o.k.	Überlegenheitsspiele: Ich gewinne auf Kosten anderer	Verlierer-Spiele: Beide haben den Schaden aus der Beziehung

Spiele als Beziehungsgestaltung

⌘ ‚Ich versuche nur, dir zu helfen' (Therapiespiel):
Ein Klient kommt wegen Schlafstörungen. Nach der Analyse der Situation empfiehlt der Therapeut, erst schlafen zu gehen, wenn er wirklich intensive Müdigkeit verspüre. Bei der nächsten Sitzung berichtet der Klient, die Empfehlung habe nicht geholfen, denn er sei untertags eingeschlafen und doch nachts wach gelegen. Der Therapeut sucht nach einer weiteren Möglichkeit, der Klient berichtet seine Mißerfolge. Der Therapeut entwickelt dabei immer mehr Ärger, den er nicht zum Ausdruck

> bringt (‚Rabattmarken'), und spürt die eigene Hilflosigkeit (‚ich bin dem nicht gewachsen'). Der Klient bricht dann die Behandlung ab mit der Bemerkung, bisher habe die Behandlung nur Geld gekostet und nichts gebracht. Der Therapeut denkt sich oder sagt sogar laut: ‚Ich wollte Ihnen doch helfen.'

Während in ‚Spiele der Erwachsenen' oft die Erlebnis- und Handlungsweise eines Spielers betrachtet wird, zeigte die Praxis bald, daß im sozialen Feld Spielangebote einer Person meist auf eine Spielbereitschaft einer zweiten Person treffen müssen, damit ein Spiel durchgeführt und zu seinem Ende gebracht werden kann. Die Analyse von Familien, Gruppen, Teams etc. ergibt meist kombinierte Spiele mit verteilten Rollen oder Spiele, bei denen eine Partei durch mehrere Personen vertreten wird (z. B. Mobbing).

‚Gesunde' und ‚schädliche' Spiele, Schweregrade von Spielen
Da Regel-Spiele unsere Bedürfnisse nach Struktur und Wettbewerb (An- und Aufregung) erfüllen, reicht ihre Spannbreite von genußvollem Zeitvertreib, Training von Kontaktfunktionen oder Regeln am Arbeitsplatz bis zu schweren Störungen mit schädlichem Ausgang (psychische und psychosomatische Erkrankungen, Sucht, Suizid oder Mord).
Bei den Formen der Spiele unterscheidet die TA daher Schweregrade:
- **Gewinner-Spiele**: Sie sind in einer bestimmten Umgebung nützlich, dienen der persönlichen Identitätsbildung, der Gruppenzugehörigkeit und regeln einen befriedigenden Umgang miteinander.
- **Spiele 1. Grades**: Sie kommen in unserem Alltag häufig vor, sind mäßig unangenehm in ihrem Ausgang und werden allgemein toleriert.
- **Spiele 2. Grades**: Sie werden vor der Öffentlichkeit verborgen, sind bei Bekanntwerden peinlich und sind mit körperlichen und psychischen Schädigungen verknüpft (z. B. Prügeln in der Ehe).
- **Spiele 3. Grades**: Sie sind mit massiven körperlichen und/oder psychischen Schädigungen verbunden, enden in der Öffentlichkeit des Krankenhauses, der Psychiatrie, vor Gericht oder auf dem Friedhof (z. B. sich einen Rausch antrinken, jemanden oder sich umbringen).

⌘ ‚Schlemihl'-Spiel 1. Grades
Eine Klientin kommt regelmäßig zu spät, entschuldigt sich immer wieder, wie peinlich es ihr ist, aber sie könne es nicht ändern. Irgendwann ist es dem Therapeuten zuviel, und er zeigt vehement seinen Ärger. Beide fühlen sich nicht wohl, wollen am liebsten die Situation ungeschehen machen und fahren im Therapieprozeß fort, als sei nichts gewesen.

Spielketten, -varianten, eingebettete Spiele
Jede Person hat eine Sammlung bevorzugter Spiele, die je nach äußerer sozialer oder innerer psychischer Situation verwendbar sind. Oft sind die Spielvarianten in ihrer Struktur ähnlich und durch eine typische Rollenwahl zu Beginn und am Ende eines Spiels zu erkennen.
Spiele können manchmal sehr kurz, in wenigen Transaktionen ablaufen, andere auch eine lange Zeitspanne (evtl. das ganze Leben) umfassen. Für den Fortgang eines langdauernden Spiels können Ketten kürzerer Spiele wesentlich sein, z.B. können für das langfristige berufliche Scheitern Ketten von „Dumm-Spielen" eingesetzt werden. Oft lassen sich in längeren Spielsequenzen auch verschiedene Varianten von Spielen eingebettet finden.

⌘ So läßt sich das Scheitern einer Ehe als langfristiges Spiel betrachten, in der z.B. der Glaube, nicht geliebt zu werden, bestätigt wird. Bis zur Trennung tragen Spiele wie ‚Wenn du nicht wärst', ‚Schlag mich!' oder ‚Jetzt hab' ich dich endlich, du Schweinehund!' zur Sammlung von ‚Rabattmarken' bei, die am Ende der Ehe ein ‚Gerichtssaal-Spiel' (etwa Sorgerecht um die Kinder) und das öffentliche Ausbreiten der gegenseitigen Vorwürfe erlauben.

Die Systematik: Spielanalyse nach Bernes ‚Spiele der Erwachsenen'
Nach den ersten Veröffentlichungen von *Berne* wurde in der Transaktionsanalyse eine Vielzahl von Spielen untersucht, die vor allem durch ihr Thema oder Motto charakterisiert wurden. Heute ist diese differenzierte inhaltliche Analyse zugunsten der Prozeßanalyse (Spielformel) zurückgetreten. Da sie auch den positiven Ansatz enthält (Ressourcen), sei sie dennoch hier beispielhaft aufgeführt.
- **Spieltitel** oder **These**: Jedes Spiel hat eine Überschrift, in der das Spielziel angekündigt wird. (So führt auch ‚Mensch ärgere dich nicht!, in der Regel zu Ärger bei einem oder mehreren Mitspielern.) Er beschreibt den ‚Eröffnungszug', auf den der Mitspieler reagieren soll (auch ‚Haken' oder ‚attraktive Falle').

- **Ziel:** Das positive Ziel des Spiels, z. B. Rechtfertigung, Ermutigung, Gerechtigkeit
- **Rollen:** Beteiligte Personen mit typischen Rollenzuweisungen (z. B. Richter, Verteidiger, Ankläger)
- **Dynamik:** Emotionaler Teil der Zielsetzung, oft als Wiederholung von Kindheitsszenen (analog zur psychodynamischen Erklärung von Symptomen in der Psychoanalyse)
- **Paradigma:** Das typische Muster des Spiels (beteiligte Ich-Zustände, offene und verdeckte Botschaften, typischer Wechsel)
- **Einzelaktionen:** Typische Schritte, analog zu den Akten eines Dramas mit Eröffnung, Eskalation, Finale
- **Nutzeffekte:** Der Spielgewinn auf verschiedenen Ebenen (s. u.)
- **Antithesis:** Interventionen, die helfen können, die positive Seite zu betonen, sich aus dem Spiel herauszuhalten, es am Anfang zu stoppen oder das schlechte Gefühl am Ende zu vermeiden.

Das Erlebnismodell: Spiele als Serie verdeckter Transaktionen mit vorhersagbarem Ausgang

Die einfachste und ursprüngliche Definition der Spiele beruht auf einer konsequenten Fortführung des Modells der verdeckten Transaktionen und lautet:

„**Ein Spiel besteht aus einer fortlaufenden Folge verdeckter Komplementär-Transaktionen, die zu einem ganz bestimmten, voraussagbaren Ergebnis führen.**" (Berne 1970, S. 57).

Nach der dritten Kommunikationsregel bestimmt die verdeckte Ebene das Ziel der Kommunikation. Der Kommunikant teilt also seinem Gesprächspartner unabsichtlich oder unbewußt mit, was er als Ziel des Gesprächs erreichen möchte (z. B. eine Bestätigung eines Skriptsatzes wie ‚Du kannst mir auch nicht helfen'). Während die soziale Botschaft als ‚Er'-,Er'-Transaktion erscheint (z. B. Gespräch über Alternativen zum Problemverhalten), handelt es sich aus der psychologischen Ebene üblicherweise um Botschaften von ‚El' des Senders zum ‚K' oder vom ‚K' zum ‚El'.

Antwortet die andere Person in entsprechender, komplementärer Weise, finden wir auf der sozialen und auf der psychologischen Ebene eine parallele Kommunikation. Diese kann eine Weile andauern. Das Ende des Spiels – der vorhersagbare Ausgang – ist erreicht, wenn eine oder beide Personen die verdeckte Ebene der Kommunikation offensichtlich werden lassen.

Die Kupfer-Goulding-Spieldarstellung

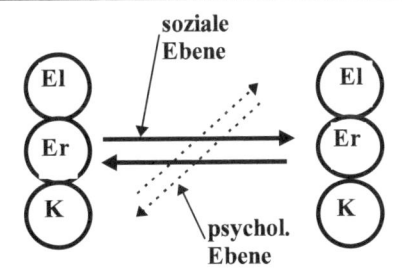

Das soziale Modell: Spiele als Rollenverhalten mit Rollenwechseln

Das Drama-Dreieck
Steven Karpman (1968) untersuchte Märchen und Dramen nach typischen Spielsequenzen. Er fand drei charakteristische Rollen:

Opfer	Retter	Verfolger/Ankläger
eine Person, die vorgibt, • daß ihr die Kraft zum Problemlösen fehlt, • daß andere sich ändern müssen für ihr Wohlbefinden, • daß ihre Bedürftigkeit sie vom Problemlösen abhält, • daß ihre Denkfähigkeit nicht ausreicht.	eine Person, die • sich auf grandiose Art zutraut, anderen zu helfen, • Denken und Problemlösen für andere übernimmt, • mehr für andere tut, als sie ihnen mitteilt, • Dinge tut, die sie eigentlich nicht tun mag.	eine Person, • die andere herabsetzt, sie verletzt und übermäßig kritisiert, • die andere bestrafen will, • unter deren Verhalten andere leiden.

Spannung entsteht dadurch, daß diese Rollen öfter gewechselt werden, so daß Verwirrung entsteht, wer nun gerade welche Rolle inne hat. Das Spielende wird in jedem Fall durch einen Rollenwechsel ausgelöst.

Karpman entwickelte daraus das Modell des **Drama-Dreiecks,** das die sozialen Rollen (äußerlich sichtbar) darstellt. Der jeweilige Rolleninhaber versucht dabei, passende Mitspieler zu finden oder andere

Personen in die komplementären Rollen zu bringen, damit das Spiel seinen Lauf nehmen kann. (Die Pfeile zeigen die möglichen Rollenwechsel an, sind also keine Kommunikationspfeile.) Alle Rollen sind gekennzeichnet durch eine Über- oder Untertreibung (Abwertung) der eigenen Fähigkeiten und Bedeutung.

Durch die Betonung des Rollenwechsels werden Spiele von **Zeitvertreibsmustern** unterscheidbar. Zeitvertreib kennt keinen Rollenwechsel, oder anders ausgedrückt, eine soziale Situation kann durchaus als Zeitvertreib beginnen, wird aber durch den Rollenwechsel zum Spiel (s.a. Racketeering, Kap. 3.5).

Das Drama- oder Karpman-Dreieck

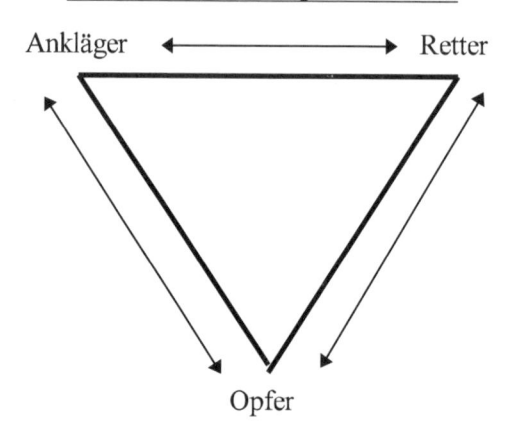

Ankläger ←——————→ Retter

Opfer

> ⌘ In einer Beratungsstelle klagt jemand, kein Geld zu haben, um sich für eine Bewerbung neue Kleidung kaufen zu können (Opfer). Das Anliegen klingt vernünftig. Aber auf die Hinweise, daß für Unterstützung mit Geldmitteln zum Kleidungskauf das Sozialamt zuständig sei, wird der Mann ärgerlich und beschimpft den Berater, wozu er eigentlich da sei und von dem dummen Geschwätz hätte er nun genug (Verfolger/Ankläger).

Das Redefinitions-Sechseck
Da das Drama-Dreieck nur die externe, soziale, nicht aber die interne, psychologische Ebene erfaßt, wurde das Modell von *K. Mellor* und *E. Schiff* (1977) erweitert zum **Redefinitions-Sechseck** (Redefinition meint hier die Umdeutung der Wirklichkeit zur Erhaltung eines vorgefaßten Bildes, des Bezugsrahmens). Das Spiel wird beendet,

wenn die ursprünglich verdeckte Seite (Rolle) offensichtlich wird. Vorher sind aber innerhalb der Rolle noch Varianten möglich, um das Spielende zu vermeiden.

Der Retter hat dabei die Charaktere des ‚immer Bemühten', ‚hart Arbeitenden' (hard worker) aus dem Kind-Ich heraus oder ‚des Versorgers' (Caretaker) aus dem Eltern-Ich. Er „endet" auf einer Position der Hilflosigkeit als Opfer, die vorher schon unterschwellig zu spüren war (die ‚hilflosen Helfer').

Der ‚Selbstgerechte' oder ‚Rechthaber' (righteous) als Verfolger/Ankläger hat die Möglichkeiten, zwischen Klage und Betrübnis über die anderen und der anklagend ärgerlichen Rolle zu wählen, so bietet er sich einmal aus der Opferposition an und ist verdeckt der verfolgerische Aggressor, oder er ist offen aggressiv, fühlt sich aber unterschwellig als Opfer.

Ähnlich ist es mit dem ‚Versager' oder ‚Übeltäter' (wrongdoer), der zwischen Reumütigkeit, jammernd mit gutem Vorsatz und wütender Herausforderung schwankt, sich entweder offen als Opfer zeigt oder offen aggressiv ist, dabei unterschwellig jeweils das Gegenteil verspürt.

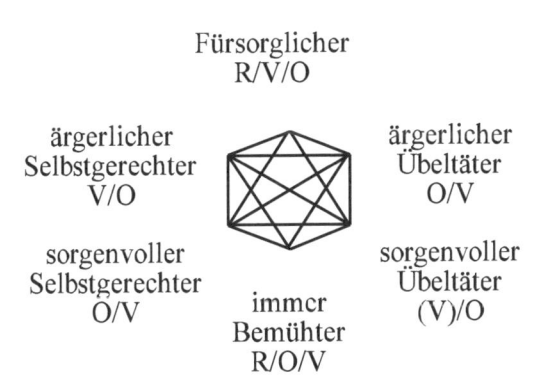

Fürsorglicher
R/V/O

ärgerlicher
Selbstgerechter
V/O

ärgerlicher
Übeltäter
O/V

sorgenvoller
Selbstgerechter
O/V

sorgenvoller
Übeltäter
(V)/O

immer
Bemühter
R/O/V

Eine Sonderform des Dramas: Das ‚einhändige Drama-Spiel':
Durch den inneren Dialog zwischen den negativen Ausprägungen des kritischen Eltern-Ich, fürsorglichen Eltern-Ich und des angepaßten Kind-Ich lassen sich leicht Grübelsequenzen und Entschlußlosigkeit darstellen: Die Person wechselt innerlich ständig zwischen gutem Vorsatz (Retter-Position), Energielosigkeit (Opfer-Position) und Selbstvorwürfen (Verfolger-Position).
Beispiel aus dem Alltag als Spiel 1° im inneren Dialog: ‚Heute abend täte

es dir gut, statt fernzusehen noch eine Runde spazierenzugehen' (Retter – f EL), ‚aber leider fühle ich mich so müde nach der vielen Arbeit' (Opfer – aK), ‚du bist einfach zu willensschwach, solltest dir mehr Mühe geben und deine Vorsätze halten!' (Verfolger – kEl)

Spiele als Versuch der Wiederherstellung einer symbiotischen Beziehung
Die Schiff-Schule sieht Spiele als den Versuch an, durch geschickte Manipulation eine symbiotische Beziehung herzustellen, die der handelnden Person die Art von Zuwendung, die in der Kindheit vermißt wurde, ermöglichen soll. Ähnlich wie in der Darstellung nach *Kupfer/Goulding* (s. o.) wird eine Person auf die Dominanz des Eltern-Ich, die andere auf das Kind-Ich festgelegt.

Spiele als Scheitern der Ausbeutungstransaktion
F. English (1988) sieht den Beginn der Spiele in einer Ausbeutungstransaktion (s. o.). Eine **untersichere** (Typ I) und eine **übersichere** (Typ II) Person stehen in einer parallelen Kommunikation, die komplementär einen Teil der Persönlichkeit des anderen ausnutzt bzw. unterdrückt. Droht nun das Scheitern einer solchen symbiotischen Beziehung (z. B. weil eine Person sich ändert), zieht die ängstlichere Person (manchmal können es auch beide sein) die ‚Notbremse', d. h., sie wechselt den Ich-Zustand und löst die Endauszahlung aus (den ‚Trostpreis', wie *English* die Auszahlung nennt). Spiele lassen sich demnach auch nach dem Auslöser der Auszahlung klassifizieren, nach Typ I, Typ II oder beiden Personen. Dabei betont *F. English*, daß Typ II (übersicher) durch den Zusammenbruch der Ausbeutungsbeziehung mehr bedroht ist (bis zur Suizidgefahr) als der Typ I (untersicher).

Das Verhaltensmodell: Die Spielformel

In der ersten Definition *Bernes* (1967/1964) waren die Serie verdeckter Transaktionen und das vorhersagbare Ende wesentlich. Durch die Erweiterung um den Positionswechsel und die daraus resultierende Enttäuschung/Verblüffung entstand schließlich (1975/1972) die ‚**Formula G**' (‚G' steht für ‚Game'):

Haken+Öse = Antworten → Wechsel → Enttäuschung → Auszahlung
(Con + Gimmik = Response → Switch → Crossup → Payoff)

oder mit den Begriffen von *Stewart/Joines* (1990):

> **Attraktive Falle + (Mit-)Spielinteresse = harmlose Reaktionen** ➔ **Rollenwechsel** ➔ **Moment der Perplexität** ➔ **Auszahlung**

Die **Spieleröffnung** wird als ‚Haken' bezeichnet: Jemand versucht eine andere Person in ein bestimmtes Spielmuster zu manipulieren. In der **Spielannahme** greift der andere den ‚Haken' auf. Er hat dann die passende ‚**Öse**', d. h. einen entsprechenden ‚**wunden Punkt**', und das Spiel kann starten. ‚Haken' und ‚Öse' sind somit die sozialen und psychologischen Botschaften, die parallel zueinander passen.

Eine andere Betrachtungsweise (Hine 1990) sieht Haken und Öse gleichzeitig bei einer Person wirksam als externe/soziale und interne/psychologische Spielbereitschaft: Demnach haben beide Personen gleichzeitig Haken und Öse als äußeres Verhalten und inneren ‚wunden Punkt'. Dieses Modell hat den Vorteil, daß Verhalten und innerer Prozeß beider Spieler konsequent durchanalysiert werden können, während in der Spielformel Spieler 1 und Spieler 2 in ihrem Verhalten und ihrem Denken und Fühlen nicht immer klar getrennt sind.

Sitzen Haken und Öse, beginnt der **Verlauf des Spiels (Antwortreaktionen)**, dessen zeitliche Dauer nicht unmittelbar vorgegeben ist. Es kann sich um wenige Transaktionen oder auch langdauernde Verläufe handeln.

Während zunächst das Offenwerden der verdeckten Botschaft (d. h. ein Wechsel von der sozialen zur psychologischen Ebene) das Ende des Spiels auslöste, ist nun der **Wechsel des Ich-Zustands** wesentliches Kriterium. So sind auch Wechsel auf der psychologischen Ebene von ‚El' nach ‚K' und umgekehrt möglich.

> ⌘ Mensch, bist du toll:
> Klient: offen: „Es gibt wirklich wenig kompetente Berater."
> verdeckt: „Ich kann das schließlich beurteilen."
> Berater: offen: „Da haben Sie völlig recht."
> verdeckt: „Es tut so gut, einen Bewunderer zu haben."
> Später kritisiert der Berater den Klienten wegen mangelnder Mitarbeit:
> Klient offen: „So hätten Sie das wirklich nicht sagen dürfen! Ich bin enttäuscht von Ihnen!"

Berater:	offen:	„Wieder mal keinen Erfolg gehabt, ich bin nicht gut genug!"

⌘ Depression:

Klient:	offen:	„Ich will meine Einsamkeitsprobleme bearbeiten."
	verdeckt:	„Ich möchte umsorgt sein."
Berater:	offen:	„Bitte beschreiben Sie diese Probleme genauer."
	verdeckt	„Ich sorge für dich."

Es folgen viele Privattelefonate mit dem Berater außerhalb der Stunden. Die Beratung endet:

Klient:	offen:	„Gestern waren Sie nicht erreichbar, und ich wußte nichts davon."
	verdeckt:	„Vertraue keinem!"
Berater:	offen:	„Ich habe mir doch so viel Mühe gegeben."
	verdeckt:	„Ich schaff's nie, ein guter Berater zu werden."

Die Enttäuschung nach dem Positionswechsel besteht darin, daß der Wechsel überraschend kommt oder eine Äußerung enthält, die man nicht vermutet hatte. Der typische Gedanke ist: „Ich hätte nie von dir gedacht, daß du so ... sein kannst!" Je nachdem, wer das Spielende auslöst, ist die Enttäuschung bei der Person, die das Spiel noch weiterführen wollte, oder aber bei beiden.

Die Auszahlung (Payoff) besteht in einem unangenehmen Gefühl (auch Überlegenheitsgefühle gehören dazu). Da dieses Gefühl künstlich herbeigeführt wurde, handelt es sich um ein Maschengefühl. Meist wird dieses Gefühl als Rabattmarke für weitere Spiele und das Skript gesammelt. Mit dem Gefühl werden auch Gedanken aktiviert, die die Ansichten über sich selbst, andere und die Welt bzw. das Leben bestätigen. („Ich habe doch geahnt, daß ich es nicht schaffe, daß andere rücksichtslos sind und daß das Leben wenig Freude enthält.")

Interagierende Spiele mit zwei oder mehr Spielpartnern
Die Spielformel bezieht sich auf zwei beteiligte Personen (Pn1 + Pn2) am Spiel:

Haken +	Öse	= Reaktionen	➜Wechsel	➜Enttäuschung	➜negatives Endgefühl
Pn 1	Pn 2	Pn 2	Pn 1	Pn 2	Pn 1+2

Ebenso können mehrere Personen (Familie, Team) wechselweise Rollen im Spiel übernehmen und das Spiel erweitern, verlängern oder zu Ende bringen (z. B. können Eltern „Jetzt hab' ich dich endlich, du Schweinehund!" mit einem Kind spielen, das in der Schule „dumm" spielt, während ein Lehrer in bezug auf die Eltern „Wenn du nicht wärst" spielt, um seine didaktischen Schwächen zu rechtfertigen).

📖 Zalcman, M.: Spielanalyse und Maschenanalyse. 1993.

Das erlebnisgeschichtliche Modell: Zusammenhänge zwischen Spielen, Maschen und Skript

Das Verhaltenslernen: Modell, Verstärkung und Transfer
Allgemein wird angenommen, daß Gewinner- und Verliererspiele durch Modelle erlernt und durch Anerkennung (Verstärkung) gefestigt werden.

Auslöser für schädliche Spiele ist die Verweigerung von Wünschen und Bedürfnissen zunächst durch konkrete Personen der Umgebung später durch verinnerlichte elterliche Botschaften (Einschärfungen, Gegeneinschärfungen, z. B. Antreiber). Spiele erlauben, oberflächlich den Ge- und Verboten des ‚Eltern-Ich' zu folgen und dennoch mindestens einen Teil der Bedürfnisse und Wünsche erfüllen zu können. Durch Generalisierung und Transfer werden die gelernten Spiele verfeinert und auf ähnliche Situationen übertragen (z. B. aus der schulischen Leistungssituation in den beruflichen Alltag). Da der Ausgang der Spiele vorhersehbar ist, setzt ein Selbstverstärkungsmechanismus ein, der durch seinen Belohnungswert („ich habe es doch geahnt!") Spiele weiter stabilisiert.

Das Kulturlernen: Spiele als Identitäts- und Zugehörigkeitsbeweis
Nach *Berne* (1966) und *Kahler* (1978) dienen Spiele unterschiedlichen positiven Zwecken:
- **Historische Identität:** Sie schaffen eine Einbettung in die Generationenfolge
- **Kulturelle Identität:** Dokumentation von Zugehörigkeit zu Rasse, Religion, gesellschaftlicher Klasse etc.

- **Soziale Identität:** Sie schaffen ein Kontinuum in der Zeitstruktur, machen soziale Situationen berechenbar, erlauben Kontakt bei bestimmter Distanz.
- **Persönliche Identität:** Sie bestimmen den Kontakt zu Freunden und Bekannten, regeln das eigene Verhalten in Gruppen.

Der Umgangston, Rede- und Verhaltensgewohnheiten in der Familie charakterisieren für alle Mitglieder und Bekannten die Zugehörigkeit („Wir XYs können was vertragen, uns hat noch niemand unter den Tisch gesoffen!" – „Bei uns redet man hart, aber herzlich, da nimmt man das nicht krumm!"). Typische Spiele sind für Familiensysteme charakteristisch (z.B. völlig überarbeitet, Schlemihl, Kick me): „Wenn jemand noch gehen kann, ist er nicht krank" – „Sieh, was du angerichtet hast" – „Er ist ja so ungeschickt, haha".

Ebenso läßt sich beobachten, wie doppelbödiges Verhalten zu bestimmten Subkulturen gehört (Kirchgang und Bordellbesuch), auch verkettete Racheakte wie Prügeleien (im Extrem: Blutrache) werden als Zugehörigkeitsbeweis zu einer Gruppe, Nationalität, Kultur oder Subkultur angesehen.

Der Nutzen der Spiele

Bei Gewinner-Spielen ist der Nutzen offensichtlich. Aber auch Verlierer-Spiele helfen, Grundbedürfnisse auf indirekte Art zu erfüllen.

Analog zur Kommunikationsanalyse werden auch bei den Nutzen der Spiele die soziale und psychologische Ebene unterschieden, hinzu kommt der existenzbezogene Teil, der das Skript bestätigt.

	Externer Nutzen	**Interner Nutzen**
Soziale Ebene	oberflächlicher Umgang mit Leuten, Zeitvertreib, Geplauder	berechenbare Zeit verbringen mit sogenannten „guten" Freunden
Psychologische Ebene	Vermeidung von Intimität, Verantwortung, keine direkte Nachfrage nach Strokes	ein Muster zum Gewinnen von schlechten Gefühlen

Existentielle Ebene	biologische Bedürfnisse nach Stimulation und Beachtung „negative Zuwendung ist besser als keine"	o.k.-Lebenspositionen werden bestätigt, Rackets unterstützt, das Skript verstärkt

Spiele als Ausdruck des Wiederholungszwangs
(tiefenpsychologisches Modell)
Die Annahme, daß Spiele als Reaktion auf frühkindliche Versagungssituationen entwickelt werden und in dem negativen Endgefühl einen ‚sekundären Krankheitsgewinn' enthalten, führt zu der Folgerung, daß sie sich im psychoanalytischen Pathologiemodell als Wiederholungszwang und damit als Teil der Übertragungsreaktion verstehen lassen.

3.4 Motivationsanalyse: ‚Grundbedürfnisse'

Der Wunsch nach Kontakt ist so zentral, daß wir viel Energie in die Kontaktgestaltung setzen, die Motivation dafür werden wir in diesem Abschnitt zeigen. Die Kontaktgestaltung ist abhängig von der Persönlichkeit dessen, der den Kontaktwunsch hat. Ein wichtiger Motor zur Kontaktaufnahme ist der Wunsch nach der Erfüllung von Bedürfnissen. In diesem Abschnitt werden die Grundbedürfnisse besprochen und in ihrer Bedeutung eingeordnet.

Die **Grundbedürfnisse** des Menschen sind sowohl körperlicher als auch seelischer Art. *Berne* (1947) bezeichnet auch die seelischen Grundbedürfnisse nach Beachtung und Stimulierung als **Hunger** wie auch den Hunger nach Nahrung. Er sieht sie als gleichrangig an.

Wahrnehmen eines Bedürfnisses, Ausdruck desselben und Bedürfnisbefriedigung am Beispiel des Hungers nach Nahrung beim Säugling

Bei dem Hunger nach Nahrung läßt sich gut die Verbindung von innerem Stimulus und dem Verhalten, das zur Bedürfnisbefriedigung führt, zeigen. Der Säugling spürt den Hunger körperlich, schreit daraufhin, der Such- und Saugreflex wird ausgelöst. Er fordert damit Nahrung als Bedürfnisbefriedigung. Es folgt der Zustand des Satt-Seins der Bedürfnisbefriedigung nach der Aufnahme von Essen. Es gibt kaum einen schöneren

Ausdruck als den eines wohlig zufriedenen satten lächelnden Säuglings. Das mechanische Füttern reicht nicht aus, die liebevolle Beachtung dabei ist lebensnotwendig. Auch hier sind die Leib-Seele-Einheit und die ganzheitliche Reaktionsweise von Säuglingen deutlich. Jede Trennung von Leib und Seele ist künstlich, denn die gegenseitige Beeinflussung ist kontinuierlich. Ein Säugling ist überwiegend auf die Bedürfnisbefriedigung von außen angewiesen. Mit zunehmendem Alter kann der Mensch immer mehr diese Aufgaben selbst übernehmen.

Berne sieht in den Grundbedürfnissen die Motivation für Kontaktaufnahme und Kommunikation. Er beschreibt, daß die Fähigkeit der menschlichen Psyche, kohärente Ich-Zustände aufrechtzuerhalten, von der Stimulierung abhängt (Berne 1961 S. 77). Diese Beobachtung sieht er als die Grundlage der Sozialpsychiatrie.

Entwicklungspsychologischer Hintergrund

Die Säuglingsforschung hat im Zusammenhang mit der Theorieentwicklung über seelische Störungen in den letzten Jahren an Bedeutung gewonnen. Die Beschäftigung mit der ‚frühen Bemutterung' ist ein wichtiges Thema geworden.

René Spitz beschrieb **affektive Mangelkrankheiten**, die die Reaktionsweise von Kindern auf den Mangel an emotionaler Zuwendung zeigen. In verschiedenen Studien wurden Kinder beobachtet und deren Symptomatik beschrieben. Die Symptome reichten von Depression über Schlafstörungen, Anfälligkeit gegenüber Infektionskrankheiten bis zur Retardierung der psychomotorischen Entwicklung. Dies zeigt, daß der affektive Mangel alle Lebensbereiche beeinflussen kann, und macht deutlich, daß die frühere Annahme, daß die körperliche Versorgung mit guter Hygiene für Kinder zum Leben ausreicht, nicht zutrifft. Die seelischen Grundbedürfnisse und deren Befriedigung sind lebensnotwendig. Bei seelischen Mangelzuständen ist nicht allein die Erkrankungshäufigkeit, sondern auch die Sterberate höher als bei Vergleichsgruppen, die oft sogar schlechtere körperliche Versorgung hatten (Spitz 1976).

M. Mahler sieht den Säugling noch als passiv, sie beschreibt die erste Lebensphase als ‚normalen Autismus'. In dieser Phase werden die Bedürfnisse des Kindes durch die Bezugspersonen erfüllt, ohne daß entscheidende Interaktionen stattfinden (Mahler 1979). Das hohe Maß an Interaktion, die Entwicklung des ‚**kompetenten Säuglings**', wurde durch die neue Säuglingsforschung deutlich gemacht. Schon beim Neugeborenen sind Bedürfnisse nach Austausch wahrnehmbar.

Es wurde nicht nur die Theorie der Einseitigkeit widerlegt, sondern andererseits die Annahme des Modells der primären Objektliebe von *Balint* (1964/1984) und die Bedeutung der Mutter-Kind-Beziehung und die Rolle der ‚Umwelt- oder Objektmutter' *Winnicots* (1974) bestätigt.

Papussek und Papussek (1995) beobachteten und beschrieben den Dialog zwischen Neugeborenen oder Säuglingen und den Müttern mit differenzierten Lautäußerungen, die zum Teil einen deutlichen Aufforderungscharakter besitzen. *Stern* (1995) befaßte sich in seinen Forschungen auch intensiv mit der mütterlichen Rolle und dem intuitiven Verständnis kindlicher Bedürfnisse. Die **Interaktionen von Mutter und Kind** wurden in ihrer zentralen Bedeutung für die **Bindung** und spätere Bindungsfähigkeit beschrieben. Diese Forschung hat viele Annahmen aus Erwachsenentherapien über kindliche Entwicklung revidiert, Vermutungen wurden durch konkrete Beobachtungen ersetzt. Zur Vertiefung empfehlen wir folgende Literatur:

- Dornes, M.: Der kompetente Säugling;
- Petzold, H. G. (Hrsg.): Die Kraft liebevoller Blicke, Band 1 und 2

Grundbedürfnisse

Berne (1961) setzte schon den Schwerpunkt auf die Interaktion zwischen Mutter und Kind, die transaktionale Sichtweise. Er beschrieb zuerst drei Gruppen von Grundbedürfnissen, die auch durch die Säuglingsforschung in ihrer Bedeutung bestätigt wurden: die Bedürfnisse nach

- **Struktur,**
- **Stimulierung und**
- **Anerkennung**

Später beschrieb *Berne* (1971), bezogen auf das Erwachsenenalter, diese Bedürfnisse differenzierter als Hunger nach Beachtung, Anerkennung, (Körper-)Kontakt, Sexualität, (Zeit-)Struktur, Stimulierung und Erlebnissen.

Fanita English (1982) geht von der Freudschen Triebtheorie aus. Sie beschreibt drei Triebe, die unser Verhalten beeinflussen. Sie definiert den Überlebenstrieb, den Gestaltungstrieb und den Ruhetrieb. *Schneider* (1995) teilt entsprechend diesen Trieben die Bedürfnisse in drei Kategorien auf: **Überlebensbedürfnisse, Gestaltungsbedürfnisse** und **Ruhebedürfnisse.** Diese drei Kategorien treffen ähnliche Bereiche wie die drei Bedürfniskategorien von *Berne*, dem Bedürfnis nach **Anerkennung, Stimulierung und Struktur.**

Grundbedürfnisse		
nach Struktur ↑↓ nach Ruhe	nach Stimulierung ↑↓ nach Gestaltung	nach Anerkennung ↑↓ nach Überleben

Das Strukturbedürfnis

Wiederkehrende Strukturen geben Sicherheit. Jeder möchte Vorstellungen darüber haben, wie er seine Zeit verbringt, das bezieht sich auf die inhaltliche Gestaltung und auf den emotionalen Austausch. *Berne* (1966) hat Möglichkeiten, die Zeit zu strukturieren, in eine Systematik gebracht und nach emotionaler Intensität geordnet. Er untersucht diese im sozialen Kontext, also wenn zwei oder mehr Menschen zusammen sind. Die Reihung stellt keine Wertung in dem Sinn dar, daß die eine oder andere Möglichkeit besser oder schlechter sei.

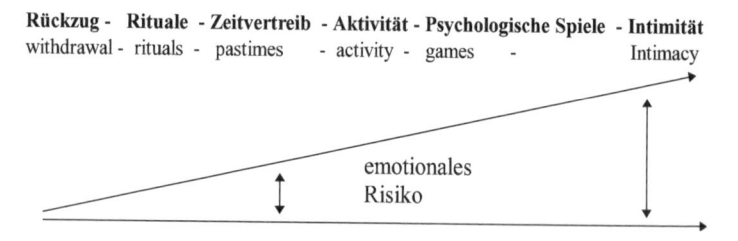

Rückzug - **Rituale** - **Zeitvertreib** - **Aktivität** - **Psychologische Spiele** - **Intimität**
withdrawal - rituals - pastimes - activity - games - Intimacy

emotionales
Risiko

Eine befriedigende Zeitstrukturierung ist abhängig von der Situation, die bestimmt, welche emotionale Nähe angemessen ist. Es besteht ein Unterschied, ob es sich z.B. um einen geschäftlichen Kontakt oder um eine Liebesbeziehung handelt. Die individuellen Muster der Gestaltung der Zeit werden aus dem in der Kindheit Erlebten, vom Temperament und dem persönlichen Stil geprägt.

Zur Illustration der Zeitstrukturierung einige Beispiele aus dem täglichen Leben:

Rückzug: Ein Jugendlicher sitzt mit den Eltern am Tisch und reagiert nicht darauf, wenn er angesprochen wird, und geht in sein Zimmer, obwohl die Mahlzeit noch nicht zu Ende ist.

Rituale: Eine Mutter bringt ihr Kind jeden Abend mit demselben Schlaflied ins Bett.
Zeitvertreib: Eine Kaffeerunde, bei der die Neuigkeiten aus dem Umkreis ausgetauscht werden.
Aktivität: Ein Kind macht seine Hausaufgaben konzentriert.
Psychologische Spiele: Ein Paar diskutiert zum hundertsten Mal dieselbe Situation, und beide sind am Ende mit dem Ausgang unzufrieden.
Intimität: Ein intensives Gespräch unter Freunden, in dem die Gefühle wichtig sind.

Zu einem gesunden Leben gehören alle diese Möglichkeiten; jeder von uns entwickelt ein persönliches Muster, die Zufriedenheit oder Unzufriedenheit mitbestimmen.

> ⌘ Im Kontakt zu anderen sucht jeder von uns Menschen, deren Art, die Zeit zu strukturieren, in das persönliche Muster paßt; es ist selten, daß dies nun in allen Bereichen stimmig ist, so gibt es vor allem bei Paaren häufig Konflikte. Trifft ein Mann, der für sein persönliches Wohlbefinden häufig Rückzug braucht, auf eine Frau, die viel Kontakt im Sinne von Intimität leben möchte, ist es schwierig, einen gemeinsamen Weg zu finden. Es bedarf der Bewußtheit und des Austausches darüber. Eine Beratung kann notwendig sein, da die objektive und die subjektive Sichtweise häufig differieren.

Im Beratungs- oder Therapieprozeß ist es wichtig, darauf zu achten, ob jemand bestimmte Arten der Zeitstrukturierung gar nicht nutzt oder andere in übermäßiger Weise lebt. In der Einzel- wie in der Gruppenbehandlung sollte die Zeitstruktur vertraglich entsprechend dem Therapieziel geregelt sein. Das Maß der unterschiedlichen Zeitstrukturmöglichkeiten wird zum Thema gemacht.

> ⌘ Eine Patientin beteiligt sich über mehrere Sitzungen nicht am Gruppengeschehen. Sie befindet sich im Rückzug. In einer solchen Situation ist es notwendig, mit ihr zu klären, ob dieses Verhalten sinnvoller Schutz oder Passivität, Maske oder Spieleinladung ist.

Ein dauerhafter Mangel an Struktur bewirkt Unsicherheit und führt zum **kopflos** Skript nach *Steiner* (1982), da Strukturlosigkeit die Angst, verrückt zu werden und Verwirrung fördert.

Die Autonomie wird in der Aussage von *Berne* (1966) „time is not going, we are going through the time" betont, das beschreibt, daß jeder die Möglichkeit besitzt, seine Zeit zu strukturieren und für sich selbst passend zu gestalten.

Der **Positionshunger** bezieht sich auf die existentiellen Grundpositionen, die im Skript festgelegt sind (s. Kap. 3.6), sie geben jedem Grundlage für den Stil der Kontaktaufnahme zu anderen. Auch hier wird Sicherheit in der Festlegung erlebt. *Steiner* (1982) sieht den Positionshunger als eigenes wichtiges Bedürfnis. Da er Beziehungen strukturiert, ordnen wir ihn auch dem Strukturhunger zu.

Das Bedürfnis nach Stimulierung

Dieses Bedürfnis nach anregenden und aufregenden Sinnesreizen wird häufig dem von Anerkennung gleichgesetzt. Wir halten es für sinnvoll, diese beiden Formen zu unterscheiden.

Für die Therapie und Beratung ist die getrennte Betrachtung notwendig, denn wenn das Bedürfnis nach Stimulation unbefriedigt geblieben ist, dann suchen Klienten eine Ersatzbefriedigung, wie sie in Symptomen von Angst, Sucht oder selbst zugefügtem körperlichem Schmerz sichtbar werden.

Wichtige Arten der Stimulierung:

Berührung	Streicheln, Kraulen, Massieren, Temperatur z. B. kaltes Wasser, Sauna, Sonne und Wind.
Hören	Musik (die allerdings auch die Körperwahrnehmung betreffen kann), Geräusche, Wasserfall, Blätterrascheln.
Sehen	Bewegte Bilder (äußere und innere Bilder), Farben, Formen.
Riechen und Schmecken	haben eine enge Verknüpfung, da wir Nahrung über Geschmack (Zunge) und über den Geruchssinn aufnehmen. Duftstoffe, Parfum, Kräuter, Gewürze.

Das Bedürfnis nach Aufregung und Spannung, der gesunde Streß, gehört in diese Gruppe, die meisten Menschen haben Angst vor Langeweile und greifen in ihrer Angst eher zu Ersatzbefriedigung, als das Risiko einzugehen, Langeweile zu erleben. Ein Zuviel oder ein Zuwenig der Stimulierung führt zu Such- oder Abwehrformen, die bei extremen Zuständen, z.B. Haft oder bei lang anhaltenden Mangel- oder Überflußsituationen, zu emotionalen Problemen führen, dies ist zusammengefaßt im **freudlos** Skript nach *Steiner* (1982).

> ⌘ Die Eß-Brech-Sucht ist hier ein Beispiel. Patientinnen erleben den Ablauf häufig so, daß eine massive innere Unruhe, eine Überstimulierung, zu einem Eßanfall führt, die darauffolgenden häufig zwanghaften Gedanken (meistens über Gewichtszunahme) führen zu der Idee des Erbrechens, es folgt dann das Erbrechen. Die Angst vor Langeweile hindert viele Patientinnen lange daran, diese Stimulierung aufzugeben.

Berne (1971) sieht den Hunger nach Abenteuern als eine Kompensation des Bedürfnisses nach Stimulation, im Extrem kann er sich zur Abenteuersucht steigern (z.T. gefährliche Sportarten).

Die Überstimulierung ist heute bei häufig gleichzeitigem Mangel an Beachtung und Kontakt (Verkehrslärm, Rollenvielfalt, Zeitdruck) ein Problem geworden. Die Unterstimulierung hat ihre Ursachen häufig in der heutigen Kleinfamilie, die wenig Abwechslung und Kontakt bietet, es wird häufig versucht, dies durch ein Übermaß an Stimulierung zu kompensieren (Pelz 1991).

Das Bedürfnis nach Anerkennung

Berne (1966) sieht das ganze Leben als einen Austausch von Anerkennung, dadurch wird die Anwesenheit von anderen deutlich. Dies ist ein Vorteil des sozialen Kontaktes. Er gebraucht dafür den Begriff ‚stroke‘, der im Deutschen unterschiedlich übersetzt wird. Im Englischen umfaßt der Begriff die Spannbreite von Streicheln bis Schlagen und deckt damit den gesamten Bereich ab. Im Deutschen gibt es keinen ähnlich treffenden Begriff. Der Begriff Zuwendung ist gebräuchlich geworden, da er wertfrei ist. Das Wort Streicheleinheit erscheint uns unpassend, da es für die Beschreibung der negativen Beachtung ungeeignet ist und sich auch mehr auf die körperliche Zuwendung bezieht. Wir werden die Begriffe Beachtung und Zuwendung synonym gebrauchen.

Arten der Zuwendung
In der TA werden vier Grundformen der Zuwendung unterschieden: positive und negative, bedingte und bedingungslose. Sie kann sowohl verbal als auch nonverbal sein.

Positive Zuwendung	negative Zuwendung
bedingungslos eine herzliche Umarmung oder „ich liebe dich!" **bedingt** „Ich mag dich, wenn du deine Schuhe aufräumst" oder „Ich lobe dich, wenn du die Dinge so machst, wie ich es möchte."	**bedingungslos** „Ich hasse dich!" oder ein Schlag auf den Popo (ohne Ankündigung) **bedingt** „Du bekommst eine Ohrfeige, wenn du nicht parierst" oder „Ich mag nicht, wenn du rauchst."

Bedingungslose Beachtung bezieht sich auf das **Sein** und **bedingte** auf das **Handeln,** sie kann sowohl verbal als auch nonverbal gegeben werden.

Die Bedürfnisbefriedigung durch positive Zuwendung setzt Energie und Lebensfreude frei. Die Anerkennung wird durch Gesten, Lächeln, Versorgen, Blicke, durch Stimme und inhaltlich gegeben. Es gibt Zuwendung hoher und niedriger Intensität. Dies ist einerseits davon abhängig, wie intensiv die Beziehung der beiden Beteiligten ist und davon, wieviel Energie der Absender hineinlegt.

Die Art der Beachtung, die jemand haben möchte, wird im Skript festgelegt. Es ist wichtig, nicht jede Zuwendung anzunehmen, denn dann werden negative Skriptanteile bestätigt, wird das Skript dadurch verstärkt und damit dem negativen Ausgang näher gebracht.

Zuwendungsmangel
Eine schädliche Form ist die unechte oder sogenannte ‚**Plastik'-Zuwendung**. Darunter verstehen wir nicht ernst gemeinte oder gekünstelte Zuwendung, durch sie wird das Bedürfnis nicht befriedigt.

Diese Skriptentscheidungen in bezug auf das Annehmen von Zuwendung werden auch als **Zuwendungsfilter** bezeichnet. Dieser Filter dient dazu, die Zuwendung so zu verändern, daß sie in die Überzeugungen paßt, oder sie skriptgemäß nicht wirksam werden zu lassen (Wollams und Brown 1978).

> ⌘ Ein 40jähriger Klient glaubt von sich, nicht erfolgreich zu sein, er erringt über sein Antreiberverhalten viele Erfolge, vor allem im beruflichen Bereich. Jegliche Anerkennung für seine Erfolge schmälert er oder lehnt sie ab. Er verarmt damit an der für ihn so notwendigen Anerkennung für Leistung und bestätigt sich seine Überzeugung über das ‚nicht erfolgreich sein'. Anerkennung für Leistung erreicht ihn nicht.

Dies zeigt, daß oft nicht nur wenig Anerkennung gegeben wird, sondern die, die gegeben wird, häufig geschmälert oder gar nicht angenommen wird.

Bekommt ein Kind oder ein Erwachsener zu wenig positive Zuwendung oder solche, die er nicht verwenden kann, wird er dafür sorgen (durch Verhaltensauffälligkeiten), wenigstens negative Beachtung (Strafe) zu bekommen. Denn es ist besser, Negatives zu bekommen als Nichts: das Negative hilft zum Überleben, der Mangel führt zu lebensbedrohlichen Schwierigkeiten.

> ⌘ Übergewicht ist oft ein Zeichen für den Mangel an unbedingter positiver Zuwendung. Das Bedürfnis nach Anerkennung oder Liebe wird versucht über Essen (Ersatzbefriedigung) zu befriedigen. Dadurch wird keine Befriedigung erreicht. Als Folge davon wird entweder eine Steigerung der Ersatzbedürfnisbefriedigung stattfinden, oder derjenige wechselt in einen anderen Bereich wie z.B. Überstimulierung.

Der von *Steiner* (1982) beschriebene Skripttyp **lieblos**, der im Extrem Depression zur Folge hat, ist hier einzuordnen.

In vielen Kulturen handeln Menschen, als hätten sie Regeln zum sparsamen Umgang mit Beachtung gelernt, so daß ein Mangel die Folge ist. *Steiner* (1982) nimmt an, daß Eltern unbewußt diese Regeln anwenden und vermitteln, um Einfluß auf ihre Kinder zu haben. Er nennt das die Stroke-Economy, die Streichelsparwirtschaft. Der Glaube an diese Regeln sind Teil unserer Sozialisation.

> Gib keine Zuwendung, auch wenn du gerne möchtest!
> Bitte nicht um Zuwendung, wenn du welche brauchst!
> Nimm keine Zuwendung an, wenn du welche willst!
> Lehne keine Zuwendung ab, wenn du sie nicht möchtest!
> Gib dir selbst keine Zuwendung!

Das Annehmen und Sammeln von Zuwendung
Um den ungesunden Zuwendungsaustausch zu verändern, empfiehlt *Steiner* folgende Regeln:

> Frag nach gesunder Zuwendung, die gewünscht ist!
> Nimm gesunde Zuwendung, die du möchtest!
> Weise ungesunde Zuwendung zurück, die du nicht möchtest!
> Gib anderen gesunde Zuwendung!
> Gib dir selbst gesunde Zuwendung!

Jedem Menschen begegnen Zeiten von Mangel an Zuwendung, z. B. das Leben mit einem Neugeborenen, in denen es wichtig ist, in der Lage zu sein, sich selbst Zuwendung geben zu können.

F. *English* (1971) vergleicht das Sammeln von Zuwendung mit einem Sparbuch bei der Bank: ähnlich wie von einem Sparbuch können wir von einer Ansammlung von Zuwendung zehren. Ebenso besteht die Möglichkeit, sich an positive Erlebnisse zu erinnern.

> ⌘ Eine Mutter berichtet in einem Beratungsgespräch, daß sie immer wieder Schwierigkeiten habe, ihrer Tochter zu zeigen, daß sie sie liebhabe, so daß diese es ihr glaubt. Sie berichtet, wie die Tochter sich immer wieder anstrengt, indem sie intensiv zu Hause hilft, um von ihr Liebe zu bekommen. Die Tochter erlebt offensichtlich einen Mangel, da sie immer wieder darum kämpft. Die Mutter ist sich nicht bewußt darüber, daß die bedingte Zuwendung das Bedürfnis nach unbedingter Zuwendung nicht stillt und auch nicht über den eigenen Anerkennungsmangel. Auf Fragen bemerkt sie, daß sie als Kind wenig unbedingte Liebe bekommen hat, so daß es für sie ein bisher unerfülltes Bedürfnis ist, Anerkennung für ihr ‚da sein' zu bekommen. Dies könnte in der Beratungssituation in der Weise erfüllt werden, daß der Berater z. B. sagt: „Ich spreche gerne mit Ihnen."

Für Berater und Therapeuten ist es notwendig, selbst einen ausgeglichenen Zuwendungshaushalt zu haben, um Klienten davor zu schützen, diese zum Ausgleich eines eigenen Mangels zu benutzen. Es ist notwendig zu üben, angemessene Anerkennung zu geben und im eigenen Geben und Nehmen Beispiel für Klienten zu sein.

Ebenso wie in der Kindheit sind in den verschiedenen Beratungs- und Therapiephasen unterschiedliche Arten von Zuwendung erforderlich.

Das Zuwendungsprofil einer Person (sowohl für Zuwendung-Geben als auch für Zuwendung-Annehmen) kann in folgender Weise dargestellt werden. Es werden die beobachteten Zuwendungsarten zusammengetragen und in dem Feld dargestellt (s. folgende Seite).

In dieser Weise ist es möglich, eine Vorstellung darüber zu bekommen, von welcher Art der Zuwendung das Leben von Klienten bestimmt wird.

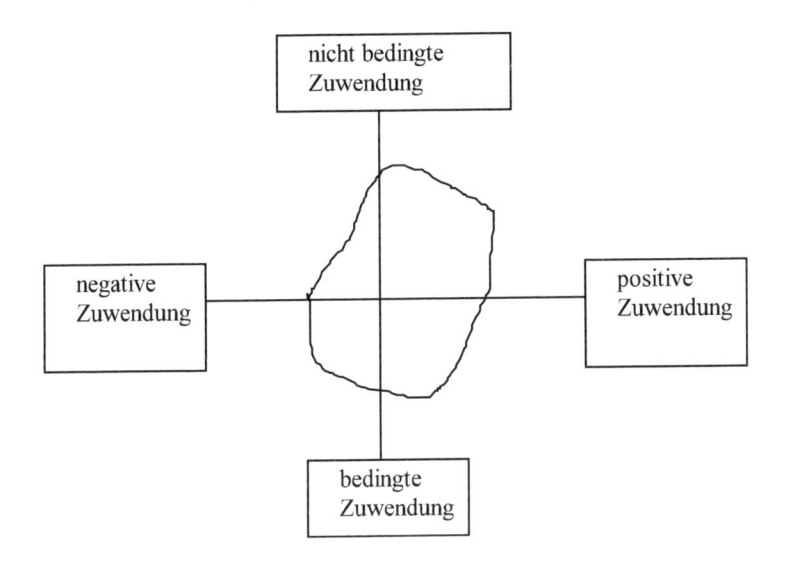

```
          ┌─────────────┐
          │ nicht bedingte │
          │  Zuwendung   │
          └─────────────┘
                 │
┌──────────┐     │     ┌──────────┐
│ negative │─────┼─────│ positive │
│ Zuwendung│     │     │ Zuwendung│
└──────────┘     │     └──────────┘
                 │
          ┌─────────────┐
          │   bedingte   │
          │  Zuwendung   │
          └─────────────┘
```

Zuwendung und Leistungsmotivation
Für die Entwicklung einer Leistungsmotivation ist bedingte positive Zuwendung nötig. Probleme entstehen häufig durch ein Zuviel an bedingungsloser und ein Zuwenig an bedingter Zuwendung. Da in vielen Erziehungsratgebern die bedingungslose Liebe in ihrer Bedeutung herausgestrichen wurde und dadurch die Wichtigkeit der bedingten Anerkennung vernachlässigt wurde, nehmen viele Eltern diese Information als Regel. Sie geben überwiegend unbedingte positive Zuwendung als die ‚bessere' und kaum bedingte. Das verursacht bei den Kindern und Jugendlichen einen Mangel an Anerkennung für Leistung, und dadurch fehlt ein Leitfaden für angemessene Leistung.

Ersatzbefriedigungen

Werden Bedürfnisse nicht erfüllt, wird eine Ersatzbefriedigung gesucht. Es wird z. B. ein seelisches Bedürfnis durch ein anderes ersetzt, so daß Stimulierung an Stelle von Bedürfniserfüllung von Liebe stehen kann, oder es wird versucht, ein seelisches Bedürfnis durch eine körperliche Befriedigung zu stillen. Der Versuch, einen Mangel auszugleichen, kann auch ein Übermaß (in Suchtform) an vermeintlicher Bedürfnisbefriedigung sein. Die Befriedigung wird in einem anderen Bereich gesucht. Ähnlich wie bei den Ersatzgefühlen kann es auch hier mehrere ‚Schichten' übereinander geben. Erkennbar sind diese Prozesse am Mangel an Befriedigung (Tendenz zur Steigerung oder zwanghaften Wiederholung).

Ebenso wie in der Kindheit sind in den verschiedenen Beratungs- und Therapiephasen unterschiedliche Arten von Zuwendung erforderlich. In der Entwicklung sind die Schwerpunkte der Bedürfnisse unterschiedlich. Daher ist es hilfreich, diese Schwerpunkte in den einzelnen Stadien zu kennen. Die Entwicklungsstadien wie sie *Pam Levin* gezeigt hat, können dabei eine Leitlinie sein (siehe Kap. 4.5). Der Bezug von Entwicklungsphasen und den dazugehörigen Bedürfnissen ist im Kapitel Kindertherapie dargestellt (Kap 8).

Ein wichtiger Teil der Arbeit in der Erziehungsberatung besteht darin, Eltern zu vermitteln, welche Grundbedürfnisse Kinder in verschiedenen Altersstufen haben, und sie anzuleiten, wie sie ihren Kindern diese Bedürfnisse erfüllen. Für Eltern ist es notwendig, den Unterschied zwischen Bedürfnisbefriedigung und Verwöhnung zu lernen. Bedürfnisbefriedigung ist notwendig, dabei gibt es kein Zuviel, da Kinder signalisieren, wenn sie genug bekommen haben. Bei der Verwöhnung wird den Kindern aus inneren Gründen der Eltern ein Zuviel, z. B. an Materiellem, gegeben. Nach dieser Beschreibung ist Verwöhnen durch Geschenke ein Ersatz für emotionale Beziehung.

> ⌘ Ein Junge wird zur Erziehungsberatung vorgestellt, weil er in der Schule immer wieder den Klassenkameraden gegenüber aggressive Ausbrüche hat. Die Mutter berichtet, daß sie und ihr Mann durch Berufstätigkeit zwar wenig Zeit für ihr Kind hätten, daß sie ihm aber nahezu jeden Wunsch erfüllen würden. Sie erlebte den Jungen als undankbar, er hätte doch alles und wäre so schwierig. In dieser Beratung könnte ein Schwerpunkt das Bedürfnis des Jungen nach Kontakt und Beachtung sein und auch die Information an die Eltern über das, was Kinder brauchen, um eine gesunde Entwicklung zu nehmen.

Da das Erfüllen der Ersatzbedürfnisse keine wirkliche Befriedigung erzeugt, wird immer wieder versucht, über denselben ineffektiven Weg doch noch zu einer Befriedigung der Bedürfnisse zu kommen. Es besteht eine Wiederholungstendenz darin, die Wünsche zu äußern, um endlich eine Möglichkeit zu finden, den Mangel auszugleichen. Daraus resultieren die in den Beispielen beschriebenen Mangelzustände, die auf den ersten Blick wie eine große Fülle aussehen.

3.5 Analyse von Gefühlen: ‚Grundgefühle' und ‚Maschen'

Arten von Gefühlen

Gefühle sind Steuerungsprozesse unseres Lebens, sie stimulieren Denken und Verhalten und sind gleichzeitig Reaktion auf beides. Die Auseinandersetzung mit Gefühlen ist für effektive Therapie und Beratung eine Bedingung. Gefühle sind definiert als physio-psychologische Grundphänomene, ein Zusammenspiel körperlicher und seelischer Phänomene. Am Beispiel Angst ist diese gegenseitige Beeinflussung der Seite des vegetativen Nervensystems mit schnellerer Herzfrequenz und beschleunigter Atmung und der seelischen Seite der Intensität der Angst deutlich.

Gefühle sind begleitet von unterschiedlichen, oft gegensätzlichen Empfindungen wie Erregung – Beruhigung oder Lust – Unlust.

Sie sind ein subjektives inneres Erleben, das in den Emotionen, den Gefühlsbewegungen, nach außen gebracht wird.

Der Ausdruck eines Gefühls und eine entsprechende Antwort von außen ermöglichen eine Bedürfnisbefriedigung und lassen Lebensenergie deutlich werden. Es folgt daraus Aktivität, nicht allein im Sinne von Arbeit, sondern auch von Genuß in unterschiedlicher Form. Werden Gefühle nicht nach außen gebracht, bindet dies Energie.

Zum Umgang mit Gefühlen ist es hilfreich, sie nicht nur hinsichtlich ihrer Art zu beschreiben, sondern auch zu sehen, in welchem Zusammenhang sie ausgedrückt oder wie sie verwendet werden. Wir unterscheiden:

- Grundgefühle wie Freude, Trauer, Angst, Wut und Zuneigung. Ausdruck und angemessene Antwort bewirken Befriedigung und Beruhigung.
- Die sozialen Gefühle wie Gelassenheit, Vertrauen, Scham und Schuld gehören auch zu den originären gelernten Gefühlen.
- Maschengefühle unterscheiden sich im subjektiven Erleben nicht von den genuinen Gefühlen, sie sind in frühen Beziehungen gelernt. Ihr Ausdruck bewirkt keine Befriedigung und Beruhigung, daher besteht eine Wiederholungstendenz.
- Die komplexen Gefühle wie Liebe, Geborgenheit, Ohnmacht, Enttäuschung und Hoffnung. Diese Gefühle bestehen einerseits aus der Ebene der Grundgefühle und Maschen und einer zweiten Ebene der Reflexion dieser Gefühle.

Ein wichtiger Ansatz der TA ist die Unterscheidung von angemessenen, zur inneren und äußeren Situation passenden Gefühlen, diese lösen oder beenden eine Situation durch die Abfolge von Ausdruck des Gefühls und entsprechender Antwort aus der Umgebung, welches eine Befriedigung bewirkt. Die unangemessenen Gefühle, die Maschengefühle, sind nicht auf eine bestimmte innere Situation bezogen, sie führen zu einer unpassenden Antwort, daraus folgt Wiederholung und Steigerung der Masche.

> ⌘ Ein Ehepaar trennt sich. Die Frau erlaubt sich, ihre dabei erlebte Trauer zuzulassen und sich Trost zu holen. Sie erfährt dadurch eine Erleichterung und schafft es, sich aus der Beziehung zu lösen. Der Mann überdeckt seine Trauer mit Ärger und schimpft häufig über seine mißliche Situation. Er erlebt durch den Ausdruck des Ärgers keine Erleichterung und kommt auch dadurch viel schwerer von seiner ehemaligen Partnerin los.

In diesem Beispiel, das natürlich nur einen kleinen Ausschnitt von Gefühlen bei einer Trennung beschreiben kann, wird der Unterschied zwischen einem ursprünglichen Gefühl und Gefühlen, die nicht hilfreich sind, gezeigt.

Thomson unterscheidet die Gefühle in zweckmäßige und unzweckmäßige Gefühle: „Unter vielen Umständen sind Angst, Zorn und Traurigkeit zweckmäßig, d. h., sie sind nützlich bei der Identifizierung und Lösung von individuellen Problemen. Diese Gefühle sind in anderen Fällen unzweckmäßig, und zwar wenn sie Unbehagen in dem Individuum hervorrufen, ohne eine hilfreiche Bewußtmachung oder Handlungen zum Problemlösen anzuregen" (Thomson 1989, in: ZTA 2–3).

Diese unzweckmäßigen Gefühle entsprechen den Maschen, zu denen *Berne* zur späten Kindheit schreibt: „Während dieser Periode trifft *jeder* auch eine definitive Entscheidung über die Art der Gefühle. Er hat bereits damit experimentiert und sich abwechselnd zornig, verletzt, schuldig, erschreckt, unzulänglich, rechtschaffen und siegreich gefühlt. Er hat gleichzeitig entdeckt, daß seine Familie bestimmten Empfindungen dieser Art gleichgültig begegnet oder sie sogar ausdrücklich mißbilligt, während eines dieser Gefühle akzeptiert wird und auf gute Resonanz stößt." (Berne 1975, 1972 S. 127).

Garcia (1995) trifft die Unterscheidung in gesunden und ungesunden Ärger. Er ordnet sie den Ich-Zuständen im Verhaltensmodell zu.
Gesunden Ärger gibt es im und aus:

- dem positiv kritischen Eltern-Ich-Zustand,
- dem Erwachsenen-Ich-Zustand als verantwortlicher Ärger,
- aus dem freien Kind.

Der ungesunde Ärger entsteht im und kommt aus:
- dem negativ kritischen Eltern-Ich-Zustand,
- dem reagierenden Kind-Ich-Zustand.

Im folgenden Modell sind Beispiele dafür enthalten

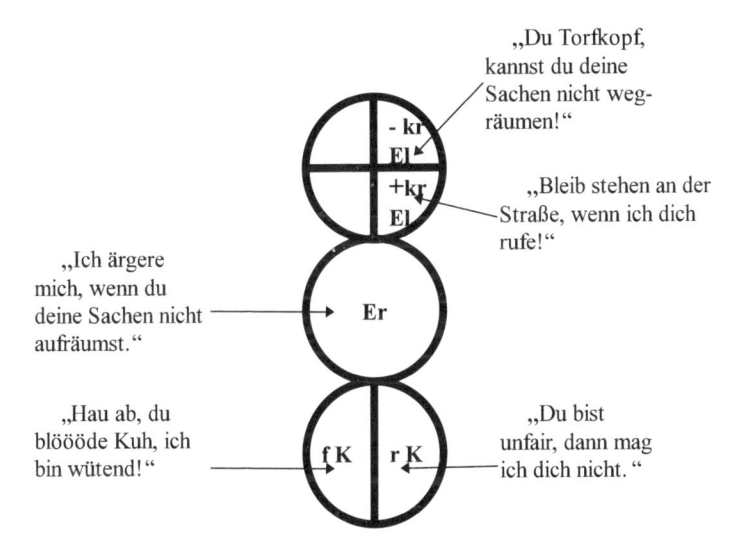

„Du Torfkopf, kannst du deine Sachen nicht wegräumen!"

„Bleib stehen an der Straße, wenn ich dich rufe!"

„Ich ärgere mich, wenn du deine Sachen nicht aufräumst."

„Hau ab, du blöööde Kuh, ich bin wütend!"

„Du bist unfair, dann mag ich dich nicht."

Diese Darstellung von *Garcia* (1995) läßt sich insofern verallgemeinern, als Gefühle, die zweckmäßig sind, wenn wir sie im Verhaltensmodell beschreiben, aus den positiven Persönlichkeitsanteilen des El, des K und des ER kommen und die unzweckmäßigen Gefühle aus den negativen Anteilen des El und des K stammen.

Grundgefühle

Die zweckmäßigen, angemessenen oder passenden Gefühle sind beschreibbar hinsichtlich ihres Anlasses, ihres Zeitbezugs und des daraus folgenden angemessenen Verhaltens; dies ist in der folgenden Übersicht zusammengestellt.

Anlaß	Gefühl	Zeitbezug	Verhalten
Bedrohung	Angst	Zukunft	Flucht
Schädigung/	Wut	Gegenwart	Kampf
Verletzung	Trauer	Vergangenheit	Rückzug
Verlust	Freude	Gegenwart	Kontaktauf-
Spaß/Genuß			nahme

Situationen werden zufriedenstellend erlebt und können abgeschlossen werden bei Ausdruck des Gefühls und den damit in Beziehung stehenden Handlungen. In der Folge davon klingt das Gefühl ab. Die angemessene Reaktion der Bezugspersonen, wenn das Gefühl in einer Beziehung erlebt wird, gehört zu einem befriedigenden Ablauf dazu.

> ⌘ Beispiel: Fühlt sich ein Kind im Kindergarten, weil ihm andere Kinder zu nahe kommen, bedroht, kann es durch Wahrnehmen von Aggression den anderen Kindern gegenüber seinen Raum behaupten, indem das Kind die anderen wegschiebt oder zurückdrückt.

In diesem Beispiel wird deutlich, daß Wut, als Aggression nach außen gebracht, nicht Destruktivität oder Gewalt bedeuten muß. Das Kind entwickelt auf diese Weise seine Eigenständigkeit, indem es sein ursprüngliches Gefühl Wut in Handlung umsetzt und damit seinem Bedürfnis gerecht wird. Im Gegensatz dazu steht die destruktive Emotion Aggression, z. B. randalierende Jugendliche; bei ihnen zeigt sich auch die Wiederholungstendenz der Maschengefühle.

Verschiedene Wut und Ärgerformen

Joines (1995) beschäftigt sich mit unterschiedlichen Formen von Ärger. Er beobachtet, daß Ärger häufig in identischer Weise behandelt wird. Er geht davon aus, daß es notwendig ist, mit den verschiedenen Ärgerformen unterschiedliche Vorgehensweisen zu entwickeln, um sie angemessen zu beantworten. Die folgende Zusammenstellung ist entsprechend der Entwicklung aufgebaut. Es sind Umgangsweisen beschrieben, die zu bestimmten Reaktionen führen.

Bedürfnisse werden ignoriert	**Wut**
Jemand wird mißverstanden oder von etwas abgehalten	**Frustration**
Grenzen werden nicht eingehalten oder mißachtet	**Ärger**
Keine adäquate Information, keine Antworten	**Einwände erheben**
Keine Antwort auf Gefühle, gelinkt	**Verletzt fühlen**

Diese Darstellung (Übers. und tabellarische Zusammenstellung G. H.) soll helfen, Zugang zu den unterschiedlichen Qualitäten von Ärger zu bekommen.

Jeder von uns lernt Umgang mit Gefühlen: welche sind angemessen, welche werden adäquat beantwortet, wie können sie benannt werden, welche sind meinen Bezugspersonen lieb, welche Gefühle werden abgelehnt, und welche Gefühle werden anerkannt.

Diese Entwicklung kann zu autonomem oder zu skriptgemäßem (hier Skript im Pathologiemodell) Umgang mit Gefühlen führen.

Schneider (1995) bezieht in die Grundgefühle Schuld und Scham mit ein. Er sieht Scham durch Abwertung des **So-seins** eines Individuums, bei Übertreten der persönlichen Grenze und unterscheidet damit das ursprüngliche Gefühl von dem Maschengefühl, das aus einer bewußten oder unbewußten moralischen Haltung vermittelt wird. Schuld bezieht sich nicht auf das **Sein**, sondern auf das **Handeln**. Etwas getan, nicht getan oder unterlassen zu haben, das der eigenen inneren Ethik nicht entspricht, löst Schuldgefühle aus. Das Maschengefühl Schuld ist ein gelerntes Gefühl, das der inneren Ethik nicht entspricht und häufig übergeneralisierenden Haltungen entstammt.

Entwicklung des Gefühlsausdrucks und Entscheidungen in bezug auf Gefühle (nach Moiso) (s. folgende Seite)

Die Bedeutung der adäquaten Reaktion der Bezugspersonen für die Gefühlsentwicklung und Stabilität der Gefühlswelt wird in dieser Zusammenstellung deutlich. Auch hier ist notwendig zu sagen, daß jeder von uns nicht auf der einen oder auf der anderen Seite dieser Entwicklung lebt, auch hier dient die Polarisierung dem Verständnis der Entwicklungabläufe. Jeder lebt mit dem persönlichen Muster aus dem, was ihm mitgegeben wurde, und den Entscheidungen, die in diesem Zusammenhang getroffen wurden.

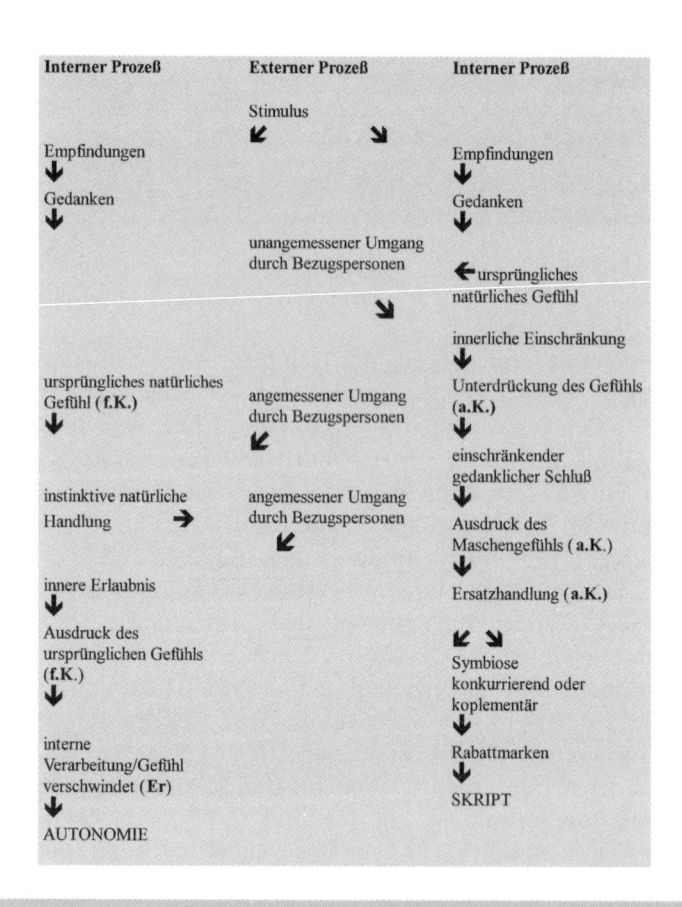

Interner Prozeß	Externer Prozeß	Interner Prozeß
	Stimulus ↙ ↘	
Empfindungen ↓		Empfindungen ↓
Gedanken ↓		Gedanken ↓
	unangemessener Umgang durch Bezugspersonen ↘	←ursprüngliches natürliches Gefühl
		innerliche Einschränkung ↓
ursprüngliches natürliches Gefühl (f.K.) ↓	angemessener Umgang durch Bezugspersonen ↙	Unterdrückung des Gefühls (a.K.) ↓
		einschränkender gedanklicher Schluß ↓
instinktive natürliche Handlung →	angemessener Umgang durch Bezugspersonen ↙	Ausdruck des Maschengefühls (a.K.) ↓
innere Erlaubnis ↓		Ersatzhandlung (a.K.)
Ausdruck des ursprünglichen Gefühls (f.K.) ↓		↙ ↘ Symbiose konkurrierend oder koplementär ↓
interne Verarbeitung/Gefühl verschwindet (Er) ↓ AUTONOMIE		Rabattmarken ↓ SKRIPT

⌘ Beispiel:

Ein Vater zeigt seinen Kindern eine neue Sportart, er hat die Erwartung, daß sein Sohn diese schnell beherrscht, und kommentiert Unsicherheit und Fehler spöttisch, ❖ dies erlebt der Junge als Bedrohung und zeigt Angst. Diese Angst ist dem Vater unangenehm, und er weist den Jungen an, mit Schwung weiterzumachen. Dieser reagiert mit depressivem-Rückzug. ❖ Die Tochter soll es auch so schnell lernen wie der

❖ Kommentar:

Der Vater reagiert aus dem neg. kritischen El mit Ärger auf das Grundgefühl Angst seines Sohnes, eine unangemessene Anwort.

Der Junge überdeckt seine Angst mit der Masche Depression, zeigt diese; da dies nicht seiner inneren Situation (Angst) entspricht, erlangt er keine angemessene Reaktion und dadurch auch keine Bedürfnisbefriedigung, die Situation bleibt offen.

Der Ärger des Vaters in bezug

Bruder, auch bei ihr kommentiert der Vater Unsicherheit und Fehler mit Ärger. ❖ Die Tochter zeigt daraufhin dem Vater ihren Unmut. Sie legt das Sportgerät zur Seite und gibt dem Vater klar zu verstehen, daß sie sich ärgert und dann keine Lust mehr hat mitzumachen.
Der Vater reagiert auf den Ärger, indem er zu ihr hingeht, nachfragt, was los ist, und sie aktiviert, wieder weiterzumachen.

auf die Tochter kommt aus einem anderen Ich-Zustand, da der Vater zu ihr eine wohlwollende Beziehung hat, die nicht von Konkurrenz bestimmt ist. Der Vater reagiert aus seinem K. und gibt ihr damit die Möglichkeit, aus ihrem Kind zu antworten und ihr Grundgefühl, die Wut, zu zeigen. Der Kontakt bleibt bestehen, die Situation ist für beide befriedigend gelöst, die Situation abgeschlossen.

Ob eine solche einmalige Situation skriptbildend ist, hängt von der Gesamtsituation und dem Beziehungsgefüge ab. In diesem Fall erlebt der Junge den Unterschied in der Reaktionsweise des Vaters (er behandelt die Tochter liebevoll und den Jungen ärgerlich); dies ist für ihn sicher besonders prägend und von daher wirksam. Die Abhängigkeit der Kinder von ihren Bezugspersonen ist dabei wichtig und das Fehlen der Frustrationstoleranz, das das Aufschieben von Bedürfnisbefriedigung und Gefühlsausdruck mit adäquater Antwort problematisch macht.

Veränderung des Umgangs mit Gefühlen und Bedürfnissen bei zunehmender Persönlichkeitsentwicklung:

Diese folgende Übersicht zeigt den Umgang mit Gefühlen und Bedürfnissen in unterschiedlichen Altersstufen, die Übergänge in der altersgerechten Entwicklung sind fließend. Bei einschränkenden Skriptentscheidungen kann es Brüche und Stillstand der Entwicklung geben.

Kleinkind	Schulkind	Erwachsener
reflexhaftes unmittelbares reagieren der K_1 Ich-Zustand	**Kognition, Beschreiben und Benennen möglich, Aufschub möglich K_2 Ich-Zustand**	**reflektierter Umgang, Einbettung in Selbst- und Weltbild, Verzicht auf Bedürfnis- und Gefühlserfüllung möglich, integrierte Persönlichkeit**

Maschenanalyse

Viele Autoren haben sich seit *Berne*, der Maschen als gelerntes Gefühl bezeichnete, mit Maschen beschäftigt und Theorieerweiterungen beigetragen, die unterschiedliche Aspekte der Gefühlsmaschen und Verhaltensmaschen zeigen

> ⌘ Beispiel: Ein Mann überdeckt Angst mit Aggression; dies lernen viele Jungen schon früh. Dies bewirkt z.B. beim Auto fahren einen aggressiven Fahrstil mit häufigen Rempeleien, da die Angst mit ‚Flucht', also das Bremsen, nicht stattfindet, sondern ‚Kampf', das Gas geben.

In einer weitgefaßten Definition von *Moiso* sind viele der bekannten Maschendefinitionen enthalten:

Eine Masche ist ein Gefühl, das zu Skriptüberzeugungen paßt und durch eine Ersatzhandlung, die von Elternfiguren unterstützt wird, verstärkt wird (Moiso 1984).

Diese Maschen werden entweder nach außen gezeigt, oder sie bleiben unausgedrückt und werden auch in dieser Weise wirksam, indem sie gesammelt werden. Dieses Sammeln von Gefühlen wird von *Berne* (1973) mit Rabattmarken verglichen, die früher in Geschäften gesammelt wurden, um sie gegen Geld oder einen Gegenstand einzutauschen.

Für die Vertiefung der Theorie über Maschen sind folgende Artikel hilfreich:

📖 Erskine, R. und Zalcman, M.: Das Maschensystem. 1979; Zalcman, M.: Spielanalyse und Maschenanalyse: Überblick, Kritik und zukünftige Entwicklungen, 1990.

Im folgenden werden wir die Aspekte von Maschen und Maschenverhalten, die wir für Beratung und Therapie wichtig halten, darstellen und soweit möglich den vier Ich-Zustands-Modellen zuordnen.

Lebensgeschichtliches Modell: Maschen sind **Gefühle, die verwendet werden, um andere zu beeinflussen** in der Weise, wie es in der Kindheit gelernt wurde (Berne 1964; Steiner 1971; Goulding 1972). Sie sind Ersatz für unterdrückte oder verbotene Gefühle, **Ersatzgefühle** (English 1971). Sie sind Gefühle, die als Endauszahlung in Spielen erfahren werden und damit auch ein Grund für das Spielen von Spielen; sie sind skriptgebunden. Maschen werden mit der Währung verglichen, in der bei Spielen bezahlt wird.

Phänomenologische Modelle: Maschen sind **Gefühle, die nicht zum Hier und Jetzt** gehören und auf diese Weise erkannt werden können (Goulding 1972)

Beziehungsmodell: Die Definition: die Masche ist ein **verdeckter erpresserischer Plan,** um unerfreuliche Gefühle zu erleben, zeigt, wie Maschen in der Beziehungsgestaltung benutzt werden (Holloway 1973). Das **Racketeering,** das *F. English* definiert, beschreibt Verhaltensmuster, mit denen versucht wird, andere dazu zu bewegen, wie die Elternfiguren zu handeln. Ist dies nicht erfolgreich, werden als Steigerung des Anreizes psychologische Spiele eingesetzt.

Verhaltensmodell: Als Kind gelernten, Verhaltensweisen einzusetzen um bestimmte Dinge zu erreichen oder zu vermeiden, wird als **Maschenverhalten** beschrieben. Wenn beispielsweise ein Mann versucht, als ‚sonny boy' Beachtung zu bekommen, und gleichzeitig damit auch intensiven Kontakt vermeidet, ist dies ein gelerntes, skriptgebundenes Verhalten.

Die Zuordnung zu den Ich-Zustandsmodellen zeigt, daß Maschengefühle sowohl interne Vorgänge beschreiben als auch externe Prozesse beinhalten. Davon sind die Verhaltensmaschen stereotype Verhaltensweisen, die auch denselben Zielen dienen wie die Gefühlsmaschen.

Auch wenn es unterschiedliche Definitionen gibt, die, wie *Erskine* und *Trautmann* schreiben, unterschiedliche Anteile eines großen Ganzen zeigen, gibt es über die Funktion von Maschen kaum Differenzen.

- Maschen sind zielorientiert auf andere Menschen.
- Maschen dienen der Verstärkung des Skripts.
- Maschen sind ein Weg der kontrollierten Kontaktgestaltung.
- Maschen erzeugen Spannung, vermeiden Langeweile.
- Maschen unterstützen die Phantasie des Einflusses auf andere.
- Maschen unterstützen die Phantasie der Kontrolle über sich selbst.
- Das Sammeln von Maschen als Rabattmarken zur Rechtfertigung von sonst nicht erlaubten Verhaltensweisen wird im Kapitel Arbeit mit Gefühlen dargestellt (Kap. 5.4).

In der Entwicklung ist das natürliche erste Bedürfnis, ein Grundgefühl auszudrücken. Macht jemand damit schlechte Erfahrungen, wird er als zweite Wahl, als ‚Trostpreis' die Macht der Masche wählen. Wenn er schon keine befriedigende Beziehung erreichen kann, dann soll es wenigstens die Machtposition sein. Im Hintergrund bleibt die machtlose Position wirksam.

Für Kinder hat die Entwicklung einer Masche zwei Seiten, die eine bedeutet Ohnmacht den Bezugspersonen gegenüber und der Anlaß, die eigenen Gefühle zu unterdrücken und zu ersetzen, um Anerkennung zu bekommen. Ist dieses Verhalten erfolgreich, entwickeln Kinder häufig die Phantasie, sie hätten nun die Möglichkeit gefunden, Einfluß auf andere zu nehmen. Dabei wird häufig nicht wahrgenommen, wie teuer dies bezahlt wird, denn dafür müssen sie ihre eigenen Gefühle und Bedürfnisse zurückstellen. In der resultierenden Bedürftigkeit wird die Phantasie wichtig, daß sie so mächtig sind, Einfluß auf die Erwachsenen zu nehmen, daß ihnen nichts Schlimmes mehr passiert oder etwas Gutes stattfindet. *Summerton* (1994) nennt dies die Magie in den Maschen. Diese Phantasie haben in der Regel nicht nur Kinder, sondern viele nehmen diese neurotische Überzeugung mit in das Erwachsenenalter. Diese beiden Seiten sind auch deutlich darin, daß Maschengefühle entweder in dem Eltern-Ich-Zustand oder aus dem angepaßten Kind-Ich-Zustand wahrgenommen werden und in der Regel auch aus diesen ausgedrückt werden.

⌘ Beispiel:
Eine Frau erlebt immer wieder Angst ❖ in vielen unterschiedlichen Situationen; sie hat auch Schwierigkeiten, einkaufen zu gehen, sie vermeidet dies, wenn möglich. Ihr Gedankengang dazu ist, daß ihr etwas passieren könnte, sie könnte ohnmächtig werden und komplett hilflos sein. ❖ Dann würden in ihrer Vorstellung alle Leute in diesem Geschäft zu ihr hinschauen und etwas Negatives über sie denken. Dieser phantasierte Ablauf beinhaltet sowohl die Seite der Ohnmacht, die Hilflosigkeit und auch die Machtseite, die oft zuerst nicht wahrgenommen wird. ❖ Daß **alle** Menschen auf sie schauen und sich für ihr Verhalten interessieren, ist sicher unwahrscheinlich.

❖ Kommentar:
Diese Frau hat in ihrer Kindheit gelernt, Wut, die sie erlebte, durch Angst zu überdecken, da in ihrer Familie für ein Mädchen Angst akzeptiert war und Wut den männlichen Familienangehörigen vorbehalten war.
Diese Äußerung kommt wie die Angst aus dem reagierenden Kind-Ich-Zustand.
In diesen Phantasien werden die typischen Merkmale von Maschen deutlich, Macht auf der einen Seite und die Ohnmacht auf der anderen Seite, sowie die darauf folgende Passivität und die offen bleibende unbefriedigende Situation.

Das zeigt, daß die als Kind entwickelten Mechanismen auch im Erwachsenenalter wirksam bleiben.

Wir halten es für wichtig, in der Diskussion über Maschen immer wieder darauf hinzuweisen, daß derjenige, der eine Masche erlebt, für sich im Moment des Erlebens nicht unterscheiden kann, ob es sich um ein originäres oder ein Maschengefühl handelt. Auch wenn hier bei dem Maschenverhalten von Manipulation gesprochen wird, sind dies keine bewußten Vorgänge und sind daher erst durch Reflexion bewußtzumachen. Daher ist eine Konfrontation mit Maschen am Anfang einer Beratung oder Therapie nicht sinnvoll, dafür muß eine Reflexion über das eigene Verhalten und über innere Prozesse möglich sein.

Autonomie und Gefühle

Gouldings betonen immer wieder, daß Menschen anderen Menschen keine Gefühle machen können. (Goulding und Goulding 1979 S. 112). Diese Aussage wird häufig verallgemeinert in dem Sinne, daß wir frei seien, zu empfinden oder auch nicht. Aktionen haben Wirkung, dazu schreibt *Schneider:* „Wir sind nicht frei, auf innere und äußere Reize nichts zu empfinden. Unser Organismus antwortet mit einer körperlichen und seelischen Empfindung, Reaktion" (1996 S. 15). *Gouldings* beziehen sich in ihrer Aussage auf die oben erwähnten Machtphantasien über Maschen. Sie legen Wert darauf, in ihrer Arbeit diese Überzeugungen deutlich zu machen, damit Klienten einen Weg finden, zu ihren eigenen Gefühlen und Bedürfnissen zu kommen und so Eigenständigkeit zu entwickeln. *Steiner* (1996) nennt diese Abhängigkeit emotionale Symbiose, die beide Beteiligten bremst; hier haben die Beteiligten Schwierigkeiten, ihre Gefühle von denen des anderen zu trennen. Eine ähnliche Situation besteht bei emotionalen Forderungen, die Menschen auf dem Boden von Schuldgefühlen aneinander stellen. Diese emotionalen Forderungen werden in Form von Maschengefühlen ausgedrückt. Es ist wichtig, diese ungesunde Beziehungsgestaltung zu unterbrechen und eine Trennung von **ich** und **du** zu ermöglichen in dem Sinne, daß es darum geht, eigene Gefühle auszudrücken und die Reaktion von anderen zu erleben, ohne zu glauben sie kontrollieren zu müssen. In dieser Diskussion betont *Steiner*, daß Menschen bei anderen Gefühle auslösen können.

Wäre dies nicht möglich, könnten wir keine Empathie für Klienten entwickeln, in der Berater und Therapeuten intuitiv ihre Gefühle wahrnehmen, und sich in bestimmte Situationen einfühlen. Es wäre dann z. B. auch nicht möglich, zwischen Maske und ursprünglichem Gefühl zu unterscheiden.

In Beratung und Therapie ist es wichtig, daß Klienten möglichst häufig ihre ursprünglichen Gefühle erleben und dadurch eine Befriedigung erfahren. Hier besteht ein Zusammenhang zu den Grundbedürfnissen, die auch durch Ersatzbedürfnisse überdeckt werden können (siehe Kap. 3.2).

Masken werden in den Lebensplan integriert und bilden dort mit den Skriptüberzeugungen, den Phantasien, den Erinnerungen ein System von Gedanken, Gefühlen und Verhalten, das Maschensystem.

Maschen- oder Skriptsystem

lebensgeschichtlich:	verhaltensmäßig:	beziehungsmäßig
Skriptglaubenssätze über Selbst Andere Qualität des Lebens	**Skriptverhalten** beobachtbares Verhalten	**Verstärkende Erfahrungen** gegenwärtige Ereignisse
	phänomenologisch berichtete innere Erfahrungen Phantasien	**phänomenologisch** alte emotionale Erinnerungen
Verdrängte Bedürfnisse und Grundgefühle		Erinnerungen an die Phantasien als Realität

Erskine und Zalcman entwickelten das Maschen- oder Skriptsystem, in ihm werden die Zusammenhänge zwischen Maschengefühlen und Maschenverhalten als äußere Manifestation des Skriptes mit den inneren unbewußten Skriptstrukturen in Verbindung gebracht. Dieses Theoriekonzept ermöglicht, die unterschiedlichen Aspekte von Masken einzuordnen und im Zusammenhang mit den Skriptinhalten zu sehen.

Für die Einschätzung von Klienten und auch im aktuellen Umgang ist die Kenntnis des Maschenskriptsystems hilfreich. Es dient dazu,

Vertragsziele zu definieren und gezielt zu intervenieren. In der Übersicht haben wir das Modell von *Erskine* und *Zalcman* verwendet und durch den unterschiedlichen Hintergrund externe und interne Anteile unterschieden.

Die Erfahrungen des aktuellen Lebens bestätigen Skriptinhalte, und ebenso die Erinnerungen an Phantasien werden so eingesetzt, als seien sie Realität. Dieses System ist für einzelne Skriptüberzeugungen und die dazugehörigen Verknüpfungen darstellbar, es zeigt sozusagen eine ‚Scheibe' aus dem Skript.
 Erskine (1991/1988 S. 46) schreibt zum Skriptsystem: „Das Skriptsystem dient der Abwehr der bewußten Wahrnehmung von Erfahrungen und Bedürfnissen der Kindheit sowie der damit verbundenen Gefühle und ist gleichzeitig eine Wiederholung der Vergangenheit."
 Es dient damit der Verzerrung der Gegenwart und ermöglicht die Sicherheit, das schon ‚Bekannte' zu erleben. Dies ergibt einen sich selbst verstärkenden Kreislauf. Wird nun dieser Kreislauf immer wieder durchlaufen, kann der Klient, wenn er so weit gekommen ist, ihn zu erkennen, ihn an jedem Punkt unterbrechen und neue Wege einschlagen. Dies ist sowohl auf dem kognitiven Weg als auch über Gefühlsarbeit möglich.
 Partner werden ‚passend' zu diesem System ausgesucht mit dem unbewußten Ziel, jemanden zu haben, der wie die Mitglieder der Ursprungsfamilie handelt. Diese Beziehung zu den Partnern kann durch die ineinandergreifenden Skriptsysteme dargestellt werden, um Verständnis für das Ineinanderhaken zu gewinnen und Änderungen möglich zu machen. Die ineinandergreifenden Skriptsysteme finden Verwendung in der Einzelarbeit, um Klienten aufzuzeigen, in welcher Weise sie sich in ihren aktuellen Beziehungen mit anderen verknüpfen und wie das mit den Beziehungen in der Ursprungsfamilie zusammenpaßt.

3.6 Erlebnisgeschichtliche Analyse:

Lebensplan

Theoretische Grundlagen

Eines der zentralen theoretischen Konzepte für Therapie und Beratung ist das Modell des Lebensplanes (Skript), definiert als „unbewußter Lebensplan des Individuums, der auf Entscheidungen, die in früher Kindheit getroffen wurden, basiert." (Berne 1966 S. 285 f), oder präziser: „Ein Skript ist ein fortlaufendes Programm, das in früher Kindheit unter elterlichem Einfluß entwickelt wurde und dadurch das Verhalten eines Individuums in den meisten wesentlichen Aspekten seines Lebens beeinflußt." (Berne 1972/1975 S. 343). Diese Definition ist entwicklungs- und pathologieorientiert, sie beinhaltet sowohl fördernde als auch einschränkende Anteile, die in einem System miteinander vernetzt sind.

Daher wird in der Transaktionsanalyse zwischen Gewinnerskripts, banalen Skripts und hamartischen Skripts unterschieden. Das Gewinnerskript erlaubt, die eigenen Ziele im Leben zu erreichen und ein zufriedenes, sinnerfülltes oder glückliches Leben zu führen. Banale Skripts sind durch Zeitvertreib gekennzeichnet, das Leben verrinnt ohne besondere Höhen und Tiefen. Hamartische Skripts oder Verliererskripts führen zu einem tragischen Lebensende der Skriptendauszahlung (Skript-Payoff) in Form von schwerer Krankheit, Verwahrung in Psychiatrie oder Gefängnis, Sucht, Suizid oder Sterben in Isolation (Einsamkeit).

Aus diesen Basisdefinitionen haben sich verschiedene Auffassungen über den Lebensplan entwickelt: z. B.
- Skript als inneres Programm aus der Erfahrung der frühen Bezugspersonen (Berne/Steiner),
- Skript als Reaktion auf erfahrene Förderung oder Behinderung in bestimmten Entwicklungsphasen (Levin),
- Skript als Sammlung von (Über-)Lebensentscheidungen (Goulding),
- Skript als Anpassung an ein bestimmtes Milieu (Schiff),
- Skript als Reaktion auf frühkindliche Traumen (Erskine),
- Skript als Ordnungsprinzip des Lebens, als bewußte und vorbewußte Lebensplanung (English),

- Skript als biographische Sinnfindung (Allen/Allen),
- Skript als Verhaltenssteuerung unter Streß (Kahler).

Gemeinsam ist allen diesen Auffassungen von Skript, daß der Lebensplan das Denken, Fühlen und Verhalten in aktuellen Situationen beeinflußt und daß durch seine Bearbeitung innerpsychische und Verhaltens-Änderungen möglich und notwendig sind.

Wir werden an dieser Stelle nur die wichtigsten Aspekte darstellen, im Laufe der verschiedenen Anwendungskapitel werden weitere Modelle besprochen.

Die aktuelle Diskussion um das Konzept ‚Skript' bezieht sich auf die Fragen seiner theoretischen Grundlegung (Skript als phänomenologische Erfahrung, hypothetisches Konstrukt, Modell, Hypothese), der Bedeutung der Kindheitserfahrung für den Erwachsenen (wie gültig sind frühkindliche Entscheidungen im Gegensatz zu späteren Einflüssen), seiner pragmatischen Funktion als Therapiemodell (Skript als konkrete Erfahrung, Bild, Allegorie, innere Landkarte) sowie der postmodernen Sichtweise (Skript als Wirklichkeitskonstruktion, Projektion von Vergangenheit und Zukunft, Ergebnis eines Diskurs, erzählte Subjektivität).

📖 Zur Vertiefung empfehlen wir das Themenheft: Script des TAJ 18,4,1988.

- Der **menschliche Lebenslauf** wird von verschiedenen Faktoren bestimmt: der **genetischen Grundsituation** eines Individuums,
- **nicht beeinflußbaren Bedingungen** der Lebenssituation (Schicksal),
- den **Umwelteinflüssen** der frühen Kindheit, Anpassung an ein bestimmtes Milieu,
- den frühen **Konflikten** und daraus resultierenden Entscheidungen,
- **Glaubenssätzen** (Konstrukten) über das Ich, die anderen, das Leben oder die Welt generell,
- **bewußten späteren Entscheidungen** und deren Folgen.

Bei der **Lebensplananalyse** untersuchen wir Kindheitskonflikte vor allem in der Gefühlswelt, die Entstehung von Glaubenssätzen und Entscheidungen sowie deren Auswirkungen auf das momentane Leben der Klienten.

Die genannten Faktoren führen zu einer Entwicklung eines Bildes von sich, den anderen und dem Leben allgemein, das vorbewußt wesentlich Entscheidungen mitbestimmt und dadurch Wiederholungen von Konfliktsituationen bewirkt.

Das Skript wird demnach als ein wiederholtes Muster im Lebensvollzug sichtbar, wo eine bestimmte Vergangenheit die Gegenwart und bisweilen auch die Zukunft eines Menschen in seinen Entscheidungen bestimmt. Therapeutisch und beraterisch wird es in Situationen bedeutsam, in denen ein Mensch – soweit möglich – nicht frei über Gegenwart und Zukunft bestimmen kann. Dies gilt auch für positive Entscheidungen und Anpassungen, besonders aber, wenn das Skriptmuster auf ein unglückliches, einsames, krankes, suizidales Lebensende hinzielt.

Bei vielen Menschen kann der Lebensplan als komplexes Bild verstanden werden, das durch eine Art Überschrift (Motto) gekennzeichnet ist und – wie beim Bild eines Malers – nur ansatzweise verbal beschreibbar ist.

In der Therapie/Beratung wird also nie der ganze Lebensplan in seinen Facetten sichtbar und bearbeitet, sondern nur jeweils dominante Teile, die mit der aktuellen Konfliktsituation zusammenhängen.

Skriptmodelle der TA sind somit als Zugänge zum Lebensplan aufzufassen, die je nach Fragestellung und der Zielsetzung der therapeutischen und beraterischen Tätigkeit variieren können. Den Sinn der Skriptanalyse sehen wir darin, daß sowohl Therapeut/Berater als auch die Klienten das innere System des Klienten verstehen, um Zielsetzungen für eine Therapie oder Beratung zu entwickeln. Die Diagnostik im Sinne der Skriptanalyse und die Therapie/Beratung sind ineinandergreifende Prozesse, die einander beeinflussen und gezielte Interventionen ermöglichen. Die Skriptanalyse ist für Klienten ein intensiver Bewußtwerdungsprozeß und damit ein wichtiger Teil der Arbeit. Zum Schutz der Klienten findet sie vertragsgemäß und an der jeweiligen Zielsetzung orientiert statt.

Das entwicklungspsychologische Modell

Als wesentliche Grundlagen des Skriptes werden die frühkindlichen Einflüsse von Eltern und wichtigen Bezugspersonen sowie die kindlichen Entscheidungen angesehen. Als ‚Entscheidungen' des Kindes werden die Anpassungsleistungen (Akkommodationen) im Sinne *Piaget*s (1973) verstanden.

Die Grundlage pathologischer Muster sind kindliche Entscheidungen, die zum Teil massiv einschränkend sind, da Kinder in allen Bereichen z.B. Zuwendung, Ernährung auf die Bezugspersonen angewiesen sind. Zudem haben sie eine geringere Frustrationstoleranz als

Erwachsene und noch wenig Informationen, so daß sie ihre Entscheidungen treffen, um aus ihrer Sicht möglichst gut mit den Bezugspersonen auszukommen. Diese Konflikte der frühen Kindheit werden nicht erinnert, daher gilt der Lebensplan als unbewußt.

Die Bezugspersonen vermitteln Botschaften sowohl aus ihren bewußten als auch aus ihren unbewußten Anteilen, die förderlich oder einschränkend sein können. Dies geschieht in der Beziehung zum Kind und aus Fürsorge. Die Familie in ihrer Struktur (Teilfamilien, Geschwistersituation, Einfluß von Verwandten) ist nur ein Teil eines übergreifenden Erziehungssystems. Die Kinder erfahren Einflüsse aus mehreren Generationen, der gesamte kulturelle, religiöse und historische Hintergrund einer Familie hat hier Bedeutung.

Skriptarbeit ist daher keine Anklage an die Eltern, sondern eine distanzierte, wertneutrale Betrachtung der Einflüsse.

> **Skript bzw. Lebensplan**
>   entsteht aus
> **kindlichen Entscheidungen**   **elterlichen Einflüssen**

Beispiele der Lebensweise aus anderen Kulturen ('kulturelle Skripts') sind für uns manchmal schwer einfühlbar, helfen aber die Bedeutung eigener Sichtweisen zu relativieren und traditionelle Regeln in Frage zu stellen.

Nach Auffassung von *Berne* ist das Skript ein Entwicklungsprozeß, der mit perinatalen Erfahrungen als ‚protocol' beginnt und mit dem ‚palimpsest' als einem ersten Entwurf im Alter von etwa fünf Jahren fortgesetzt wird. Diese frühen Stadien werden verdrängt. Die danach folgende Fassung des Skriptes, das ‚script proper' ist dagegen dem Bewußtsein zugänglich und wird als vorbewußt definiert (Berne 1963 S. 227–231).

Wesentliche Aspekte des Skriptes sind in der **Skriptformel zusammengefaßt**: „frühe elterliche Einflüsse → Programm → **sich dem Programm unterziehen (compliance)** → **wichtige Lebensumstände** → **Endauszahlung (pay-off)** (Berne 1975 S. 344). Sie ermöglicht die Einordnung von Skripteinflüssen in einer zeitlichen und inhaltlichen Dimension und bezieht den auch unbewußten Endausgang mit ein. Diese Einteilung beschreibt drei Möglichkeiten, das Gewinner-, Verlierer- oder banale Skript.

Einfluß von Personen

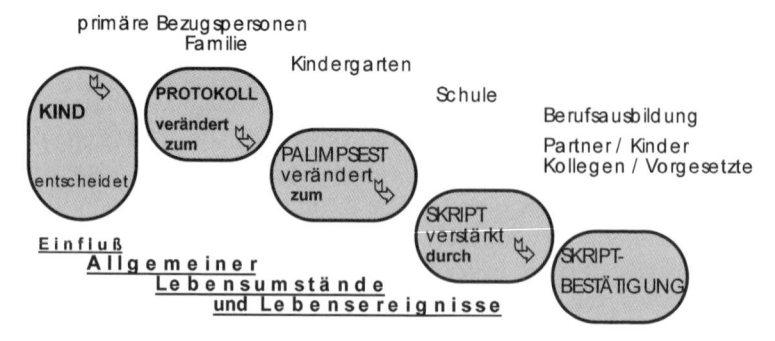

primäre Bezugspersonen
Familie
Kindergarten
Schule
Berufsausbildung
Partner / Kinder
Kollegen / Vorgesetzte

KIND entscheidet
PROTOKOLL verändert zum
PALIMPSEST verändert zum
SKRIPT verstärkt durch
SKRIPT-BESTÄTIGUNG

Einfluß
Allgemeiner
Lebensumstände
und Lebensereignisse

Die Entstehung des Skripts

Grundpositionen, das ‚o.k.-Konzept'

Aus den frühen Erlebnissen entwickeln wir weitreichende Einstellungen zu uns selbst und der Umgebung, die ‚Lebensgrundposition' (Berne 1962). Sie bestimmt, ob wir uns als angenommen und wertvoll erleben, also ‚o.k., fühlen. Diese Position wird auch auf andere bezogen: Wie sehe ich die anderen, sehe ich sie als vollständig und wertvoll, als ‚ok' an?

Sind diese Grundeinstellungen einmal entwickelt, werden sie in das Skript integriert und wie die anderen Skriptinhalte immer wieder selbst bestätigt.

Vier Grundpositionen, die auch als ‚Basisposition' (Ernst 1971/1973) oder als ‚existentielle Position' (Harris 1975/1969) bezeichnet wurden, sind charakteristisch:

- ich bin o.k. – du bist o.k. (+ / +)
- ich bin o.k. – du bist nicht o.k. (+ / –)
- ich bin nicht o.k. – du bist o.k. (– / +)
- ich bin nicht o.k. – du bist nicht o.k. (– / –)

Wir gehen davon aus, daß Kinder in der ersten Position (+/+) geboren werden und, solange ihre Bedürfnisse erfüllt werden, sie auch darin bleiben und sich zu Gewinnern entwickeln.

Die zweite Position (+/–) dient im rebellischen Kampf gegen das Gefühl, selbst nicht o.k. zu sein. Sie wird entwickelt, wenn Kinder die Umgebung als feindselig erleben, z.B. von ihren Eltern ausgenutzt oder mißbraucht werden. Meist lebt ein Elternteil diese Haltung als Modell vor.

Die dritte Position (–/+) ist eine resignierend-depressive Haltung. In ihr ist die Erfahrung des Kleinseins, der Ohnmacht und Abhängigkeit von anderen generalisiert. Werden z. B. einem Kind wesentliche Bedürfnisse nicht erfüllt, sieht es häufig in sich selbst die Ursache für die Benachteiligung. Es interpretiert sich als unattraktiv oder minderwertig.

Die vierte Position (–/–) wird dann entwickelt, wenn Kinder schlecht behandelt werden und sie weder sich noch die anderen als wertvoll erleben. Sie haben die Hoffnung auf eigene Lebensgestaltung aufgegeben. Die Grundstimmung ist Verzweiflung und Haß. Diese Einstellung führt zu einem Verlierer-Skript.

F. English (1976) unterscheidet bei der ersten Position zwischen einem symbiotischen, grenzenlosen o.k.-Gefühl des Säuglings und dem ‚o.k.-realistisch' des Erwachsenen, der seine Grenzen und die Begrenztheit der anderen und des Lebens allgemein akzeptiert, ohne zu resignieren, sondern darauf eine gesunde Lebenseinstellung und Lebensplanung aufbaut.

Die Grundposition wirkt als Organisationsprinzip für das Denken, Fühlen, Handeln und die Beziehungsgestaltung. *Steiner* (1974) zählt das Bilden und Bestätigen der Grundposition zu den Grundbedürfnissen.

Ernst (1973) ordnet die Grundpositionen zu einem Quadrat und schreibt ihnen typische Reaktionsweisen der Problemlösung zu:

Das o.k.-Gitter (o.k.-Korral)

	Du bist o.k.	
	sich zurückziehen, von anderen die Lösung erhoffen	sich aktiv zuwenden, konstruktiver Umgang mit Problemen
Ich bin nicht o.k.		**Ich bin o.k.**
	steckenbleiben, destruktiv agieren	den anderen oder das Problem loswerden wollen
	Du bist nicht o.k.	

In diesem Zusammenhang ist die Sprache wichtig. *Berne* bezog die Begriffe, die er einführte, aus der Umgangssprache, um seine Theorie allgemeinverständlich zu machen im Gegensatz zum ‚Fachchinesisch' vieler Berufe. Dies ist ihm für die zu seiner Zeit in den USA Lebenden gut gelungen. Die Metaphern, die er verwendet, stammen sowohl aus der europäischen als auch aus der amerikanischen Kultur. Die weiteren Entwicklungen in den Staaten hatten zur Folge, daß für Europäer diese Metaphern schwer nachzuvollziehen sind, wie z. B. der o.k. corral; dabei klingt für einen in den Staaten Aufgewachsenen sofort die Geschichte von Whyatt Earp an, die bei uns nur speziellen ‚Western'-Fans vertraut ist. So ist leider das, was *Berne* wollte, die Fachsprache abzuschaffen, leider wieder entstanden, einerseits die Wörter, die bei der Übersetzung schwer in Umgangssprache zu bringen sind, wenn sie ihre Bedeutung nicht verlieren sollen, und andererseits die verwendeten Bilder, die zu unserer Kultur häufig eine große Distanz haben.

Der Einfluß elterlicher Botschaften

Bei der Bildung des Protokolls, des Palimpses und des eigentlichen Skripts wird den Eltern, bzw. wichtigen Bezugspersonen ein wesentlicher Einfluß zugeschrieben. Im Rahmen der Bindungsforschung wurden einige dieser Theorien mittlerweile bestätigt, allerdings auch eine größere Variabilität in der späteren Entwicklung festgestellt, die einen zwingenden Zusammenhang zwischen der Kleinkinderfahrung und dem Erleben und Verhalten des Erwachsenen in Frage stellen.

Für Therapie/Beratung sehen wir daher die elterlichen Botschaften, wie sie verbal ausgedrückt werden, als Metaphern an, die helfen, die vom Erwachsenen erinnerte Beziehung in einen Sinnzusammenhang zu bringen und Wege zur Veränderung zu finden.

Es gibt unterschiedliche Darstellungen der Wirkungsweise elterlicher Botschaften in der Skriptmatrix, die für verschiedene Fragestellungen hilfreich sein können. Wir benutzen unter Verwendung des Struktur-Modells der Persönlichkeit eine Abwandlung der Skriptmatrix von Woollams und Brown (1978 S. 177).

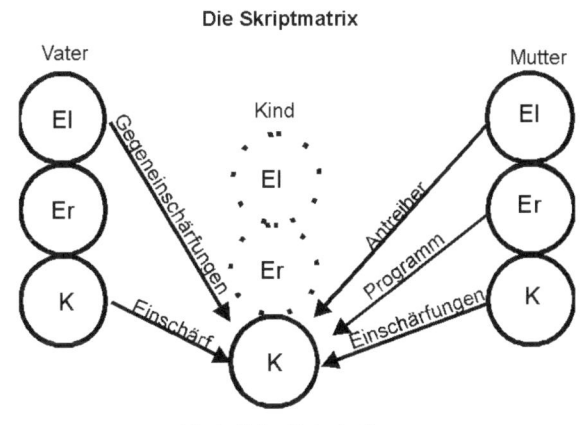

Die Skriptmatrix

Die Skriptmatrix

[Diagramm: Vater (El, Er, K) links und Mutter (El, Er, K) rechts, beide mit Pfeilen zum Kind (El, Er, K) in der Mitte. Beschriftungen der Pfeile: Gegeneinschärfungen, Einschärfungen (vom Vater); Antreiber, Programm, Einschärfungen (von der Mutter). Unterschrift: Hinderliche Botschaften]

Die elterlichen Einflüsse sind in prägnanter Weise erstmals von *Steiner* (1966) in der Skriptmatrix zusammengestellt.

Das Kind wird zwischen den Elternteilen dargestellt, zur Verfügung steht ihm das Kind-Ich mit den Unterstrukturen des kindlichen Eltern-Ich (El_1), des kindlichen Erwachsenen-Ich (Er_1 oder auch ‚kleiner Professor') und des Kindes im Kind-Ich (K). Dem Kind stehen zur Bewältigung seines Lebens kindliche Eltern- und Erwachsenenstrukturen zur Verfügung, die die elterlichen Einflüsse verarbeiten und mit den eigenen Bedürfnissen aus dem K_1 in Einklang bringen. Das Kind koordiniert seine Bedürfnisse (K_1) mit den wahrgenommenen Forderungen der Umwelt (Er_1) und löst Konflikte, wenn eigene Bedürfnisse und Umweltanforderungen divergieren. Diese Lösungen entsprechen dem Erleben der Kinder und ihrem jeweiligen Entwicklungsstand.

Die Eltern (Bezugspersonen) reagieren mit allen Ich-Zuständen auf das Kind, teils verbal, teils nonverbal, und geben ihm so unterschiedliche Botschaften, die seine Person, sein Leben und die Umgebung betreffen. Diese Botschaften werden in der klassischen Skriptmatrix in Einschärfungen, Gegeneinschärfungen und das vorgelebte Programm eingeteilt.

Die Skriptmatrix ist sozusagen das Inhaltsverzeichnis des Skriptes, das Skriptsystem wird in diesem Modell in Faktoren zerlegt und hilft dadurch, die Klienten zu verstehen, Interventionsstrategien zu entwickeln und an relevanten Punkten anzusetzen. Es ermöglicht auch dem Klienten, Verständnis für sich in seiner Geschichte zu entwikkeln.

Während in der TA-Literatur oft nur das Pathologie-Modell aufgeführt wird, legen wir auch Wert auf die positiven Botschaften als Quellen der persönlichen Stärken eines Klienten. *Pamela Levin* (1982) listet sie als Erlaubnisse und Bekräftigungen auf, die wir für ein gesundes Leben brauchen.

Die Erlaubnismatrix von *Woollams* und *Brown* (1979) legt den Schwerpunkt auf die förderlichen Botschaften.

Im Lebensplan ist ein Zusammenspiel dieser unterstützenden und hemmenden Entscheidungen, Anweisungen und Modellverhaltensweisen gegeben.

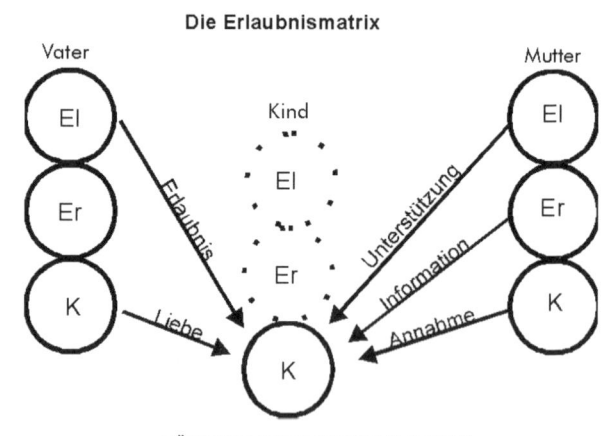

Die Erlaubnismatrix

FÖRDERLICHE BOTSCHAFTEN

Grundbotschaften
Die entwicklungsgeschichtlich älteste Ebene sind die Überzeugungen, die ein Mensch über sich entwickelt, wie er ist oder wie er glaubt, sein zu sollen. Diese entstehen z.T. schon pränatal und nach der Geburt vor allem durch den (nonverbalen) Umgang der Personen der Umgebung mit dem Kind. Diese Überzeugungen können fördernd oder hemmend sein.

Die **Einschärfungen** beschreiben Einflüsse, die als Verbote erlebt und gespeichert sind. Sie stammen meist aus unbewußten Persönlichkeitsanteilen der Bezugspersonen und werden nonverbal vermittelt. *Goulding* und *Goulding* (1975) haben zwölf typische Einschärfungen in Kurzformeln gebracht: „sei nicht" oder „existiere nicht", „sei nicht du selbst", „sei kein Kind", „schaff's nicht", „tu es nicht", „sei nicht wichtig", „gehör nicht dazu", „sei nicht nahe", „sei nicht gesund", „fühl nicht", „denk nicht".

Für das Verständnis und die Einordnung ist die vereinfachende Prägnanz hilfreich. Im einzelnen Fall ist es notwendig, die exakte Formulierung und individuelle Bedeutung für den einzelnen Klienten herauszufinden. Diese Botschaften werden auch als ‚Bannbotschaften' bezeichnet. Wir haben sie nach unterschiedlichen Bereichen in der folgenden Tabelle zusammengestellt.

Grundbotschaften: Erlaubnisse und Einschärfungen

Bereich:	Fördernde Botschaft / Bestätigung	Einschränkende Botschaft/Verbot
Dasein:	Wir freuen uns, daß du da bist! Du hast ein Recht, hier zu sein!	Sei nicht! Existiere nicht!
Identität/Selbst:	Ich bin froh, daß du ein Junge / ein Mädchen bist! Erprobe und erfahre, wer du wirklich bist!	Habe keine eigenen Empfindungen! Sei nicht, der du bist!
Wert:	Dein Dasein, deine Bedürfnisse, dein Fühlen, dein Denken, deine Ansichten und Erfahrungen sind uns wichtig!	Sei nicht wichtig!
Nähe und Kontakt:	Es ist schön, dich zu halten, dich zu berühren, dir nahe zu sein!	Sei nicht nahe! Traue niemandem! Gehöre nicht dazu!
Empfindungen, Wünsche und Bedürfnisse:	Deine Bedürfnisse sind in Ordnung! Du kannst dir deine Zeit nehmen! Ich bin froh, daß du größer wirst!	Habe keine eigenen Bedürfnisse! Sei kein Kind! Werde nicht erwachsen!
Fühlen:	Trau deinen Gefühlen als Führer!	Habe keine eigenen Gefühle!

Bereich:	Fördernde Botschaft / Bestätigung	Einschränkende Botschaft/Verbot
Denken:	Du kannst neugierig und intuitiv sein! Du kannst beim Fühlen denken und beim Denken fühlen! Du kannst für dich selbst denken!	Denke nicht!
Fähigkeiten und Fertigkeiten:	Entdecke deine Welt und probiere etwas aus! Du kannst etwas unternehmen und Unterstützung dabei bekommen! Es ist gut, Verantwortung für eigene Bedürfnisse, Gefühle und Handlungen zu übernehmen!	Schaff's nicht! Tu's nicht!
Gesundheit:	Sorge für dich! Laß es dir gutgehen!	Sei nicht gesund! Sei nicht normal!
Glück und Zufriedenheit:	Es ist in Ordnung, selbständig zu sein!	Sei nicht glücklich! Sei nicht zufrieden!

Programm

Ein weiterer wesentlicher Bestandteil des Skripts ist das **Programm:** Die Vorstellung der Eltern, wer das Kind ist, was aus ihm werden soll, wie es leben soll. Meist wird es von den Eltern vorgelebt, und oft übernimmt das Kind es vom gleichgeschlechtlichen Elternteil. Es enthält Informationen darüber, wie positive oder negative Lebensziele erreicht werden, z. B.: wie werde ich ein erfolgreicher Geschäftsmann – wie bin ich eine zufriedene Hausfrau und Mutter – wie werde ich ein Säufer, der abgebaut in der Psychiatrie endet – wie werde ich eine unglückliche Frau, die sich zwischen ‚Herd' und Beruf zerreißt.

Gegenskriptbotschaften

Antreiber aus der Eltern-Haltung heraus praktiziert:
- Mach's mir recht!
- Beeile dich

- Sei stark!
- Streng dich an!
- Sei perfekt!

Wenn Kinder einschränkende und festlegende Botschaften erhalten und akzeptiert haben, entwickeln sie sich oft nicht in der Weise, wie die Eltern es sich wünschen. Deshalb erhalten sie aus dem ‚Eltern-Ich' der Eltern erzieherische, bewußte Anweisungen (Erlaubnisse/Verbote), um das Leben in der gewünschten Weise zu bewältigen. Dadurch soll sich das Kind in den sozialen Rahmen einfügen. Sie beziehen sich auf alle Lebensbereiche. In generalisierter und übertriebener Form werden sie zu **Antreibern.** *Kahler* (1974) beschreibt fünf wichtige Typen: „tu es mir zuliebe / mach's mir recht", „beeil dich", „sei stark / zeige keine Gefühle", „streng dich an, arbeite hart", „sei perfekt".

Die Wirkung des häuslichen Erziehungsklimas

Von *Steiner* werden drei **Skripttypen** beschrieben, die auf einem Mangel in der Kindheit beruhen, eine bestimmte Pathologie fördern und einen typischen Skriptausgang provozieren.

Ihre Analyse hilft zur Schwerpunktsetzung in der Therapie/Beratung. Diese Sichtweise verknüpft Inhalte des Skripts mit typischen Ursachen, Störungsbildern und zentralem Behandlungsansatz. „Depression, Verrücktheit und Abhängigkeit sind die drei seelischen Hauptstörungen: das ‚lieblos'-, ‚kopflos'- und ‚freudlos'-Skript (Steiner 1982 S. 98, übers. G. H.).

Skripttyp	lieblos	kopflos	freudlos
Verlorene Funktion	Intimität	Bewußtheit	Spontaneität
Einschärfungen	sei nicht sei nicht nahe	denk nicht sei nicht du selbst	fühle nicht schaff's nicht
Typische Beschwerden	Mangel an Zuwendung, Anerkennung, starke Einsamkeit	Verwirrung, Angst, verrückt zu werden, Abwertungen von sich und anderen	Verlust von Körperempfindungen, Körpermißempfindungen, Gefühllosigkeit

Skripttyp	lieblos	kopflos	freudlos
Endauszahlung:			
Banales Skript	Depression	Konfusion	Langeweile
Tragisches Skript	Selbstmord	Verrücktheit/ Psychose	Abhängigkeit/ Sucht
Therapeutische Schwerpunkte	Zuwendung emotionsbezogene Arbeit	Erklärungen kognitive Arbeit	Zentrierung körperbezogene Arbeit

(nach Woollams/Brown 1978 S. 215, Übers. G. H.)

Das Skript als Zeitstruktur im Lebenslauf

Betrachtet man das Skript als eine Gestaltung des Lebenslaufes (Ordnungsprinzip oder Sinnfindung) lassen, sich verschiedene typische Muster aufzeigen, für die die Transaktionsanalyse in der Tradition der Psychoanalyse auf Gestalten der griechischen Mythologie zurückgreift.

Die subjektive Lebenszeit kann in sehr unterschiedlichem Maß erlebt und gestaltet werden. Sie wird immer eine Mischung aus schicksalhaften Faktoren (M. Klein 1981), altersentsprechenden Aufgaben (E. Erikson 1976, P. Levin 1988) und autonomen Entscheidungen sein. In der griechischen Sage kann Odysseus als Modell für eine gelungene Bewältigung von Schicksal dienen, wenn er nach all seinen Abenteuern zu Hause ankommt. Ähnlich ist Ödipus trotz aller schicksalhaften Verstrickungen und seiner Blindheit am Ende seines Lebens ein hochgeachteter Seher.

Muster der Lebenszeitstrukturierung nach Berne
Für pathologische Skripts beschreibt *Berne* in Anlehnung an die „Lebensstile" *A. Adlers* typische Muster, die sich im Lebenslauf als eine wiederholte Struktur zeigen. Sie bilden eine Art ‚Motto' für die Lebensgestaltung.

> ❖ A. Adler spricht von der Existenz eines unbewußten Lebensplanes, der in der frühen Kindheit in der Auseinandersetzung mit der familiären Umwelt entwickelt wird. Er untersucht die Biographie des Menschen besonders unter dem Konflikt zwischen Minderwertigkeitsgefühl und dem Streben nach Macht und Überlegenheit. Die Versuche, das primäre Minderwertigkeitsgefühl zu überwinden, führen zu Leitbildern und zu Kompensations- bzw. Überkompensationsmustern, wie z.B. das „als ob", „dennoch" etc.

Er verwendet hierfür Beispiele aus der griechischen Mythologie, wobei er allerdings nur die jeweilgen „Bestrafungen", nicht aber die gesamte Sage verwendet. Um die Hintergründe und Bedeutung der Muster zu verstehen, lohnt es allerdings, die Sagen vollständig zu lesen (Darstellung in Kap. 4.1).

Übersicht der Lebenszeitstrukturierung nach Berne

Motto	Mytholog. Beispiel	Leitsätze
Niemals	Tantalus	Ich werde nie erreichen, was ich will. Das Leben ist mir oft zu schwierig.
Für immer	Arachne	Ich habe mich entschieden, das ist nun nicht mehr zu ändern. Wie man sich bettet, so liegt man.
Danach	Damokles	Das dicke Ende kommt noch, alles hat seinen Preis. Freue dich nicht zu früh. Es muß noch was Schlimmes passieren.
Erst wenn	Herakles	Erst die Arbeit, dann das Vergnügen! Wenn alles erledigt ist, werde ich genießen. Es gibt im Leben nichts umsonst.
Immer wieder	Sisyphus	Fast wäre ich soweit gewesen, aber dann ... Vielleicht schaffe ich es dieses Mal.
offenes Ende	Philemon und Baucis	Ich habe keine Pläne. Wie die Zeit vergeht.

Die Wirkung des Skript im aktuellen in der aktuellen Situation (Mini-Skript)

Taibi Kahler entwickelte ein praktisches Modell, wie Skriptwirkungen im aktuellen Verhalten und im Gefühl wahrnehmbar sind, die unter Streß zu kommunikativen Problemen führen und das Verhalten einengen.

In einer streßfreien Situation haben wir die Freiheit, aus unserem Repertoire frei zu wählen und autonom zu entscheiden, was wir tun.

Unter leichtem Streß wird diese Freiheit eingeengt, und der Mensch greift auf seine typischen ‚Rezepte' aus dem Eltern-Ich, die Antreiber, zurück. Innerlich fühlt er sich dabei verunsichert (nur noch bedingt o.k.), hofft aber, die Verunsicherung zu meistern: 1. Antreiber-Position.

Steigt der Streß und versagen die Lösungsrezepte, fühlen wir die in der Kindheit erfahrene Situation der Unterlegenheit wieder. Wir sehen uns unfähig, die Situation zu bewältigen (ich bin nicht o.k., die anderen sind o.k.), spüren innerlich eine Blockade und hören auf die hemmenden Botschaften des Eltern-Ich: 2. Bremser-Position.

Bei hohem Streß haben wir die Möglichkeit, dem Gefühl des Unfähig-Seins zu entgehen durch eine Umkehrung der Abhängigkeitssituation. Statt die Blockade im angepaßten Kind-Ich zu spüren, können wir auf das Repertoire des rebellischen Kind-Ich zurückgreifen, definieren uns als o.k. und schieben die Schuld an der Streßsituation auf die anderen. Das Verhalten wird aus dem kritischen Eltern-Ich bestimmt: 3. Rachsüchtige Position.

Scheitert auch dieser Versuch, das Problem zu lösen, spüren wir Verzweiflung und Isolation, sehen uns selbst und die anderen als unfähig an (ich bin nicht o.k., du bist nicht o.k.). *Kahler* nennt diese 4. Position auch den Mini-Skript-Payoff, da hier Bestätigungen und Rabattmarken für das Scheitern im Leben (Hamartisches Skript) gesammelt werden.

Die verschiedenen Positionen des Mini-Skripts werden unterschiedlich schnell durchlaufen, bestimmte Positionen sind vertrauter als andere und werden unter Dauerstreß auch lange Zeit beibehalten. Sie stellen untereinander einen Circulus vitiosus, einen Teufelskreis, dar, da jede Position die andere bestätigt und fördert.

⌘ Am Arbeitsplatz geht das Gerücht von anstehenden Entlassungen um. Ein Mitarbeiter reagiert darauf mit verstärkter Anstrengung (Antreiber: Arbeite hart!), obwohl er die Kriterien für die Maßnahmen nicht kennt. Bei Fortdauer der Unsicherheit wächst die innere Blockade, er macht Fehler, wird von seinem Vorgesetzten getadelt (Bremser-Position). Aus Wut beginnt er Dienst nach Vorschrift und schimpft bei seinen Kollegen auf die Betriebsführung und isoliert sich dadurch zunehmend (Rachsüchtige Position). Als die konkrete Frage gestellt wird, wer von der Abteilung eingespart werden könne, wird er von Kollegen und Vorgesetzten benannt (Payoff-Situation).

In der Therapie/Beratung erscheinen Klienten meist, wenn sie die zweite oder vierte Position erleben, bzw. in der dritten Position sprechen sie davon, daß andere sich ändern sollten, damit es ihnen gut geht. Im Gespräch lassen sich dabei meist auch die Erfahrungen der anderen Positionen, deren Betonung und die typischen Wechsel ermitteln. (Hierzu mehr im Kap. 4.1.)

Das Mini-Skript

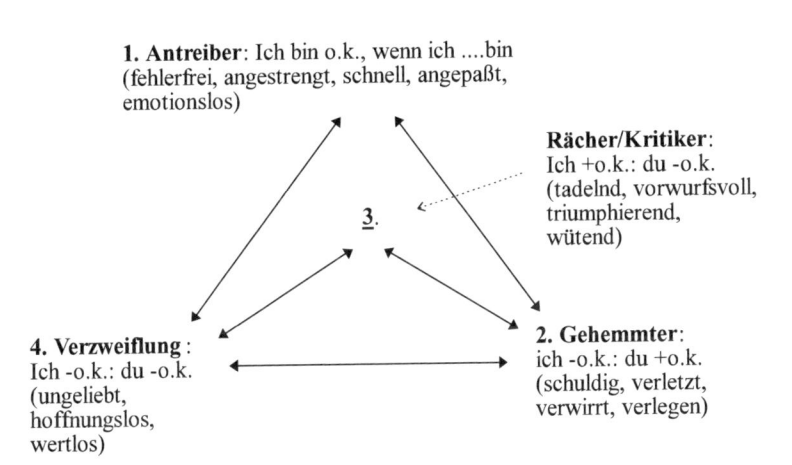

1. Antreiber: Ich bin o.k., wenn ich ....bin
(fehlerfrei, angestrengt, schnell, angepaßt, emotionslos)

Rächer/Kritiker:
Ich +o.k.: du -o.k.
(tadelnd, vorwurfsvoll, triumphierend, wütend)

<u>3</u>.

4. Verzweiflung:
Ich -o.k.: du -o.k.
(ungeliebt, hoffnungslos, wertlos)

2. Gehemmter:
ich -o.k.: du +o.k.
(schuldig, verletzt, verwirrt, verlegen)

4. Die Anfangsphase von Psychotherapie und Beratung

Die theoretischen Grundlagen bieten die Voraussetzung für eine qualifizierte Arbeit. Im folgenden werden wir als erstes ganz allgemeine Fragen der Berufsausübung und der Praxisgestaltung besprechen.
Der Hauptteil des folgenden Kapitels bezieht sich auf den Anfang der Arbeit: Die Anamnese unter Skriptgesichtspunkten, Vertrag und Diagnose sind eng miteinander verknüpft, aber zum leichteren Verständnis getrennt dargestellt. Die Therapie- und Beratungsplanung leitet zu den typischen transaktionsanalytischen Arbeiten über.

4.1 Die Voraussetzungen

Gestaltung der Arbeitsräume

In seinem Buch über Gruppentherapie nennt *Berne* (1966 S. 15–60) die Voraussetzungen für die therapeutische Arbeit ‚preparing the scene', er bezieht sich dabei auf die äußere und innere Vorbereitung. Zur Gestaltung der äußeren Bedingungen (Räume) sind folgende Punkte bedenkenswert:

- **Die Trennung von Privat- und Arbeitsräumen** ist eine notwendige Voraussetzung. Die Vorstellung, wenn jemand eine Praxis anfängt, erst einmal im Wohnzimmer zu beginnen, ist unpassend, da die Unterscheidung privater und beruflicher Bereiche dem eigenen Schutz und dem Schutz der Klienten vor Grenzüberschreitungen dient.
- Die **Einrichtung der Räume** soll eine angenehme Atmosphäre schaffen und dabei nicht regressionsfördernd wirken. Es ist wichtig, Bewußtheit über die Einladung zur Regression bei einer ‚Kissenlandschaft' am Boden zu haben oder zu Protest bzw. Steigerung der Abwehr bei unbequemer Haltung auf steifen Stühlen.
- **Kuscheltiere,** in der Größe auch für Erwachsene geeignet, können in bestimmten Therapiesituationen, wie Bearbeitung früher Szenen, hilfreich sein.
- Für einen **Gruppenraum** ist eine Möblierung mit einer ausreichenden Zahl von Sitzgelegenheiten notwendig.
- Die **Bilder** dürfen persönlichen Stil zeigen, sollen aber nicht zu persönlich sein, wie z.B. Familienbilder.

- **Schallisolierung** ist dafür wichtig, daß Gespräche nicht mitgehört werden und daß Außengeräusche nicht die Arbeit stören.

Regeln für die Berufsausübung

- Es gibt **gesetzliche Regeln** für die Ausübung von Therapie und Beratung. Die Gesetze für Beratung sind weiter gefaßt, während die Gesetze für Psychotherapie enger sind. Seit einigen Jahren ist ein neues Psychotherapiegesetz in Arbeit, es wird daher erhebliche Änderungen geben, so daß wir die derzeit bestehenden gesetzlichen Regelungen nicht darstellen.
- Die **Schweigepflicht** gilt nicht nur für Berater/Therapeuten, sondern auch für alle weiteren Mitarbeiter der Einrichtungen (z. B. Praxis, Klinik) und alle Teilnehmer von Gruppen. Dabei geht es nicht nur um Inhalte, um das, was jemand gesagt hat, sondern auch um die Personen, wer Klient ist.
- **Information** auch an Kollegen können nur nach Entbindung von der Schweigepflicht gegeben werden.
- Die **Erreichbarkeit** bedeutet, daß Klienten Informationen darüber brauchen, wie Berater/Therapeuten zu erreichen sind und welche Schritte sie unternehmen können, wenn sie die gewohnten Ansprechpartner nicht erreichen, z. B. Beratungsstellen, Urlaubsvertretung.
- Das **Werbeverbot** für Heilberufe (nicht mit Erfolgen, Methoden, Versprechungen) besteht noch, es wird diskutiert. Bei Praxiseröffnung und Urlaub darf inseriert werden (bis zu dreimal).
- Eine **Dokumentation** über Therapie ist vorgeschrieben, die Unterlagen müssen mindestens zehn Jahre aufbewahrt werden.

Persönliche Voraussetzungen

Die folgenden Punkte sehen wir als notwendig an, sie sind bisher nicht grundsätzlich festgeschrieben. Sie gehören zur Vorbereitung der inneren Bedingungen.

Die **Supervision** ist eine zentrale Notwendigkeit in der beraterischen/therapeutischen Arbeit, sie ist in manchen Bereichen, z. B. psychologischen Fachverbänden, vorgeschrieben. Die Supervision beinhaltet sowohl die Vorbereitung einer Beratung/Therapie, z. B. Zusammenstellung einer Gruppe, Beratungsplanung und auch die Betrachtung der einzelnen Transaktionen.

Die technische Ausrüstung wie Videoanlage, Tonbandgerät, ist ein für die Supervision wichtiges Werkzeug. Die Klienten müssen sowohl über die Aufnahmen als auch über Supervision informiert werden. Das gilt auch für das Benutzen einer Einwegscheibe mit Beobachtungsmöglichkeit von außen. Der Datenschutz muß gewährleistet sein.

Supervison ist nicht nur für die Ausbildungszeit wichtig, es ist notwendig, sie das gesamte Berufsleben hindurch zu machen einerseits zum Wohle der Klienten andererseits zur eigenen Psychohygiene, die natürlich auch wieder den Klienten zugute kommt.

Eine weitere gute Möglichkeit, die eigenen ‚Fälle' zu reflektieren und sich selbst zu entlasten, ist die **Intervision**, eine kollegiale Fallbesprechung in einer Gruppe von Fachleuten.

Vor- und Nachbereitung der jeweiligen Sitzung

Landy Gobes hat für **Beratungsprozesse** eine Kurzformel entwickelt, die sich analog auch in der Vor- und Nachbereitung der jeweiligen Stunde oder eines mittleren Zeitraums verwenden läßt:

1. Kontakt (**c**ontact): Wie gelingt der Kontakt zum Klienten? Wo sind Kontaktabbrüche?
2. Vertrag (**c**ontract): Ist der Vertrag klar, wesentlich, zielorientiert?
3. Inhalt (**c**ontent): Was ist/war das Ziel der Stunde?
4. Umfeldbedingungen (**c**ontext): Was sind wesentliche problem- oder lösungsfördernde Bedingungen?
5. Beratungsprozeß (**p**rocess): Wo fördert oder hemmt die beraterische Beziehung die Zielerreichung?
6. Hier-und-Jetzt-Bezug (**p**arallel process): Tauchen in der Sitzung ähnliche Muster auf wie im Alltag? Lassen sich diese Parallelen für die Beratung nutzen?
7. Entwicklungsstand (**p**rof. stage of development) des Klienten in bezug auf die Problemlösung?
8. Weitere Planung (**p**lan for the future): Was ist für das nächste Mal wichtig?

📖 Landy Gobes: C4/P4 Checklist, TAJ.

Professionelles Verhalten mit klarer ethischer Grundhaltung, z. B. eigener Schutz, Schutz der Klienten siehe Kap. 2.2.

Eine **verantwortliche Arbeitshaltung** beinhaltet, als Berater/Therapeut in guter körperlicher und seelischer Verfassung zu sein. Dazu gehört auch, ausgeschlafen zu haben und ohne Alkohol- und Medikamenteneinfluß zu sein.

Berne (1966 S. 61) betont, wie wichtig es ist, frisch und aufnahmefähig, sozusagen als ‚weißes Blatt' an die therapeutische Arbeit heranzugehen.

Der Erstkontakt

Für den weiteren Verlauf einer Arbeitsbeziehung ist der **erste Kontakt** häufig von Bedeutung, dies bezieht sich sowohl auf den allerersten Anruf als auch auf das erste Gespräch. Daher ist es sinnvoll, schon beim ersten Anruf kurz zu notieren, wie dieser abgelaufen ist. Gesichtspunkte dafür können sein: wie war die Stimme, die Sprache, war derjenige fordernd, freundlich oder ängstlich, was war das geschilderte Anliegen, hat derjenige schon am Telefon die ganze Lebensgeschichte erzählt.

Im **ersten Gespräch** geht es häufig um das intuitive Erfassen der Situation, da noch nicht viele Informationen vorhanden sind. *Berne* (1966 S. 61f) hält diese Phase für so wichtig, daß er den ‚ersten drei Minuten' ein Kapitel gewidmet hat. Die ersten Hypothesen sind wichtig zu notieren, um später darauf zurückgreifen zu können. Diese diagnostischen Hinweise, dazu gehört auch der Prozeß der ersten Stunde, z.B.: wie wird der Kontakt gestaltet, sind wichtig.

Festlegung der Rahmenbedingungen

Regeln für den Aufenthalt in den Arbeitsräumen
Die folgenden Punkte sind als Anregungen zum Nachdenken gedacht, auch hier ist es wichtig, einen persönlichen Stil zu finden, der im Laufe der Zeit auch variieren kann.
- Es ist notwendig Regeln einzuführen über Essen und Trinken während der Sitzungen.
- Es ist erforderlich festzulegen, ob und wo geraucht werden darf.
- Die Frage der Schuhe sollte auch geklärt werden, sind Hausschuhe notwendig, oder darf die Praxis mit Straßenschuhen betreten werden.

Verträge für die Rahmenbedingungen
- Wann muß eine Stunde spätestens abgesagt werden, z.B. 24 Stunden vorher, werden Ausfallgebühren bei zu später Absage fällig?

Es ist bei Gruppen notwendig, Gruppenregeln festzulegen in dem Sinne, daß jeder für sich verantwortlich ist. Während der Zeit der Therapie ist es sinnvoll, daß Gruppenmitglieder keine partnerschaftlichen Beziehungen untereinander anfangen, da dies den therapeutischen Prozeß beeinflußt. Dies gilt besonders bei langdauernden Marathons. Wenn sich Gruppenmitglieder außerhalb der Sitzungen treffen, sollten Schwierigkeiten, die dabei auftreten, in die Gruppe eingebracht werden, damit dies nicht die Arbeit in der Gruppe stört.

4.2 Die Anamnese in der Transaktionsanalyse: Praxis der Skriptanalyse

Beispiel aus der Psychotherapie einer Klientin

In der Beschreibung der Anwendung von Transaktionsanalyse-Methoden werden wir nach Möglichkeit immer wieder das Beispiel derselben Klientin verwenden, um nicht nur einzelne Elemente deutlich zu machen, sondern auch die Vernetzung und die Bedingtheit der einzelnen Anteile.

> ❧ Die Patientin meldete sich telefonisch an und machte persönlich mit der Therapeutin einen Termin aus. Die Patientin gab an, seit einigen Monaten immer wieder depressiv zu sein und zeitweise unvermittelt Ängste zu haben. Sie brauche dringend Hilfe. Sie klagte auch über eine massive Konzentrationsschwäche, die am Arbeitsplatz und auch im täglichen Leben deutlich werde.
> Der Hausarzt behandelte medikamentös, schlug auch eine Psychotherapie vor, da dies der Patientin vor einigen Jahren schon einmal gutgetan hatte. Diese Gespräche hatten vor etwa 6 Monate stattgefunden.
> Es wurde bei der Patientin eine selbstkritische Haltung deutlich durch Äußerungen wie „Das hab' ich schon wieder falsch gemacht", „Ich kann mich überhaupt nicht mehr konzentrieren", „Ich schaff' überhaupt nichts mehr", „Ich mach' nur noch Mist" (in Skriptbegriffen: „denk nicht", „schaff's nicht"). Außerdem berichtete die Patientin, daß sie sich ganz oft nach der Meinung anderer richte. Wenn Freunde oder Arbeitskollegen zum Beispiel Ideen von ihr in Frage stellten, nähme sie dann ihre Ideen zurück und verfolge die der anderen (skriptgebunden: „tu's mir zuliebe", „werd nicht erwachsen"). Sie fühle sich dauernd verpflichtet, für andere mitzudenken und für diese Menschen auch zu sorgen (Einschärfung: „sei kein Kind"). Sie berichtet, daß sie seit acht Jahren einen Freund habe, aber auch mit dieser Beziehung, wie auch in ihrem Leben überhaupt, unzufrieden sei. Sie habe ihrem Freund gegen-

über wenig Gefühle. Zum Beispiel wisse sie nicht, ob sie ihn liebe. Wenn sie sich über ihn ärgere, würde sie ihm dies nicht zeigen (Einschärfung: „zeig keine Gefühle"). Ergänzend wurde bei dieser Patientin die Angst, verrückt zu werden, als Skriptendauszahlung deutlich. Sie gab diese Gedanken direkt an und berichtete von Selbstmordideen, wie auch der Vorstellung, irgendwann in die Psychiatrie zu kommen („sei nicht", „sei nicht gesund").

Im ersten Gespräch dienen die Informationen dazu, Hypothesen über die Ursache der Problematik zu bilden und Vorstellungen zu entwickeln, ob eine Behandlungsbedürftigkeit vorliegt, welche Ziele der Klient hat und welche Ziele aus Sicht des Therapeuten sinnvoll sein können.

Schon im ersten Gespräch ist es nützlich, die Informationen, die der Klient hereinbringt, nach Skriptgesichtspunkten zu registrieren. Diese werden als Hypothesen verstanden, die später bestätigt oder widerlegt werden.

Wie den meisten Patienten fehlte auch ihr die Bewußtheit darüber, daß die berichtete Symptomatik irgend etwas mit der Lebensgeschichte zu tun hat. Sie sprach immer wieder von einer wunderschönen Kindheit und davon, daß die Eltern immer für sie dagewesen seien. Im Gespräch werden die Leitsätze (Antreiber, hemmende Grundbotschaften und Programm) zu ihrer Quelle im kindlichen Erleben zurückverfolgt und den Eltern zugeordnet. Die Skriptmatrix zeigt diese Zuordnungen:

Väterliche Botschaften	Mütterliche Botschaften
1. tu's mir zuliebe, streng dich an	1. streng dich an, sei perfekt
2. so wirst du im Beruf erfolgreich	2. so wirst du als Frau unzufrieden
3. sei kein Kind, denk nicht (außer im Beruf), schaff's nicht, sei nicht gesund	3. werd' nicht erwachsen, zeig keine Freude, zeige keine Gefühle, die mir unangenehm sind, falle nicht aus dem Rahmen, den wir dir setzen; sei nicht

Nach der *Steiner*schen Einteilung liegt hier eine Mischung aus dem „lieblos" – und „kopflos" – Skripttyp vor. In den folgenden Gesprächen wurden weitere Skriptelemente deutlich, die später beschrieben werden.

Skriptmatrix der Beispielklientin

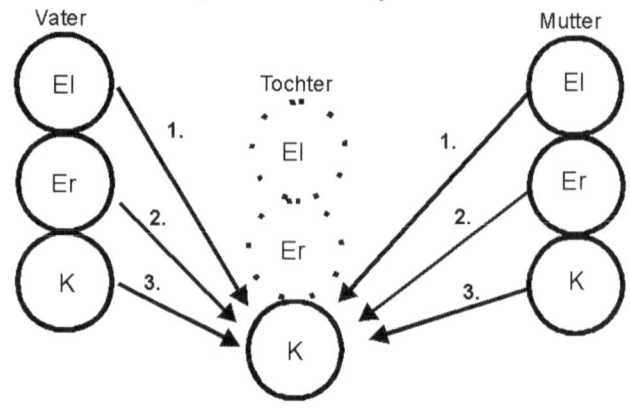

```
   Vater                                    Mutter
   ┌──┐          Tochter                    ┌──┐
   │El│            ···                      │El│
   └──┘      1. · El ·       1.             └──┘
   ┌──┐         ·   ·                       ┌──┐
   │Er│          ···                        │Er│
   └──┘     2.   Er      2.                 └──┘
   ┌──┐         ·  ·                        ┌──┐
   │K │  3.                 3.              │K │
   └──┘                                     └──┘
                 ┌──┐
                 │ K│
                 └──┘
```

Praktische Skriptanalyse

Wie erkenne ich, daß ein aktuelles Problem auf einem Skriptmuster basiert?

Wenn wir davon ausgehen, daß die Skriptbotschaften und Entscheidungen im ‚Eltern-Ich' und ‚Kind-Ich' eines Menschen gespeichert sind, können wir in der Schilderung des aktuellen Problems darauf achten, wo sich diese Ich-Zustände bemerkbar machen. Dabei ist wichtig zu beachten, daß nicht alles, was eine Person beschreibt, skriptbedingt ist und nicht jede Problemstellung durch Skriptgebundenheit verursacht wird. Auch sind die Skriptbotschaften nicht jederzeit wirksam, treten aber unter Streß (wozu der Beginn einer Beratung oder Therapie sicherlich gehört) deutlicher zutage.

Auffällig sind dabei einige **sprachliche Verhaltensweisen**, die die Vermutung der Skriptwirkung nahelegen:

Typische Hinweise auf die Wirkung eines Skripts

- Gehäufte Wiederholungen von Konflikten und Problemen, stereotypen Denkweisen und Gefühlen
- Ich-ferne Äußerungen (es geschieht mir …, man erlebt …,)
- Überstarke Gefühle, die aus der Vergangenheit bekannt sind (‚Gummibänder')
- Überbetonung oder Bagatellisierung von problematischen Kindheitserlebnissen
- Starke Abhängigkeitsgefühle von Eltern, Nachbarn, Vorgesetzten, öffentlicher Meinung

---

- Pseudorationale Erklärungen und Rechtfertigungen (Rationalisierungen)
- Magische Erwartungshaltungen (Zeit, Retter, Wunder)
- Festhalten an kindlichen Illusionen von eigener oder fremder Bedeutsamkeit (Grandiosität)
- Bevorzugung von Phantasien gegenüber realen Erfahrungen
- Galgenlachen und Galgenhumor (Lachen über eigene Leiden)
- Gehäufte Konditionalsätze (wenn ich ... wäre, dann hätte/würde ich ... etc.)
- Mangel an Alternativen (ich kann nur, ich kann nicht anders, muß immer, was soll ich nur? ...)
- Starke Verallgemeinerungen (immer, nie, überhaupt ...)

Weiterhin bedeutsam für die Entdeckung von skriptgebundenen Themen sind typische Körpersignale, wie Vermeidung von Blickkontakt, tic-artige Bewegungen, auffällige Körperhaltungen, Gesten etc. Solche Körpersignale lassen sich im Verlauf von Therapie oder Beratung gut als Indikatoren für die Lockerung oder Auflösung von Skripteinflüssen verwenden. Daher ist es wichtig, solche Verhaltensweisen wahrzunehmen, aber nicht immer nötig, den Klienten damit zu konfrontieren. Sie werden als ergänzendes Kriterium neben der Selbstbeschreibung der Klienten vermerkt und beobachtet.

Zeichen skriptgebundener Äußerungen – ‚Skriptsignale'

gebunden	frei
Atmung	
überwiegend im Brustraum, unregelmäßig, flach	überwiegend im Bauchraum, regelmäßig
Stimme	
gepreßt, unnatürlich hoch oder tief, wenig moduliert	schwingt, klingt moduliert
Sprache	
kindliche oder elterliche Ausdrucksweise übertriebenes oder untertriebenes Sprechtempo	erwachsene Ausdrucksweise angemessenes Sprechtempo

Lachen	
Galgenlachen, Skriptlachen	fröhliches Lachen, erkennendes Lachen
Körperbewegungen	
hölzern, hektisch	gezielt, koordiniert

Nachdem der Klient sein **aktuelles Problem** geschildert hat, können wir gezielt die Entwicklungsgeschichte nach Skriptelementen untersuchen. Auffällig sind dabei zunächst gewöhnlich die **verstärkenden Erfahrungen** („Was passiert Ihnen immer wieder?"). Hierfür lassen sich dann oft besonders bedeutsame Erlebnisse (ermutigende und traumatische Erfahrungen) in der Kindheit finden. Durch die spätere Wiederholung sind erlaubende und einschränkende Botschaften meist sprachlich zugänglich, auch wenn sie ihren Ursprung in der vorsprachlichen Zeit des Individuums haben.

Für die skriptbezogene Anamnese stehen dann die **Beziehungsmuster** der Kindheit im Mittelpunkt. Das subjektive Erleben ist hierfür wichtiger als die objektiven Daten, die erst später in Beratung und Therapie zur Gegenüberstellung von Erleben und äußerer Wirklichkeit gebraucht werden. Wer sind die frühen Bezugspersonen, und wie wurden sie erlebt? Welche Situationen werden erinnert, bei denen bestimmte Eigenschaften der Eltern, Geschwister u. a. erfahren wurden?

Dokumentationsblatt zur Skriptanalyse

- Gegenskriptbotschaften / Antreiber
- Informationen / Programm
- Grundbotschaften
  fördernd
  einschränkend
- Zuschreibungen
- (Über-)Lebensentscheidungen
- Notausgänge / Endauszahlung
- Typische Spiele
- Lieblingsmaschen

Informationen und Programm werden meist aus der Beschreibung des vorgelebten elterlichen Modells ersichtlich (erfolgreicher oder erfolgloser Vielarbeiter, anerkannte Person, Alkoholiker, ständig krank etc.).

Am Anfang fällt es zuweilen noch schwer, nicht zu viele Daten zu erheben. Die Skriptanalyse bezieht sich immer nur auf das **zentrale Problem**, nicht auf die gesamte Person in allen ihren Merkmalen, denn dann würden wir bei fast jeder Person zu irgendeinem Zeitpunkt alle Antreiber und einschränkenden Botschaften finden, was für die Problembearbeitung irrelevant wird.

Lassen sich Schlüsselsituationen finden, weiß die Person auch oft, welche **Folgerungen** sie für das **künftige Leben** (,Über-Lebensschlußfolgerungen') zu ihrer eigenen Person, den anderen und dem Leben allgemein gezogen hat („... das soll mir nie wieder passieren, deshalb werde ich ...").

Unter **Notausgängen** (Hintertüren) werden Entscheidungen eines Menschen verstanden, was er tun wird, wenn alle Lösungsversuche scheitern. Typische Notausgänge sind:
- Selbsttötung oder Selbstschädigung (z. B. Alkoholismus)
- Tötung oder Schädigung anderer
- Ausflippen, z. B. süchtig, verrückt oder kriminell werden
- Soziale Isolation, sich völlig zurückziehen

Die wesentlichen Daten lassen sich dann in der Skriptmatrix bzw. auf einem Dokumentationsblatt darstellen.

Von verschiedenen Autoren sind ‚**Skriptfragebogen**' entwickelt worden (Woolams/Brown 1978, Holloway o.J., Berne 1975), um von Klienten umfassende und direkte Informationen zu erhalten. Der Umfang und die Art der Fragen können dabei durchaus ungewohnt oder sogar erschreckend zu Beginn der Beratung/Therapie wirken. Dies insbesondere bei Klienten, die sich bisher wenig mit sich selbst und ihrer Geschichte befaßt haben. Auch fällt es bisweilen schwer, sich konkret verbal zu äußern. Die Anwendung sollte also gut überlegt sein. Für den Therapeuten/Berater ist es nützlich, die Fragen zu kennen und sie im passenden Moment den Klienten zu stellen.

Eine Auswahl bewährter Fragen der Skriptanalyse soll den Einstieg in die Befragung erleichtern.

Fragen zur Skriptanalyse

- Was wird über deine Geburt erzählt?
- Was weißt du von der Zeit vor deiner Geburt?
- Wie beschreibt deine Mutter / dein Vater dich?

- Wie beschreiben dich andere Verwandte? (Geschwister, Großeltern u. a.)
- Beschreibe oder male dich selbst!
- Wie wurde dein Name ausgewählt?
- Hast Du einen Spitz- /Kosenamen?
- Was soll/sollte nach dem Wunsch deiner Eltern mal aus dir werden?
- Wie wird dein Leben in 10 (20, 50) Jahren aussehen, wenn es so weitergeht?
- Wie könnte es aussehen, wenn du die aktuelle Problematik lösen kannst?
- Welche Gefühle hast du häufig im Leben?
- Was möchtest du deinen Kindern fürs Leben mitgeben?
- Was würdest du auf deinen Grabstein schreiben?
- Was würden die anderen daraufschreiben?

Das Erkennen von Antreibern und Einschärfungen

Unter leichtem Streß läßt sich die Wirkung von Antreibern im Verhalten relativ leicht erkennen. Sie werden entweder direkt aus der angepaßten Kind-Haltung heraus praktiziert (mach's anderen recht) aus der Eltern-Position von anderen verlangt, um ihnen zu helfen (mach's mir recht), oder aus einer rebellischen Kind-Haltung heraus in ihr Gegenteil verkehrt (mach's keinem recht).

Antreiber aus der Kind-Haltung	Sprache	Stimme	Gestik	Ausdruck
Mach's recht	könntest du? meinst du? wirklich? richtig? ist es recht?	bittend, leise, hoch, weinerlich, verführerisch	bittend, ausgestreckte Hände	ausweichend, unterwürfig, Blick nach oben
Beeil dich	Halbsätze, Wortschwall wir müssen, fangen wir an, keine Zeit	sehr schnell, ungeduldig, bewegt	hektisch, sich winden, aufgeregt, zappelig	schnelle Bewegungen, unruhiger Blick, verkniffene Augenbrauen
Sei stark	über Gefühle reden, es macht mir nichts, du mußt damit fertig werden, ist mir egal	barsch, hart, monoton	Arme verschränkt, fester Stand, starre Haltung	verhärtet, kalt, bewegungslos, maskenhaft, versteinert

Antreiber aus der Kind-Haltung	Sprache	Stimme	Gestik	Ausdruck
Sei perfekt	numerieren und alphabetisieren, Schachtelsätze, exakte Ausdrucksweise, „vielleicht, wahrscheinlich"	abgehackt, fordernd, gut moduliert, verhalten	Zeigefinger betont, angespannte Handgelenke, abgezirkelte Gestik	streng, ernst, gerötet vor Anspannung, aufrecht, herabschauend
Streng dich an	zwei Fragen nacheinander stellen, ohne Antwort abzuwarten, Fragen wiederholen, die verstanden wurden, kann nicht, weiß nicht, versuchen	vorwurfsvoll, ungeduldig	drängend, ungestüm, vorgebeugt, steife Schultern	verwirrter Blick, zu viel Mimik und Pantomimik

Hemmende Grundbotschaften (Einschärfungen) sind schwerer erkennbar, weil sie durch Gegeneinschärfungen überdeckt sind. In der Übersicht sind Hinweise zusammengestellt, die aber der sorgfältigen Überprüfung bedürfen, bevor die Einschärfungen als wirksam angenommen werden können.

Grundbotschaft	Sprachliche Hinweise	Nonverbale Hinweise
Sei nicht!	berichtete Suizidversuche, Suizidideen, „ich bin dem Tod schon von der Schippe gesprungen", „wieso habe ich überlebt und nicht der andere?", „wenn ich nicht wäre, wäre es besser", „was nicht tötet, macht härter"	Unfälle, riskante Unternehmungen (z. B. Extremsport), selbstschädigendes Verhalten, Sucht, extremes Über- oder Untergewicht, riskantes Autofahren
Sei nicht du!	„Ich kenne mich nicht", „ich bin genauso wie …", wenige „Ich"-Aussagen	starke Orientierung an oder Identifikation mit anderen

Grundbotschaft	Sprachliche Hinweise	Nonverbale Hinweise
Sei nicht wichtig!	„man muß zufrieden sein", „ich komme zuletzt", „meine Meinung ist doch unwichtig"	große Zurückhaltung, übertriebene Bescheidenheit, keine eigenen Wünsche
Gehöre nicht dazu!	„ich bin (denke, fühle) da ganz anders", „ich bin was Besonderes", „andere mögen mich nicht"	Abseitsstehen, eine besondere Rolle spielen
Laß dich nicht ein!	„ich habe keine Lieblingssachen", „mir ist alles recht", „ich sehe bei anderen …"	Zögern, Zaudern, Beobachterrolle, vermeiden von Kontakt und Berührung
Sei kein Kind!	„ich war schon immer sehr verantwortlich", „mit solchen Spielereien habe ich nichts im Sinn"	altklug, nur ernsthafte Interessen, sich sorgen um andere, Betonung von Sauberkeit und Ordnung
Werde nicht erwachsen!	„Erwachsensein ist hart und anstrengend", „ich habe noch so viel Zeit", „das ist zuviel für mich"	kindliches Aussehen und Auftreten, Vermeiden von Verantwortung
Sei nicht gesund! Sei nicht normal!	„wenn man krank ist, wird man wenigstens umsorgt", „ich bin viel empfindlicher als andere", „manchmal spinne ich, raste aus, bin ich ein bißchen komisch"	gehäuft Krankenhausaufenthalte, Operationen, auffälliges Verhalten, Clownerien
Schaff's nicht!	„das klappt doch nicht", „ich muß mich immer mehr mühen als andere", „ich bin einfach nicht so begabt"	gehäufte Mißerfolge, Umständlichkeit, viel Fleiß ohne Effekt, gehäufte Ungeschicklichkeiten
Tu's nicht!	„ich habe immer Angst, etwas falsch zu machen", „ist das nicht gefährlich", „da warte ich lieber ab", „andere sind so spontan"	körperlich sichtbare Bremse beim Handeln, Ausreden für Nichts-Tun, Abwarten, kein Handeln trotz Einsicht in die Notwendigkeit

Ergänzende Methoden als Zugang zum Skript

Neben der kognitiven Analyse des Skripts bieten sich als ganzheitlichere Verfahren **bildhafte Zugänge zur Skriptanalyse** an. Die Formulierungen sind Anregungen für Therapeuten/Berater:

- **Theaterphantasie**: Stellen Sie sich vor, in einem Theater zu sitzen, das Stück trägt Ihren Namen. Immer wieder öffnet sich der Vorhang für eine Szene aus Ihrem Leben. Wie sind die verschiedenen Akte des Lebens von Geburt bis zum Tod? Wie erleben Sie die Darstellung, was sind bekannte oder überraschende Momente? Wenn Sie am Ende anderen zuhören, was sagen andere Zuschauer?
- **Lebenskurve malen**: Tragen Sie auf einem Papier waagrecht die Lebensjahre und senkrecht die Lebensenergie ein. Malen Sie dann eine Kurve von Geburt bis Tod und tragen die Lebensereignisse dazu ein. Was sind die Höhen und Tiefen im Leben? Wie erleben Sie die gesamte Energieverteilung? Was sind Phasen gleicher Energie oder markante Veränderungen und Brüche? Für welches Alter glauben Sie, ist Ihr Tod vorgesehen? Ist dann die Energie aufgebraucht, oder sterben Sie plötzlich?
- **Skripttanz**: Zu verschiedenen Musiken lassen sich im freien Tanz Lebensphasen nacherleben und ausdrücken. Was gelingt leicht oder schwer? Was betrifft emotional? Wo erlebe ich Befreiung oder Hemmung? Welche Erinnerungen und Bilder tauchen beim Tanzen auf? (Musikvorschläge: Lalo: La Création du Monde, Vivaldi: Vier Jahreszeiten).
- **Bewegungsübungen**: Im Stehen und Gehen lassen sich bestimmte Haltungen (z.B. Antreiber, Einschränkungen, Konflikte, Symbiosen) körperlich ausdrücken und darstellen. Hierfür ist eine gute Anleitung wesentlich, damit der eigene Bezug zu den verschiedenen Botschaften spürbar wird.
- **Body-Skript**: Ausgehend von dem Modell des Sweatshirts in der Maschenanalyse und der bioenergetischen Analyse haben verschiedene Autoren die Idee des Körper-Skripts entwickelt und praktische Anwendungen erprobt. Hier sei nur auf die Literatur verwiesen, da eine Beschreibung den Rahmen dieses Buches sprengen würde.

📖 Kottwitz/Lenhard 1992; Cassius 1980; Childs-Gowell 1978.

Der ganzheitliche Zugang über Muster der Lebens-(Zeit-) Strukturierung

Das Skript als inneres Bild für die Lebensgestaltung kann auch durch den Vergleich mit typischen Lebensmustern erkannt werden, wie sie in Romanen und Biographien beschrieben sind. Oft beziehen sich Klienten von sich aus auf solche Beschreibungen (Lieblingsliteratur, Filme, bestimmte Persönlichkeiten). Der Therapeut/Berater kann aber auch bestimmte Angebote machen, die in der Regel den Klienten unmittelbar ansprechen. Oft lassen sich durch solche Geschichten weitere Zusammenhänge mit der Lebensgeschichte von Klienten finden und verstehen.

Zugang über Beispiele aus der Mythologie
Die Vorlagen aus der griechischen Sagenwelt, die *Berne* schon verwendet hat, sollen hier ausführlicher dargestellt werden:

● **Tantalus** steht nach der Sage in der Unterwelt mitten in der Hitze in einem Teich. Doch wenn er sich durstig bückt nach Wasser, weicht es zurück. Über ihm sind Zweige mit Früchten. Greift er hungrig nach ihnen, treibt sie ein Sturm nach oben. Zudem hängt über ihm ein mächtiger Fels, der jederzeit herabstürzen und ihn zerschmettern kann.

Menschen mit diesem Lebensmuster beschreiben sich als erfolglos. Sie haben wichtige Dinge nie erreicht, scheitern in Beziehungen, können Aufgaben nicht zu Ende bringen. Meist versagen sie beim Abschluß von Schule, Ausbildung oder Studium, insbesondere wenn danach die Selbständigkeit ansteht. Auffällig ist die Passivität in diesem Muster, Hauptmasche ist das Warten. Die heftige und wiederholte Klage führt nicht zum Handeln, auch wenn für den Außenstehenden Alternativen sichtbar sind (für Kontakte muß ich aus dem Haus, Prüfungen kann man vorbereiten, Geld läßt sich durch Arbeit verdienen).

Nach *Berne* (1975, S. 181) wurde solchen Menschen von den Eltern verboten, was sie am liebsten tun wollten. „Sie beugen sich dem elterlichen Fluch, denn das Kindheits-Ich in ihnen fürchtet sich gerade vor den Dingen, die sie am liebsten tun möchten, und damit verurteilen sie sich im Grunde genommen selbst zu den Qualen, die sie ständig erleiden."

Unter der gezeigten Hilflosigkeit läßt sich allerdings meist ein Überanspruch spüren. Nimmt man die gesamte Sage als Hintergrund des Lebensplanes, sind die Ursachen der Unzufriedenheit in Selbstüberschätzung und Gier zu sehen. „Der Gierige mißbraucht seinen Körper bis zur Selbstzerstörung und wird dafür mit Genußunfähigkeit geschlagen." (Schellenbaum 1990, S. 117).

> ⌘ **Beispiel: Tantalus**
> Eine musisch begabte junge Frau beschreibt ihre Situation als aussichtslos: Um etwas ‚Ordentliches' zu werden, hat sie auf Wunsch der Eltern Bürokauffrau gelernt, fühlte sich im Büro aber völlig fehl am Platz, wurde immer öfter krank und verlor den Arbeitsplatz. Die Chance, an einer musischen Akademie teilzunehmen, sagte sie ab und ging statt dessen in eine Psychosomatische Klinik. Dort fühlte sie sich recht wohl. Nach dem Klinikaufenthalt wohnte sie wieder bei den Eltern, sollte umgeschult werden im Verwaltungsbereich, wurde wieder krank. Von ihrer Neigung her möchte sie künstlerisch arbeiten, hat dafür aber außer Talent keine Ausbildung vorzuweisen, machte einige schlechte Erfahrungen mit Galeristen, für ein Kunststudium fühlt sie sich zu alt. So lebt sie mittlerweile von Sozialhilfe, grübelt die meiste Zeit, selbst ihre künstlerische Tätigkeit ist nicht mehr motivierend.

Es fällt schwer, sich nicht durch die Aussichtslosigkeit der Situation beeinträchtigen zu lassen. Das ‚Kind' des Klienten braucht Anerkennung selbst für kleine Schritte, Unterstützung für die Intuition und Phantasie des ‚freien Kindes' und die Erlaubnis, Erfolge auch ohne Schwerarbeit (‚Streng dich an!'-Antreiber) erreichen zu können.

- **Arachne** wird von den Göttern für ihre Respektlosigkeit gestraft, indem sie ihre Lieblingstätigkeit für immer tun muß: Statt Teppiche zu weben, muß sie als Spinne immer Netze weben.

Menschen mit diesem Muster wissen, daß sie falsche Entscheidungen getroffen haben. Aber anstatt diese zu ändern – sich neu zu entscheiden –, kehren sie nach ‚schlechten Erfahrungen' wieder zur alten Entscheidung zurück. Oft wurde diese Entscheidung aus Trotz gegen den Willen der Eltern getroffen, gegen ihren Rat oder auch ihre Forderung wurde der falsche Mann, die falsche Frau, der falsche Beruf, Wohnort etc. gewählt. Die trotzige Rebellion wird zum identitätsstiftenden Merkmal, alle Wege zu einem ‚echten Selbst', einer angemessenen Identität erscheinen unmöglich, zu schwierig oder gefährlich. Im Gespräch wird diese Haltung durch einen ständigen Wechsel des Fokus auffällig: Wie beim ‚Hasen auf der Flucht' wird ständig die Richtung gewechselt, steht Eile im Vordergrund und wird eine tiefer gehende Besprechung oder die Zeit zum Nach-Fühlen vermieden.

Nach *Berne* (1975, S. 181) folgen die Kinder dem Fluch der Eltern: „Wenn es das ist, was du so gern tun möchtest, dann kannst du den Rest deines Lebens damit zubringen, dies unaufhörlich zu tun."

> ⌘ **Beispiel: Arachne**
> Gegen den Willen der Eltern entschied sich ein junger Mann für das Studium der Sozialpädagogik. Sie hatten vorgesehen, daß er das Geschäft der Eltern übernehmen solle. Schon in den Praktika stellte sich heraus, daß er sich durch die Konfrontation mit sozialen Konflikten überfordert sah. In der inneren Haltung ‚Ich wollte es, also muß ich es durchstehen' quälte er sich mehrere Jahre mit dem Beruf. In der Therapie auf mögliche Veränderungen angesprochen (anderes Studium, Umschulung, freiberufliche Tätigkeit), entstand das klassische ‚Ja, aber'-Spiel. Versuche, etwas anderes zu erproben, scheiterten. Schließlich bekam er durch Beziehungen der Eltern das Angebot, in einem Jugendamt zu arbeiten, nahm die Stelle an und ist nun beamtet, unglücklich bis verzweifelt, überfordert und als Formalist und Schreibtischmensch gefürchtet.

Die Gefahr des ‚Ja, aber'-Spiels ist im Beispiel gezeigt. Der Klient braucht bei einem solchen Skriptmuster zunächst die Förderung einer klaren Erwachsenen-Ich-Struktur, um sich von dem inneren Konflikt zwischen ‚Eltern'- und ‚Kind-Ich' distanzieren zu können. Die Überanpassung kann anfangs nur schwer konfrontiert werden, dagegen ist jede Äußerung des ‚freien Kindes' zu unterstützen. Ziel ist das Erkennen eigener Wünsche, die Entscheidung zu kleinen Veränderungen und die Übernahme von Verantwortung für das eigene Glück und Wohlergehen.

● Das Schwert des **Damokles,** das an einem Haar über dem Haupt hängt, ist den meisten ein Begriff. Das Lebensmotto bei solchen Skripts lautet: „Du kannst das Leben eine Zeitlang genießen, aber danach beginnen für dich Unannehmlichkeiten." (Berne 1975, S. 182).

Vermittelt wird diese Lebenshaltung durch die Prophetie des ‚bösen Endes', die zur ‚Self fulfilling prophecy' wird. Genuß ist immer nur von kurzer Dauer, und er wird geschmälert durch das bevorstehende Tief. Dieses „warte nur ... bis du in die Schule kommst, ... bis du arbeiten mußt, ... bis du verheiratet bist, ... bis du Kinder hast, ...bis du alt bist" schmälert die Lebensfreude oder nimmt sie völlig. In einer magischen Beschwörung wird oft sogar das Unangenehme herbeigeführt, sich selbst der Spaß verdorben, sich Leiden und Schmerz zugefügt, um das drohende Unheil unter Kontrolle zu bekommen.

> ⌘ **Beispiel: Damokles**
> „Ich kann es nicht lange aushalten, glücklich zu sein" war die Eingangsäußerung eines Mannes, der in Beruf und Familie zufrieden sein konnte, aber immer wieder Krisen herbeiführte, Streit vom Zaun brach, Ängste um die Familienmitglieder hatte, nur unter großer Mühe Auto fahren konnte und sich übertriebene Sorgen um seine Gesundheit machte. In

> der Beratung kam er bald auf sein Gottesbild zu sprechen. Gott sehe alles und strafe jede kleine Sünde. Dabei war es ihm durchaus möglich, die Hintergründe seiner einengenden religiösen Erziehung zu sehen. Auch ein Gespräch mit einem Pfarrer brachte ihm keine Erleichterung. Zwei Therapieversuche hatte er abgebrochen, als es ihm zunehmend besser ging, die Therapeuten ihn aber nicht vor seinen wachsenden Ängsten schützen konnten.

Klienten mit diesem Muster kommen in die Therapie oder Beratung wegen Ängsten, Unfähigkeit, angenehme Dinge zu tun, mangelnder Freude am Leben, gehäufter Unfälle oder körperlicher Beschwerden.

Da bei dieser Skriptform das magische Denken des ‚Kindes' eine wesentliche Rolle spielt, lassen sich erste Erleichterungen durch Rituale, Suggestionen oder paradoxe Interventionen (Verordnung kleiner ‚Strafen' für Glück) erzielen. Gefahr ist, daß der Therapeut/Berater als Garant für die ‚Straffreiheit' herhalten muß. Daher ist es wichtig, erwartete Folgen, Selbstbestrafungen anzusprechen und Mittel gegen die Selbstsabotage zu finden. Gleichzeitig ist es gut, die Konzentration auf das ‚Hier-und-Jetzt' einzuüben, aktuelle Gefühle zu unterstützen und anzuerkennen.

- **Herakles** war ein Halbgott mit übermenschlichen Kräften und kann zum ‚echten' Gott werden, wenn er schwere oder sogar für unlösbar gehaltene Aufgaben bewältigt. Sein Genie und sein Wahnsinn liegen eng beieinander, und seine Kräfte können hilfreich und mörderisch sein.

Das Lebensmuster des ‚Erst wenn' oder ‚Bis' ist in unserer Gesellschaft weit verbreitet und angesehen. Es läßt den Menschen in dem Glauben leben, daß er zunächst viele Aufgaben erfüllen muß, dann kommt die Belohnung. Zunächst werden die unangenehmen Aufgaben erledigt, entspannen kann man später. Das Fatale ist, daß nach einer gelösten Aufgabe die nächste schon wartet, daß die Belohnung oft ausbleibt oder nicht angenommen wird (in Erwartung einer noch größeren Belohnung) und daß, wenn die Zeit für die Ruhe gekommen wäre, die Fähigkeit, zu genießen, verlernt wurde oder der erträumte Ausgleich aus körperlichen Gründen nicht mehr möglich ist. Der ‚workaholic' ist der Prototyp dieses Lebensplanes.

„Erst die Arbeit, dann das Spiel", „nach langem Arbeitsleben die Rentenzeit genießen", „wenn die Kinder aus dem Haus sind", „wenn die Eltern gestorben sind", „wenn ich in meiner Karriere ... erreicht habe", „wenn das Haus gebaut ist" u. ä. sind Leitsätze bei diesem Skript.

Auch „wenn ich die Therapie erfolgreich beendet habe" gehört zu diesem Muster.

> ⌘ **Beispiel: Herakles**
> „Seit 12 Jahren mache ich nun Therapie, habe fast alle Richtungen kennengelernt und sehr viel profitiert. Aber immer wieder gibt es Probleme, die ich nicht lösen kann." Nach dem Bericht in der Anamnese hat diese Frau therapeutische Schwerstarbeit geleistet, sich immer wieder mutig therapeutischen Ritualen unterworfen und galt als ‚Musterklientin'. Dennoch ist sie nicht zufrieden, hofft auf die entscheidende Intervention und ist völlig verblüfft, als ich die Therapie ablehne mit dem Argument, sie sei fit für das Leben und könne ab und zu ein Beratungsgespräch bekommen, um sich Anerkennung zu holen und sich zu versichern, daß ihre Problemlösungen gut genug seien.

Bei diesem Skriptmuster kommt es darauf an, die KlientInnen zu unterstützen, jetzt kurze und befriedigende Tätigkeiten fertigzustellen und sich dafür Anerkennung und Belohnung zu geben. Dabei ist es nicht nötig, daß alle Schritte klar sind, ungeplante, spontane Aktivitäten sollten anerkannt werden. Gerade zu Beginn ist es wichtig, ein Maß der Zufriedenheit zu finden (acht Stunden Arbeit am Tag sind genug; plane Pausen ein, nimm dir genügend Zeit, um nicht unter Druck zu kommen; wer viel arbeitet, muß auch viel feiern).

- Die Strafe des **Sisyphus** besteht darin, daß er einen schweren Stein einen Berg hinaufrollen muß, der immer wieder kurz vor dem Erreichen der Erlösung hinabrollt, und die Arbeit beginnt von neuem. ‚Immer wieder' oder ‚Beinahe' sind die typischen Aussagen von Menschen mit diesem Muster, die kurz vor dem Ziel abbrechen, andere Wege mit demselben Ergebnis versuchen und im ‚Hätte ich doch nur' verweilen.

In der griechischen Sage ist Sisyphus als einer der listigsten Menschen beschrieben, der sogar den Tod für eine Weile besiegen kann, dann aber doch von ihm überrascht wird. Die äußerlich ungeschickte und hilflose Erscheinungsweise kann also durchaus von innerlicher Grandiosität begleitet sein.

> ⌘ **Beispiel: Sisyphus**
> Ein Mann kommt zur Beratungsstelle, weil er die letzte Urinkontrolle als Bewährungsauflage versäumt hat und ihm nun der Widerruf der Bewährung droht. Im Gespräch stellt sich heraus, daß er immer wieder kurz vor dem Erfolg stand, dann aber in Volltrunkenheit eine Schlägerei begann und so die Stelle verlor, oder in der Psychiatrie mehrfach vor der Entlassung stand, trank, randalierte und wieder eingewiesen wurde. Nun steht er kurz vor dem Ende der Bewährungszeit, und wenn er die Urinkontrolle nicht zuläßt, muß er die Haftstrafe wegen Körperverletzung antreten.

In der Therapie wird bei diesem Lebensplan tatsächlich oft eine Todesfurcht sichtbar, die sich in dem magischen Glauben äußert, „solange ich im Leben das oder jenes noch nicht erlebt habe, kann ich nicht sterben". Auch die magische Vermeidung des Erfolgs, des Abschlusses beruht oft auf dem Aberglauben, danach bliebe nur noch das Warten auf den Tod. Manche Menschen berichten auch voller Stolz, wie oft sie schon ‚beinahe' ums Leben gekommen wären bei Unfällen, Abenteuern etc.

Die Klienten haben meist auch andere Beratungen oder Therapien fast beendet, hatten aber immer einen guten Grund, sie nicht abzuschließen.

Da evtl. auch die Therapie/Beratung dem gleichen Muster folgen kann, ist es wesentlich, eine klare Absprache über das Ende der Zusammenarbeit zu haben und mögliche Sabotageakte früh zu erkennen. Auch in kleinen Sequenzen (Gesprächsführung und Tätigkeiten) braucht der Klient immer wieder die Erfahrung, zunächst eine Sache abzuschließen, das Ergebnis zu sehen, den nächsten Schritt zu planen und nicht mehrere unvollendete Aufgaben nebeneinander stehen zu lassen.

- **Philemon und Baucis** sind wunschlose Menschen, die sich als Belohnung von Göttervater Zeus nur erbitten, immer so beieinander bleiben zu dürfen. Sie werden in zwei Lorbeerbäume verwandelt, die nebeneinander stehen.

Die Lebensstruktur solcher Menschen ist von wenig Bewegung gekennzeichnet. Es gibt keine Ziele, für die eine Anstrengung lohnt. „Sie verbringen den Rest ihres Lebens wie dahinwelkende Pflanzen." (Berne 1975, S. 181). Die elterlichen Aufträge sind erfüllt, und eigene Motivation wurde unterdrückt. Im Unterschied zu zufriedenen Menschen, die ihre Muße genießen, sind solche Personen ‚nicht unzufrieden', ‚nicht unglücklich', ‚nicht unbedingt gelangweilt'. (Eine interessante, weiterführende Interpretation bietet *Raab* (1995) an.)

Sie suchen selten Beratung oder Therapie, erwarten auch dort nur ‚ein bißchen mehr ...',

> ⌘ **Beispiel: Philemon und Baucis**
> Eine Frau klagt über depressive Zustände. Sie hat vor zehn Jahren ihren Mann verloren, mit dem sie über zwanzig Jahre zufrieden zusammengelebt hat. Er hatte eine gute Stellung, so daß sie keine Geldsorgen hatte und auch jetzt nicht hat. Sie brauchte nie zu arbeiten, hat ein Haus, in dem sie alleine lebt, erwachsene Kinder, die sie ab und zu besuchen, einige oberflächlich Bekannte über ihren Mann. Bisher hatte sich immer alles so ergeben, daß sie keine größeren Entscheidungen zu treffen hatte. Sie ist mit ihrem Leben grundsätzlich zufrieden, fühlt dennoch keine Energie mehr, sitzt grübelnd zu Hause, bisherige Tätigkeiten, so auch der Urlaub, haben ihren Reiz verloren. Im Gespräch stellt sich heraus,

> daß sie für ihr weiteres Leben keine Ziele mehr kennt. Sie sitzt und wartet auf den Tod.

In Beratung und Therapie ist es wichtig, bei solchen Personen ein Gespür für die eigenen Wünsche und Bedürfnisse (‚freies Kind') zu fördern, da die ‚Zufriedenheit' meist nur ein Sich-Fügen oder eine Bequemlichkeit darstellt. Hierzu dient die ständige Kombination von Fühlen, Denken und Handeln (Wenn Sie so denken, wie fühlen Sie dabei? Wenn Sie das tun, was denken Sie darüber? Wenn Sie das fühlen, was tun Sie dann?). Erste wirkliche Entscheidungen in bezug auf Therapie/Beratung werden betont (Wollen Sie mit mir arbeiten? Woran wollen Sie zunächst arbeiten? Wie häufig, wie intensiv, wie lange?).

Fokus zum Beginn der Beratung/Therapie ist demnach die Förderung von Spüren und Empfinden, die Entscheidung für eine Sache und die Übernahme von Verantwortung für das eigene Denken, Fühlen und Handeln.

Zugang über Lieblingsgeschichten und Märchen
Märchen, Mythen, Romane, Lieblingsgeschichten und Lieblingslieder enthalten oft auch Hinweise auf Lebensentscheidungen, Muster der Lebensplanung, Erwartungen, Wünsche, Berufs- und Partnerwahl oder auch das angestrebte Lebensende. Eine besondere Fundgrube hierfür sind die gesammelten Märchen der Gebrüder Grimm. Märchen von Pädagogen oder Dichtern sind bisweilen zu sehr zielorientiert, um der Komplexität eines Skripts gerecht zu werden. Heute müssen auch Fernsehserien- und Comic-Helden (z.B. Superman/Supergirl) als skriptbeeinflussend angenommen werden.

Die Beschäftigung mit Märchen und ihre Deutung sind seit Bettelheims „Kinder brauchen Märchen" (1977) verbreitet und werden von unterschiedlichen therapeutischen Schulen in sehr verschiedener Weise gebraucht. Gemeinsam ist allen – auch der TA –, durch den Gebrauch der Bilder ein Verständnis für die Problemlage, Erwartungen und Befürchtungen, Konflikte, Lebensaufgaben, magische Lösungsvorstellungen (Happy-End) und tatsächliche Lösungsmuster zu finden.

> **„Drei-Geschichten-Methode"** (F. English 1980 b))
> ● Finde drei Geschichten, die dich besonders beeindruckt haben:
>   – aus der frühen Kinderzeit
>   – aus der Pubertätszeit
>   – aus der Erwachsenen-Zeit
>   Diese Geschichten können Märchen, Kinderlieder, Sagen und Romane, sollen aber keine Sachbücher, wissenschaftliche Abhandlungen, Biographien u. ä. sein.

- Schreibe diese Geschichten auf.

Fragen zur Auswertung:
- Gibt es einen ‚roten Faden' der Geschichten (die Pubertätsgeschichte enthält manchmal die Umkehrung der Situationen im Gegenskript).
- Was hast du mit den Helden und Heldinnen gemeinsam?
- Wo stimmen Lebenssituationen und Lebenserfahrungen überein?
- Wo erfüllen die Helden und Heldinnen deine eigenen Sehnsüchte, Wünsche, Illusionen?
- Gibt es hilfreiche oder skriptgebundene Lösungswege für Konflikte?

Das typische transaktionsanalytische Vorgehen im Umgang mit Märchen verzichtet allerdings weitgehend auf die Mitteilungen von Interpretationen und Deutungen, nimmt aber die Märchenvorlage als eine Möglichkeit für Klienten, ihre eigene Interpretation zu finden. Bedeutsam ist hierfür das ‚marsische Denken' (Berne 1975) des Beraters/Therapeuten, eine intuitive und naive Betrachtungsweise, die das Bild des Märchens und der erzählerischen Abfolge auf das Leben des Erwachsenen bezieht, parallele Muster erkennt, die Wirkung bestimmter Ich-Zustände analysiert und durch Nachfragen, Präzisieren oder Aufzeigen von Unstimmigkeiten die Verwirrung aufhebt und der Lösung zugänglich macht.

Berne (1975) verwendet selbst verschiedene Märchen zur Skriptanalyse. Am bekanntesten ist Rotkäppchen. In der ‚marsischen' Betrachtung wird daraus eine Frau, die gerne für andere sorgt (‚Mach's anderen recht!-Antreiber'), naiv mit Männern flirtet (‚Hilfe-Vergewaltigung-Spiel'), und im Bett der Großmutter nicht den Wolf, sondern den Großvater findet.

Themenbereiche bei Märchen/Erzählungen
- Familiäre Ausgangssituation (Eltern, Geschwister)
- typische Skriptbotschaften (Erlaubnisse, Zuschreibungen, Einschärfungen, Antreiber, Fluch)
- Aufgabenstellung der Heranwachsenden
- Versagen/Fluch/Verwandlung
- Suchwanderung (Lösung von den Eltern)
- Erlösung/Rückverwandlung
- Belohnung/Bestrafung

Methoden der Skriptanalyse mit Märchen
Die Instruktionen in der folgenden Zusammenstellung sind wieder als Anregungen zu verstehen.

- Märchen erzählen: Klienten/Gruppenteilnehmer erzählen ihre Lieblingsmärchen. Dabei achten die anderen auf Ähnlichkeiten mit realen Personen oder Geschehnissen. Hilfreich ist auch, auf Erinnerungslücken und Verzerrungen zu achten und den Klienten mit dem üblichen Text zu konfrontieren. (Dabei kann es sein, daß der Klient das Märchen nur in veränderter Form von Märchenbüchern oder Tonkassetten her kennt.)
- Märchen vorlesen: Klienten oder Gruppenteilnehmer besprechen danach Szenen, die sie emotional angeregt oder betroffen haben, und stellen den Bezug zu ihrer eigenen Geschichte und aktuellen Lebenssituation her.
- Bilder malen: Ein Märchen wird vorgelesen, und die Teilnehmer malen intuitiv selbstgewählte Szenen. In der Besprechung liegt der Akzent weniger auf der kognitiven Bedeutung, die der Malende dem Bild gibt, als auf dem Prozeß des Malens, gefühlshaften Reaktionen, Betonung und Vermeidung von bestimmten Elementen der Szene und deren Bezug zum aktuellen Leben.
- Märchenanfänge: Der Beginn eines Märchens wird vorgegeben, und die Klienten setzen die Geschichte fort.
- Märchen erfinden: Klienten schreiben ein Märchen, in denen König/Königin, Prinz/Prinzessin, Hexe/Zauberer und mindestens eine Verwandlung vorkommen sollen.
- Märchenszenen spielen: Zur vertieften emotionalen Erfahrung können Märchenszenen gespielt werden. Dabei sind Rollenwechsel, Verfremdung und Kostümierung hilfreich.
- ‚Märchenzug': Situationsvorgabe ist eine Bahnreise, die Szenen spielen in einem Zugabteil. An verschiedenen Bahnhöfen steigen Personen ein und aus, die sich als Märchenfiguren herausstellen und im Abteil ein Gespräch in ihrer typischen Art mit den Mitreisenden führen.

Praktische Hinweise für die Skriptanalyse mit Märchen-, Sagen oder Romanstoffen

- Lassen Sie die Texte aufschreiben! Ähnlich wie bei Traumanalysen verändert sich die Phantasie beim Berichten.
- Der Umgang mit Bildern ist für viele ungewohnt. Beginnen Sie mit einfachen Bildern, einfachen Geschichten.
- Je einfacher das Bild ist, um so wirksamer ist es meist.
- Zentrieren Sie sich auf einige wesentliche Punkte, Vielfalt erlaubt auch eine leichte Flucht.
- Je mehr Bezug zum Alltagsverhalten hergestellt werden kann, um so wirksamer ist die Arbeit. Im Denken und in der Phantasie ist alles möglich, die Realität wird durch Fühlen und Handeln spürbar.
- Formulieren Sie Ihre Ideen und Interpretationen in Fragen an den Klienten um – wie sprachen Ihre Eltern miteinander? statt: Ihre Eltern hatten wohl oft Streit miteinander!

- Werden einfache Fragen vom Klienten nicht beantwortet, verzichten Sie auf eine Deutung und merken sich das Bild und die entsprechende Hypothese für die spätere Arbeit.

4.3 Der Vertrag – Anfang und roter Faden der Behandlung

ᔥ Das Beispiel

Frau Z. war schon wegen Depression und Panikattacken eine Weile beim Hausarzt in Behandlung, bis sie sich zur Therapie anmeldete.
Die formalen Bedingungen einer Behandlung waren schnell abgeklärt, es wurden fünf probatorische Sitzungen vereinbart, die Kosten übernimmt die Krankenkasse. Ob eine Kurzzeittherapie ausreichen würde oder eine Verlängerung dann nötig würde, blieb noch offen.
Der Anfangswunsch der Klientin war, die Depression, diffuse Ängste und Konzentrationsschwäche loszuwerden.

Gleichzeitig fühlte sie sich ohnmächtig, etwas zur Verbesserung ihrer Lage beizutragen. In ihrer Selbstkritik war sie gnadenlos mit sich, konnte dann aber wieder in heftiges Selbstmitleid verfallen. Der intuitive erste Eindruck war, daß Frau Z. einen hohen Leidensdruck in ihrem ‚Kind-Ich' verspürte und über viel Energie verfügte, die sie aber nicht sinnvoll verwendete. Sie machte den Eindruck eines einsamen und verlassenen Kindes, das alles alleine können muß.

✣ Kommentar:

✎ Die Klientin hat schon Erfahrung in erfolgloser medikamentöser Therapie gemacht, das kann die Bereitschaft zu einer Psychotherapie stärken.

✎ Da es sich um eine ärztliche Psychotherapie handelte, waren die formalen Bedingungen einfacher als bei Psychologen, Heilpraktikern und anderen Heilberufen.

✎ Sinnvoll ist es, hier auch zu klären, ob eine Eigenleistung des Klienten nützlich ist.

✎ Das „Loswerden" eines Symptoms ist einer der häufigsten Wünsche, in die viel Energie gesetzt wird, aber wegen der Negation kein Ziel darstellt. Nötig ist eine positive Zielformulierung.

✎ Bei der Hilflosigkeit ist es sinnvoll, die bisherigen Versuche zu eruieren und statt einer Kritik neue Möglichkeiten anzubieten, ohne allerdings Erfolg zu versprechen.

✎ Der intuitive Kontakt zum ‚Kind-Ich' der Klientin war spontan möglich, was eine gute Voraussetzung für erfolgreiche Zusammenarbeit ist.

Als erster Behandlungsschritt wurde daher vereinbart, eine ausführliche Skriptanalyse zu erstellen, um die Hintergründe ihrer Symptomatik zu erhellen.
Zudem sollte in der ersten Zeit auch die Bereitschaft, sich helfen zu lassen, gestärkt werden. Hierzu wurde die Aufmerksamkeit der Klientin auf den „Zuwendungshaushalt" gerichtet: Die Therapeutin gab der Klientin immer wieder positive Anerkennung und besprach deren Wirkung.
Außerdem sollte Frau Z. in ihrer Umgebung beobachten, wann und von wem sie Beachtung und Anerkennung erhielt.

Auch wenn die Depression die massivste Beeinträchtigung darstellte, wurde der nächste Teil-Vertrag auf die Ängste zentriert, da sie für eine Therapie am ehesten zugänglich erschienen.
Die Klientin sollte einen verbesserten Realitätsbezug herstellen und die Irrationalität der Ängste erkennen.
Der Vertrag wurde operationalisiert: Die Klientin wird pro Tag zu Hause nur noch maximal eine Stunde mit ihren Angstphantasien verbringen und ansonsten ihre Arbeit effektiv und zielstrebig erledigen.

✎ Die methodische Seite des Vertrags hilft der Klientin, eine Struktur zu sehen, sich sinnvoll mit sich und ihrer Vergangenheit zu beschäftigen.

✎ Das ‚Kind-Ich' der Klientin braucht zunächst das Gefühl, einer kompetenten und schützenden Autorität zu begegnen: Daher sind der Verzicht auf Kritik und die positive Anerkennung wesentlich.

✎ Die „Hausaufgabe" bietet zudem eine Möglichkeit, zu prüfen, wie weit die Klientin bereit ist, die Zeit zwischen den Therapiesitzungen für ihre Verhaltensänderung zu nützen und wie stark der Widerstand gegen Veränderung wirkt.

✎ Obwohl die TA es vorzieht, sich möglichst schnell dem zentralen Problem zuzuwenden, ist die Anfangsphase wichtig, in der die Klientin lernt, sich mit therapeutischen Fragestellungen und Sichtweisen zu befassen. Methodisch zielt das auf eine Stärkung des ‚Erwachsenen-Ich' durch Enttrübung ab.

✎ Es handelt sich hier um einen Selbstkontrollvertrag mit dem Ziel, daß die Klientin die Kontrollierbarkeit der Symptomatik erfährt.
Die Erwartung bei Erfüllung des Vertrags ist, daß die Klientin durch die Minderung der Ängste eine Erleichterung von psychischem Druck und gleichzeitig eine Verdeutlichung bzw. Verstärkung der Depression erfährt und dann daran weiterarbeiten wird.

Was meint der Begriff „Vertrag"

Ein wesentliches Merkmal der angewandten Transaktionsanalyse ist der Behandlungs-/Beratungsvertrag (‚Contract'). Hier werden mündlich oder schriftlich die wesentlichen Bedingungen der Zusammenarbeit festgelegt: zeitlicher und finanzieller Rahmen, Arbeitsweise, Rechte und Pflichten des Therapeuten/Beraters und des Klienten sowie das Ziel der Zusammenarbeit. Neben den formalen Bedingungen ist das klare Ziel des gemeinsamen Tuns zentral.

Bisweilen löst der Begriff „Vertrag" beim Behandler wie auch beim Klienten Befangenheit (Ängste) aus und erinnert an juristische oder wirtschaftliche Verträge. In der TA ist dabei diese Verbindlichkeit durchaus intendiert. Weniger belastet, wenn auch weniger verbindlich, ist der Begriff „Vereinbarung".

Die Phase der Vertragsbildung ist schon Teil der Behandlung. Ebenso ist die Beziehung zwischen Klient und Behandler Teil der Vertragsarbeit. Er ähnelt damit in seiner Beziehungsorientierung dem psychoanalytischen Begriff des „Arbeitsbündnisses", das allerdings einseitig vom Klienten ausgeht, während der TA-Vertrag zweiseitig orientiert ist.

Ein solcher Vertrag kann beinhalten:
- Behandlung körperlicher Leiden/Symptome mit psychologischen Mitteln (Migräne, Schlaflosigkeit etc.),
- Behandlung psychischer Leiden/Symptome (Depression, Zwang, Angst und Phobie etc.),
- Veränderung problematischer Verhaltensweisen (Partnerschafts-, Arbeitsprobleme etc.), (vgl. M. James 1977).

Nach Art und Umfang wird hierbei unterschieden zwischen:
- **allgemeinem Vertrag:** formale Bedingungen der Zusammenarbeit,
- **Behandlungsvertrag:** längerfristiges, inhaltliches Ziel der Behandlung,
- **Stundenvertrag:** Ziel für die aktuelle Sitzung,
- **momentanem Vertrag:** gilt für die gerade angewandte Methode.

Vertragsorientierte Behandlung

Die Entwicklung des Behandlungsvertrags beginnt mit dem ersten Kontakt und bleibt durch wiederholte Überprüfung und Revision bis zum Ende der Behandlung wie ein roter Faden erhalten. Der Vertrag ist in seinen Details immer Verhandlungsgegenstand, der globale Behandlungsvertrag verliert allerdings bei häufiger Veränderung seine Funktion als Maßstab der Entwicklung. Das Gespräch über den Vertrag, die Ziele und Planungen bietet auch für den Klienten die Möglichkeit, die Behandlung auf einer Meta-Ebene zu betrachten, auf sie Einfluß zu nehmen und zu modifizieren. Dadurch werden gleichermaßen Eigenverantwortung des Klienten und erste Enttrübungsprozesse initiiert.

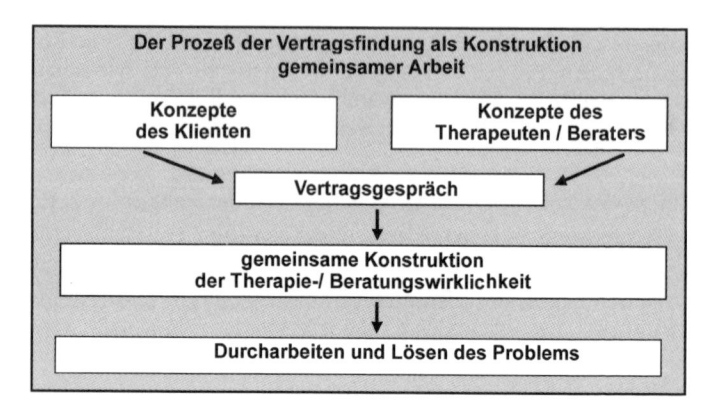

```
┌─────────────────────────────────────────────────────────┐
│         Der Prozeß der Vertragsfindung als Konstruktion │
│                    gemeinsamer Arbeit                   │
│                                                         │
│      ┌──────────────┐              ┌──────────────┐    │
│      │   Konzepte   │              │  Konzepte des│    │
│      │ des Klienten │              │Therapeuten / Beraters│
│      └──────┬───────┘              └───────┬──────┘    │
│             ↘                              ↙            │
│           ┌─────────────────────────────┐              │
│           │      Vertragsgespräch       │              │
│           └──────────────┬──────────────┘              │
│                          ↓                              │
│           ┌─────────────────────────────┐              │
│           │   gemeinsame Konstruktion   │              │
│           │ der Therapie-/ Beratungswirklichkeit │     │
│           └──────────────┬──────────────┘              │
│                          ↓                              │
│           ┌─────────────────────────────┐              │
│           │ Durcharbeiten und Lösen des Problems │     │
│           └─────────────────────────────┘              │
└─────────────────────────────────────────────────────────┘
```

M. und *W. Holloway* (1973a) beschreiben fünf **Phasen der vertragsorientierten Behandlung:**

I. **Intention:** Schon beim ersten Kontakt prüfen Klient und Therapeut/ Berater direkt und indirekt ihre Erwartungen an die andere Person. Im Sinne des von *Berne* beschriebenen ‚First imago' sind hier die intuitiven ersten Eindrücke besonders wichtig und bestimmen bewußt oder unbewußt den weiteren Behandlungsverlauf.

II. **Gegenseitiges Interesse:** In dieser Phase testet der Klient unbewußt oder bewußt die Fähigkeiten und die Kompetenz des Behandlers. Gleichzeitig prüft der Behandler die Bereitschaft des Klienten zu einer effektiven Zusammenarbeit, die Bereitschaft, das Skript zu ändern und den Widerstand gegen eine Veränderung. Aufgabe ist hierbei, die Veränderungsbereitschaft zu unterstützen und Hoffnung auf Erfolg zu stärken. Ziel ist, eine Übereinstimmung zwischen Klient und Therapeut/Berater zu erreichen, an der Aufgabe arbeiten zu wollen.

III. **Kontraktspezifizierung:** Die genaue Klärung von Globalziel, Zwi-

schenzielen und Methoden sowie der möglichst im Verhalten zu beobachtenden Veränderungen ist der nächste Schritt der Behandlung. Auch hier ist es wichtig zu bemerken, daß die Ausarbeitung der spezifischen Schritte schon Teil der Behandlung selbst ist, so daß die kognitive Klärung selbst schon Bewußtseinserweiterung, verändertes Erleben und Verhalten bewirken kann.
IV. **Exploration und Klärung:** Inhalte des Vertrags werden nun mit den geplanten Methoden erarbeitet und Veränderungen überprüft. Diese Phase bedeutet die Skriptbehandlung im engeren Sinn.
V. **Bestätigung und Festigung:** Veränderungen werden in der sozialen Umgebung des Klienten erprobt und der Transfer gefestigt.

📖 Holloway/Holloway: The contract setting process. 1973, S. 34–39.

Was regelt der Vertrag?

Die folgende Übersicht kann als Checkliste für wesentliche Themen dienen, wobei nicht immer alle Punkte angesprochen werden müssen.

Die formalen Bedingungen:
- Ort der Behandlung/Beratung
- Dauer einer Sitzung
- Häufigkeit
- Anzahl der Gespräche
- Kosten, Modus der Bezahlung
- besondere Umstände: Versäumnisse, Ausfallkosten

Die Verantwortlichkeiten:
- ethische Grundhaltung (Ethikrichtlinien der EATA / ITAA/ DGTA)
- Erfahrung und Kompetenz von Therapeut/Berater
- Möglichkeiten von Schutz bei Krisen
- Eigenverantwortung (Mündigkeit) des Klienten

Die Methoden:
- Einzel- oder Gruppensitzungen, Paar- oder Familiensetting
- Einbezug und/oder Information anderer Personen (Eltern, Partner, Lehrer, Ärzte)
- Transaktionsanalyse und/oder andere Verfahren
- verbale, nonverbale, körperorientierte Methoden

Die Ziele:
- Veränderung des Verhaltens
- Veränderung von Fühlen und Denken
- Stabilisierung der Befindlichkeit und des sozialen Umfeldes
- Unterstützung und Fürsorge im Alltag
- Vermeidung von Sabotage bei Veränderungsprozessen

Die inhaltliche Seite des Vertrags

P. Clarkson (1988) beschreibt mögliche Ergebnisse der Behandlung (Veränderungs-Pentagon). Zur Veranschaulichung verwendet sie Mythen der griechischen Sagenwelt. Die dauerhafte Veränderung (Heilung) ist dabei das oberste Ziel.

Je nach Zielvorstellung, Motivation und Veränderungsmöglichkeiten enthalten Verträge verschiedene Intensitäten der Therapie-/Beratungsaufgabe: In der TA werden üblicherweise der Veränderungs- (Heilungs- oder Autonomie-)Vertrag und der Vertrag über Selbstkontrolle (‚social control contract') unterschieden.

Das Veränderungspentagon

Verlauf der Therapie/Beratung	Veränderungserfahrung	Archetyp
dauerhafte Veränderung und Heilung, Erreichen des Vertragsziels	Zufriedenheit bei Klient und Therapeut/Berater, Autonomie	Odysseus
trotz Fortschritten keine Änderung	verunsichernd, demotivierend bis erschreckend	Echo
Desillusionierung: Veränderung ist unmöglich	frustrierend, Resultat: Verzweiflung	Ikarus
Illusion von Autonomie: Änderung als Verstärkung des Gegenskripts	scheinbare, nicht haltbare Veränderung durch Vermeidung an Skriptbotschaften, Selbsttäuschung	Ödipus
Therapieabbruch und Chaos als Bestätigung der Nicht-o.k.-Einstellung	schädlich bis katastrophal für Klient und Therapeut/Berater	Medea

Der Veränderungs-(Heilungs-)Vertrag
Zum Begriff der Heilung gibt es in der TA-Literatur sehr unterschiedliche Auffassungen, die von einer grundlegenden Änderung der Persönlichkeitsstruktur bis zur Lösung aktueller Verhaltensprobleme reichen.

Wir betrachten mit *R. Erskine* Heilung als das dauerhafte Beenden skriptkonformen Verhaltens. Ausgangspunkt und Endpunkt der Behandlung ist das Verhalten, die Struktur-Veränderung muß auch innere Prozesse wie Denken und Fühlen und körperliche Reaktionen (z. B. Muskelspannungen, vegetative Reaktionen) umfassen, um stabil zu werden. Eine neue Struktur wird auch in andersartigen Träumen und Phantasien deutlich. Eine kognitive Erweiterung ist erreicht, wenn die Person nicht mehr länger durch Skriptglaubenssätze und einengende Bezugsrahmen getrübt ist. Körperliche Reaktionen werden sichtbar im Abbau von Körperspannungen (Body-Skript), Bewegungseinengungen, Einschränkungen der Empfindungen und des Fühlens. Ziel ist nicht die immerwährende Problemfreiheit, sondern der „Glaube und das entsprechende Gefühl, daß alles, was geschieht und wie schlecht auch die Situation sein mag, eine Aufgabe zu weiterem Lernen und Wachstum durch Erfahrung ist" (Erskine 1980).

📖 Erskine, R.: Script Cure, in: TAJ 10,2, 1980 (sowie gesamtes Themenheft).

Der Vertrag über Selbstkontrolle (Social control contract)
Vor dem Veränderungsvertrag steht zum Schutz des Klienten oft ein Vertrag auf Selbstkontrolle: der Klient bespricht mit dem Therapeuten/Berater die Möglichkeiten, das Symptom zu vermeiden oder zu reduzieren. Hierbei kann der Therapeut/Berater in der Zeit zwischen den Gesprächen die Einhaltung des Vertrags nicht überprüfen. Daher ist ein Minimum an Selbstverantwortung und Stärke des ‚Erwachsenen-Ich' Voraussetzung. Situationen, in denen ein solcher Selbstkontroll-Vertrag geschlossen wird, sind vor allem selbst- und fremdschädigende Impulse bei dem Klienten, die als ‚Hintertüren' für ein Scheitern der Therapie oder Beratung mißbraucht werden könnten. Der Klient braucht Alternativen, angemessen und aktiv an dem aktuellen Problem weiterzuarbeiten.

Wesentlich ist, daß solche Verträge für den Klienten erfüllbar sein müssen, die Formulierung sollte positiv gewählt sein (möglichst keine Verneinungen) und das gesunde ‚Kind-Ich' unterstützen. Außerdem werden Verträge meist zeitlich befristet (überschaubare Zeiträume) und genügend Handlungsalternativen für den Fall besprochen, daß gerade eine Kontrollart nicht möglich ist. Die Arbeit an solchen Vertragsformulierungen bewirkt gewöhnlich schon eine tiefere Einsicht und Einstellungsänderung bei dem Klienten.

Selbstkontroll-Verträge	Formulierungsvorschläge
Zur Vermeidung von Suizid	„Ich schütze mein Leben. Ich setze es weder absichtlich noch unabsichtlich aufs Spiel. Falls ich den Gedanken oder Impuls spüre, werde ich …"
Zur Vermeidung von Gewalttätigkeit/Mord	„Ich werde meine Angst und Wut wahrnehmen, das Gefühl anderen sagen und es in ungefährlicher Weise ausdrücken, indem ich …"
Zur Vermeidung von Verrücktwerden	„Wenn ich denke oder fühle, ich könnte nun verrückt werden, werde ich Kontakt aufnehmen und mit … sprechen."

Übersicht und weitere Vertragsarten
Im folgenden Schema sind die Vertragsarten noch näher aufgeschlüsselt:

Niveau und Typ	Klientel	Fokus der Interventionen	Behandlungsmethode
● Fürsorge und Kontrolle von außen	Personen mit geringem Erwachsenen-Ich: z. B. Betreute, schwer geistig Behinderte, Hirnfunktionsstörungen	Verminderung von Spielen, Rakkets und Skriptauszahlungen	Angebot von Schutz, Betreuung, körperlicher Fürsorge
● Selbstkontrolle und Motivationsarbeit	Personen mit massiv schädlichem Verhalten, geringer Motivation oder sehr wenig Einsicht in innerpsychische Prozesse	Vermeidung des Problemverhaltens, Gebrauch des Erwachsenen-Ich, Kontamination und Ausschlüsse	Krisenintervention, Zeitstruktur und Stroke-Ökonomie, Strukturanalyse, kognitive Veränderungsarbeit, Enttrübung

Niveau und Typ	Klientel	Fokus der Interventionen	Behandlungsmethode
● Kurztherapie-Fokaltherapie	Personen mit begrenztem Therapie-/Beratungsinteresse, zeitlichen (finanziellen) Einschränkungen, spezifischen Fragestellungen	spezifische Skriptentscheidungen, Beziehungsmuster, stark wirksame oder traumatische frühe Situationen	Transaktions-, Spiel-, Maschen und Skriptanalyse, Gestalt- und Neuentscheidungsarbeit
● Langzeittherapie	Personen, die eine umfassende Therapie machen wollen	gesamtes Skript, dauerhafte frühe Entscheidungen, vorsprachliche, kinästhetische Muster	Skriptanalyse, Neuentscheidungsarbeit, versch. Methoden des Beelterns,

 Vgl. Loomis, M. E.: Contracting for Change, 1982.

Beispiele der Vertragsarten:
Fürsorgevertrag: z. B. täglicher (wöchentlicher) Besuch, von Problemen erzählen, telefonisch erreichbar sein, Teestube besuchen, vom Bett aufstehen, sich waschen und pflegen (lassen), Medikamente einnehmen.
Vertrag auf Selbstkontrolle: z. B. einen Job für ein halbes Jahr behalten, sich täglich mindestens einmal loben, keine Kinder prügeln, allein sein üben, die Wahrheit sagen, rechtzeitig um Hilfe bitten.
Fokalvertrag: z. B. statt ‚fühle nicht' und ‚sei nicht gesund' (Ärgervermeidung und Migräne) lernen, zu entspannen, Streß zu reduzieren (sich ohne Kopfschmerzen aufs Sofa legen), Gefühle wahrzunehmen und adäquat auszudrücken, traumatische Situationen, in denen Lebensentscheidungen getroffen wurden, durchzuarbeiten.
Langzeittherapievertrag: z. B. den Skript-Hintergrund der Suchtthematik aufzuarbeiten, neue elterliche Botschaften zu entwickeln, Verwirrung im Kind-Ich aufzulösen und Zugang zu eigenen Wünschen und Bedürfnissen zu haben und Möglichkeiten zu kennen, sich diese zu erfüllen.

In der Praxis werden Fürsorge und Kontrollverträge mehr in Beratung und Betreuung benötigt, Fokalverträge in Beratung und Therapie, Langzeitverträge eher in der Therapie angewandt.

Das zentrale Thema der Zusammenarbeit

Das zentrale Problem läßt sich aus der Beschreibung der Situation durch den Klienten (Wortlaut), typische Skriptsätze, tangentiale und blockierende Transaktionen, Vermeidungsverhalten, Überanpassung, Maschen und Psychospiele erschließen.

Die primäre Fragestellung des Klienten weist meist den **Zugang** auf, für die Lösung ist die Integration von Fühlen, Denken und Handeln nötig:
- Wissen: kognitive Arbeit
- Können: Verhaltensorientierung
- Erfahren: emotionale Arbeit
- Ganzheitlichkeit: Integration der Faktoren

Um eine beobachtbare Ausgangssituation zu finden und der Gefahr der Schuldzuweisung des Klienten an sich selbst oder die Partner zu entgehen, empfiehlt es sich, die Situation, in der das Problem sichtbar wird, nach Umständen und jeweiligen Verhaltensweisen zu beschreiben.

Die Fragestellung ist dann: Was trägt jemand zu der problematischen Situation bei, die das Skript bestätigt? Das Problem hat gewöhnlich drei Aspekte, die eine spezifische Situation zwischen Partnern schaffen:

> ⌘ Klient: Meine Frau streitet dauernd mit mir!
> Therapeut: Beschreiben Sie einmal eine konkrete Situation, wie sie entsteht. Wie kommen Sie immer wieder in solche Situationen?

Welche Umstände führen zu typischen Verhaltensweisen? Durch welches Denken, Fühlen und Handeln entsteht immer wieder die Konfliktsituation?

> ⌘ Klient: „Ich hatte wieder mal ihren Geburtstag vergessen und hatte Schuldgefühle deswegen. Ich habe ihr dann einen Strauß Rosen gekauft und heimlich in die Vase gestellt. Sie hat das gar nicht bemerkt, sondern mir wütend Vorwürfe gemacht, daß ich immer nur meine Arbeit im Kopf hätte und nie an sie denke."
> Therapeut: „Wir können daran arbeiten, wie Sie Ihre Verhaltensweisen oder die Umstände ändern können, damit eine andere Situation entsteht."

```
    Frau              Situation              Mann
```

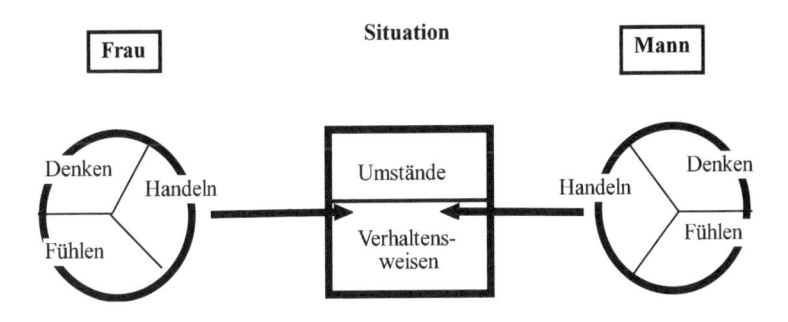

Denken / Handeln / Fühlen → Umstände / Verhaltensweisen ← Handeln / Denken / Fühlen

📖 Hart, E. W.: The Problem Diagram, 1975.

Methoden der Vertragsfindung

Interview
Die häufigste Form ist das Interview. Durch die Anwendung der typischen Gesprächstechniken nach *Berne*, wie: Befragung, Spezifizierung, Konfrontation und Erklärung (s. Kap. 5.3) wird das zentrale Problem herausgearbeitet. Dabei ist die Zielformulierung, die der Klient gebraucht, nicht schon der Vertrag. Dennoch ist der Wortlaut wesentlich, weil er den Bezugsrahmen des Klienten enthält. Der Therapeut/Berater sollte bei der Formulierung möglichst Worte des Klienten verwenden.

Typische Fragen an die Klienten zur Vertragsarbeit:
- Was will ich erreichen?
- Woran werden ich und andere den Erfolg sehen?
- Was sind die Folgen des Erfolgs?
- Was sind die ersten Schritte zum Erfolg?
- Was werde ich tun?
- Was erwarte ich von dir als Berater/Therapeut?
- Was darf ich? (Einschränkungen durch ‚El')
- Was müßte ich endlich? (Gebot durch ‚El')
- Wie hindere ich mich gewöhnlich am Erfolg? (rebellisches ‚Kind-Ich'-Verhalten)

Fragebogen
Fragebogen ersparen dem Therapeuten/Berater Zeit und liefern eine schriftliche Unterlage, die noch einmal besprochen werden muß. Bisweilen ist es für manche Klienten leichter, einen Fragebogen auszu-

füllen, andere tun sich gerade mit der schriftlichen Form besonders schwer.

Die Zielphantasie
In einer geleiteten Phantasie geht der Klient in die Zukunft und stellt sich vor, das gewünschte Ziel erreicht zu haben. Welche Konsequenzen hat das? Wie lassen sich in der Phantasie die Schritte zu diesem Ziel rückblickend beschreiben? Wie war der erste Schritt zum Erfolg?

📖 R. Goulding/ M. Goulding: Neuentscheidung, 1981, S. 70 ff.

Weitere Methoden
Es gibt eine Vielzahl von Methoden, wie über Tagtraumarbeit, Malen, Bewegung, Tanz, Körperausdruck oder Rollenspiel die Zielsetzung und der Weg geklärt werden können. Hier ist die Kreativität der Leser angesprochen.

Die Vorbeugung und Vermeidung von Komplikationen
Vorteile der vertraglichen Vereinbarung:
- Klarheit bei den Beteiligten
- Erfolgserlebnis beim Erreichen des Ziels
- Vermeidung von Endlosbehandlungen
- Vermeidung (Eingrenzung) von Psychospielen
- Schaffung einer Basis für Zusammenarbeit (o.k. – o.k.-Position)
- Möglichkeiten der Konfrontation

Ein nützlicher Vertrag
- ist eindeutig (enthält keine Botschaften zwischen den Zeilen)
- ist kurz (ohne Bedingungen, Nebensätze)
- ist positiv formuliert (enthält keine Verneinungen)
- ist überprüfbar (andere können die Veränderung wahrnehmen)
- ist erfüllbar (angesichts der Zeit und der Möglichkeiten von Klient und Therapeut)
- ist wesentlich in seiner Zielsetzung (enthält das zentrale Thema)
- schließt – soweit möglich – Hintertüren aus (keine Selbstsabotage)
- wird vom Erwachsenen-Ich geschlossen, vom Kind-Ich gewünscht und vom Eltern-Ich toleriert
- motiviert das Kind-Ich des Klienten und Therapeuten (enthält und verspricht die richtigen Strokes)
- ist rechtlich einwandfrei (ethisch, legal, verantwortet).

Vertragspartner: zwei-, drei- und mehrseitige Verträge
F. *English* betont, daß Verträge nicht immer nur zwischen Klient und Therapeut/Berater geschlossen werden, sondern bei der Arbeit in Institutionen, mit Kindern, Auftraggebern (z.B. Psychotherapie als Bewährungsauflage durch das Gericht), bei Finanzierung der Therapie/Beratung durch andere alle Seiten des Vertrags genau untersucht und formuliert werden müssen. So beeinflussen Versprechungen oder auch Drohungen durch einen Dritten den Behandlungsverlauf erheblich.

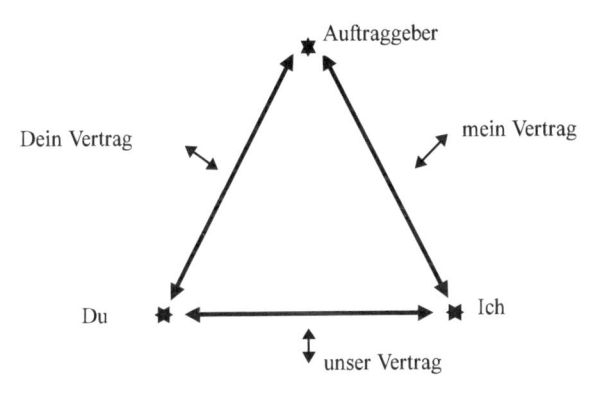

```
                    Auftraggeber
                        ★
                       ╱ ╲
                      ╱   ╲
    Dein Vertrag   ↙       ↘   mein Vertrag
                  ╱           ╲
                 ╱             ╲
                ╱               ╲
        Du   ★ ←——————————————→ ★  Ich
                  ↕
                  unser Vertrag
```

📖 English, F.: Der Dreiecks-Vertrag, 1980 a, S. 208 f.

Explizite und implizite Verträge
Explizite, formale Verträge sind mit dem Klienten genau (evtl. auch schriftlich) vereinbart. Sie haben aber auch ihre Nachteile:

Wann ist ein formaler Vertrag problematisch?

- Wenn der Klient nicht in der Lage ist, sein Erwachsenen-Ich zu besetzen
- wenn durch die wiederholte Nachfrage der Therapeut/Berater als verfolgerisch erlebt wird und eher eine Blockade im Gespräch zu erwarten ist
- wenn dadurch eine zwanghafte Struktur des Klienten zu sehr unterstützt würde
- wenn der Klient nicht in der Lage ist, Ziele zu benennen
- wenn der Klient zu sehr in der Überanpassung an den Therapeuten ist.

Implizite Verträge beruhen auf Empathie, sind daher anfällig für Psychospiele und symbiotische Beziehungen. Daher lehnen viele Transaktionsanalytiker solche Verträge ab. Bei entsprechend guter Beziehung und Sicherheit des Therapeuten/Berater kann ein impliziter Vertrag hilfreich sein.

Die Balance-Regel
Eine hilfreiche Vorstellung bei der Planung der Zusammenarbeit ist die Aufteilung der Anteile zwischen Therapeut/Berater und Klient. Um Retter- oder Opferpositionen zu vermeiden, sollten beide etwa gleich viel zum Gelingen beitragen. So braucht sich der Therapeut/Berater nicht ausgenutzt zu fühlen, und der Klient steht nicht in der ‚Schuld' des Therapeuten/Beraters. Liegt die Verantwortung für die Vertragserfüllung mehr bei dem Klienten, kann er sich leicht im Stich gelassen fühlen. Arbeitet der Therapeut/Berater deutlich mehr als die 50%, wird die Beziehung leicht symbiotisch und wirkt eher skriptverstärkend und abhängigkeitserzeugend.

Die Vertragsrevision
In der Therapie/Beratung ist es wichtig, von Zeit zu Zeit gemeinsam mit dem Klienten eine Zwischenbilanz zu ziehen und den Vertrag gegebenenfalls an neue Situationen anzupassen. Dies unterstützt die Mitverantwortung für den Prozeß. Werden für die Therapie Verlängerungsgutachten erwartet, ist auch dies ein guter Zeitpunkt, den Vertrag zu reflektieren. Der Klient kann hierbei seine Erfahrungen, Veränderungen und weiteren Wünsche und Ziele notieren, im Gespräch mit dem Therapeuten/Berater spezifizieren und mit neuem Schwung an die Weiterarbeit gehen. Die Fragestellungen des Erst- oder Verlängerungsgutachtens können hier als Leitlinie dienen. Je nach Stärke des ‚Erwachsenen-Ichs' des Klienten können auch die psychodynamischen Hypothesen Gegenstand des Gesprächs sein.

> In der Sozialpsychiatrie wurden zur Stärkung der o.k. – o.k.-Position Gespräche über den Klienten nur im Beisein des Klienten geführt. So verlangt Berne, daß sich Behandler so ausdrücken, daß es der Patient versteht und daß jemand Dinge, die er nicht im Beisein des Klienten sagen möchte, lieber gar nicht sagt.
> Analog dazu ist es sinnvoll, mit den Klienten in der ambulanten Beratung/Therapie Briefe und Gutachten zu besprechen.

Die Kunst der guten Vertragsarbeit ist es, die Gesamtaufgabe in sinnvolle Teilschritte aufzugliedern und so dem Klienten zu helfen, effektiv und erfolgreich zu sein. Die Schritte beginnen mit praktischen Problemen (z. B. seine Gefühle spüren und beschreiben zu üben). Diese sollen für eine bestimmte Zeit im Mittelpunkt stehen und erst nach einer gewissen Stabilisierung vom nächsten Schritt gefolgt werden. Da sich die Bedürfnisse, Wünsche und Ziele während einer effektiven Therapie/Beratung verändern, sind Aufzeichnungen nützlich.

Die ‚ökologischen Folgen' des Erfolgs

> ⌘ Ein erfolgreicher Systemanalytiker und Programmierer klagt über seinen Mangel an Gefühlen und möchte vor allem Wut und Ärger spüren und zeigen können. Im Vertragsgespräch werden Folgen für seinen Beruf besprochen und Möglichkeiten der Differenzierung zwischen Arbeits- und sonstiger Lebenswelt erarbeitet, um den nötigen Schutz zu gewährleisten.

‚Ökologisch' meint hier die Wirkung der effektiven Beratung/Therapie auf die Lebenswelt des Klienten. Es zeigt die ‚Potenz' des Therapeuten/Beraters, wenn er zum ‚Schutz' des Klienten schon zu Beginn der Behandlung diese Folgen bespricht: z. B. Risiken für Ehe, Freundschaftsbeziehungen, Beruf u. ä. Der Klient muß sich damit auseinandersetzen, evtl. müssen Partner mit einbezogen, Regelungen am Arbeitsplatz getroffen und Absprachen über mögliche ‚spontane' Entscheidungen des Klienten getroffen werden.

Ineffektive Verträge
Ineffektive Verträge enthalten oft nur allgemeine, vage Aussagen über Ziel und Dauer der Zusammenarbeit. Dies kann den ‚kleinen Professor' des Klienten verführen, illusionäre Hoffnungen und Heilserwartungen auf den Therapeuten/Berater zu übertragen.

> **Ein typischer Nonsensvertrag**
> „Ich denke, ich würde gerne versuchen, ein paar kleine Fortschritte dabei zu machen, herauszukriegen, warum man nicht fähig zu sein scheint zu lernen, wie man seine Probleme los wird."

Erkennbar sind ineffektive Verträge u. a. an folgenden Formulierungen und Vertragsangeboten:
- **Komparativen:** mehr, etwas, Fortschritte machen, weniger, ein bißchen, besser,
- **Antreiberworten:** hart arbeiten, es richtig machen, fehlerfrei werden, zu schnelle Veränderung suchen, etwas durchstehen oder aushalten ohne klare und sinnvolle Veränderungsplanung,
- **schwammigen Formulierungen:** versuchen, probieren, daran arbeiten, auf was hinarbeiten, fähig sein, nach etwas schauen, darüber reden, darüber nachdenken, darüber lernen, suchen, damit leben, verstehen, möchte, wünsche, überlege, bin in Kontakt mit, wissen warum,
- **Unmöglichkeiten** (Dead Man Contract)**:** Ziele, die als lebender Mensch nicht zu erreichen sind: nie mehr Probleme haben, keine Angst mehr haben u. ä.,
- **Konjunktiven und Hilfszeitwörtern:** würde, möchte, könnte, wollte, dürfte,
- **Zielen, die eine Nicht-o.k.-Einstellung unterstützen:** etwas loswerden, auslöschen, es jemandem zeigen wollen, sich rächen,
- **Vertrag auf Änderung eines anderen:** Sie sind vom Ziel her unmöglich und ethisch fragwürdig, z. B.: Ich möchte lernen, wie ich meinen Mann bessern kann.
- **Eltern-Ich-Verträgen:** Aus der Fragestellung läßt sich erschließen, daß die Motivation für Therapie/Beratung aus dem ‚Eltern.-Ich' des Klienten kommt (Anpassung an Wünsche anderer, Ideen und Ideologien, wie man sein sollte, Konfliktvermeidung u. ä.),
- **heimlichen Verträgen:** Hier liegt die Motivation im ‚Kind-Ich' des Klienten, das das Skript beibehalten will, weil es früher die bestmögliche Lösung der Probleme war. In Form der ‚Gegenübertragungsanalyse' sind hier auch die heimlichen Ziele des Therapeuten/Beraters wichtig: z. B. Erfolg, Kontakt, Anerkennung, Rivalität zu Kollegen, finanzielle Interessen. Die Zusammenarbeit soll dann heimlich dazu dienen, die ‚Rabattmarkensammlung' zu komplettieren, den Beweis zu erbringen, daß mir doch keiner helfen kann, oder Psychospiele wie: ‚Jetzt hab' ich dich endlich, Schweinehund', ‚Oh, Sie sind wunderbar, Professor', ‚Schlag mich doch', ‚Vergewaltigung' u. ä. zu inszenieren.
- **Hintertüren:** Hier handelt es sich um heimliche Möglichkeiten, die sich der Klient für den Fall des Scheiterns der Behandlung/Beratung offen läßt. Typische und gefährliche Hintertüren müssen früh entdeckt, bearbeitet und geschlossen werden (s. Verträge zur Selbstkontrolle). Es sind vor allem: Selbstmord, Mord, Krank- oder Verrücktwerden, Alkohol, Drogen, Dropout, Kriminalität, Einsamkeit oder Rückzug. Es sind aber noch weitere individuelle Hintertüren möglich.

> ⌘ Ein Patient sieht im Traum vier geschlossene Türen und entdeckt plötzlich rechts daneben eine weitere Tür. Er öffnet sie und kann nicht sehen, was dahinter ist. Drei Monate später nach dem Tod einer gleichaltrigen Bekannten wird ihm klar, daß hinter der fünften Tür psychosomatische, todbringende Erkrankungen wie sein möglicher Herzinfarkt stehen.

Auch der heimlich eingeplante Wechsel des Therapeuten/Beraters gehört zu den Hintertüren, auch wenn der Schaden nicht so massiv ist.
- **Stellvertreterverträgen:** Bisweilen unterziehen sich Klienten einer Behandlung, obwohl sie andere (Partner, Kollegen u.a.) für behandlungsbedürftig halten. Hier liegt oft die kindliche Vorstellung zugrunde, einen anderen durch Übernahme von Aufgaben, Schuld oder Sühne erlösen zu können. In Therapie / Beratung liegt dann der Fokus des Vertrags auf dieser kindlichen Hoffnung und der Beziehung des Klienten zum ‚eigentlichen Problemträger'.

4.4 Die Diagnose

In diesem Kapitel werden wir zeigen, wie die bisher besprochenen Konzepte zur Klärung, zum Überblick und zur Indikationsstellung angewendet werden können, und allgemeine Informationen über Diagnostik darstellen.

Allgemeine Grundlagen

> In der Auseinandersetzung mit dem Begriff Diagnose in der Beratung und Psychotherapie werden unterschiedliche Sicht- und Denkweisen deutlich. Sie zeigen sich immer wieder in den Diskussionen z.B. zwischen Medizinern und Psychologen oder Psychotherapeuten unterschiedlicher Richtung, die häufig polarisierenden Charakter haben. Die künstliche Trennung von Körper und Seele (Soma und Psyche) ist hier sicher eine Ursache. Seele und Körper gehören untrennbar zusammen und sind gleichwertig, auch wenn sie mit unterschiedlichen wissenschaftlichen Methoden untersucht werden. Die Aussage „Vor die Therapie setzten die Götter die Diagnose" (Volhard 1952) zeigt, welchen Stellenwert Mediziner der Diagnose gaben, nicht im Sinne von Etikettierung, sondern zum Verständnis der Erkrankung und der daraus resultierenden therapeutischen Maßnahmen. Im Kontrast dazu steht die Aussage „Wozu Diagnose, es ist nur wichtig, im Hier und Jetzt zu arbeiten". Das bedeutet, daß davon ausgegangen wird, daß in der aktuellen Beziehung eine für den Patienten hilfreiche Intervention entwickelt wird.

Diagnose verstehen wir als einen **Prozeß**, in dem Berater/Therapeuten Klienten verstehen lernen. Sie machen sich ein Bild von deren innerem System und davon, wie er damit soziale Strukturen gestaltet. Dieses Bild wird aus Informationen zusammengefügt, es dient nicht nur dem Verständnis, sondern auch dazu, Vertragsziele abzuleiten (siehe Kapitel 4.3). Das bedeutet, daß es dabei nicht allein um die Beantwortung der Frage Krankheit oder Gesundheit geht, es geht um die Klärung der Situation und um die Ableitung von Vorschlägen daraus.

Wichtige Faktoren für die Diagnose
Für die Diagnose werden benötigt:
- **Informationen**
- **Fachwissen**
- **Intuition**

Die **Informationen** über die Klienten beziehen sich auf ihre **aktuelle Situation**, auf ihre **Geschichte** und auch auf das **System**, in dem sie leben und arbeiten. In manchen Fällen gehen auch Gespräche mit Arbeitgebern oder anderen Personen des Umfeldes mit ein.

Bei **Kindern** ist die Situation komplexer, da für sie die Bezugspersonen und der Lebensraum, der häufig nur indirekt mitgestaltet wird noch von größerer Bedeutung sind. In der Regel tragen nicht nur die Kinder Informationen bei, auch Eltern, Lehrer und Erzieher oder andere wichtige Bezugspersonen geben Informationen. In manchen Situationen ist es wichtig, sich nicht zu viele Informationen aufdrängen zu lassen, sondern gezielt bestimmte Personen anzusprechen und nachzufragen. Denn Eltern glauben immer wieder, daß ihre Wahrheit die ‚richtige' sei, und antworten für ihre Kinder.

Die **Beziehung** zwischen Berater und Therapeut und den Klienten gibt Informationen zu allen drei genannten Bereichen und spiegelt häufig aktuelle oder bekannte Probleme.

Die **Intuition** wird in ihrer Bedeutung auch für den diagnostischen Prozeß unterschätzt, da die Diagnose häufig als rein rationales Geschehen gesehen wird. Das Intuitive zeigt sich auch im ‚daran denken', die Idee, eine bestimmte Frage zu stellen oder einen Zusammenhang in einer bestimmten Weise aufzudecken. Die Intuition ist auch im Wahrnehmen und Einordnen der Beziehung notwendig. Sie wurde lange überwiegend dem Kind-Ich-Zustand zugeschrieben, aber es gibt durchaus auch eine erwachsene Intuition, die das Fachwissen zur Verfügung hat und von daher andere Verknüpfungen möglich macht als die kindliche Intuition.

> **„Die Diagnose der Ich-Zustände ist eine Sache der genauen Beobachtung und der intuitiven Sensibilität. Das erste kann gelernt werden, während das zweite allein kultiviert werden kann."** (Berne 1961 58 Übers. G. H.)

Sowohl die rechtshemisphärischen als auch die linkshemisphärischen Funktionen des Gehirns, also das intuitive ganzheitliche Erfassen, als auch die Rationalität sind von Bedeutung.

Das **Fachwissen** ist berufs- und aufgabenbezogen, es liegt in der Verantwortung jedes einzelnen, sich das notwendige Wissen zu verschaffen.

Diagnose als Arbeitshypothese
Wir verstehen Diagnose nicht als Etikettierung im Sinne von Schubladendenken, sondern als eine **Arbeitshypothese**, eine Zwischenbilanz im therapeutischen oder beratenden Prozeß. Sie muß an den jeweiligen Informationsstand angepaßt werden.

Die Auffassung der **Diagnose als Hypothese** ermöglicht Offenheit und Bewegungsmöglichkeit in einem lebendigen beratenden und therapeutischen Prozeß. Die aktuelle Behandlungs- und Beratungssituation benötigt den Blick sowohl auf die Gegenwart und in die Vergangenheit als auch in die Zukunft, um die Situation zu verstehen und Zielvorstellungen zu entwickeln.

Gefahren von Diagnostik

Persönliche Neugier versus notwendiges Interesse
Patienten können die Fragen von Therapeuten/Beratern so erleben, als wollten diese allein ihre persönliche Neugier befriedigen oder an den oft dramatischen Situationen aus der Geschichte von Klienten ihr Spannungsbedürfnis befriedigen. So ist es für Berater und Therapeuten wichtig, darüber zu reflektieren, weshalb das Informationsbedürfnis besteht, im Interesse für die Belange der Klienten oder aus persönlicher Neugier, die im Beratungs- oder Therapieprozeß fehl am Platze ist.

Belastung durch Befragt-Werden
Diagnostik ist nicht immer nur hilfreich: „**Diagnostik ohne Therapie** kann durchaus schädlich sein, indem sie den Patienten nur zusätzlich belastet. Er kommt sich leicht entblößt, ausgehorcht oder gar unter Druck gesetzt vor, ohne daß ihm Hilfe zuteil wird. **Therapie ohne Diagnostik** hinwiederum ist ohne Ziel und ohne Struktur und unterscheidet sich kaum von jeder ungeschulten Art zwischenmenschlicher Hilfe und Anteilnahme." (Herzka 1986).

Gefahr der Etikettierung
Die oft so treffenden Begriffe der TA laden vor allem Anfänger dazu ein, sich in einer 'falschen' Sicherheit der 'richtigen' Diagnose festzufahren oder die Erkenntnisse in verletzender Weise den Klienten überzustülpen. Bei den psychologischen Spielen ist diese Gefahr häufig gegeben, da jedes Definieren von Spielen ohne einen Vertrag leicht zu einer Spieleinladung werden, kann. So gilt, um mit der Theorie der Spiele vertraut zu werden der Grundsatz, als erstes die eigenen Spiele zu erkennen und zu verstehen. Dadurch kann vermieden werden, daß Klienten mit diesen Begriffen belegt werden im Sinne einer Abstempelung. Jede Etikettierung ist in der Regel problematisch und wird häufig als Abwertung verstanden, auch wenn es auf der bewußten Ebene nicht so gedacht ist.

> ❧ Die Klientin Z. spielte immer wieder das ‚Dumm-Spiel'; in der diagnostischen Phase wäre es sinnlos gewesen, sie damit zu konfrontieren, da sie keine Bewußtheit darüber gehabt hätte. Sie hätte sich mißverstanden fühlen können, dies wäre hinderlich für den therapeutischen Prozeß gewesen. Daher ist es sinnvoll, diese Informationen zu speichern und in die Planung des therapeutischen Prozesses mit einzubeziehen.

In der **Psychotherapie** und **Beratung** gibt es keine prinzipiellen Unterschiede in der Diagnostik, die Differenz liegt in der Bedeutung der Informationen und in der unterschiedlichen Zielsetzung. In der Psychotherapie liegt der Schwerpunkt auf der **innerpsychischen Problematik** und der Lösung dieser inneren Konflikte, in der Beratung steht die **aktuelle Lebenssituation,** z.B. die Suche eines Arbeitsplatzes, in Kenntnis der inneren Problematik des jeweiligen Klienten im Vordergrund.

⌘ Für Arbeitsberater im sozialpsychiatrischen Dienst ist es wichtig, die innere Dynamik der Störungsbilder der Klienten zu kennen, auch wenn sie im Beratungsprozeß bei der Wahl und Erhaltung eines Arbeitsplatzes eine untergeordnete Rolle spielen. Ein Patient mit einer gut kompensierten Psychose braucht einen Berater, der seine Erkrankung mit den innerpsychischen Komponenten wie Kontaktschwierigkeiten und das Bedürfnis nach einem ruhigen Arbeitsplatz kennt.

Die psychiatrische Diagnose bezieht sich überwiegend auf die Symptomatik der Störung, anhand der Symptome werden Krankheitsbilder klassifiziert. In der folgenden Tabelle sind heute gebräuchlichen, Begriffe zusammengestellt.

Neurosen	Persönlichkeitsstörung	Psychosen
z. B.	z. B.	z. B.
neurotische Depression	Narzißmus	Schizophrenie
Angstneurose	Borderlinestörung	Manisch Depressive
Konversionsneurose		Krankheit
	Eßstörungen und Sucht Psychosomatik	

Internationale Diagnostik
In bezug auf das Stellen und Einordnen von Diagnosen existieren zwei Standardwerke; es ist notwendig, diese in der Zusammenarbeit mit den Krankenkassen zu benutzen.

Das eine ist das **DSM** (Diagnostische Kriterien und Differentialdiagnosen des Diagnostischen und statistischen Manuals psychischer Störungen), dieser bietet diagnostische und differentialdiagnostische Kriterien für Krankheiten, es gibt eine spezielle Ausgabe für psychische Störungen. Es ist ein multiaxiales System, das in den USA entwickelt wurde und international anerkannt ist. Auf der Achse I sind die klinischen Syndrome zu finden, auf der Achse II Entwicklungsstörungen und Persönlichkeitsstörungen, auf der Achse III körperliche Störungen und Zustände, auf der Achse IV der Schweregrad psychosozialer Belastungsfaktoren und auf der Achse V Globalbeurteilung des psychosozialen Funktionsniveaus. Die Differenzierung in die Achsen soll eine möglichst genaue Diagnose ermöglichen, da die Diagnose auf den verschiedenen Achsen gestellt wird.

Das andere ist die ICD 10 (internationale statistische Klassifikation der Krankheiten und verwandter gesundheitsprobleme 10. Revision). Sie ist eine Möglichkeit, Diagnosen nach der internationalen Klassifikation der Krankheiten und verwandter Gesundheitsprobleme zu verschlüsseln, mit dem Ziel, nach einer international einheitlichen Systematik Krankheiten und Todesursachen zu klassifizieren und sie zu erforschen.

Differentialdiagnose
Unter Differentialdiagnoese verstehen wir die Einordnung einer Störung im Vergleich zu anderen mit ähnlichen Symptomen. Dies läßt sich nicht nur zur individuellen Diagnose anwenden, sondern auch bei Störungen von Systemen.

Die Einteilung in große Gruppen von Störungen ist sinnvoll, um einen **Überblick** zu gewinnen. Dies ist notwendig, damit wir abschätzen können, mit welcher Störung wir es zu tun haben, damit ein passendes Angebot gemacht werden kann.

Das **Therapiesetting** bei einer depressiven Neurose sieht z. B. anders aus als das bei einer Persönlichkeitsstörung. Im ersten Fall ist eine Einzeltherapie oder auch eine Gruppentherapie mit wöchentlichen Terminen sinnvoll; im zweiten Fall kann es notwendig sein, die Termine zuerst in größeren Abständen anzubieten und nicht so schnell eine Gruppentherapie vorzuschlagen.

Auch die **Zielrichtung eines Vertrages** ist je nach Störung unterschiedlich. Bei der Neurose wird die Blickrichtung schnell auf die inneren Konflikte gehen, bei der Persönlichkeitsstörung steht als erstes die Arbeit mit dem Erwachsenen-Ich im Vordergrund. Die auch hier notwendige detaillierte Analyse wird dadurch nicht ersetzt, sie dient, um innerhalb der Langzeitperspektive die tägliche Arbeit mit den Klienten zu gestalten, d. h., hilfreiche Interventionen zur Verfügung zu haben (siehe Kap. 4.3).

> **Der Prozeß der Diagnose setzt Abstand voraus; aus der distanzierten Beobachtung kann das System der Klienten verstanden und nach diagnostischen und differentialdiagnostischen Kriterien betrachtet werden. Diese Distanz steht dem Kontakt und der Empathie entgegen. Sich dieser Polarisierung bewußt zu sein ist hilfreich, um im Prozeß der Veränderungsarbeit die nötige Nähe herzustellen und ausreichenden Schutz zur Verfügung zu stellen.**

TA-Diagnostik

Die **TA-Diagnose** ist eine interaktive Diagnose. In ihrem Prozeß werden die Elemente der Stärken und Störungen zusammengetragen und miteinander in Verbindung gesetzt, um das Skript der Klienten und deren Umfeld auf diese Weise zu verstehen.

In der Beschreibung der **TA-typischen Diagnosemöglichkeiten** werden wir mit der Diagnose der Ich-Zustände beginnen, da hier der Zugang sowohl auf der Kommunikationsebene im Hier und Jetzt möglich ist, als auch innerpsychische Prozesse aufgedeckt werden können.

Dies entspricht auch der Auffassung in der Psychoanalyse, dort wird die Diagnose als Orientierung an der psychischen Oberfläche beschrieben, von der aus ein Einstieg in die dem Bewußtsein nicht direkt zugänglichen Erlebniszusammenhänge gesucht wird (Heigel/Heigel-Evers 1993).

Diagnose der Ich-Zustände

Berne beschreibt vier Diagnosewege für Ich-Zustände, die wir den vier Ich-Zustandsmodellen zuordnen und zeigen, daß sich zwei Formen auf den externen Prozeß beziehen und zwei auf den internen Prozeß. (Berne 1961).

Diagnose der Ich-Zustände		
Interner Prozeß	Historische Diagnose im lebensgeschichtlichen Modell	Phänomenologische Diagnose im phänomenologischen Modell
	Therapeut/Berater analysiert die Geschichte z.B. Konstrukt: Introjekte und Fixierungen	Klient beobachtet und beschreibt inneren Prozeß, Therapeut regt dazu an
Externer Prozeß	Soziale Diagnose im Beziehungsmodell	**Verhaltensdiagnose im Verhaltensmodell**
	Gegenüber beobachtet seinen inneren Prozeß auf Verhalten des Klienten	Therapeut/Berater beobachtet externen Prozeß unmittelbar

Am Beispiel der im Skriptkapitel beschriebenen Patientin Z. werden die vier Diagnosemöglichkeiten erläutert.

❧ Beispiel: Beim Erstgespräch **gab die Patientin klare Informationen über ihre Vorgeschichte, sie sprach mit klarer fester Stimme.** Beim Thema Ängste wechselte ihre Stimme, *sie wurde höher und ‚piepsig', sie berichtete, sie sei dann so hilflos und wisse nicht weiter.* Zum Thema Konzentrationsschwäche wechselten wieder Stimme, Haltung, Mimik und Sprache, sie war <u>selbstkritisch, streng, gab an, daß sie viel weniger schaffe als früher, sich nichts mehr merken könne, sie sei an ihren Schwierigkeiten selbst schuld. Das komme daher, daß sie sich nicht mehr genug anstrenge.</u> Dann kam ein erneuter Wechsel, und sie sprach wieder kindhaft und sagte, *sie leide sehr unter dieser Situation.* Auf die Frage, ob sie am Arbeitsplatz deswegen Schwierigkeiten habe, machte sie klare Angaben; **daß sie in der letzten Zeit befördert worden sei.**

In der geschilderten Sequenz sind die beobachteten Ich-Zustände in der Schrift unterschieden worden.

Die **Verhaltensdiagnose** wird aus der Beobachtung gestellt. Der Beobachter verschafft sich aus dem Zusammenspiel von Wortwahl, Stimme, Gestik und Mimik in Abgleichung mit dem inneren Bild von einem Kind, einem Erwachsenen oder Eltern eine Vorstellung, um welchen Ich-Zustand es sich handelt. Es werden dabei die inneren Vorstellungen mit der Beobachtung und dem Wissen verbunden.

Das fett gedruckte symbolisiert das Erwachsenen-Ich, das sich in der Regel mit wenig Emotionen und in sachlichen Formulierungen ausdrückt. Das kursiv gedruckte symbolisiert das Kind-Ich, das sich entweder als freies Kind spontan, gefühlsbetont und lebendig zeigt oder als reagierendes angepaßtes Kind entweder trotzig, ärgerlich oder brav und gebremst mit vorsichtigen Formulierungen nach außen kommt. Der dritte Ich-Zustand, das Eltern-Ich, tritt als Versorger liebevoll zugewandt oder kritisierend ärgerlich wertend auf.

Ich-Zustand	kr.El	f.El	Er	f.K.	r.K.
Wortwahl	schlecht	gut	korrekt	super	kann nicht
	sollte	nett	wie	Mist	möchten
	müßte	ich mag	was	wollen	versuchen
	immer	dich	warum	nicht	hoffen
	falsch	freundlich	wieviel	wollen	bitte
		zart	nützlich	autsch!	danke
				toll!	

Ich-Zustand	kr.El	f.El	Er	f.K.	r.K.
Stimme	kritisch angewidert streng herablassend schützend bestimmend	liebevoll unterstützend besorgt tröstend überbesorgt	gleichmäßig ruhig	frei laut energiereich lustig	weinerlich fragend verteidigend besänftigend
Mimik und Gestik	ärgerlich stirnrunzelnd Hände in den Hüften mit dem Finger deuten	offene Arme annehmend lächelnd zugewandt vereinnahmend	aufrecht offen wach nachdenklich	ungebremst locker spontan	verkniffen gepreßt gebremst zusammengezogen
Haltung	wertend moralistisch autoritär	verständnisvoll versorgend gebend	interessiert beobachtend abschätzend	neugierig wechselvoll freudvoll	fragend beschämt nachgiebig

(Nach Woollams und Brown 1978)

Diese Zusammenstellung dient dazu, einen Bezug zu den Ich-Zuständen zu bekommen und innere bildhafte Vorstellungen dazu zu entwickeln.

Die **soziale Diagnose** bezieht sich darauf, welcher Ich-Zustand im Gegenüber angesprochen wird, diese Diagnose wird im Kontakt gestellt. Bei dem oben aufgeführten Beispiel fühlte sich der Therapeut zuerst in seinem Erwachsenen-Ich angesprochen, der Wechsel erfolgte, und die elterlichen Anteile wurden angesprochen. In der selbstkritischen Phase reagierte das Kind-Ich des Therapeuten, der diese Reaktion registrierte, innerlich den Ich-Zustand wechselte und aus dem Erwachsenen-Ich weiterfragte. Auf die dann gestellte Frage folgte eine Antwort aus dem Erwachsenen-Ich.

Die **historische Diagnose** wird aus der Lebensgeschichte gestellt, sie wurde auf Nachfrage deutlich. Die Patientin wurde von der Mutter angetrieben, sich anzustrengen, auch hatte sie in der Kindheit schon Ängste, zu versagen, so daß in dem Kind-Ich die Versagensängste und das Sich-anstrengen-Müssen verankert sind. Im Eltern-Ich vertritt die Patientin das ‚anstrengen sollen' als innere Stimme „du sollst dich anstrengen", und da für Mädchen der Beruf nicht so wichtig ist, „du mußt nicht studieren".

Die historische Diagnose bezieht sich auf die Inhalte der Ich-Zustände.

Die **phänomenologischen Diagnosen** werden im Verlauf der Therapie gestellt; der Therapeut fragte in einer Situation, z.B. wenn eine Klientin elterlich oder kindhaft wirkt, nach, wie sie sich im Moment fühle und erlebe, und bekam in diesem Beispiel die Antwort: „Ich fühle mich im Moment ungefähr sechsjährig wie in der ersten Klasse, ich tat mich schwer, Lesen zu lernen", dabei handelt es sich um eine Situation aus der Kindheit, die vom Gefühl erlebt wird wie damals, also ein Zustand des Kind-Ich von früher. In einer weiteren Situation beschrieb sie: „Ich komme mir im Moment vor wie meine Mutter, die immer wieder Angst hatte, ich könnte später mal nicht klarkommen." Hier erlebt die Klientin sich, als wäre sie ihre Mutter aus ihrer Kindheit, sie erlebt das Introjekt des Eltern-Ich-Zustandes.

Berne (1961) weist darauf hin, daß die Diagnose eines Ich-Zustandes nur sicher gestellt werden kann, wenn alle vier Diagnosearten möglich sind. Dies ist in der Praxis nicht häufig möglich, mit einiger Übung ist eine gute Treffsicherheit gegeben, auch wenn nur zwei oder drei Diagnosekriterien gegeben sind.

Die **Schwerpunkte** der Ich-Zustands-Diagnosen sind in **Therapie** und **Beratung** in der Weise unterschiedlich, daß in der Regel für Beratungssituationen die Verhaltens- und soziale Diagnose ausreichen, um klare Ziele definieren zu können, und daß in der Therapiesituation alle vier Kriterien notwendig sind.

Diagnose von Maschen

Folgende Fragestellungen sind bei der Diagnose von Maschen sinnvoll.
- In welchem **Ich-Zustand** befindet sich die Person, die ein Gefühl zeigt?

Maschen können, wie beschrieben, den Ich-Zuständen zugeordnet werden. Maschen kommen am häufigsten aus dem negativ kritischen Eltern-Ich und aus dem reagierenden angepaßten Kind-Ich, sie können aber auch aus dem negativ fürsorglichen Eltern-Ich-Zustand kommen.

Dieser wird nicht so leicht erkannt, da er vordergründig angenehm erscheint mit Äußerungen wie: „Ich mach' das schon für dich." Dies hat den fürsorglichen angenehmen Aspekt, aber häufig wird mit einer solchen Aussage die Fähigkeit des anderen abgewertet und die eigene Person damit aufgewertet. Das zugehörige Maschengefühl ist oft aufgesetzte Fröhlichkeit, die wir als ‚zuckrig' bezeichnen. Die Haltung dabei ist vereinnahmend.

● Führt dieses Gefühl zu einer **Problemlösung?**

Maschengefühle zeigen eine Wiederholungstendenz; im Gegensatz zu den zweckmäßigen Gefühlen sind es wiederkehrende Gefühle, die in ähnlicher Weise immer wieder geäußert werden. Sind diese Wiederholungen häufig, liegt der Verdacht nahe, daß es sich um eine Masche handelt. Es ist möglich, dies in Fragen an die Klienten zu formulieren wie: „Was merken Sie, nachdem Sie dieses Gefühl gehabt haben?" oder „Kennen Sie dieses Gefühl aus Ihrer Kinderzeit?" Häufig treffen wir bei Maschen auf ‚alte Bekannte'; wird dies aufgenommen, fühlen sich die Klienten dadurch verstanden.

● Sammelt jemand **Rabattmarken** (Maschen) und löst sie irgendwann ein?

Unter Rabattmarken verstehen wir nicht ausgedrückte Gefühle, die gespeichert werden. Dies kann in dem Bild des ‚Ärgerrucksackes' beschrieben werden, der dann irgendwann voll ist. Diese Sammlung wird häufig zur Rechtfertigung von Verhalten weiter verwendet, das sich derjenige sonst nicht erlaubt, beispielsweise einen Wutausbruch oder einen Rückzug auf die Couch zum Lesen.

Rabattmarken wurden von *Berne* (1975 S. 130) als verschiedenfarbig beschrieben. Jeder von uns hat sich in seinem Skript festgelegt, welche Marken die ‚richtigen' sind, welches die Lieblingsfarbe ist. Wir werden Maschen anderer Farbe nicht annehmen, da sie uninteressant erscheinen, sie werden daher häufig zum Tausch angeboten. Beispiele für weitere Rabattmarken sind Depressionsmarken, Enttäuschungsmarken oder goldene ‚gute Taten'-Marken. Folgende Frage erzielt häufig Informationen über Rabattmarken: „Wann gönnen Sie sich etwas Schönes?" „Wann erlauben Sie es sich, die Kinder einmal abzugeben?"

- Verspüre ich als Berater/Therapeut einen **Appell** an mich, wenn mein Gegenüber dieses Gefühl zeigt?
Habe ich den Eindruck, da möchte der andere etwas Bestimmtes von mir erreichen oder mich zu etwas bringen? Diese Wahrnehmungen beziehen sich auf den ausbeutenden Charakter der Maschen. Hier ist auch der Übergang zu Spielen, denn wenn jemand mit Maschen nicht den gewünschten Erfolg hat, werden häufig Spiele als Steigerung eingesetzt.
- Wie ist mein **intuitiver Eindruck**?
Häufig ist zuerst einmal der Eindruck da, hier stimmt irgend etwas nicht. In einer solchen Situation gilt es, wachsam zu sein, das bedeutet, auf die eigenen Reaktionen und auf die des Gegenübers zu achten und auch gezielte Fragen nach dem ‚Eigentlichen' zu stellen.

Diagnose von Spielen

Da die Spiele ohne die Bewußtheit des Erwachsenen-Ichs ablaufen, sind diagnostische Fragen, die diesen Persönlichkeitsanteil ansprechen, wichtig. Denn die Gefahr beim Aufdecken von Spielen besteht im Sich blamiert-Fühlen oder beschämt-Sein. Wird das ‚Er' angesprochen, ist diese Gefahr nicht gegeben, da jeder sein individuelles Spiel selbst aufdecken kann.

In der Darstellung von Spielen wurde gezeigt, daß es viele unterschiedliche Zugänge zu Spielen gibt. Wir werden hier folgende Schwerpunkte setzen:

Verhaltensaspekte
Eine leichte Möglichkeit, Spiele zu erkennen, ist das Aufspüren der **Rollen aus dem Drama-Dreieck** oder aus dem **Hexagon** (siehe Kap. 3.3).

Der transaktionale Aspekt
Doppelbödigkeit ist, transaktional gesehen, bei den Spielen entscheidend. Spiele können wir erkennen, wenn wir die **Inkongruenz** zwischen dem Inhalt, der aus dem **Erwachsenen-Ich** stammt, und dem Prozeß (der Mimik, Gestik, Stimme) aus dem angepaßten **Kind-Ich** oder aus dem **Eltern-Ich** kommt, aufspüren. Eine solche Aussage könnte lauten: „Ich werde diese statistischen Fakten berechnen und Ihnen vorlegen" mit einer ängstlichen Stimme und in verteidigender Haltung. Derselbe Inhalt könnte auch mit kritischer Stimme oder

sarkastischem Ton mit überheblich wirkender Haltung aus dem **Eltern-Ich** abgeschickt werden.

Endausgang
Maschen stehen im engen Zusammenhang mit den Spielen. Der **Endausgang**, der ‚pay off‘, der Spiele ist ein Maschengefühl, das entweder ausgedrückt werden kann oder als Rabattmarke gesammelt wird. Spiele von ihrem Ende her aufzurollen ist am Anfang der leichteste Weg. Der Punkt der Endauszahlung wird häufig gut wahrgenommen.

Die sich wiederholenden Muster
Spielplan von *James* (1973) bietet **Fragen** dazu:
1. Was passiert mir immer und immer wieder?
2. Wie fängt das Spiel an?
3. Und dann, was passiert dann?
4. Wie geht das Spiel aus?
5. Was bleiben bei jedem Beteiligten für Gefühle zurück?
6. Wie fühlst du dich, nachdem es zu Ende ist?

Diese Fragen dienen dazu, die sich wiederholenden Muster von Spielen von einzelnen oder von Systemen in Familie, Schule oder Beruf aufzudecken.

Diagnose von passivem Verhalten

Skriptgebundenes Verhalten wird häufig in den passiven Verhaltensweisen deutlich (siehe Kap. 5.5). Passive Verhaltensweisen sind so definiert, daß sie Verhalten sind, die nicht zur Lösung einer gestellten Aufgabe verhelfen.

Diagnose der Störungen des Denkens

Die Störungen des Denkens, die hier dargestellt werden, betreffen nicht die prinzipielle Denkfähigkeit (den IQ), sondern sie beeinträchtigen diese durch Fehlen von Information, falsche Informationen und durch innere Prozesse, z.B. Abwertung.

● Trübungen
Eine Trübung ist Vermischung von Eltern-Ich-Inhalten oder Kind-Ich-Inhalten mit Anteilen des Erwachsenen-Ich. Die Funktion des Er ist dadurch beeinträchtigt. Derjenige, der eine Trübung äußert, ist

sich dessen nicht bewußt, sondern glaubt, eine klar durchdachte Aussage zu machen.

Die vom Eltern-Ich bedingten Trübungen sind vergleichbar mit **Vorurteilen.**

> ⌘ Eine Patientin berichtet in einer Sitzung, daß sie nun auf ihre Mutter angewiesen sei, da sie durch eine Erkrankung im Moment nicht voll leistungsfähig sei. Dies ist eine Trübung aus dem El; die Patientin glaubt, sie habe die ihr zur Verfügung stehenden Möglichkeiten durchdacht, wer ihr helfen könnte, hat sich aber nach dem gerichtet, was ihre Mutter ihr mitgegeben hatte: „Nur eine Mutter kann einer kranken Tochter helfen, sonst ist ja niemand für einen da. Hilfe gibt es nur aus der Familie."

Hier wird deutlich, wie die Mutter der Patientin ihre Informationen weitergab und welche Vermischung dadurch stattfand, die heute noch wirksam ist.

Die vom Kind-Ich-Zustand bedingten Trübungen sind vergleichbar mit **Illusionen.**

> ⌘ Ein Patient erklärt in der Gruppensitzung, daß es ganz klar sei, nur über den Sport geknüpfte Beziehungen könnten gut sein. Dieser Patient ging von dieser Illusion aus, da er als Kind keine anderen Erfahrungen machen konnte, weil schon seine Eltern Beziehungen im Sportverein knüpften.

Die korrespondierenden Trübungen von K und El, die einander unterstützen, sind häufig, sie werden als **Doppeltrübungen** bezeichnet.

Die Trübungen können durch neue Informationen und durch das Aufzeigen der wirksamen Einschränkungen aufgelöst werden. *Berne* bezeichnete Trübungen als strukturelle Pathologie, sie gehören in die Lebensgeschichte eines Menschen.

Sie werden im lebensgeschichtlichen Modell dargestellt:

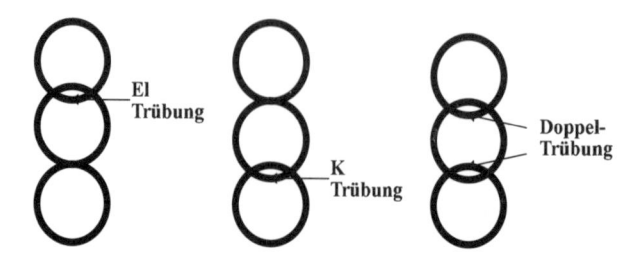

Schiff (1975) beschreibt **Denkstörungen** als innere Mechanismen, die zur Aufrechterhaltung des Bezugsrahmens dienen.
- **Übergeneralisieren**
- **Überdetaillieren**
- **Eskalation**
- **Verwechslung von Realität und Phantasie.**

Diese Störungen des Denkens sind auf dem Boden von Abwertungen möglich; es bedeutet, daß jemand Teile von sich selbst, von anderen oder der Situation verringert. Genaue Darstellung siehe Kap. 5.3.

Skriptdiagnose

Die Verbindung von internen Vorgängen und äußerlich beobachtbarem Verhalten ist sowohl im **Miniskript,** das für die Beratungsarbeit gut geeignet ist, und im **Maschenskriptsystem,** das vor allem in der Psychotherapie angewendet wird, sichtbar. In dem Kapitel zur Skriptanalyse (Kap. 3.6) und dem Kapitel zur Anamnese (4.2) wurden die Möglichkeiten zur **Skriptdiagnostik** besprochen.

Die Entscheidungen zur Lebensposition gehören zu den frühen Skriptentscheidungen. Da sie nicht in jeder Situation identisch sind, ist es möglich, sie in einer graphischen Übersicht, dem O.K.-Corral deutlich zu machen, hier am Beispiel ❧ von Frau Z.:

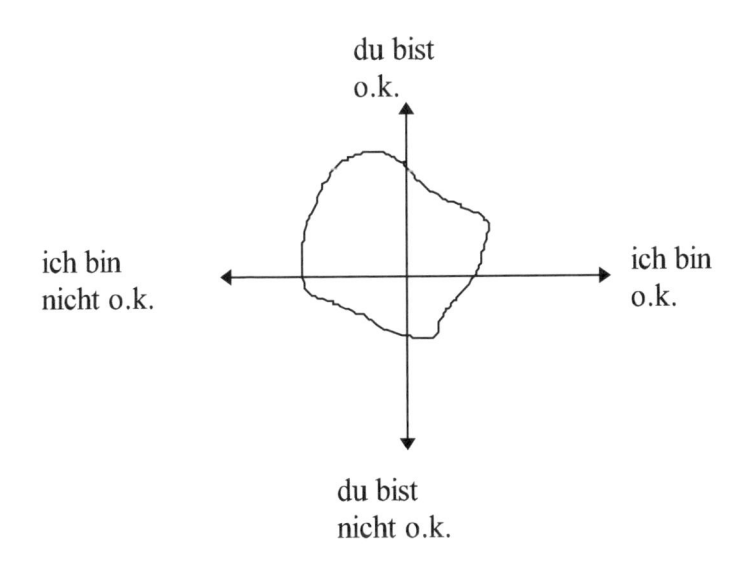

du bist
o.k.

ich bin
nicht o.k.

ich bin
o.k.

du bist
nicht o.k.

Jeder von uns nimmt nicht nur eine Position, auf die er festgelegt ist, ein, wir haben einen Schwerpunkt; aber in bestimmten Situationen erleben wir für uns selbst und in der Beziehung zu den anderen eine differente Position. Diese Überzeugungen stammen aus kindlichen Entscheidungen.

Diagnose von Anpassungstypen und Funktionsniveaus

Für Diagnose und Therapieplanung ist auch die Differenzierung im Sinne der Objektbeziehungstheorie, die Abgrenzung von Konfliktneurosen gegenüber entwicklungspathologisch bedingten oder traumatogenen psychischen Störungen, hilfreich.

„Der **Anpassungstyp** wird durch den Skriptinhalt bestimmt, und die **Funktionsebene** wird bestimmt von der Art der internalisierten Objektbeziehungen" (Divac-Jovanovic und Radokovic 1990). Um dies zu verstehen, ist die psychoanalytische Sichtweise hilfreich, die Störungen unterscheidet, die durch innerpsychische Konflikte ausgelöst werden, von denen, die auf dem Boden einer Entwicklungsstörung entstehen. Die Konfliktstörungen beziehen sich auf die Triebtheorie, sie werden in der TA in den Konflikten zwischen den Ich-Zuständen oder innerhalb der Ich-Zustände dargestellt und im Detail als Skriptinhalt beschrieben. Die Entwicklungsstörungen werden in der Objektbeziehungstheorie beschrieben, sie sind transaktionsanalytisch im Energiemodell über die Besetzung der Ich-Zustände und der damit im Zusammenhang stehenden Strukturierung darstellbar.

Für das Verständnis der verschiedenen Entwicklungsniveaus dienen die diagnostischen Ebenen von *Divac-Jovanovic und Radokovic*, die diese mit den Anpassungstypen in ein System gebracht haben. Die Autoren erläutern diese am Beispiel für Borderline-Patienten. Nach unserer Erfahrung ist dieses Modell auch für andere Störungen anwendbar. Wir haben dieses Modell abgewandelt; für das Verständnis dieser beiden Bereiche ist die zweidimensionale Darstellung ausreichend und leichter verständlich (s. folgende Seite).

In diesem Modell wird angenommen, daß jeder Anpassungstyp auf jedem Funktionsniveau vorkommen kann. Jede Person kann verschiedene Persönlichkeitsanteile in unterschiedlichen Anpassungstypen entwickeln und sich außerdem noch auf unterschiedlichen Funktionsniveaus bewegen.

Anpassungstypen

	paranoid	schizoid	antisozial	passiv	aggressiv	zwanghaft	hysterisch
normal							
neurotisch							
borderline							
psychotisch							

Ware (1992) beschreibt die verschiedenen Anpassungstypen aus der Sicht des Skriptes und zeigt, daß bestimmte Kombinationen von Einschärfungen und Gegeneinschärfungen zu spezifischen Anpassungstypen führen. Die meisten Menschen entsprechen nicht allein einem Typus, sondern haben einen Schwerpunkt und Anteile von anderen Typen; häufig gibt es einen primären und einen sekundären Typ der Persönlichkeitsanpassung.

Aus dieser Zusammenstellung entwickelte *Ware* Vorgehensweisen in der Arbeit, die Türen zur Therapie, die auch in der Beratung hilfreich sind.

📖 Paul Ware: Anpassungen der Persönlichkeit, 1992.

Beurteilung und Folgerungen

Nach den ersten Kontakten in der Psychotherapie – es werden in der Regel drei oder fünf Probesitzungen durchgeführt – ist es notwendig, festzulegen, was für diese Person, diese Gruppierung (z.B. Familie, Team) sinnvoll und wichtig ist; Änderungen des Therapie- bzw. Beratungsplanes können notwendig werden, das wird der jeweilige Verlauf zeigen.

Die Bereitschaft, Klienten auch weiterzuschicken, wenn jemand kein entsprechendes Angebot machen kann, gehört zum professionellen Handeln.

KARTEIKARTE:

Klient/System (z. B. Familie, Team oder Betrieb)

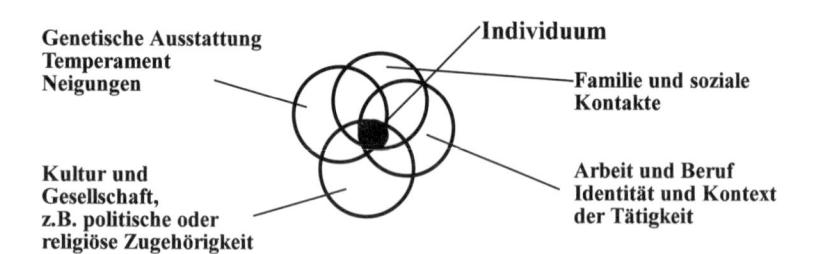

- Genetische Ausstattung
- Temperament
- Neigungen
- Individuum
- Familie und soziale Kontakte
- Kultur und Gesellschaft, z.B. politische oder religiöse Zugehörigkeit
- Arbeit und Beruf Identität und Kontext der Tätigkeit

Dargestelltes Problem – ‚Initialtransaktion':

Bevorzugte Ich-Zustände:

Maschen:
Bevorzugte Maschen/Ersatzgefühle:

Maschenverhalten:

Elemente des Maschensystems:
Skriptglaubenssätze – Skriptverhalten – Verstärkende Erfahrungen

Spiele:
Beobachtete Spiele:

Spielgrade:

Rollen im Drama-Dreieck:

    Klient-Partner oder Arbeitskollegen oder Kinder usw.

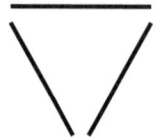

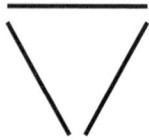

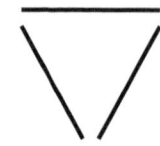

∇ ∇ ∇

Skriptmatrix

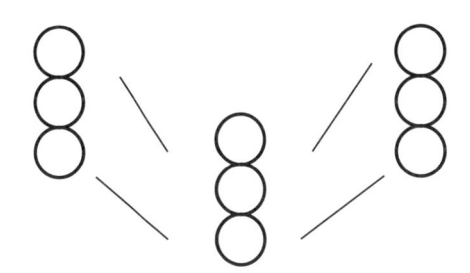

Gegeneinschärfungen:

Einschärfungen: Skriptüberzeugungen:

Lieblingsmärchen:
darin enthaltene Identifikationsfiguren

Hintertüren:

Skriptendauszahlung:

Skripttyp nach *Steiner*:

| lieblos | kopflos | freundlos |

Skripttyp nach *Berne*:

| niemals | immer | danach |
| immer wieder | bis | offenes Ende |

Beurteilung

Zur Beurteilung der Situation gibt es zwei Hauptblickrichtungen, die eine richtet sich auf das Individuum, die andere auf das System.

Beurteilung des Individuums
Wenn wir das Skript einer Person betrachten, werden wir bei allen auch Verbote finden. Die Funktionstüchtigkeit eines solchen inneren Systems ist entscheidend (siehe Kap. 2.4).

Folgende Fragen sind wichtig:
- Wie sieht das innere System aus, ist der Klient allein gut kompensiert oder gesund?
- Was könnte zur Dekompensation führen?
- Ist derjenige krank oder gesund?
- Wie ist die Beziehungsgestaltung?
- Welche intuitive Idee habe ich?
- Ist Beratung oder Therapie sinnvoll?
- Welche Art von Therapie?
- Welche Art von Beratung?

Die Beantwortung dieser Fragen gibt eine Leitlinie, welches Angebot angemessen sein kann.

Beurteilung eines Systems
Für die systemische Sichtweise haben *Weber* und *Stierlin* (1989) folgende Punkte aufgezeigt:
- Betrachtung von Wechselbeziehungen,
- Zirkularität, keine Ursache-Wirkungs-Ketten,
- Muster aus ‚geronnenem menschlichem Verhalten',
- Vernetztheit der Verhaltensabläufe,
- Verhalten wird nicht nur durch Verhalten, sondern auch durch innere Werte bestimmt,
- Realität ist veränderbar,
- ein System ist eine ‚geordnete Ganzheit'.

Für die Bearbeitung dieser Punkte geben die beschriebenen diagnostischen Kriterien Informationen, durch diesen Ansatz ist eine Erweiterung der Möglichkeiten gegeben.

Auch hier wird das Prinzip der **Diagnose als fortlaufender Prozeß** deutlich, jede neue Information kann eine Veränderung der Einschätzung der Situation beinhalten, und ein verändertes Angebot kann die Folge sein.
Die Diagnose in der Gegenwart braucht die Vergangenheit und die Zukunft, das bedeutet, daß die Arbeit in der Beratung und Psychotherapie sich in verschiedenen Zeiten bewegt, dies führte zu dem Ausspruch, es ist niemals zu spät, eine schöne Kindheit zu haben, das heißt, daß korrigierende Beziehungserfahrungen möglich sind.

4.5 Therapie- und Beratungsplanung

🔹 Frau Z. zweifelte zu Beginn der Therapie an der allgemeinen Veränderungsfähigkeit von Menschen und speziell an ihrer Fähigkeit, sich zu verändern. Daher schlug die Therapeutin ihr vor, in eine Gruppe zu gehen. Dort erlebte sie am Beispiel der anderen, daß Veränderung möglich ist. Sie fing an, über sich nachzudenken, und entdeckte, daß sie nicht nur unter Ängsten und den depressiven Phasen litt, sondern unter dem Druck des Antreibers ‚beeil dich' einen Terminplan hatte, der nur mit großer Hast einzuhalten war. Sie fühlte sich ihrer Arbeit nicht gewachsen, obwohl sie für ihre Dienstjahre eine gute Position hatte. Sie machte erste Veränderungen am Arbeitsplatz, begann zielstrebig und in Ruhe zu arbeiten. Dies war für sie eine positive Erfahrung. Zu diesem Zeitpunkt war wegen ihrer Unklarheit noch kein konkreter Therapievertrag möglich.
Im weiteren Verlauf sprach sie über ihr Frauenbild und beklagte ihre Unzufriedenheit in ihrer Partnerschaft, die von wenig Nähe und wenig Sexualität geprägt war. Sie kam sich oft kindhaft vor, dann aber wieder so alt und ohne Spaß am Leben.
Daraus entwickelte sie den Langzeitvertrag, daß sie selbständig werden wolle. Das bedeutete für sie, sich erwachsen zu fühlen, ihre Fähigkeit zu denken anzunehmen, sich beruflich umzuorientieren und in der Partnerschaft selbständig zu werden. Erster Schritt dazu war die Veränderung ihrer Suizidgedanken, die sie seit ihrer Pubertät in größeren Abständen immer wieder hatte. Ziel wurde, sich zum Leben zu entscheiden.

❖ In der Motivationsphase ist es wichtig, daß die Klientinnen ihre gewohnten Muster in Frage stellen und die Erfahrung machen (durch andere und für sie selbst), daß Veränderung möglich ist. Das Antreiberverhalten ist oft gut wahrnehmbar und für eine erste Verhaltensänderung geeignet. Die Übernahme einer aktiven Haltung statt passiven Leidens führt zu einer Entlastung und stärkt die Veränderungsbereitschaft.
Diese Erfahrung motivierte sie, die Therapie fortzusetzen mit Enttrübungsabeit, z.B. Einstellungen über Frauen und Partnerschaft. Sie entdeckte, daß sie darunter litt, wenig Spaß zu haben, und daß sie Nähe mit ihrem Partner nicht lebte.
Das Wahrnehmen der konkreten Punkte des Leids macht einen konkreten Therapievertrag möglich.
Die Suizidalität war ein wichtiges Thema und nahm viel Raum ein. Die Klientin kam mit der Einschärfung ‚existiere nicht' in Kontakt und hatte dabei den Eindruck, es ginge ihr so schlecht wie noch nie in ihrem Leben. Diese Grundgefühle und Lebensentscheidungen waren verdeckt und nur zeitweise in Form von Selbstmordgedanken an die

> Zunächst begann die Klientin, ihre Bedürfnisse wahrzunehmen und kam mit ihrer Traurigkeit und Wut in Kontakt. Sie begann, sich ihre Bedürfnisse zu erfüllen. Sie erlaubte sich, in der Partnerschaft unzufrieden zu sein und auch dort Wünsche anzumelden. Dies führte in eine Phase akuter Suizidalität, die sie mit Hilfe eines Vertrages, ihr Leben zu schützen und Unterstützung von Freunden zu nutzen, überwand und eine Entscheidung zum Leben traf.
> Mit zunehmender Stabilität suchte sie sich einen neuen Arbeitsplatz, an dem sie ihre Fähigkeiten nutzen konnte, und bekam Anerkennung dafür.
> Die Beendigung der Therapie war ein Prozeß von einigen Wochen. Der Klientin wurde mehr und mehr bewußt, was sie alles in der Zeit der Therapie verändert hatte. Sie sah ihre Entwicklung nicht als abgeschlossen an, war aber überzeugt, ihren weiteren Weg eigenständig gehen zu können.
>
> Oberfläche gekommen. Die Neuentscheidungen der Klientin fanden Schritt um Schritt in der Gruppe statt, und sie integrierte immer wieder Neues in ihr tägliches Leben.
> Die Erkenntnis ihrer Bedürfnisse und die Bereitschaft, für sich zu sorgen, führten dazu, daß sie sich einen neuen Arbeitsplatz suchte. In ihrer Partnerschaft traute sie sich, ihrem Partner nahe zu sein und dies zu genießen. Sie selbst erkannte die Möglichkeit des Therapieabschlusses und ließ sich genügend Zeit dazu.
> Durch die Erfahrungen in der Gruppe veränderte sie ihr Eltern-Ich und entwickelte Möglichkeiten, mit sich selbst fürsorglich zu sein und auch um Fürsorge zu bitten.

Diagnose, Vertrag und Behandlungsplanung stehen in engem Zusammenhang, beeinflussen einander und sollen aufeinander abgestimmt sein. Je nach Klient wird hier ein individuelles Muster entstehen. Von professionellem Handeln erwarten wir gleichzeitig, daß dieses Muster nicht durch Zufall entsteht, sondern eine Kette geplanter Interventionen enthält.

Im folgenden Kapitel werden verschiedene Planungsmodelle der Transaktionsanalyse dargestellt als Anregung zur individuellen Planung und zu systematischem Vorgehen. Sie können sowohl für den Therapeuten/Berater wie auch für Klienten ein Anhaltspunkt darstellen, wie der Stand der Therapie/Beratung ist, was schon erreicht und was noch zu erarbeiten ist.

Planung oder spontaner Prozeß
In der Transaktionsanalyse wird die klar strukturierte Behandlung betont. Das bedeutet natürlich, daß diese Planung, ähnlich wie der

Vertrag, überprüft und revidiert werden kann. Sie umfaßt die Dauer des Vertrags ebenso wie die jeweilige Stunde, die angebotenen Inhalte und Methoden, die dem Stand der therapeutischen Entwicklung entsprechen sollen.

Durch diese Konzeption wird der Kontakt auch zeitlich eingegrenzt, so daß Therapeut/Berater und Klient einen überschaubaren Zeitrahmen planen.

Inhalts- und Prozeßorientierung
Während der spezifizierte Vertrag die inhaltlichen Seiten der Zusammenarbeit fixiert (z.B. Klärung, Konflikte, Defizite, Traumen), wird der Weg der Veränderung weniger durch eine bestimmte Methode oder vorbestimmte Umgangsweisen vorgegeben. In der Prozeßorientierung sind vor allem die Phasen des Beginns, der Beziehungsgestaltung (incl. Übertragung/Gegenübertragung), des therapeutischen Bündnisses und des Abschieds wirksam. Gemäß der dritten Kommunikationsregel, wonach die psychologische Ebene den Fortgang und das Ziel der Kommunikation bestimmt, wird in TA-Therapie und -Beratung den Prozeßmerkmalen (wie wird etwas mitgeteilt, was geschieht unterschwellig oder verdeckt, welche Bedeutung hat der Inhalt für die Beziehung) Vorrang vor der inhaltlichen Seite eingeräumt.

Allgemeintypischer Verlauf der Behandlung
Woolams/Brown (1978) beschreiben für den Therapieverlauf eine Abfolge von Schritten, die sowohl für die langfristige wie die aktuelle Stundenplanung hilfreich sein können.

Die allgemeinen Phasen dienen der Orientierung des Therapeuten/ Beraters. Sie dauern unterschiedlich lang, und der Therapeut/Berater hat die Aufgabe zu sehen, ob die Stufe erfolgreich durchgearbeitet wurde und der nächste Schritt ansteht. Die Autoren weisen darauf hin, daß viele Probleme der Behandlung daraus resultieren, daß der Klient nicht genügend Zeit hatte für eine Phase.

1. Motivation: Im Mittelpunkt der Behandlung steht der Kontakt des Klienten zum ‚Leidensdruck'. Durch sein Kommen beweist er ein Interesse an Veränderung, das aber oft noch außengeleitet (von jemandem geschickt, jemandem zuliebe, an einem Randthema orientiert etc.) oder aus Eltern-Ich-Motiven hergeleitet ist. Durch Kontakt zu dem Unwohlsein, dem inneren Wunsch nach Veränderung und dem Wiederentdecken der eigenen Wünsche und Bedürfnisse entsteht eine Bereitschaft, einen Veränderungsprozeß zu beginnen.

Oft ist in diesem Stadium wichtig, den Glauben des Klienten an die Veränderbarkeit der Problemsituationen durch Erfahrungen, emotionale Zuwendung, Information und Beobachtung von erfolgreichen Modellen (z. B. Gruppenansatz) zu unterstützen.

2. Problembewußtsein und Zielsetzung: Nun folgt die genaue Bestimmung dessen, was das Unwohlsein bewirkt. Der Bezug zwischen Problem und eigener Lebensgeschichte wird hergestellt, Methoden der Enttrübung des Erwachsenen-Ich, Klärung von Gedanken und Gefühlen stehen im Mittelpunkt.

3. Spezifischer Vertrag für die Therapie/Beratung: Vor dieser Phase bezieht sich der Vertrag auf die äußeren Bedingungen und den Beginn der Behandlung. Nun wird der eigentliche Behandlungsvertrag, die genaue Zielsetzung der Therapie/Beratung erarbeitet. Wie jeder Teil des Vertrags ist auch diese Zielsetzung revidierbar und wird von Zeit zu Zeit überprüft, gegebenenfalls neu formuliert.

4. Umstrukturierung des Kind- und Eltern-Ich: Da das Kind-Ich der Persönlichkeitsanteil ist, der das Skript bildet und (unter dem Druck des Eltern-Ich) beibehält, sind alle Methoden der Bewußtwerdung des Skripts und der Freisetzung der Energie des Kind-Ich (funktional: des ‚freien Kind-Erlebens') hier hilfreich. Ziel ist, eine Neuentscheidung vorzubereiten durch Übernahme der Verantwortung für die eigene Lebensgeschichte und die Beibehaltung von Problemverhalten in der Gegenwart, Alternativen zu Entscheidungen des ‚kleinen Professors' (‚Er_1') zu finden und sich insbesondere bislang unterdrückte Wünsche und Bedürfnisse auf eine nützliche Art zu erfüllen.

5. Neue Entscheidungen: Aus der Arbeit am Skript entsteht die Bereitschaft und die Möglichkeit, neue Verhaltens-, Fühl- und Denkmuster zu erproben. Entscheidung ist hier der Sammelbegriff für den Prozeß der klaren Verantwortungsübernahme für wesentliche Veränderungen. Oft verläuft dieser Prozeß allmählich, wenig auffällig, wird aber durch eine veränderte Energie und Zielstrebigkeit oder durch Berichte des Klienten verifizierbar.

6. Integration der Veränderungen in den Alltag: Die neue Entscheidung trifft mehr den inneren Prozeß der Veränderung. Sie wird erst dauerhaft wirksam, wenn sie erprobt und erfolgreich in den Alltag des Klienten integriert ist. Hier sind Schutz und Erlaubnis durch Therapeuten/Berater und Gruppe (bzw. das soziale Umfeld des Klienten) wesentlich.

7. Abschluß der Zusammenarbeit: Allgemein ist das Ende der Therapie/Beratung erreicht, wenn der Vertrag inhaltlich oder zeitlich erfüllt ist. Aufgabe des Therapeuten/Beraters ist dabei, das Ende der Zusammenarbeit rechtzeitig anzusprechen und genügend Feedback für die Zielerreichung anzubieten. Der Klient weiß oder spürt meist selbst, wann es gut ist, die Behandlung zu beenden, dennoch sind Hinweise hilfreich.

Für einen guten Abschluß der Behandlung sind sowohl die Einsicht des Erwachsenen-Ich und das Einverständnis des Kind-Ich wichtig. Das wird besonders dann erreicht sein, wenn das eigene Eltern-Ich genügend Fürsorge und Schutz geben kann, um dem Klienten Mut für den eigenen, unbegleiteten Weg zu machen. Ist der Vertrag klar, wird dem Klienten auch das Ende der Behandlung deutlich sein. Typische Probleme bei der Beendigung der Behandlung sind der Wunsch nach Weiterarbeit wegen einer Illusion von Perfektion oder zur Vermeidung des Abschieds, Unsicherheit über die eigenen Fähigkeiten oder aber der zu frühe Abbruch der Behandlung aus Resignation oder Flucht vor der Trennung.

Hilfreich sind hierfür eine Ausdünnung des Kontaktes und die Erlaubnis, unter bestimmten Bedingungen wiederzukommen.

Stadien der Neuentscheidungstherapie
In der ambulanten Neuentscheidungarbeit (vgl. Goulding/ Goulding 1981) werden sieben verschiedene Stadien unterschieden, die mehr oder weniger exakt in der Reihenfolge und mehr oder weniger lange Zeit im Mittelpunkt des Geschehens stehen:
1. Vertrauensbildung, Sicherheit im Umgang mit dem Therapeuten/ Berater,
2. Aushandeln des Behandlungsplanes, Spezifizierung der Verhaltensänderungen,
3. Transaktionen im Hier und Jetzt der Gruppe erfahren,
4. alte Transaktionsmuster (z. B. Spiele) erkennen und sich Entscheidungen, die diese Muster bedingen, bewußtmachen,
5. Überprüfung der Vor- und Nachteile eines Beibehaltens der alten Muster,
6. Neuentscheidungen bei selbst-schädigenden Mustern der Vergangenheit und Bestätigung konstruktiver alter Muster,
7. Integration der Neuentscheidungen und Übung im Alltag.

📖 McCormick/Pulleyblank: The Stages of Redecision Therapy (in: Kadis 1985).

Entwicklungspsychologische Orientierung
Verschiedene Autoren der Transaktionsanalyse nehmen als Planungsgrundlage die entwicklungspsychologische Abfolge von Aufgaben, Fertigkeiten und Stufen. Diese sind meist an der tiefenpsychologischen Entwicklungstheorie *Erik Eriksons* orientiert.

📖 Babcock/Keepers: Miteinander wachsen. 1980.

So bietet z. B. das Entwicklungsmodell von *Pamela Levin* (1982) eine Grundlage für eine entwicklungspsychologisch orientierte Arbeit. Sie geht davon aus, daß in der Kindheit für eine gesunde Entwicklung je nach Entwicklungsalter bestimmte Erlaubnisse der Umgebung nötig sind. Später benötigt man die wiederholte Bekräftigung dieser Grunderlaubnisse, wobei der Mensch in einer Spiralform die zentralen Aufgaben immer wieder auf höherem Niveau erfährt. Mangelnde Unterstützung führt zu Unsicherheiten in den verschiedenen Entwicklungsbereichen. In der Therapie/Beratung wird jeweils bei den Erlaubnissen/Bekräftigungen begonnen, wo das Fundament (die früheren Erfahrungen) noch stimmig ist, und dann wird der nächste Bereich erarbeitet. Hierbei sind die frühen Erlaubnisse mehr nonverbal zu erarbeiten (Körperarbeit, spielerischer Umgang, therapeutische Atmosphäre), während spätere Erlaubnisse explizit verbal gegeben werden müssen.

1. Dasein: Zentral ist die Erfahrung, liebevoll angenommen, umsorgt zu sein und Bedürfnisse bedingungslos erfüllt zu bekommen.

2. Handeln, aktiv sein: Die Erlaubnis, die Welt mit allen Sinnen zu erfahren, neugierig zu sein, etwas zu erproben und dabei Unterstützung zu erfahren.

3. Denken: Eigene Konzepte von der Umgebung entwickeln, sich abgrenzen, sich lösen und für sich selbst denken.

4. Identität: Eigene Kraft spüren, soziale Beziehungen erproben, Konsequenzen eigenen Handelns herausfinden und eine erste Identität finden.

5. Fertigkeiten: Eigene Ansichten haben, argumentieren, eigene Fähigkeiten entfalten und weitergeben.

6. Regeneration: Frühere Positionen überprüfen, eine sexuelle Person sein, sich bei den Erwachsenen wohl fühlen.

7. Recycling: Die eigene Lebensplanung revidieren, neue Rollen übernehmen, erfolgreich Probleme lösen und andere unterstützen.

Andere Autoren verwenden ebenfalls die Entwicklungslogik als

Basis für den Startpunkt von Therapie/Beratung und suchen nach den folgenden Schritten (s.a. Weiss, L.: A Developmental Point of View, 1980).

Störungs- und traumabezogener Behandlungsverlauf
Richard Erskine (1973) verknüpft psychoanalytische, gestalttherapeutische und transaktionsanalytische Arbeitsweisen und betrachtet das Skript als Quelle pathologischer Erlebnismuster.

1. Abwehr: Skriptgebundene Verhaltensweisen werden als selbstverständlich und ‚normal' erlebt. Racketgefühle, Trübungen und Spiele werden erklärt und verteidigt („jedem geht es doch so!"). Kritische Elterneinstellungen und angepaßte Kind-Erlebnisweisen stehen im Vordergrund.

2. Ärger: Die Erkenntnis des eigenen Eltern-Ich-Anteils führt zu einer Distanzierung von den primären Bezugspersonen (Ich bin o.k., sie waren nicht o.k.). Das ‚brave' Kind wird ärgerlich. Der Therapeut/Berater gibt Schutz und Erlaubnis, diesen Ärger zu spüren und auf sichere Art auszudrücken (üblicherweise symbolhaft in der Stuhlarbeit und nicht den tatsächlichen Eltern gegenüber!).

3. Verletztheit: Der Hintergrund der Skriptentscheidungen wird sichtbar, das ‚Kind' spürt die alten Einschränkungen und Verletzungen. Oft wollen hier Klienten die Behandlung beenden, weil sie nun wissen, woher ihr Erleben stammt.

4. Eigene Beteiligung: Ist der Ärger durchgearbeitet, kann das Bewußtsein entstehen, daß das eigene Skript nicht programmiert, sondern mitentschieden ist. Die Loslösung aus der frühen Symbiose erlaubt die Übernahme der Verantwortung für das eigene Verhalten. (Ein Therapieabbruch in dieser Phase bedeutet die Rückkehr in das skriptgebundene Verhalten und die Beibehaltung der Symbiose.)

5. Verantwortungsübernahme: Der Klient arbeitet nun aktiv an der Veränderung („Ich muß mich nicht skriptkonform verhalten!"). Alle drei Ich-Zustände stehen für den Behandlungsprozeß zur Verfügung.

6. Versöhnung mit den Eltern: Am Ende der Behandlung kann die Einsicht stehen, daß die Eltern bzw. primären Bezugspersonen durchaus ihr Möglichstes taten für das Kind, auch wenn deren innere Begrenzungen oder äußere Umstände für das Kind Frustration und Einengung bedeuteten. Die Haltung „ich bin o.k. und ihr seid o.k." realistisch, d.h. mit allen menschlichen Schwächen und Fehlern, führt oft auch zu einem freieren Umgang mit den tatsächlichen Eltern.

Kurzzeitplanung
Wird Transaktionsanalyse als Kurzzeittherapie konzipiert, steht die Arbeit an der aktuellen Problemlösung und nicht am Hintergrund und der Geschichte der Problemsituation im Mittelpunkt: In der Regel wird aus der Problemanalyse der zentrale Antreiber oder die wesentliche Einschärfung ermittelt. Die notwendige Erlaubnis wird in der Stunde erarbeitet und mit Hilfe der „Hausaufgaben" im Alltag überprüft. Hierbei dient der Therapeut/Berater zunächst als Hilfs-Eltern-Ich. Unterstützende Bedingungen (Selbstkontrolle, Hilfe durch andere, Belohnungen) werden bis zur Automatisierung neuen Verhaltens eingeführt. Gelingt die Übertragung in den Alltag nicht, werden gefühlsmäßige Bindungen gesucht und aufgelöst.

5. Transaktionsanalytische Arbeitsweisen

5.1 Transaktionale Gesprächsführung in Therapie und Beratung

In diesem Kapitel werden erste Hinweise auf die Gesprächsführung gegeben. Eine Weiterführung folgt im Kapitel 6: Arbeit mit dem Erwachsenen-Ich.

Die ‚Er'-Betonung

Zumindest am Anfang der Zusammenarbeit zwischen Therapeut/Berater und Klient steht immer wieder die Betonung der klaren Wahrnehmung der inneren und äußeren Situation, das Bewußtsein für die eigene Aktivität und die Folgen des Verhaltens. Im Strukturmodell der Transaktionsanalyse gesehen, wird so der Therapeut/Berater das Gespräch aus dem eigenen ‚Er-Ich' heraus gestalten. Wie schon in Kap 3.2 gezeigt, ist im weiteren Verlauf für eine gute Gesprächsführung dabei der Gebrauch aller funktionalen Verhaltens- und Erlebnisweisen nützlich.

Der Klient wird immer wieder ermutigt und unterstützt, sein ‚Er' zu gebrauchen, um bei Vertragsfindung und Zielerreichung aktiv beteiligt zu sein. Da der Klient durch die Problematik sehr oft aus dem ‚K' oder ‚El' reagieren wird, ist hierfür einige Übung des Therapeuten/Beraters nötig, um sanfte Formen der Kreuztransaktion einzusetzen.

Erkennen der Herkunft (Ich-Zustand) einer Fragestellung

Wie schon bei den TA-Grundlagen beschrieben (Kap. 3.1), ist die Diagnose der aktivierten Ich-Zustände wesentlich. Sie sind erkennbar an der Energiebesetzung, d.h., die Person reagiert bevorzugt aus dem betroffenen Ich-Zustand heraus.

Stammt das beschriebene Problem aus der aktuellen Wirklichkeit des Klienten (Er), rührt es von einer alten Erfahrung her (K) oder liegt ein Konflikt mit übernommenen Haltungen von bedeutsamen Personen vor (El)?

Dabei werden alle vier Modelle der Ich-Zustände genutzt und eine Zuordnung erst bei Übereinstimmung der verschiedenen Diagnose-Arten getroffen.

> ⌘ Kl.: Ich fürchte, daß mir gekündigt wird.
> B.: Was ist der Anlaß für diese Befürchtung?
> Antwort vermutlich aus dem:
> **Er** Im Moment werden jüngere Mitarbeiter entlassen, und ich bin erst ein Jahr dort.
> **K** Der Chef kann mich einfach nicht leiden, das kenne ich schon von anderen Stellen.
> **El** Das ist ein unmöglicher Laden! Die müßten froh sein, daß ich da arbeite!

Die folgenden Fragen sind Beispiele für die Überprüfung, welcher Ich-Zustand aktiv ist, die Antworten sind Beispiele für Bestätigungen:

	Er	**K**	**El**
Verhaltens-modell:	B.: Was tun Sie dafür, die Stelle zu behalten?	B.: Wie verhalten Sie sich, wenn Sie die Angst spüren?	B.: Was sollten die Ihrer Ansicht nach tun?
	Kl.: Ich schaue, daß ich Leistung bringe, was mir unter Druck schwerfällt.	Kl.: Ich versuche keine Fehler zu machen, aber das klappt nicht.	Kl.: Die sollten ein ordentliches Management einstellen, dann brauchen sie keine Stellen einzusparen.
Soziales Modell:	B.: Ich erlebe Sie sehr klar, wie Sie die Situation sehen. Kl.: Das schon, und dennoch brauche ich Sie als neutralen Gesprächspartner.	B.: Ich erlebe Sie hier auch gerade recht verunsichert. Kl.: Ja, ich weiß nicht, was ich noch tun soll.	B.: Sie sind sehr ärgerlich auf den Betrieb? Kl.: Stimmt! Ich würde das ganz anders anpacken.

Erfahrungs-modell:	B.: Was bewirkt die Befürchtung in Ihnen?		
	Kl.: Mir wird klar, wie sehr ich die Stelle brauche.	Kl.: Die Angst hängt wie eine große dunkle Wolke über mir.	Kl.: Ich sage mir, du mußt kämpfen und mußt dich auch hier durchsetzen
Erlebnisge-schichtliches Modell:	B.: Kennen Sie andere, die es geschafft haben? Kl.: Ja, da gibt es einen Kollegen. Mit dem könnte ich einmal sprechen.	B.: Woher kennen Sie das Gefühl von früher? Kl.: Ich war schon immer derjenige, der ausgeschlossen wurde.	B.: Wie hätte sich Ihr Vater oder Ihre Mutter in solch einer Situation verhalten? Kl.: Mein Vater hat auch immer gekämpft.

Die Zuordnung der Problemstellungen zu Ich-Zuständen erlaubt eine erste Einschätzung, wo in der Therapie/Beratung zu beginnen ist und wie eine parallele Transaktion zur Verständigung hergestellt werden kann.

Die Parallel-Transaktion als Kontaktaufnahme

In Beratung und Psychotherapie ist die parallele Kommunikationsform besonders dann wichtig, wenn der Klient sich verstanden fühlen soll. Dies gilt ganz besonders für die Eröffnung von Gesprächen und die Rückformulierung bei vermuteten Mißverständnissen. Dem Sender wird signalisiert, daß wir mit ihm auf gleiche ‚Wellenlänge' gehen. Erst danach wird eine Kreuzung und das Ansprechen eines anderen Ich-Zustandes sinnvoll.

Gleichzeitig birgt die parallele Transaktion die Gefahr, daß der Therapeut/Berater den Bezugsrahmen des Klienten bestätigt, mit anderen Worten keine Veränderung zuläßt. Um also dem Gespräch eine neue Wendung zu geben, müssen wir die parallele Transaktionsform verlassen.

Das Ansprechen von Ich-Zuständen

KlientIn   Th. / B.

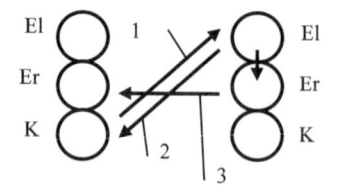

El ◯ 1 ◯ El
Er ◯ ⇄ ◯ Er
K   ◯ 2 ◯ K
         3

KlientIn.: (1) „Ich bin völlig verzweifelt! Sie müssen mir helfen!"
TherapeutIn / BeraterIn: (2) „Ich bin gerne bereit, Ihnen zu helfen. (3) Um was geht es Ihnen?

Sensibilität für die latente Botschaft

Mit zunehmender Übung wird die Sensibilität des Therapeuten/Beraters für die mitschwingenden Stimmungen und das zugrundeliegende Gefühl steigen. Nach der dritten Kommunikationsregel ist dies der wesentlichere Teil der Botschaft und erlaubt die Veränderung.

Die Gesprächsführung in der Transaktionsanalyse verzichtet hierbei allerdings weitgehend auf die direkte Deutung dieser Kommunikationskomponenten, sondern lenkt die Aufmerksamkeit des Klienten auf diese Anteile und fördert die Selbstwahrnehmung der latenten Anteile der Botschaft. In der Regel handelt es sich hierbei um Anliegen der Person aus dem ‚Kind-Ich-Zustand' wie Bedürfnisse, Wünsche, Anpassungen, Rebellion oder Ängste. Auch elterliche Absicherungen oder Verbote können der Hintergrund sein. Der Klient hat nach dem Erlebnismodell einen intuitiven Zugang zu diesem Teil der Person, der sich durch Verhaltensbeobachtung, Erforschung des geschichtlichen Hintergrundes und die Analyse der resultierenden Beziehungsformen verifizieren läßt.

Im Umgang mit verdeckten Botschaften wartet man meist erst einige Wiederholungen ab, um dann auf die Diskrepanz einzugehen, z.B. durch Aufzeigen der beiden Seiten (soziale und psychologische Ebene) und Nachfragen, ob der Klient diese Diskrepanzen wahrnehmen kann und wie ihre Sicht oder Erklärung dafür aussieht.

Werden verdeckte Botschaften vom Therapeut/Berater nicht wahrgenommen oder reagiert er nicht darauf, besteht die Gefahr der Eskalation, d. h., die Botschaft wird drängender – nicht unbedingt direkter – dargestellt. Da verdeckte Signale ‚Spielhaken' darstellen können, sind sie wesentlich für den Verlauf der Therapie und Beratung.

📖 Gührs/Nowak: Das konstruktive Gespräch. 1995.

Flexibilität

Die Ansprache verschiedener Ich-Zustände eröffnet von Beginn der Therapie und Beratung an eine breitere Palette von Möglichkeiten. Oft werden allein hierdurch schon erste Behandlungserfolge sichtbar. Der Klient kann sich seiner Möglichkeiten und eigenen Vielfalt bewußt werden. Die verschiedenen Modelle der Transaktionsanalyse geben hierfür eine Leitlinie:

Beispiele zu Fragestellungen nach verschiedenen TA-Modellen

Verhaltensmodell:	Erlebnismodell:	Beziehungsmodell:	Lebensgeschichtliches Modell:
Was tun Sie, um Ihr Problem zu ändern? Was würden Ihre Eltern in einer solchen Lage tun? Was würden Sie ohne Rücksicht auf Erziehung tun?	Wie erleben Sie aktuell das Problem? Hatten Sie früher ähnliche Gefühle? Was war Ihre intuitive erste Lösungsidee?	Geht es Ihnen hier jetzt mit mir ähnlich? Wem gegenüber fühlten Sie früher ähnlich? Was erhoffen Sie jetzt von mir?	Woher kennen Sie ähnliche Situationen? Wie zeigte sich das Problem in der Kindheit? Kannten Ihre Eltern dieses Problem auch, und wie gingen sie damit um?

Umgang mit Ausschluß

Stellt sich im Erstinterview heraus, daß der Klient bestimmte Ich-Zustände meidet, d. h., nicht in seinem ‚El' oder ‚K' ansprechbar ist, handelt es sich vermutlich um einen Ausschluß.
Ein Ich-Zustand wird üblicherweise nur aus wichtigen Gründen ausgeschlossen. Meist ist in diesem Ich-Zustand eine Erfahrung oder ein

Lernen gespeichert, das für den Klienten besonders schmerzhaft (K) oder problematisch (El) ist.

Ausschlüsse werden daher zu Beginn der Therapie/Beratung nur beobachtet als Hinweise auf besondere Probleme in der Person. Erst später, wenn Hinweise auf den Grund für einen Ausschluß vorliegen, die Beziehung zum Therapeuten/Berater gewachsen und das Erwachsenen-Ich gestärkt ist, läßt sich die Abwehr allmählich bearbeiten.

Die Bedeutung der ‚Initialtransaktion'

Die Erfahrung lehrt, daß die erste Transaktion bei Aufnahme der Therapie/Beratung sowie bei Beginn der jeweiligen Sitzung eine wesentliche Information über das Vorhaben des Klienten enthalten kann.

So kann selbst eine floskelhafte Begrüßung, eine Frage vorweg, eine Bemerkung ‚zwischen Tür und Angel' latente Wünsche, Befürchtungen, Informationen oder auch Sabotagetendenzen ‚verraten'. Auch Spielangebote, Maschentransaktionen oder Skriptsätze sind in solchen weniger bewußten Momenten häufig.

Der geübte Therapeut/Berater nimmt solche Situationen wahr, merkt sie sich und verwendet sie im geeigneten Moment als Hinweis, Nachfrage oder vorsichtige Konfrontation.

❖ Beispiele für Initialtransaktionen
 – Beinahe hätte ich heute die Stunde vergessen, aber meine Frau paßt auf, daß ich pünktlich bin.
 – Es ist Ihnen sicher unangenehm, daß ich so früh bin.
 – Ich wollte Sie vor der Stunde mal was fragen ...
 – Oh, Sie sind schon fertig, es war niemand vor mir da?
 – Ich bin sicherlich Ihr schwierigster Fall.

Der ‚laute' innere Dialog

In der Transaktionsanalyse gehen wir davon aus, daß jemand häufig innere Selbstgespräche führt, die sich als Dialog zwischen den Ich-Zuständen verstehen lassen. Für die Klienten ist es anfangs nicht einfach, diese Selbstgespräche laut zu äußern. Ermutigung und Anerkennung sind dafür nötig. Hilfreich kann die ‚Mehr-Stuhl-Arbeit' sein (s. Kap. 6.1), wo jeweils für einen Teil des inneren Dialogs ein Stuhl bereit steht. Der Klient wählt einen Stuhl, identifiziert sich mit dem einen Teil und spricht zu den anderen.

Auch die Übernahme eines Teils des inneren Dialogs durch den

Therapeuten/Berater ist bisweilen zweckmäßig. Vorsicht ist dabei bei Angriffen auf die Eltern bzw. Botschaften, die im El gespeichert sind, geboten, bevor eine gute, tragfähige Beziehung hergestellt ist. Der Klient wird aus Loyalitätsgründen die Eltern verteidigen und den Therapeuten/Berater als unzulässig aggressiv erleben.

Die therapeutische Kreuztransaktion

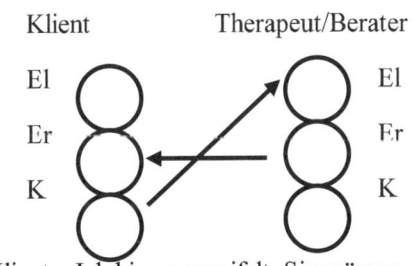

Auch wenn es nötig sein kann, den Klienten längere Zeit in einem Ich-Zustand verweilen zu lassen, ist für das Ansprechen der gesamten Persönlichkeit und um dem Gespräch eine neue Perspektive zu geben der Wechsel der Ich-Zustände nötig. Der Therapeut/Berater braucht hierbei eine Kreuztransaktion. Kommt allerdings die Kreuzung zu unerwartet oder zu heftig, wird sie zunächst das Gespräch blockieren, zu Irritation bis zu Streit führen. Daher wird der Therapeut/Berater oft eine Kreuzung von ‚Er' aus anbieten, seltener aus dem ‚El' und nur bei guter Beziehung aus dem ‚K'.
Bei selbst- oder fremdgefährdendem Verhalten darf der Therapeut/Berater aber auch nicht zögern, deutlich und konsequent vom Kritischen Eltern-Ich her zu kreuzen, Schädigung zu verbieten und Verhaltensanweisungen zu geben.

Die therapeutische Kreuztransaktion

Klient: „Ich bin verzweifelt, Sie müssen mir unbedingt helfen?"
Therapeut/BeraterIn: „Was ist denn geschehen?"

Die ‚therapeutische Redefinition'

In manchen Fällen kann es sinnvoll oder wichtig sein, eine Botschaft zu ‚überhören', nicht parallel zu antworten, aber auch nicht zu kreuzen. Auch kann der Therapeut/Berater Inhalte bewußt mißverstehen, um dem Klienten eine neue Sichtweise zu eröffnen. Hierzu gehören alle Formen der positiven Symptombewertung und des Perspektivenwechsels.

Beispiele	
Klient: „Wenn ich so depressiv bin, fühle ich mich zu nichts fähig."	
	Therapeut/Berater
Blockierende Transaktion	„Was haben Sie heute schon Schönes erlebt?"
Tangentiale Transaktion	„Wie sind Sie heute hierhergekommen?"
Umdeutende Transaktion	„Im Moment scheint das noch die effektivste Möglichkeit zu sein, um zu erreichen, daß sich Ihre Familie um Sie kümmert."

Der Wechsel zur ‚Prozeß-Ebene'

Eine Distanz zur Fixierung an inhaltliche Seiten des Gesprächs wird durch den Wechsel zu dem ‚Wie' des Gesprächs, seinem Verlauf und zu Parallelen zwischen der Lebenssituation des Klienten und der momentanen Situation in der Therapie/Beratung erreicht.

Prozeß-Ebene	„Was erwarten Sie jetzt von mir, wenn Sie mir das sagen?" „Wenn Sie sich jetzt in Gedanken auf meinen Stuhl setzen, wie würden Sie auf diese Person reagieren?" „Geht es Ihnen mit mir jetzt so ähnlich wie zu Hause mit Ihrer Frau?" „Haben Sie den Eindruck, daß ich Sie verstehe, oder was fehlt Ihnen bei meinen Reaktionen?"

Feedbackprozesse

Der Klient braucht immer wieder zur Stärkung des Erwachsenen-Ich, zur verantwortlichen Zusammenarbeit und Unterstützung bei der Veränderung eine Information, wie er von anderen (Therapeuten/Beratern, Gruppenmitglieder) erlebt wird. In der Arbeit mit Paaren, Familien oder Gruppen muß oft die hilfreiche Art eines Feedbacks eingeübt werden, da sonst leicht Skriptanteile auf die anderen projiziert werden.

Üblich ist in der Transaktionsanalyse, Gespräche auf Tonband aufzunehmen. Dies erlaubt in der aktuellen Situation, eine bestimmte Passage noch einmal zu hören, eine genauere Wahrnehmung und Vermeidung von Interpretationen. Klienten können das Band nach Hause mitnehmen und mit Abstand und Ruhe die Stunde noch einmal hören. Ebenso verwenden der Therapeut/Berater Tonbandausschnitte für die Supervision.

Auch Beobachtungen und Vermutungen sind Anlaß für Feedback, das nicht nur einseitig auf die Klienten gerichtet zu sein braucht, sondern auch die Wahrnehmung des Therapeuten/Beraters einschließt. Gerade Vermutungen führen oft zu Diskussionen über die Richtigkeit einer Wahrnehmung. Da besonders intuitive Erkenntnisse nicht unbedingt beleg- und beweisbar sind, hilft hier der Therapeut/Berater, das Wertvolle der Vermutung zu nutzen und Verteidigung unnötig werden zu lassen.

> Überprüfen ‚paranoider' Ideen als Partnerübung nach *Claude Steiner*
>
> Jemand sagt einem anderen Phantasien über ihn. Statt der sonst üblichen Zurückweisung der Idee können beide prüfen, was ‚das Körnchen Wahrheit' an dieser Idee ist. Diese Haltung unterstützt die intuitive Wahrnehmung, fördert das o.k.-Gefühl und fördert die Kooperation. (1985, 200 ff)

Das strenge Kriterium für Veränderung: der transaktionale Beleg

Beim Energiemodell wurde schon besprochen, daß Energie in den Ich-Zuständen gebunden wird und damit die Flexibilität und die Aktivität des Klienten einengt. Eine wirksame Gesprächsführung wird diese gebundene Energie befreien, so daß eine Veränderung in Mimik und Pantomimik, der Haltung, der Stimme, dem Atem u.ä. und meist ein Wechsel des Ich-Zustandes beobachtbar werden kann. Veränderung wird also äußerlich sichtbar und ist nicht nur eine innere Beobachtung des Klienten. Dieses Kriterium hilft, einen wirklichen Fortschritt von einer Anpassung an die Wünsche des Therapeuten/Beraters zu unterscheiden. Damit ist evtl. noch nicht die Problemlösung erreicht. Der Klient hat aber mehr eigene Energie und Kreativität zu einer möglichen Lösung zur Verfügung.

5.2 Persönliche Stile und das Modell der Türen, Fenster und Fallen

Das „ABC" der Transaktionsanalyse

R. *Erskine* (1975) bezeichnet als Stärke der Transaktionsanalyse, daß sie a̲ffektive, b̲ehaviorale und c̲ognitive Ansätze integriert. Wir können demnach das Verstehen, das emotionale Erleben oder das Verhalten in den Vordergrund stellen und damit die Beratung/Therapie beginnen.

Das Verstehen, die Frage nach dem ‚Warum' und ‚Wozu', beginnt bisweilen schon durch die Beschäftigung der Klienten mit der Lektüre von TA-Büchern, braucht aber auch die intensive Zusammenarbeit, um Motive, Hintergründe, Ursachen und Konsequenzen einer Problemsituation zu analysieren. Verstehen der Ursachen allein reicht aber oft nicht für die Veränderung.

Die Analyse des Verhaltens, die Frage nach dem ‚Was', ist schon in der Vertragsarbeit sichtbar. Eine stabile Verhaltensänderung ist aber nach Ansicht der Transaktionsanalyse erst durch die begleitende Veränderung kognitiver und emotionaler Konzepte des Klienten zu erwarten.

Die emotionale Arbeit, die Frage nach dem ‚Wie', ist besonders bei traumatischen Erlebnissen zentral: Das Nacherleben und die Wiederherstellung des Ursprungsgefühls hilft, innere Blockaden zu beseitigen und eine Veränderung des Fühlens zu ermöglichen.

Für die Praxis bedeutet dies, daß immer alle drei Komponenten zusammenwirken müssen, um von einem wirklichen Therapie-/Beratungserfolg zu sprechen. Dabei ist die Reihenfolge des ‚A-B-C' je nach persönlichem Stil verschieden.

Persönliche Stile und Typen der Anpassung an bestimmte Milieus

Im Kap. 4.4 „Diagnostik" wurden die Anpassungstypen und ihr Zusammenhang zum Skript schon angesprochen.

Allgemein bewirkt das Aufwachsen in einer bestimmten Umgebung die Formung eines typischen persönlichen Stils (Ware 1992). Dieser bestimmt, wie eine Person ihre Umgebung wahrnimmt, Kontakt aufnimmt, wie sie Probleme angeht und nach Lösungen sucht. Diese Stile wurden meist unter Gesichtspunkten der Psychopathologie als Persönlichkeitsstörungen diskutiert (vgl. ICD 10, DSM IV).

Sie spielen aber auch unter ‚Gesunden' eine Rolle. Da die Begriffe aus der Pathologie hier eher hinderlich sind, wurden neutral beschreibende Attribute gewählt, um die gesunden Formen zu kennzeichnen.

Die Zahl der Typen variiert je nach Anwendungsbereich erheblich. In der TA-Literatur werden üblicherweise sechs Stile näher untersucht. Diese sind idealtypisch zu verstehen, d.h., sie kommen in Reinform selten oder gar nicht vor, in der Praxis werden wir meist Mischungen vorfinden. Die Zuordnung zu einem Stil beschreibt daher nur die momentane Verfassung von Klienten. Je gesunder eine Person ist, um so größer wird auch die Bandbreite ihrer Möglichkeiten sein. Erst unter erheblichem Streß wird die Flexibilität eingeschränkt und das pathologische Muster sichtbar. Die Stile enthalten aber auch positive Ressourcen, die für die Problemlösung und die Erfüllung von Grundbedürfnissen (z.B. Suche nach der befriedigenden Art von Zuwendung) wesentlich sind.

Der Typus des **Begeisterten** lebt vor allem in und für die Beziehung. Ihm ist das eigene und anderer Wohlbefinden, die gute Atmosphäre wesentlich. Dies bestimmt auch die Art der Kontaktaufnahme: Die Person des Gegenübers steht im Vordergrund. Der Zugang zu Aufgaben ist zunächst emotional: Probleme und Lösungen werden erfühlt. Er sucht und gibt Anerkennung für Mitgefühl, Sensibilität und menschliche Wärme.

Der **Verantwortliche** ist mehr an der Sache interessiert, er organisiert gerne, ist logisch orientiert und zielstrebig. Im Kontakt wirkt er eher nüchtern und achtet auf die Kompetenz des Gegenübers. Aufgaben sind für ihn logische Herausforderungen, die mit System und gründlicher Analyse zu bewältigen sind. Er sucht und gibt Anerkennung für Kompetenz, Leistung und Erfolg.

Der **Nachdenkliche** wirkt gewissenhaft, eher konservativ in Meinung und Lebensstil, legt Wert auf Ordnung und Autorität. Im Kontakt ist er an der Wichtigkeit und Bedeutung einer Person interessiert. Probleme sind durch Gründlichkeit, Sachlichkeit und Ausdauer zu lösen. Anerkennung erwartet und gibt er für Vertrauen, Sicherheit und Solidität.

Der **Ruhige** wirkt still und zurückhaltend, hat dabei aber den Kopf voller Ideen, Bilder und Pläne. Er legt wenig Wert auf Äußerlichkeiten. Er wartet ab und arbeitet gerne alleine. Freunde gewinnt er nur langsam. Probleme lassen sich nur mit Ruhe und Abstand lösen. Anerkennung erwartet und gibt er wenig und dann vor allem für Klarheit und Direktheit.

Der **Rebellische** zeigt sich gerne spielerisch, spontan und kreativ. Er liebt das Auffällige, Provozierende und steht gerne im Mittelpunkt. Die Kontaktaufnahme geschieht locker, oft ironisch oder neckend. Trotz der Probleme soll das Leben nicht so ernst sein, eher genußvoll und spaßig, dann lösen sich Probleme von alleine. Er sucht und gibt Anerkennung für Ausgefallenes, Neues und Originelles.

Der **Charmante** zeigt sich flexibel und überzeugend. Er wirkt sehr beschäftigt und beschäftigt auch andere gern, liebt aufregende Situationen und gibt gerne Ratschläge und Tips. Im Kontakt ist er direkt mit seiner Meinung, lobt und tadelt schnell und hat einen guten Blick für Stärken und Schwächen einer Person. Problemlösungen werden gerne delegiert, und er kennt für alle Situationen jemanden, der das gut erledigen kann. Anerkennung gibt und sucht er in direkten Belohnungen, materiellen Vorteilen oder nützlichen Beziehungen.

Unter Streß werden das darunterliegende Skriptmuster und damit die Schwächen der jeweiligen Anpassung deutlich:

Der **Begeisterte** kann dann gefühlsmäßig überschießend, übersorgt werden, dramatisiert bis hin zur Panik, macht immer mehr Fehler und verliert die Übersicht. Dabei fühlt er sich ungeliebt von allen.

Der **Verantwortliche** reißt alles an sich, überlastet sich (Workaholic), delegiert nicht mehr und beginnt zu überkontrollieren. Im Extrem wird er stur und penibel und beklagt, daß niemand seine Leistung anerkennt.

Der **Nachdenkliche** sieht überall nur noch die Fehler, verliert das Vertrauen in sich und andere, verläßt sich mehr auf Ideologie, Vorurteile und Glaubenssätze als auf die Wirklichkeit. Das Leben kommt ihm zu ernst oder sogar gefährlich vor.

Der **Ruhige** vermeidet, Probleme zu lösen, zieht sich zurück von anderen und wartet passiv ab, was geschieht. Da er heftig grübelt, taucht die Angst auf, das Leben nicht mehr bewältigen zu können und verrückt zu werden.

Der **Rebellische** weiß nicht mehr, was er noch tun soll, kann das zentrale Problem nicht mehr erkennen und sucht die Fehler bei anderen, die er beschuldigt oder blamiert. Trotz heftiger Bemühungen geht immer mehr der Überblick verloren, und die Angst, den Verstand zu verlieren, taucht auf.

Der **Charmante** zieht plötzlich seine Unterstützung für andere zurück, schiebt die Verantwortung auf andere und versucht, Probleme durch Manipulation, Intrigen und Tricks zu lösen. Der Spaß am Leben ist verloren, die vorher genußvolle Aufregung wird bedrohlich.

In der Tabelle sind die sechs Typen mit den Schlüsselbegriffen, der pathologischen Bezeichnung, dem typischen Mangelerleben und der Zeitstruktur im Lebenslauf dargestellt:

Normal	Persönlichkeits-störungen	Skripttyp (Steiner)	Lebensmuster (Berne)
Begeisterte	histrionisch	lieblos	immer wieder
Verantwortliche	zwanghaft	lieblos	erst wenn
Nachdenkliche	paranoid	freudlos	danach, erst wenn
Ruhige	schizoid	kopflos	für immer
Rebellische	passiv-aggressiv	kopflos	niemals
Charmante	antisozial	freudlos	immer wieder, niemals

Die Skriptanalyse ergibt für die Anpassungstypen charakteristische Kombinationen von Antreibern, hemmenden Grundbotschaften, Masken und Spielen (die Liste geht dabei vom Auffälligen zum Verborgenen):

Typus	Antreiber, Gegen-einschärfungen	Hemmende Grundbotschaften	Rackets und Spiele
Begeisterte	mach's anderen recht, arbeite hart	werde nicht erwachsen, denke nicht, sei nicht wichtig, sei nicht nahe, sei nicht du, sei nicht	Masken: traurig sein, sich sorgen, Angst bis Panik Spiele: dumm, mach mich fertig
Verantwortliche	sei perfekt (sei stark)	hab keinen Spaß, sei kein Kind, fühle nicht, sei nicht nahe, sei nicht wichtig	Masken: Angst, Schuld, Depression Spiele: mach mich fertig, Tumult, Zusammenbruch

Typus	Antreiber, Gegeneinschärfungen	Hemmende Grundbotschaften	Rackets und Spiele
Nachdenkliche	sei perfekt, sei stark	traue keinem, sei nicht nahe, fühle nicht, sei kein Kind, habe keinen Spaß, gehöre nicht dazu	Maschen: Angst und Ärger Spiele: jetzt hab ich dich endlich, in die Ecke treiben, wenn du nicht wärst
Ruhige	sei stark, streng dich an	denke nicht, fühle nicht (außer Ärger und Aufregung), bringe nichts zu Ende, sei nicht wichtig, sei nicht gesund, sei nicht	Masche: Erstarrung, Verwirrung Spiele: ja, aber, in die Ecke treiben, mach mich fertig
Rebellen	streng dich an, sei stark	hab keinen Erfolg, sei nicht nahe, traue keinem, fühle nicht, genieße nicht, werde nicht erwachsen	Maschen: Frustration, Konflikt Spiele: ja, aber; mach mich fertig, Aufruhr (Tumult)
Charmante	sei stark, mach's mir recht	traue keinem, fühle nicht (außer besorgt und traurig), gehöre nicht dazu, habe keinen Erfolg, sei kein Kind, denke nicht (überlege nur, wie du andere drankriegen kannst)	Maschen: Ärger, Verwirrung Spiele: Jetzt hab ich dich endlich, in die Ecke treiben, laß sie miteinander kämpfen

‚Türen' zur Therapie und erste Zielbereiche

Ware (1992) versteht unter den ‚Türen' zur Therapie den Bereich, der zur Kontaktaufnahme dient und am meisten mit Energie besetzt ist. Sie ergeben sich aus der Charakteristik der Persönlichkeitsanpassungen. Hiermit beginnt man am sichersten und orientiert sich dann am ersten Zielbereich, dem ‚Fenster'. Dieser Teil gibt eine erste Lösungsidee und hilft, das Symptom oder die Problemlage zu verändern.

Stile	Türen	Fenster
Begeisterte	Fühlen	Denken
Verantwortliche	Denken	Fühlen
Nachdenkliche	Denken	Fühlen
Ruhige	Verhalten	Denken
Rebellen	Verhalten	Fühlen
Charmante	Verhalten	Fühlen

Begeisterte brauchen zunächst eine Anerkennung und Stärkung ihres Fühlens. Das Gespräch dreht sich um das Wohlbefinden und das Angenommensein mit den vielen, intensiven Gefühlen. Von dort aus läßt sich das Gespräch auf die Gedanken bei den Gefühlen lenken. Ist das Vertrauen in den gefühlshaften Zugang und die Möglichkeit zu denken wiederhergestellt, werden Lösungsmöglichkeiten erarbeitet, die wiederum durch das Gefühl überprüft werden.

Der Therapeut/Berater wird also anfänglich sein fürsorgliches Eltern-Ich und sein freies Kind einsetzen, nach Beziehungen, Familie und Freunden fragen und unbedingte Anerkennung und Unterstützung geben. Erst dann wird das Gespräch auf die Erwachsenen-Ich-Ebene weitergeführt.

Verantwortliche brauchen umgekehrt die Anerkennung ihrer Fähigkeit, klar zu denken, und sie können dann wieder die emotionale Seite von Problemen sehen. Damit gewinnen sie wieder die Fähigkeit, ein Problem von verschiedenen Seiten zu sehen und eine Lösung zu finden.

Das Gespräch beginnt man am besten auf der Erwachsenen-Ich-Ebene mit klarer Struktur, Sachfragen und Aufgabenstellungen. Von dort aus ist es möglich, aus dem fürsorglichen Eltern-Ich Anerkennung für Leistung zu geben, um zum freien Kind-Ich hinzuführen.

Nachdenkliche sind angewiesen auf die Anerkennung ihrer Meinung. Dies erlaubt ihnen wieder einen Zugang zum Gefühl und damit zur Problemlösung. Auch hier beginnt das Gespräch mit der Erwachsenen-Ich-Ebene, gefolgt von Anerkennung für Engagement, Bedeutung und Respekt.

Ruhige sind im Verhalten blockiert und brauchen daher möglichst klare Verhaltensvorgaben und die Möglichkeit, Aufgaben alleine anzugehen. Darüber wird das Grübeln aufgegeben und das Denken, das zur Problemlösung führt, wieder aktiviert. Die Verhaltensanweisungen kommen aus dem positiv kritischen Eltern-Ich des Therapeuten/Beraters, um dann in eine sachliche Besprechung der Effekte des Verhaltens auf der Erwachsenen-Ebene einzumünden. Wesentlich ist hier der Freiraum für die Klienten und eine ruhige Vorgehensweise.

Rebellen brauchen einen spontanen, lustvollen Umgang im Verhalten, und sie aktivieren dann das Gefühl wieder. Über das Sich-Wohl-Fühlen gelingt die kreative Problemlösung. Der Therapeut/Berater nutzt hierfür zunächst das eigene freie Kind-Ich für einen scherzhaften, neckenden Umgang, ungewöhnliche Ideen und eine lockere Struktur. Dann erst werden Rebellen auch das fürsorgliche Eltern-Ich akzeptieren und genießen können.

Charmante brauchen eine Mindest-Verhaltensanforderung, Belohnung hierfür und meist auch etwas Wettbewerb. Über das Gefühl entsteht dann ein Engagement für die Problemlösung. Der Therapeut/Berater braucht vor allem sein Erwachsenen-Ich für eine klare Struktur. Daneben wird der ‚kleine Professor' eingesetzt, um die Tricks, Anpassungen und Manipulationsversuche zu durchschauen und auf spielerische Weise darauf zu reagieren. Die gefühlsbezogene Fürsorge des El hilft dann dem Klienten, Zugang zum eigenen freien Kind-Ich zu finden.

‚Fallen'

Die ‚Fallen' sind die Bereiche, in denen am ehesten Schwierigkeiten im Kontakt auftreten werden und im ungünstigsten Fall Klienten veranlassen, die Hintertüren zu nutzen, um aus der unangenehmen Situation zu entkommen. Daher werden diese Bereiche erst später als drittes Ziel und zur Abrundung der Therapie/Beratung angegangen (Allen 1992).

Begeisterte unter Streß sind in ihrem Verhalten sehr auffällig und verleiten den Therapeuten/Berater leicht, Kritik zu üben, Vorschläge zu machen und Verhaltensanweisungen zu geben. Dies erleben Begeisterte wie Prügel und ziehen sich zurück.

Verantwortliche bieten unter Streß ebenfalls viel Anlaß zur Kritik an ihrem Verhalten. Da sie sehr selbstkritisch sind, würden solche Äußerungen die inneren Konflikte verschärfen, zu gesteigerter Anstrengung (mehr Streß) und schließlich zum inneren oder auch äußeren Rückzug führen.

Nachdenkliche zeigen unter Streß oft eigenwillige Ansichten, reagieren stur und verstockt. Auch dies verleitet zur Kritik, die den Grundbedürfnissen nach Anerkennung der Wichtigkeit und Bedeutung entgegensteht. Da sie selbst viel Wert auf Macht legen, besteht die Gefahr des Machtkampfs, die eine Beziehung verhindert.

Ruhige können mit gefühlsbetonten Menschen wenig anfangen. Da sie so zurückgezogen und emotionslos wirken, ist der Therapeut/Berater in der Versuchung, die Gefühlswelt aktivieren zu wollen. Das ist für Ruhige ängstigend und führt zum Kontaktabbruch. Allzu große Offenheit und Strukturlosigkeit, Vielfalt und Aufregung vergrößern ebenfalls den Streß für sie und provozieren den totalen Rückzug.

Rebellen verwenden ihr Denken zunächst als Abwehrstruktur. Sie lieben heiße Diskussionen, wo sie jeden beliebigen Standpunkt vertreten können (Advocatus Diaboli). Die Gefahr ist, daß damit Zeitvertreib statt zielorientierter Arbeit stattfindet und der Rebellische die Kompetenz des Therapeuten/Berater in Frage stellt. Daher sind Lektüre von Büchern, Anweisungen und enge zeitliche Struktur eher hinderlich.

Charmante unter Streß diskutieren ebenfalls gerne, verwickeln dabei ihre Gesprächspartner in Widersprüche und beweisen ihnen damit die Grenzen der Kompetenz. Sie sind meisterlich im Finden von Ausreden und Planen von Neuanfängen. Unsicherheiten und Unklarheiten bei dem Therapeuten/Berater oder das Vermeiden von Konfrontationen für manipulatives Verhalten bestärken ihre Grundposition ‚Ich bin o.k., die anderen sind nicht o.k.'.

Stile	typ. Falle	Hintertür
Begeisterte	Verhalten	sich völlig verwirren, weglaufen, Selbstmord
Verantwortliche	Verhalten	sich erschöpfen, sich totarbeiten
Nachdenkliche	Verhalten	gewalttätig werden, jemanden umbringen
Ruhige	Fühlen	völlig erstarren, verrückt werden
Rebellen	Denken	überaggressiv werden, verrückt werden
Charmante	Denken	jemanden verrückt machen, jemanden umbringen

Der Stil des Therapeuten/Beraters und des Klienten

Da auch der Therapeut/Berater seinen eigenen Stil hat, ergibt sich durch die Konfrontation mit anderen Personen eine Interaktion, in der Stärken und Schwächen der verschiedenen persönlichen Anpassungen (z. B. als Übertragung und Gegenübertragung) zum Tragen kommen. Dies ist ein Grund, warum Selbsterfahrung und Eigentherapie für die Entwicklung von Bewußtheit und Flexibilität so wesentlich sind.

Die Begegnung mit einem Menschen gleichen Stils hat den Vorteil, daß man ihn gut verstehen kann, da vieles vertraut ist. Die Gefahr ist aber auch, daß ich dann vieles für selbstverständlich halte, nicht genügend Abstand habe und Trübungen nicht erkenne oder konfrontiere. Bin ich als Therapeut/Berater unzufrieden oder unglücklich mit meinem eigenen Stil, geschieht es leicht, daß ich im anderen meine Schattenseiten bekämpfe und dadurch hemmend wirke.

Hat hingegen der Klient einen entgegengesetzten Stil, kann ich manches nicht verstehen. Die Person kommt mir fremd, unsinnig, nicht effektiv, gefühllos usw. vor. Besteht genügend Interesse und Offenheit, die Fremdartigkeit kennenzulernen, ist eine effektive Zusammenarbeit möglich.

Je stärker bei dem Therapeuten/Berater ein bestimmter Stil ausgeprägt ist, oder je mehr er selbst unter Streß steht, kann es wichtig sein, Personen, mit denen eine Zusammenarbeit schwierig wird, nicht in Beratung/Therapie zu nehmen und einem Kollegen weiterzuverweisen.

Therapeut/Berater	kann gut arbeiten mit	tut sich schwer mit
Begeisterte	Begeisterten, Rebellen	Ruhigen
Verantwortliche	Verantwortlichen, Nachdenklichen	Rebellen, Charmanten
Nachdenkliche	Nachdenklichen, Verantwortlichen	Rebellen, Charmanten
Ruhige	Ruhigen, Nachdenklichen	Begeisterten
Rebellen	Rebellen, Begeisterten	Verantwortlichen, Nachdenklichen
Charmante	Rebellen, Begeisterten	Verantwortlichen, Nachdenklichen

Alle diese typologischen Gesichtspunkte sind immer wieder in Frage zu stellen durch die aktuelle Begegnung mit einem konkreten Menschen. Sie können als Hilfestellungen dienen, befreien aber nicht von der Aufgabe, in jeder Situation zu sehen, welche Seite der Person gerade gezeigt wird und welche Umgangsform im Moment angemessen ist.

Auch wenn die Transaktionsanalyse vermutet, daß es eine Grundrichtung oder eine typische Kombination von Stilen für eine Person gibt, muß man bedenken, daß jeder nicht schwer pathologisch eingeengte Mensch eine große Flexibilität und Kreativität besitzt.

5.3 Zugänge mit kognitivem Schwerpunkt

Der informierte Klient

In der Transaktionsanalyse erwarten wir, daß Klienten ihr Denken für den Lösungsprozeß einsetzen. Dies beginnt bei den Überlegungen zum Vertrag, setzt sich in den verschiedenen Formen der Analyse (Transaktionen, Maschen, Spiele, Lebensplan) fort und wird immer wieder zur kognitiven Aufarbeitung emotionalen Erlebens und zur Bewertung von Erfolg und Fortschritt gebraucht.

- In den Anfängen der TA-Therapie wurde von den Klienten verlangt, daß sie an einer Einführung in die Grundlagen, Begriffe und Modelle teilnahmen, um das nötige **Grundwissen** zu erwerben. In der moderneren Arbeitsweise geschieht dies nur selten, und es ist eher üblich, die Begriffe der Klienten aufzugreifen, wenn sie hinreichend deutlich sind.

Dennoch ist es in vielen Fällen empfehlenswert, daß Klienten Bücher zu ihrer Problematik lesen. Die Themen, die Klienten besonders ansprechen und interessieren oder auch verwirren und empören, sind als Einstiege in die intensivere Arbeit geeignet. Öfter geschieht es auch, daß Klienten nach einer tiefen emotionalen Erfahrung sich beim Lesen wiedererkennen und so eine Bestätigung und Festigung der Erfahrung erleben.

- Da viele aktuelle Probleme, die auf Lebensentscheidungen des Kindes basieren, in der altersentsprechenden Denkweise gespeichert sind, empfiehlt es sich, eine **einfache Sprache** einzuüben. *Berne* nimmt als Kriterium das Sprachverständnis eines achtjährigen Kindes. Hilfreich sind die verschiedenen bildhaften Darstellungen der TA-Modelle für ein leichteres Verstehen.

- Bei der Vertragsarbeit wurde schon erwähnt, daß der Therapeut/Berater soweit möglich mit dem Klienten die Problematik, Diagnose, Planung und Beobachtungen bespricht. Dies fördert ein **aktives Mitdenken.**
- In vielen Fällen kann es auch Aufgabe des Therapeuten/Beraters sein, vorurteilbehaftetes **Wissen** von Klienten zu **korrigieren** (z.B. Illustriertenwissen), falsche oder mangelhafte Informationen durch aktuelle und sichere Daten zu ersetzen.
- Je früher in der Entwicklung eine Störung vermutet wird, desto mehr muß der Therapeut/Berater selbst die **passenden Begriffe** finden und Prozesse benennen. So werden z.B. oft Gefühle falsch bezeichnet (Wenn Eltern z.B. sagten: „du bist müde", statt „du bist wütend"), was leicht zu der Annahme führen kann, daß es sich um eine Masche handele. Der Klient kennt evtl. nur nicht den richtigen Begriff, während die psychosomatische Erfahrung eindeutig ist.
- Erfahrungen in der vorsprachlichen Zeit sind eher **bildhaft** und **analog** gespeichert, können nur mit Farbe, Form und Stimmung umschrieben werden. Dennoch handelt es sich hier auch um kognitive Konzepte, für die in der Therapie/Beratung adäquate Ausdrucksformen und auch Begriffe gefunden werden können.
- Im magischen Denken des Kindes sind Wörter oft noch mit anderen Bedeutungen behaftet. Hier braucht es Sorgfalt, den **Kontext** (das semantische Feld) möglichst genau zu **erfassen,** um Mißverständnisse aus einem Erwachsenen-Denken heraus zu vermeiden.
- Diese Sorgfalt ist ebenfalls beim **Gebrauch von Analogien** angebracht („dies ist wie ..." z.B. „Kopfweh ist wie Schmirgelpapier im Hirn."). Analogien sind hilfreich, das kindhafte Denken zu unterstützen, Ideen mit Bildern anzureichern oder den passenden Ausdruck zu finden. Wegen ihrer Subjektivität sollten sie – soweit möglich – aus dem Wortschatz und der Sprache der Klienten stammen. Ansonsten besteht die Gefahr, daß Klienten sich zu sehr der Sprache von Therapeuten/Beratern anpassen.

Der kognitive Bezugsrahmen

In der Arbeit von *Jacqui Lee Schiff* und ihren Mitarbeitern (1975) zur Behandlung von Menschen mit Psychosen und Charakterstörungen werden für die Entstehung und Beibehaltung von Problemen die einseitige, verzerrte Wahrnehmung und kognitive Verarbeitung des Erlebens und der äußeren Wirklichkeit als mitentscheidend angesehen. Sie nennen diese ‚Brille', durch die Klienten schauen, den Bezugsrahmen. Diese Brille vergrößert und verkleinert, blendet Bereiche aus oder verfärbt Wahrnehmungsqualitäten.

Der Bezugsrahmen wird wie das Skript in der Kindheit entwickelt, ist allerdings umfassender, da er auch die durch Gewöhnung erlernten Denk-, Fühl- und Verhaltensmuster einschließt. Die Bedrohung dieses Bezugsrahmens löst heftige Reaktionen bis zu psychosomatischen Beschwerden aus. Ein Beispiel hierfür ist der sogenannte ‚Kulturschock', den eine Person bei der Begegnung mit völlig fremden Kulturen erleben kann und der unter Umständen psychotische Erlebnisse auslösen kann.

Da der Bezugsrahmen unser Wohlbefinden so deutlich mitbestimmt, wird er durch verschiedene äußere und innere Prozesse verteidigt: Äußerlich werden wir Kontakte mit Personen eines anderen Bezugsrahmens meiden, innerlich wird entweder die Wahrnehmung beunruhigender Reize völlig ausgeblendet oder die Interpretation der Wahrnehmung dem eigenen Bezugsrahmen angepaßt. Die Transaktionsanalyse spricht hier von ‚Abwertung' (‚Discount').

Problementstehung im Denken durch das Skript
Die hemmende Grundbotschaft ‚denke nicht!, führt entweder zu einer völligen Blockade des Denkens (Dumm-Spiel: „Ich kann nicht mehr denken, bin verwirrt") oder in gemäßigter Form zu einer falschen Nutzung kognitiver Prozesse.

M. James (1977) führt typische Arten skriptgebundenen, verzerrten Denkens an, die alle durch Polarisierungen gekennzeichnet sind.
- Alles- oder Nichts-Denken (schwarz – weiß)
- zu stark verallgemeinern – sich in Details verlieren
- Ausblenden von Informationen – Überstrahlen (zu viel Bedeutung geben)
- Vernachlässigen von positiven oder negativen Aspekten
- schneller Sprung zur Schlußfolgerung – eine Sache nicht zu Ende denken
- Gefühle zur Begründung von Sachzusammenhängen verwenden – Denken als Rechtfertigung für Gefühle einsetzen
- Personalisierung (zu starker Ich-Bezug) – Entfremdung (‚man' oder ‚du' statt ‚ich')
- Etikettierung statt Beschreibung – Vermeidung von Schlußfolgerungen

Sicht- und hörbar werden die Einflüsse des Bezugsrahmens und des Skripts auf das Denken als **Skriptüberzeugungen** inhaltlich durch Aussagen der Klienten wie: „Ich konnte noch nie klar denken", „ich bin immer so verwirrt", „dafür war immer N. N. zuständig" etc.

In der **Kommunikationsanalyse** werden redefinierende Transaktionen (tangentiale und blockierende Transaktion s. Kap. 3.2) beobachtbar.

Die Abwertungstabelle
Die Art des Denkens, das diesen Störungen zugrunde liegt, wird systematisch in der ‚Discount'-Tabelle dargestellt. Sie ist gleichzeitig Diagnose-Instrument wie Hilfsmittel zur Planung. Je niedriger der Index der tangentialen Transaktionen ist, desto massiver ist die Störung. Die massivste Abwertung muß zunächst bearbeitet werden.

Die stärkste Verzerrung der Wirklichkeitserfassung als **Fehlwahrnehmung** geschieht durch das Ausblenden von Reizen. Was ich nicht wahrnehme, kann mich nicht beunruhigen. Ich sehe, höre, spüre einfach nicht, was vorgeht (erste tangentiale Transaktion: T_1).

Die nächste Stufe ist die **Fehlanalyse:** Nehme ich die Reize wahr, ist die nächstmögliche Form der Abwehr, ihre Bedeutung zu ignorieren. Wenn ich den Wahrnehmungen keine oder eine andere Bedeutung gebe, werde ich die Reize nicht als Problem wahrnehmen. (zweite tangentiale Transaktion: T_2).

Die dritte tangentiale Transaktion (T_3) geschieht, wenn ich das Problem sehe, es aber grundsätzlich für gegeben und allgemeingültig halte. Damit verleugne ich die wirkliche Bedeutung des Problems und übersehe gleichzeitig, daß es andere Bedingungen (Alternativen) geben kann.

Auf einer vierten, harmloseren Stufe tangentialer Transaktion (T_4) weiß ich um die **Veränderbarkeit** der Reize, sehe die Bedeutung des Problems, finde aber keine sinnvolle Alternative zur bisherigen Erlebnisweise. Damit erscheint das Problem nicht änderbar.

Habe ich hingegen auch diese Erkenntnisstufe erreicht, läßt sich die Problemlösung (subjektive Änderbarkeit des Problems) vermeiden, indem ich mich nicht in der Lage sehe, aktiv zu werden (T_5).

Auf einer letzten Stufe (T_6) habe ich alle Einsichten, alles nötige Wissen und bleibe dennoch passiv, indem ich einfach nichts tue.

Die Vermeidung der Problemsicht und Problemlösung kann sich auf **verschiedene Bereiche** beziehen: mich selbst, die beteiligten anderen Personen oder die Situation allgemein. So kann ich auf die anderen achten und meine eigenen Anteile am Problem übersehen oder auch umgekehrt zu sehr meine eigenen Anteile reflektieren und die anderen mißachten. Ähnlich ist es möglich, die Situation, in der ein bestimmtes Problem wirkt (z.B. systemische Zusammenhänge), abzuwerten und zu sehr auf einer individuellen, psychologisierenden Sichtweise zu verharren.

Schematische Übersicht über die Abwertungsstufen:

	Reize	Probleme	Alternativen
Existenz	T_1 Ich nehme Reize nicht wahr.	T_2 Ich nehme die Reize wahr, sehe sie aber nicht als Problem an.	T_3 Ich sehe keine Alternative, es muß eben so sein.
Bedeutung	T_2 Ich nehme Reize wahr, gebe ihnen aber keine Bedeutung.	T_3 Ich erkenne ein Problem, halte es aber für bedeutungslos.	T_4 Es mag Alternativen geben, aber diese haben keine Bedeutung.
Allgemeine Änderbarkeit	T_3 Die Reize erscheinen mir nicht änderbar.	T_4 Das Problem scheint mir nicht lösbar.	T_5 Ich sehe keine brauchbaren Alternativen.
Persönliche Lösungsfähigkeit	T_4 Ich kann die Reize nicht ändern, andere können es.	T_5 Ich kann das Problem nicht lösen, andere können es.	T_6 Ich kann diese Alternative nicht nutzen, andere können es.

Abwertungen in der Diagonalen (links unten nach rechts oben) haben jeweils gleichen Schweregrad und können parallel behandelt werden. Sie haben daher dieselbe Kennzeichnung.

Abwertungsmatrix: Beispiele der Verteidigung des Bezugsrahmens durch Verzerrung des Denkens

Typen→ Bereiche↓	Reize			Problem			Alternativen		
	Selbst	Andere	Situation	Selbst	Andere	Situation	Selbst	Andere	Situation
↙ **Arten** Die **Existenz** von ... wird nicht wahrgenommen.	„Ich habe seit Tagen nichts gegessen, habe aber keinen Hunger."	„Niemand hat mir etwas gesagt / niemand hat sich um mich gekümmert, während jemand mir gerade etwas bringt."	„Ich sehe schon länger nichts mehr, aber Autofahren in dichtem Nebel ist halt so."	„Ich habe doch keinen Herzschmerz."	„Dem XY geht es doch gut" über eine Person, die offensichtlich leidet.	Jemand fährt mit defekten Bremsen, als ob das Auto in Ordnung wäre.	„Wenn man abhängig ist, muß man trinken."	„Bei dem Kind helfen nur Prügel."	„Ich habe kein Geld, daher kann ich keine Therapie machen."
Die **Bedeutung** von ... wird nicht wahrgenommen	„Ich bin immer ärgerlich" / „es macht mir nichts aus, wenn ich ärgerlich bin."	„Sie sprechen nur mit mir, weil ich dafür zahle."	„Mir ist im Nebel noch nie etwas passiert" / „Im Nebel fahren ist nicht schwierig."	„Wegen der Herzschmerzen gehe ich doch nicht zum Arzt!"	„Das Kind ist halt überempfindlich."	„Die Polizei hat mich zwar betrunken aufgegriffen, aber das macht doch nichts."	„Hätte ich den einen Fehler vermieden, hätte ich halt einen anderen gemacht."	„Auch wenn ich mit ihm geredet hätte, hätte er mich geschlagen."	„Urlaub machen, ändert da auch nichts."

Typen →	Reize				Problem				Alternativen			
Bereiche ↓	Selbst	Andere	Situation		Selbst	Andere	Situation		Selbst	Andere	Situation	
→ **Arten** Die **generelle Änderbarkeit** von … wird nicht gesehen.	„Wenn man älter wird, hat man eben solche Schmerzen!"	„Der Chef ist immer schlecht gelaunt."	„Eine andere Wohnung gibt es ja nicht."		„Wenn man ein Infarkttyp ist, kann man nichts machen."	„Das ist sicher angeboren bei ihm."	„An einem anderen Arbeitsplatz geht's auch nicht besser zu."		„Wenn ich trocken lebe, werde meinen Arbeitsplatz doch nicht behalten."	„Wenn das Kind Nachhilfe bekommt, werden seine Leistungen doch nicht besser."	„Leute aus unserer sozialen Schicht werden immer benachteiligt."	
Die **persönliche Änderbarkeit** von … wird nicht gesehen.	„Auch wenn ich Autogenes Training gelernt habe, werde ich Angst haben."	„Das Kind hat Angst vor der Schule, egal was wir ihm anbieten."	„Egal wie ich mich anstrenge, die Arbeit wird nicht weniger."		„Ich kann ja probieren, weniger zu trinken, werde es aber kaum schaffen."	„Sie wird sich auch unter Leuten einsam fühlen."	„Kindererziehung ist einfach zu schwer, da hilft mir auch die Beratung nichts."		„Eine Entziehungskur halte ich nicht durch."	„Er hat zwar versprochen, sich Mühe zu geben, wird es aber nicht tun."	„Auch eine neue Wohnung wird bald verschmutzen."	

Die Förderung kognitiver Strukturen

Umgang mit Abwertungen
Zunächst ist es für den beginnenden Transaktionsanalytiker wichtig, die verschiedenen Abwertungen erkennen zu lernen. Viele davon sind auch uns ganz selbstverständlich, und wir werden daher manche kaum wahrnehmen. Mit Hilfe der Tonbandaufzeichnung, Auswertung in einer Kleingruppe (Intervision) oder in der Supervision muß diese Wahrnehmung geschult werden.

Dies führt in der Regel dazu, daß wir bei Klienten mit stärkeren Schwierigkeiten eine Fülle von Abwertungen erkennen. Auf alle diese Verzerrungen einzugehen, würde ein Gespräch kaum noch fließen lassen. Die Abwertungstabelle gibt nun eine Hilfe: Je stärker die Abwertung (niedriger Index z.B. T_1) ist, um so eher muß ich darauf eingehen. Die Beachtung niedriger Stufen der Abwertung ist sinnlos, wenn noch höhere Grade vorliegen. (Es ist z.B. zwecklos, über Möglichkeiten der Veränderung zu sprechen, wenn der Klient das Problem noch nicht wahrnimmt.)

Die Bearbeitung von Abwertungen braucht ebenfalls Übung. Um nicht verfolgerisch zu wirken oder mich ständig zu wiederholen, benötige ich ein Repertoire von sanften Hinweisen bis zu deutlichen Anweisungen.

Das Aufzeigen von Abwertungen (Konfrontation) setzt immer einen Vertrag voraus, der auch in aller Kürze getroffen werden kann („Sind Sie einverstanden, wenn ich ...", „Halten Sie es für nützlich, wenn ..."). Bei wiederholten Abwertungen können ausführlichere Vereinbarungen getroffen werden, die dem Klienten helfen, Abwertungen zu erkennen und durch andere Verhaltensweisen zu ersetzen.

*Die **Bewertungs-Matrix** als Hilfe zu systematischem Problemlösen*
Aus der Abwertungstabelle läßt sich in der positiven Umkehrung eine ‚Bewertungsmatrix' ableiten, die als Systematik kognitiver Problemlösung dient. Diese Übersicht hilft, dem Klienten die notwendigen Schritte im Problemlöseprozeß aufzuzeigen, und gibt dem Therapeuten/Berater ein diagnostisches und planerisches Hilfsmittel für die Gesprächsführung.

Die Bewertungsmatrix (Das effektive Gespräch)

	Ausgangssituation beobachtbare Daten, Verhaltensweisen, Situationen, Kontext	Problemstellung Deutung der Informationen, Schlußfolgerungen, Konsequenzen	Lösungswege/Lösungen mögliche Veränderung der Problemsituation, Alternativen
Wahrnehmung Beobachtung	Informationen und Beobachtungen: Sind sie zutreffend? vollständig? wesentlich?		
Analyse	Was ist die Bedeutung der einzelnen Informationen und Beobachtungen (Wichtigkeit, Rangordnung, Kontext)?	Was ist daher das zentrale Problem, das aus diesen Daten resultiert?	
Veränderungsmöglichkeit	Ist diese Situation grundsätzlich veränderbar?	Was bedeutet dieses Problem für die Beteiligten?	Gibt es überhaupt Veränderungsmöglichkeiten, oder muß das so sein?
Veränderungskonzept	Kann der Klient unter den Bedingungen dieser Therapie/Beratung diese Situation verändern?	Läßt sich dieses Problem überhaupt lösen?	Sind die Veränderungsmöglichkeiten von Bedeutung oder irrelevant? (z.B. utopisch)
Veränderungsplanung		Kann der Klient in dieser Therapie/Beratung dieses Problem lösen?	Welche Veränderungsmöglichkeit ist hier sinnvoll?
Veränderungsarbeit			Wer macht konkret wann, wie, was, womit, bis wann genau?
Ergebnis und Erfolgskontrolle	Ist die Situation nachweislich verändert?	Ist das Problem gelöst?	War der Lösungsweg wirkungsvoll?, effektiv?, wiederholbar?

Die verschiedenen TA-Modelle als Denkanregungen
Die Modelle der Transaktionsanalyse lassen sich für eine Förderung des klaren Denkens verwenden. Die Analyse von Kommunikationsmustern, von Spielstrukturen (z. B. Rollen im Drama-Dreieck), dem Gewinn und den Kosten von Maschen, Prozeßabläufen im Skript (z. B. Maschen-Skript-System oder das Mini-Skript) ist leicht nachzuvollziehen und anschaulich. Die graphischen Darstellungen geben eine zusätzliche Verständnishilfe.

Weitere methodische Möglichkeiten
- **Wahrnehmungsförderung**: Die stärkste Abwertung liegt im Nicht-Wahrnehmen von Reizen. Der Klient zeigt allerdings meist körperliche Signale, die auf eine unbewußte Wahrnehmung hinweisen. Wenn Therapeut/Berater oder Gruppenmitglieder solche Signale aufgreifen, erhält der Klient die Möglichkeit, die Aufmerksamkeit auf solche Signale zu lenken. Das Feedback durch Spiegel, Video-Aufnahme, Tonband und/oder äußere Beobachter kann vereinbart werden.
- **Bewertungen:** Da das Verkennen der Bedeutung von Reizen oder Problemen meist eng mit dem Bezugsrahmen der Umgebung des Klienten zusammenhängt, ist auch hier zunächst die Beurteilung durch den Therapeutnn/Berater oder Gruppenmitglieder eine Möglichkeit, andere Bewertungen kennenzulernen.
- **Rollenspiel und Rollenwechsel:** Die Übernahme von Rollen und das Rollenspiel erlauben einen Wechsel des Bezugsrahmens, der nicht zu bedrohlich wird („es ist ja ‚nur' eine Rolle"). Über das Hineinfinden in eine Rolle gelingt aber oft auch das Einfühlen und damit die Empathie. Dies hilft besonders bei Abwertungen anderer Personen (bei einer „Ich bin +o.k."- und „Du bist -o.k."-Haltung). Das Spiegeln des eigenen Auftretens durch eine andere Person erlaubt aus der Zuschauerrolle eine Neubewertung der Situation oder Änderung des Selbst- und Fremdbildes. Der Wechsel von Rollen unterstützt zusätzlich die Flexibilität und die Offenheit für verschiedene Bezugsrahmen.
- **Das Detektiv-Spiel** (Förderung der Neugier): Bei der Analyse von Spielen, Maschen und Lebensgeschichte ist eine wichtige Phase erreicht, wenn der Klient aus innerer Motivation heraus neugierig wird, sich selbst und die eigenen Denk-, Fühl- und Handlungsweisen zu erkennen, Muster zu entdecken oder historische Hintergründe zu erfahren.

In der **Beratungsarbeit** liegt der Akzent dabei mehr auf der Beobachtung und Analyse aktueller Lebenssituationen (Transaktionen, Maschen und Spiele).

Die **therapeutische Arbeit** betont mehr die Erlebensgeschichte. Oft wird der Klient daran interessiert sein, vieles von den eigenen Verwandten zu erfahren, was in der Familie den Kindern verschwiegen wurde. Dabei ist die Befragung der Eltern oft schwierig, da sie leicht verfolgerische Züge annimmt. Sinnvoll ist auch, Bilderalben der Kindheit zu betrachten, Tagebücher und sonstige Quellen zu studieren und dabei sein Wissen und seine Interpretationen der eigenen Geschichte zu erweitern und bisweilen auch dadurch zu verändern.

> ⌘ Eine Frau im jungen Erwachsenenalter, deren Eltern sich trennten, als sie noch im Kleinkindalter war, macht sich gegen Ende der Therapie auf die Suche nach dem Vater, den sie seit der Trennung nicht mehr gesehen hatte. Sie erlebt ihn als alten Mann, der sich freut über seine erwachsene Tochter. Dabei wird ihr deutlich, wie anders ihr Bild von diesem Vater ist, was seine Erscheinung, seine Persönlichkeit und den Bezug zu ihr betrifft. Auch wenn ihr am Ende der Begegnung klar ist, daß sie den Besuch nicht wiederholen will, hilft ihr das konkrete Bild des Vaters, von Illusionen und den von der Mutter vermittelten Zerrbildern loszukommen und einen eigenen Bezug zu haben.

Diese Entdeckungen lösen oft große Betroffenheit, Wut, Trauer oder auch Angst vor weiteren schmerzlichen Erkenntnissen aus. Rachegefühle, Verzweiflung und Rückzug behindern die Entwicklung und müssen vordringlich bearbeitet werden. Das Zulassen und Ausdrücken dieser Gefühle (s. Kap. 5.4) befreit wieder zu einer neutraleren Haltung des Forschens.

Eine Gefahr des Detektiv-Spiels ist die Überflutung mit Informationen, die Verwirrung auslöst. Daher braucht jeder Bereich an neuer Information eine Einbettung in die Erlebensweise des Klienten, bevor die Sammlung zu groß wird.

● **Die Mikroanalyse:** Eine andere Methode, die besonders bei Klienten angezeigt ist, die zur Generalisierung neigen, ist die Betrachtung von Verhaltensweisen, Gefühlen und Gedankengängen ‚unter der Lupe': Situationen in sozialem Kontext, aber auch innere Bilder, Erinnerungen oder Erzählungen werden mikroskopisch genau untersucht, um Zusammenhänge exakt zu erfassen und damit oft schon eigene blockierende Interpretationen, Fehldeutungen oder auch irreführende Behauptungen anderer Personen zu korrigieren.

Die Gefahr der Methode besteht in der Aktivierung der zwanghaften Suche auch kleinster Details, die zur Klärung nichts mehr beitragen, sondern als Abwehr (Verwirrung, Zeitvertreib) dienen.

• **Die Zeitlupe:** Ähnlich wie in der Mikroanalyse lassen sich zeitliche Abfolgen verlangsamen, Denk- und Fühlprozesse in Zeitlupe nacherleben und so wesentliche Zusatzinformationen zum Problemverständnis finden. Die Analyse der Transaktionen in Einzelschritten ist ein typisches Beispiel für diese Arbeitsweise. Auch Verhaltensabläufe werden bisweilen unter der Zeitlupe verstehbar, wenn Reiz- und Reaktionsfolgen deutlich werden und Muster eher erkennbar sind.

• **Intuition** und ‚die erste beste Idee als letzte gute Idee': Die Zeitlupe ist auch eine gute Methode, intuitive Wahrnehmungen und Schlußfolgerungen, die später wieder unterdrückt (vergessen) wurden, zu erinnern und ihren Wert zu erkennen.

Da spontane Wahrnehmung sehr schnell erfolgt, sind die ersten Ideen zu sich selbst, anderen Personen oder sozialen Situationen meist treffend. Diese Wahrnehmung wird aber oft als nicht begründbar („ich weiß nicht, wieso ich auf die Idee komme") verschwiegen. So wird z.B. das Ende eines Spiels oft geahnt, dieser Ahnung aber keine Bedeutung gegeben.

Die Verwendung von Phantasie und Humor

Spielerischer Umgang mit dem Denken, Wortspiele, die Betonung von Phantasie und humorvolle Distanzierung oder paradoxe Betrachtungsweisen erlauben den Spaß am Denken und an neuen Perspektiven.

• **Denksportaufgaben** (jemandem zu denken geben): Besonders bei Personen mit der Grundbotschaft ‚Denke nicht!, wäre ein zuviel an kognitiver Leistung des Therapeuten/Beraters eine Abwertung der Denkfähigkeit von Klienten. Gelingt es dagegen, die neugierige oder auch die leidende Seite im Kind-Ich so zu stimulieren, daß Energie für das eigene Denken freigesetzt wird, kann der Klient eigene Ideen entwickeln, dafür Anerkennung bekommen und so ein Gegengewicht zur Kindheitserfahrung spüren.

• **Methoden aus Kinderspiel und Erwachsenenbildung**: Methoden aus der Arbeit mit Kindern oder aus der Erwachsenenbildung sind auch für therapeutische und beraterische Zwecke sinnvoll. Hierzu gehören der spielerische Umgang mit Wörtern und ihren verschiede-

nen Bedeutungsfeldern, scherzhaftes Mißverstehen, Bilder malen oder Kollagen kleben, Nonsens-Ideen entwickeln oder auch im Brainstorming Ideen sammeln, ohne sie sofort als effektiv oder durchführbar zu gewichten.
- **Zu Ende führen:** Oft werden im Gespräch Sätze nicht beendet oder auch Vorstellungen nicht zu einem Ende geführt. Die Aufforderung, den Satz zu vollenden, aber auch die Fragestellung „Was geschieht danach? Wie geht das weiter? Wie geht es aus?" (Vgl. J. James Spielplan) hilft gegen eine Vermeidungshaltung. Dabei kann der Therapeut/Berater das Augenmerk auf die konstruktiven Elemente der Vorstellung richten. Erstaunlich oft enthalten die Vorstellungen (ähnlich wie Träume) Lösungswege, die durch die innere Zensur gebremst und nicht ausgesprochen werden.
Auch Satzanfänge oder Weiterführungen, wie z.B. „... und dabei fühle ich, ..." „..., aber ..." „am liebsten würde ich ...", helfen eine Vorstellung zu Ende zu führen und deren Konsequenz aufzudecken.
- **Was wäre, wenn ...:** Die Frage „Was wäre, wenn ..." wird im neurotischen Grübeln als Problemverstärkung wirksam. Sie läßt sich aber durchaus auch als positive Möglichkeit des Denkens als Probehandeln verwenden. Sie dient der Erweiterung des Bezugsrahmens, kann Empathie fördern und die Folgen eines bestimmten Verhaltens bedenken lassen.
Diese Methode ist besonders angezeigt, wenn die Alternativen abgewertet werden. Vorsicht ist dagegen geboten, wenn die Frage zu einem ‚Ja, aber'-Spiel führt.
- **Gedankliche Vorwegnahme des Endgefühls:** Bei Spielen, Maschen und anderen skriptverstärkenden Verhaltensweisen kann man den Klienten anleiten, in Gedanken die Situationen weiterzuführen und zu erinnern oder in der Phantasie zu beobachten, auf welche Gefühle und Gedanken das Verhalten hinzielt.
- **‚Hintertüren':** Die Anregung, eine Vorstellung weiterzuführen bis zu ihrem Ende, bringt auch Hintertüren in das Bewußtsein. Die Nachfrage, was danach geschieht, kann dem Klienten helfen, Konsequenzen zu bedenken oder auch nur die schon gedachten Konsequenzen auszusprechen („und wenn das nicht hilft, bringe ich mich um!").
- **Wenn du der Therapeut/Berater wärst:** „Wenn du auf meinem Stuhl sitzen würdest, was würdest du jetzt tun oder sagen?"
Ähnlich wie in der Rollenspielmethode hilft die Umkehrung der Sichtweise, Abwertungen zu erkennen und neue Lösungsmuster an-

zunehmen. Diese Methode ist vor allem dann effektiv, wenn es sich um weniger schwere Abwertungen handelt (T_{4-6}).

- **Wenn du das wie ein Kind mit acht Jahren siehst:** Das unmittelbare und zensurfreie Hinschauen, das Wissen um gute Lösungen und tabu-freies Aussprechen von Schlußfolgerungen wird in der Transaktionsanalyse als eine Fähigkeit des Kindes angesehen. Von daher ist die Frage nützlich, wie ein Kind eine Situation, ein Problem oder eine Beziehung sehen würde. Der Klient kann dabei den Ballast des Zergrübelns beiseite legen und ursprüngliches Denken zulassen.
- **Was würdest du sehen, denken oder tun, wenn du vom Mars kämst:** Eine ähnliche Methode mit stärkerem Verfremdungseffekt steckt in der Idee des ‚marsischen Denkens' (Berne 1970). Man stelle sich vor, ein Wesen vom Mars zu sein, Sprache, Gesten und Gewohnheiten der Menschen nicht zu kennen und dann zu beobachten, was diese fremden Wesen tun und wie sie miteinander umgehen. Der Verzicht auf das Vorwissen hilft auch zum Verzicht auf Vorurteile und bringt so oft überraschende Erkenntnisse.
- **Sabotage:** Die ‚Anleitung zum Unglücklichsein' von *Watzlawick* (1983) enthält eine ironische Umkehrung der Suche nach dem Glück und erlaubt den spielerischen Umgang mit Mißerfolgsstrategien. Durch die humorvolle Distanz zur Tendenz der Sabotage (Rezeptesammlung) läßt sich die Abwertung der eigenen Fähigkeiten, Alternativen zu finden und zu bewerten, auflösen.
- **Humor und Witz:** Humor schafft eine Distanz zur allzu bedrängenden Wirklichkeit und verhilft so zur Freiheit des Denkens. Humorvolle Bemerkungen wie auch viele Witze enthalten einen Hinweis auf Diskrepanzen zwischen Wirklichkeiten und auf verschiedene Bezugsrahmen. So kann ich manche Witze nur verstehen, wenn ich den Bezugsrahmen kenne, und nur darüber lachen, wenn ich mich von diesem Bezugsrahmen distanzieren kann.

Dabei ist Humor von Spott zu unterscheiden, der zur Beschämung und damit zu einer neuen Blockade führt.

5.4 Zugänge mit emotionalem Schwerpunkt

Zielsetzung emotionaler Arbeit

Alle Menschen werden als Prinzen und Prinzessinnen geboren, schreibt *Berne* (1966 S. 289). Das, was manchen von ihnen im Leben begegnet, macht sie zu Fröschen. Er sieht Therapie als den Weg, auf dem sie wieder zu Prinzen und Prinzessinnen werden können. Er meint damit nicht ein zurück zum Kind-Sein, er sieht die Autonomie als Ziel, die er so definiert, daß Menschen, die autonom sind, Spontaneität, Bewußtheit und Intimität (z. B. Nähe) leben können.

In den Kapiteln **Motivationsanalyse** und **Gefühlsanalyse** sind wir in der Darstellung den Weg der **Entwicklung** von den pränatalen Einflüssen bis zur aktuellen Lebenssituation eines Menschen gegangen. Bei der Arbeit mit Gefühlen gehen wir von der augenblicklichen Situation in die Geschichte. Diejenigen, die zu ‚Fröschen' geworden sind und darunter leiden, suchen nach Hilfe, sie suchen nach Veränderung ihrer Situation. Klienten klagen häufig über Störungen der Gefühlswelt, über allgemeine Unzufriedenheit oder körperliche Beschwerden. Für eine Veränderung der beschriebenen Störungen ist der Zugang zu den Gefühlen und Bedürfnissen notwendig. Ziel ist es, die im Skript festgelegten frühen einengenden Entscheidungen in bezug auf Gefühle und Bedürfnisse aufzuspüren und aufzulösen. Zu dieser Arbeit ist sowohl der Veränderungswille als auch die Fähigkeit der Klienten notwendig als auch die Bereitschaft und die professionellen Möglichkeiten von Beratern und Therapeuten.

Voraussetzungen für emotionale Arbeit

Äußere Bedingungen

Von der Seite der Berater/Therapeuten müssen die **Rahmenbedingungen** geklärt sein: Ist eine ausreichende Frequenz der Stunden möglich sowohl von seiten der Berater/Therapeuten als auch der Klienten?

Bietet der Arbeitsraum genügend Schutz und Gelegenheit (Geräusche, Materialien)? Weitere Informationen siehe Kap. 4.1.

Im Vertrag muß geklärt sein, welches spezifische Skriptthema im Rahmen des Langzeitvertrages zur Bearbeitung ansteht und welche Art der Arbeit und zu welchem Zeitpunkt sie sinnvoll ist:
- Diagnose durch Berater/Therapeut
- Klärung und Entscheidungen
- Durchleben der Gefühle und daraus resultierend neue Entscheidungen (Regression).

Persönliche Voraussetzung der Berater und Therapeuten:

- Eine klare ethische Haltung in dem Sinne, nur Arbeitsformen anzubieten hinter denen derjenige eindeutig steht; denn die Auseinandersetzung mit den ‚inneren' Kräften der Klienten verlangt Klarheit und Eindeutigkeit. Es macht keinen Sinn, wenn jemand z.B. Angst vor Aggression hat, Klienten ‚Wutarbeit' anzubieten.
- Die **persönliche Bereitschaft,** sich mit Gefühlen auseinanderzusetzen, z.B. Leid mitzutragen, Aggression zu ertragen und ausreichend Energie zu mobilisieren, um sie der inneren Problematik entgegenzusetzen.
- Ein ‚**Handwerkszeug**' im Umgang mit Gefühlen, das heißt einerseits Fachwissen und andererseits eigene Erfahrungen im Sinne von Eigentherapie, denn es ist wichtig, die erleichternde und erweiternde Wirkung von Veränderungsarbeit selbst gespürt zu haben.
- Klare **Beratungs- und Therapieplanung:** Wann ist eine bestimmte Strategie sinnvoll, denn die Gefahr besteht, das Skript zu verstärken, wenn Arbeitsschritte zu einem unangemessenen Zeitpunkt angeboten werden, dies ist im Kap 4.5 besprochen.

Haltung und Position der Berater und Therapeuten

Die Macht der ‚inneren Eltern'
Bis zu dem Zeitpunkt der Beratung oder Therapie haben die ‚inneren Eltern' der Klienten in der Regel noch die Macht, sie stehen der Veränderung entgegen. Denn der dominante Persönlichkeitsanteil gibt ungern Macht ab und bindet damit Energie. Aufgabe der Berater und Therapeuten ist es, ein Gegengewicht zu den Elternfiguren darzustellen, damit neue Erfahrungen möglich werden können.

Dazu ein kurzes Blitzlicht aus einer Therapie:

> ✖ **Beispiel:** Eine Klientin beschrieb in einer ‚Stuhlarbeit' ihren Vater als riesengroß, kräftig und breitschultrig. Am Ende der Arbeit stellte sie mit Erstaunen fest, daß er in Alter und Proportion gleich geblieben sei, aber um etwa die Häfte geschrumpft war.
>
> ❖ **Kommentar:** Die Größe zeigt die Macht des inneren Vaters. Durch die kraftvolle und bestimmte Weise, in der die Therapeutin die Klientin durch die Arbeit begleitete, zeigte sie ihr, daß dieser Mann auf Erwachsene nicht den Einfluß hat, den er auf die Klientin hatte, als sie noch Kind war. Dies drückte sich in der Größenminderung aus.

Die Therapeutin hat der Patientin die Erlaubnis gegeben, dem Vater ihre Gefühle wie Angst und Frustration zu zeigen, und sie vermittelt ihr die Sicherheit, daß sie in der heutigen Situation niemand strafen werde. Außerdem zeigt sie der Klientin die Bereitschaft, mit inneren Problemen wie bedrohlichen Erinnerungen und Gefühlen, die auftauchen würden, kompetent umzugehen. Dies bedeutet, daß sie bereit war, den erforderlichen Schutz für diese Situation zu geben.

Erlaubnis – Schutz – Stärke

In der Skriptentwicklung wurde dargestellt, daß jeder von uns ein für ihn typisches System von **Erlaubnissen** und **Verboten**, die auch den Gefühlsbereich betreffen, entwickelt. In Therapie und Beratung geht es darum, diese Verbote, die im aktuellen Leben zu Schwierigkeiten führen, aufzuspüren und aufzulösen. Dafür sind Erlaubnisse ein notwendiger Bestandteil der Arbeit. Eine wichtige Voraussetzung für diese Arbeit ist eine gute Ansprechbarkeit des Erwachsenen-Ich, damit die Informationen, die für diese Arbeit notwendig sind, aufgenommen werden können.

Erlaubnisse
Berne (1972 S. 116) schreibt über Erlaubnisse: „Die Erlaubnis ist das therapeutische Hauptinstrument des Skriptanalytikers, denn sie bietet einem Außenstehenden die einzige Chance, den Patienten von jenem Fluch zu befreien, den seine Eltern ihm auferlegt haben."

Für Kinder reichen meistens Erlaubnisse aus, um z.B. Bedürfnisse zu äußern oder Gefühle zu zeigen. In der Kind-Eltern-Situation haben die Eltern die Macht, und die Kinder sind dadurch in der Lage, nach diesen Erlaubnissen zu handeln. In der Therapie/Beratung sind die Machtverhältnisse in der Regel am Anfang so, daß für die Klienten die ‚inneren Eltern' die Macht haben und daß Berater/Therapeuten erst einmal beweisen müssen, daß auch sie mächtig sind und Standfestigkeit zeigen.

Schutz
Die Erlaubnisse allein reichen nicht aus; der Schutz des ‚inneren Kindes' der Klienten ist eine weitere notwendige Voraussetzung für Veränderung. Dieser Schutz hat zwei wesentliche Komponenten, die eine ist Information an das Erwachsenen-Ich der Klienten, und die zweite ist die elterlich-schützende Haltung. Der Schutz dient dem ‚inneren Kind', wenn es anders handelt, denkt und fühlt, als die Eltern das für richtig hielten. Denn es besteht in dieser Situation die Gefahr, daß es von den inneren Eltern gestraft wird oder sich selbst straft, dafür daß es sich nicht mehr nach dem bisher Anerkannten richtet.

Stärke
Erlaubnis und Schutz müssen mit Stärke und Nachdruck gegeben werden, damit sie einen andauernden Effekt haben.
 Die Stärke liegt in dem rechten Zeitpunkt der Interventionen und darin, daß Therapeuten und Berater kongruent sind. In der Kongruenz der Eindeutigkeit liegt die notwendige Energie. Die Glaubwürdigkeit dessen, was gesagt wird, wie es gesagt wird und von welchem Verhalten es begleitet wird, ist für die Wirksamkeit entscheidend.

Das Zusammenwirken von Erlaubnis, Schutz und Stärke
In der englischsprachigen Literatur ist diese Art der Interventionen unter den **drei P** bekannt. Die drei P stehen für **permission, protection** und **potency**. Die Übersetzung bietet keine solch prägnante Möglichkeit, möglicherweise können wir das **ESS** einführen, **Erlaubnis, Schutz** und **Stärke**. Wichtig dabei ist, daß diese Interventionen gleichzeitig gegeben werden. Das bedeutet, daß die Stärke und der Schutz für Klienten spürbar dasein müssen, wenn die Erlaubnis gegeben wird. Dies kann z. B. durch eine Nachfrage geklärt werden wie: „Fühlst du dich im Moment sicher?"

drei P	ESS
Permission	Erlaubnis
Protection	Schutz
Potency	Stärke

Dieses Vorgehen hat *Berne* (1972) in der **Erlaubnistransaktion** zu vier Schritten zusammengefaßt:
1. Information aus dem **Er**
2. Erlaubnis aus dem **El**
3. Schutz aus dem **El**.
4. Dazu gehört eine nachfolgende Bestärkung in Form von Informationen zur Stabilisierung des Neuen aus dem **Er**.

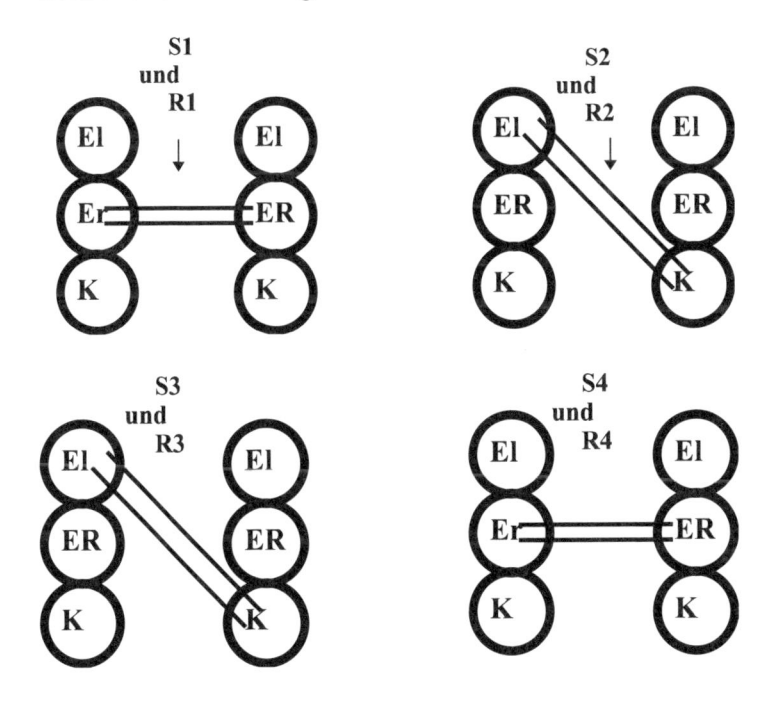

Zur Illustration dazu ein Beispiel aus einer Therapie:

⌘ Eine Patientin erkennt, daß sie eine Skripteinschränkung bezüglich ihres Platzes im Leben entwickelt hat. Sie glaubt, daß ihre Ursprungsfa-

milie sie im Platz beschränkte und daß im heutigen Leben die Menschen, mit denen sie zu tun hat, ihr keinen Platz zugestehen.
- **Schritt 1: Er-Er Transaktion**
S1 Th: Es ist möglich, dieses zu verändern.
R1 Kl: Das will ich.
- **Schritt 2: El-K Transaktion**
S2 Th: Du darfst Platz beanspruchen
R2 Kl: Ich habe Platz (Klientin breitet die Arme aus).
- **Schritt 3: K-El Transaktion**
S3 Kl: Ich zittere.
R3 Th: Du darfst zittern, es ist den anderen nichts passiert dadurch, daß du Platz einnimmst.
- **Verstärkung: Er-Er Transaktion**
S4 Kl: Steht mir mein Platz zu?
R4 Th: Dir steht dein Platz zu.

Da es dabei um **Skriptänderung** geht, muß vor der Erlaubnis klar sein, welches **Skriptthema** bearbeitet werden soll (Vertrag) und wie die Antithese dazu lauten kann. Erst dann ist es sinnvoll, daß der Berater oder Therapeut die Erlaubnis, die dann spezifisch sein kann, gibt. Da Angst und Unsicherheit bei Neuem dazugehören, ist es wichtig, auf diese gefaßt zu sein und den Klienten durch den Schutz die Möglichkeit zu geben, zu bleiben und sich zu stellen anstatt zu flüchten (normale Reaktion bei Angst).

Durch diese Befreiung von den inneren Einschränkungen wird kein Freibrief gegeben, nun alles zu tun, was es gibt, ohne Rücksicht auf sich selbst und andere. Es ist das Ziel, daß die Klienten den Weg gehen ihr Leben autonom zu leben, so wie *Berne* (1972) es beschreibt.

In den siebziger Jahren wurde diese Möglichkeit der Autonomie und der Erlaubnis, möglichst all das zu tun, was machbar ist, oft mißverstanden und mißbraucht. Es ist wichtig, die Gesamtsituation der Klienten nicht aus den Augen zu verlieren und ihnen die Anregung zu geben, auch die Folgen, die Veränderungen mit sich bringen können, nachzudenken. Die Erlaubnis muß innerhalb des Beratungs- oder Therapievertrages sein.

<u>Arbeitsstrategien</u>

In der beratenden und therapeutischen Arbeit gehen wir von der aktuellen Situation aus, die sich als gemeinsame Wirklichkeit zwischen Beratern und Therapeuten darstellt. Wir verfolgen den Weg zurück, einerseits, um aus dem Erkenntnisprozeß Veränderungen abzuleiten und um andererseits die ursprünglichen Gefühle und Bedürfnisse zu erleben und auszudrücken. Das Ziel dabei ist, **neue emotionale Erfahrungen** zu machen.

Berne schreibt in seinem Buch über Gruppentherapie: „in all these groups the therapist intuitively searches for authenticy – in all diesen Gruppen sucht der Therapeut intuitiv nach Authentizität" (Berne 1966 S. 129). Er beschreibt damit die Suche nach den ursprünglichen Gefühlen.

‚Arbeitsrichtung'
Ziel der Arbeit ist es, von den unzweckmäßigen, den **dysfunktionalen,** zu den zweckmäßigen, den **funktionalen Gefühlen** zu kommen. Dies betrifft auch die Bedürfnisse, hier geht der Weg von den **Ersatzbedürfnissen** zu den **Grundbedürfnissen.** Bei den Verhaltensweisen geht der Weg von **Ersatzverhalten,** den passiven Verhaltensweisen oder dem Maschenverhalten, zu *bewußten Handlungen.*

In der Psychoanalyse werden die Affekte als beziehungsregulierend, informationsverarbeitend und selbstreflektierend beschrieben, dies entspricht den funktionalen Gefühlen.

Die **Arbeitsrichtung** in der Auseinandersetzung mit der persönlichen Gefühlswelt geht vom **Heute in die Vergangenheit** und zur Bedeutung der Vergangenheit für das Heute.

Der Umgang mit der Vergangenheit ist je nach Situation unterschiedlich entweder die **kognititve Bearbeitung** oder der **gefühlsmäßige Zugang.** Gefühle und Bedürfnisse sind auf derselben Ebene, sie können von Ersatzgefühlen oder auch Ersatzbedürfnissen verdeckt werden. Ersatzverhalten kann sowohl Gefühle, Bedürfnisse, Ersatzgefühle und Ersatzbedürfnisse überdecken. Wir werden diese drei Gruppen hier im Zusammenhang besprechen. Die Bedeutung der Bedürfnisbefriedigung wird häufig hinter die Bedeutung der Gefühle zurückgestellt; Gefühle und Bedürfnisse sind in ihrer Wichtigkeit gleichrangig.

Das folgende Diagramm zeigt, wie die Verbindung zwischen dem, was Klienten nach außen zeigen, und ihrem Inneren, den Grundgefühlen und Grundbedürfnissen sein kann. Hier sind nur die Bereiche dargestellt, in denen eine Verdrängung stattgefunden hat:

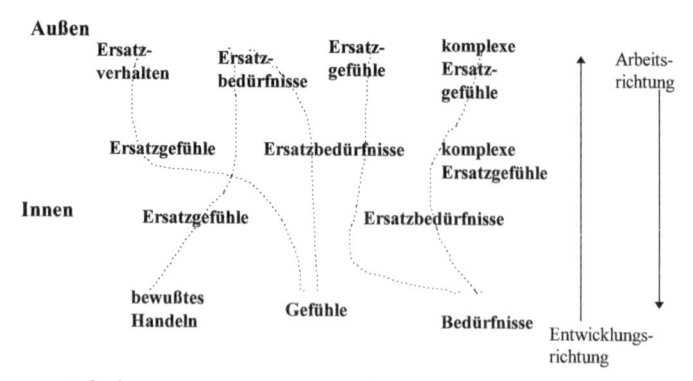

```
Außen
    Ersatz-        Ersatz-      Ersatz-     komplexe              Arbeits-
    verhalten      bedürfnisse  gefühle     Ersatz-               richtung
                                            gefühle

         Ersatzgefühle    Ersatzbedürfnisse    komplexe
                                               Ersatzgefühle
Innen
         Ersatzgefühle              Ersatzbedürfnisse


    bewußtes          Gefühle
    Handeln                            Bedürfnisse   Entwicklungs-
                                                     richtung
```

Die gestrichelten Linien zeigen mögliche persönliche Entwicklungslinien. Jeder von uns hat ein persönliches Muster im Umgang mit Gefühlen und Bedürfnissen entwickelt. Darin ist enthalten, was nach außen gebracht wird und was wir gelernt haben zu überdecken. Die kindlichen Entscheidungen stehen dem adäquaten, situationsangepaßten Gefühlsausdruck entgegen. Diese Entscheidungen können z. B. in Form von Trübungen deutlich werden, die sowohl Vorurteile über Gefühle sein können als auch von Gefühlen aus dem Kind-Ich ausgehen können. Die Trübungen können auf der Erwachsenen-Ebene verändert werden. Für die Überzeugungen, die im Kind-Ich gespeichert sind, ist Veränderungsarbeit im Kind-Ich notwendig. Arbeit im Eltern-Ich kann zusätzlich erforderlich werden, wenn dieses die Umsetzung von Veränderungen verhindert.

Die Befriedigung der Grundbedürfnisse und das Wahrnehmen und der Ausdruck des ursprünglichen Gefühls sind Ziel der Arbeit.

Am folgenden Beispiel wird erläutert, wie von Anfang an der Blick auf Gefühle und Bedürfnisse möglich und sinnvoll ist.

⌘ Beispiel: Eine Patientin kam zur Therapie, da sie im Leben nicht mehr zurechtkäme. Sie klagte über Depressionen, Angst und Erschöpfung. ❖
Ihre zwei Kleinkinder würden sie so beanspruchen, daß sie zu nichts mehr käme, was sie interessiere. ❖

❖ Kommentar: Die Betrachtung der Gefühle und der Bedürfnisse dieser Patientin zeigt in ihrer Schilderung die Masche Depression, eine Angst, die nicht situationsbezogen wirkt, und die Erschöpfung, die auf unerfüllte Bedürfnisse schließen läßt.
Hier ist es sinnvoll, darauf zu achten, welche Gefühle verborgen sind und welche Art von Rabattmarken diese Frau sammelt. Die geschilderten Wutausbrüche auch bei kleinen Anlässen sprechen dafür, daß sie Rabattmarken sammelt und sich dann einen

Sie habe immer wieder immense Wut bei kleinen Anlässen, die sie manchmal auch an ihren Kindern ausließe. ❖
Auch mit ihrem Mann gäbe es viele Schwierigkeiten. Sie schilderte unter anderem das Anliegen, bestimmte Umgangsweisen mit ihrem Mann zu verändern, er würde über sie bestimmen, und es sollte immer nach seiner Vorstellung gehandelt werden. ❖

Wutausbruch gestattet. Auf Nachfrage wird deutlich, daß die Patientin ‚Enttäuschungsmarken' sammelt. Sie sei immer wieder enttäuscht, daß ihr Mann so wenig für die Kinder tue, auf Nachfrage berichtet die Patientin, daß er die Kinder oft ins Bett bringt und auch nachmittags mit ihnen spielt.
Sie realisiert, daß da die Realität und ihr Eindruck differieren. Sie sieht ihn in der Machtposition und sich selbst in der Opferposition, da sie für die Familie ihren Beruf aufgegeben hätte.
Aus diesen Ansätzen gibt es Wege, mit dieser Patientin die Pfade zu verfolgen, die Grundbedürfnisse und die überdeckten Gefühle aufzuspüren und Veränderungsarbeit zu machen.

Bei der Problemstellung dieser Patientin ist entweder ein therapeutischer oder ein beratender Ansatz möglich. Für diese Frau könnte, obwohl sie mit einem Therapiewunsch kam, auch eine Erziehungsberatung sinnvoll sein. Die Bearbeitung der Gefühlssituation wäre im Beratungsfall kognitiv im Zusammenhang der verschiedenen Erziehungssituationen.

Es ist hilfreich, klare Strategien in der Arbeit mit Gefühlen und Bedürfnissen zu entwickeln; dazu dient die Darstellung der einzelnen Gefühle und Bedürfnisse mit entsprechenden Vorgehensweisen, soweit dies noch nicht in den vorangegangenen Kapiteln 3.4, 3.5 und 4.4 besprochen wurde.

Komplexe Gefühle und komplexe Bedürfnisse
In der Arbeit mit Erwachsenen haben wir häufig mit komplexen Gefühlen zu tun. Als komplexe Gefühle beschreibt *Schneider* z. B. Liebe, Geborgenheit, Zugehörigkeit, Sicherheit und Halt sowie Ohnmacht, Enttäuschung und Hoffnung. Bei diesen Gefühlen kommt neben der Gefühlsebene und der Gefühlsbewegung noch die Kognition und Reflexion dazu (Schneider 1995).

Die Grundgefühle, Emotionen, komplexe Gefühle, Ersatzgefühle, Grundbedürfnisse und Ersatzbedürfnisse sind in folgendem Modell, in Anlehnung an das von *Schneider* entwickelte Diagramm, in ihren Verbindungen zur Persönlichkeitsentwicklung dargestellt.

Ausdruck nach außen über Emotionen	← komplexe Gefühle	komplexe Bedürfnisse →	Ausdruck nach außen über Such-handlungen	+ Reflexion
	← Ersatz-gefühle	Ersatz-bedürfnisse →		+ Kognition
	← Grund-gefühle	Grund-bedürfnisse →		Empfindung

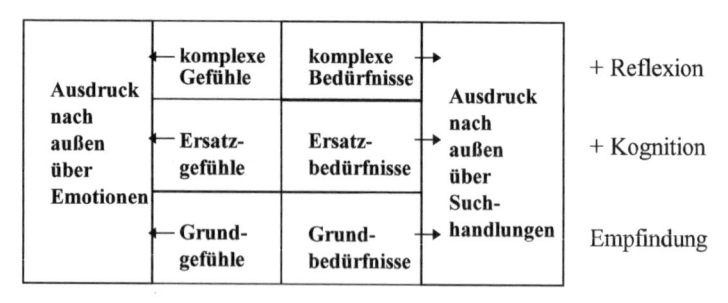

Ausdruck über
Körperempfindungen und
Kognitionen

In der Zuordnung zu Ich-Zuständen bedeutet das, daß die Kognition mit der Entwicklung des Er_1, des Erwachsenen-Ich im Kind-Ich, anfängt und die Reflexionsmöglichkeit mit der des Erwachsenen-Ich_2 beginnt.

Die komplexen Bedürfnisse sind wie auch die komplexen Gefühle erst bei Jugendlichen oder Erwachsenen vorhanden, dann, wenn das Er_2 entwickelt ist und auch das El_2 anfängt, wirksam zu sein. Zu den komplexen Bedürfnissen zählen wir die Spiritualität, Religiosität und auch die Sinnfragen des Lebens.

Maschen
Die geschilderten Störungen, wie z. B. Depression, beziehen sich oft auf Maschen. Dysfunktionale Gefühle können aus unterschiedlichen Kontexten stammen. Jedes der Grundgefühle kann als **Masche** eingesetzt werden, zusätzlich gibt es häufig Schuld und Scham als Maschengefühle. Die Definitionen der Maschen geben Hilfen, diese als solche zu erkennen. Der Umgang mit Maschen erfordert, sie zu erkennen, damit sie nicht weiterhin verstärkt werden, denn jeder Ausdruck eines solchen dysfunktionalen Gefühls bestätigt wieder Skriptüberzeugungen. Der Ausdruck und Beachtung eines solchen Gefühls bedeutet keine Erleichterung oder Veränderung.

Maschen können mit Kulissen verglichen werden, hinter denen weitere Kulissen oder ein ursprüngliches Gefühl verborgen ist. Es sind häufig mehrere Schichten vorhanden, die es durchzuarbeiten gilt, um zum ursprünglichen Gefühl oder Bedürfnis zu kommen. Diese Schichtung kann folgendermaßen entwickelt sein und schematisch so dargestellt werden:

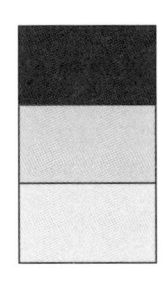

Depression
Masche

Wut hier
Masche

Trauer hier
ursprüngliches
Gefühl

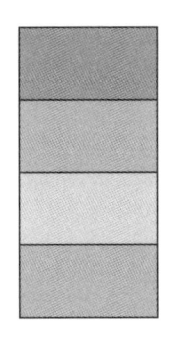

Schuld

Angst hier
Masche

Wut hier
Masche

Angst hier
ursprüngliches
Gefühl

Im linken Beispiel wird Trauer von Wut und Depression überdeckt. Die ursprüngliche Trauer kann sich darauf beziehen, daß die Eltern wenig verfügbar waren. Die Angst, verlassen zu werden, im rechten Beispiel wird von Wut, Angst und Schuld überdeckt. In einer solchen Konstellation ist der Weg zum ursprünglichen Gefühl langwierig, da es notwendig ist, die Gefühle jeder Schicht wahrzunehmen. Diese verschiedenen ‚Kulissen' stammen häufig aus unterschiedlichen Altersstufen.

⌘ Beispiel: Eine Patientin kam mit einer massiven, über viele Jahre bestehenden **Depression** zur Therapie, sie klagte auch zeitweise über **Ängste**. Im Bereich des **Eratzverhaltens** zeigte die Patientin zu Beginn der Behandlung häufig **Agitation** und selten sich **außer Gefecht** setzen. In der Motivationsphase machte die Patientin öfter die Erfahrung der Gefühle von **Wut** oder Trauer, dabei spürte sie mit der Zeit für sich den **Unterschied** zwischen den **Masken** und den **ursprünglichen Gefühlen**. Unter der **Depression** lag **Angst**, die Patientin konnte erinnern, daß es lange Jahre gab, in denen sie Angst hatte und keine depressiven Anteile spürte, das war als junge Erwachsene. In der Zeit davor war sie über lange Jahre **wütend**, sie hatte heftige Auseinandersetzungen mit ihrem Vater. Beim weiteren Zurückgehen tauchte erneut **Angst** (Grundgefühl) auf, die Patientin

❖ Kommentar: Sowohl die **Depression** als auch die **Ängste** waren **Masken.**

❖ Sie nahm für sich die **Wiederholungstendenz** wahr und die Erwartung, die sie an andere hatte. An dieser Stelle ist es nicht möglich, einen gesamten Therapieverlauf zu schildern. Bei ihr wurde der **Weg der Entwicklung** der einzelnen Masken deutlich, sie verfolgte ihn mit Hilfe des Therapeuten zurück.

❖ In diesen Situationen wechselte die Patientin zwischen angemessener **Angst** und **Angst,** die als **Maske** diente, **Trauer** zu

erinnert sich noch daran, wie sie beschloß, diese Angst dem Vater nicht mehr zu zeigen, da sie **Angst** vor noch mehr Prügeln hatte.
In der Therapiesituation wurde auch das **Bedürfnis** nach bedingungsloser **Zuwendung** und das **Bedürfnis** nach **Struktur** deutlich.
In dieser Phase spürte die Patientin eine **Veränderung**, sie hatte den Eindruck, **bei sich angekommen** zu sein.
Es folgte eine lange Phase der **Trauer** über die verlorene Kindheit, sie fühlte sich in der Therapiegruppe angenommen und entschied sich für das Leben.
Danach folgte intensive **Wutarbeit** im Zusammenhang mit den Prügeln. Das **Bedürfnis** nach **bedingungsloser Zuwendung** wurde von der Patientin formuliert und durch den Therapeuten und die Gruppe erfüllt. Außerdem erarbeitete sie, von wem sie im täglichen Leben Anerkennung bekommen könnte.
überdecken. **Trauer** darüber, daß niemand richtig für sie da war.
❖ Die dauernde Wut war eine Maske. Auf diese Weise überdeckte die Patientin Verlassenheit und Trauer, weil sie von den Eltern nicht akzeptiert wurde.
❖ Der Unterschied von Masken und ursprünglichen Gefühlen war nun für diese Patientin deutlich. Zum selben Zeitpunkt fing sie auch an, ihre Bedürfnisse wahrzunehmen.

Dieser komprimiert beschriebene Weg dauerte bei dieser Patientin mehrere Jahre.

Klienten beschreiben oft selbst, daß der Ausdruck von Masken keine dauerhafte Erleichterung verschafft, z.B. in der Aussage „Jetzt war ich schon so oft wütend, und es wird gar nicht weniger". Dies ist ein wichtiger Hinweis auf ein dysfunktionales Gefühl.

Folgende Fragen, die der Berater oder der Therapeut an sich selbst stellt, helfen beim Erkennen dysfunktionaler Gefühle:
- Erscheint mir das Gefühl situationsangepaßt?
- Habe ich dieses Gefühl bei dem Klienten schon öfter erlebt?
- Hat dieses Gefühl einen appellativen Charakter?
- Berichtet der Klient häufig von demselben Gefühl?
- Erlebe ich den Klienten altersentsprechend, kindhaft oder elterlich?
- Führt dieses Gefühl zu einer Problemlösung?

Goulding und *Goulding* (1979) geben für Klienten eine Reihe von Fragen an die Hand, um für sich selbst zu klären, welche Art von Gefühl erlebt wird, ist es ein ursprüngliches oder eine Maske. Diese Fragen sind auch für Berater im Beratungsprozeß gut verwendbar:

- Ist diese Situation, über die ich ärgerlich bin (traurig bin, mich schuldig fühle), real oder phantasiert?
- Gibt es irgendetwas, das ich tun kann?
- Nehme ich die Gelegenheit wahr, es zu tun?

Diese Punkte sind auch bei der Interventionsplanung hilfreich, um herauszufinden, ob das Gefühl mit der äußeren oder mit der inneren Welt zu tun hat. Gibt es Lösungsstrategien, folgt dem Gefühl aktives Handeln oder nicht? Auf diese Weise kann zwischen Masche und anderen Gefühlen unterschieden werden, und es können Handlungsstrategien daraus abgeleitet werden.

Umgang mit Maschen in der Therapie/Beratung
Maschen sind demjenigen, der sie zeigt, nicht bewußt, daher ist es wichtig und notwendig, sie ernst zu nehmen, auch wenn der fordernde Charakter der Gefühle oft schwer auszuhalten ist. Den Forderungen, die mit den Maschen in Verbindung stehen, nicht nachzugeben, erfordert Energie, vor allem weil meistens eine Steigerung versucht wird. Folgende Interventionsmöglichkeiten gibt es, mit Maschen umzugehen:
- ignorieren
- bewußt ausagieren lassen
- übertreiben
- spiegeln
- konfrontieren.

Ziel ist es, Maschen nicht zu verstärken, da sie als ein dysfunktionaler Weg, Anerkennung zu bekommen, entwickelt wurden. Es ist wichtig, Klienten dann Beachtung und Anerkennung zu geben, wenn sie situationsgerechte Gefühle beschreiben und zeigen, und für Maschen keine Zuwendung zu geben. Dabei ist die Reflexion über dieses Vorgehen notwendig, um Eskalation zu vermeiden, denn wenn die gewohnten Mechanismen, Beachtung zu erhalten, nicht mehr wirksam sind, werden sie in der Regel gesteigert, um doch noch das Gewohnte zu erreichen.

Beziehung von Maschen und Spielen
Bei der Erläuterung der psychologischen Spiele wurde dargestellt, daß jedes Spiel für jeden Mitspieler mit einem unguten Gefühl der Spielendauszahlung endet. Auch ein Triumph, auf diese Weise errungen, hinterläßt eine schale Empfindung.
  Diese Gefühle werden entweder direkt ausgedrückt, oder sie kön-

nen schon wieder der Anfangspunkt eines neuen Spieles sein. Diese Spielendauszahlungen sind Maschen. Für diese Form der Maschen wurde der Begriff Rabattmarke geprägt, als solche werden sie gesammelt.

Jeder von uns ist skriptgemäß auf bestimmte Typen von Rabattmarken festgelegt. *Berne* schreibt: „Jemand, der beispielsweise Zorn-Gutscheine sammelt, wird sich dann nicht für Schuld- oder Angstgutscheine interessieren, oder er wird sie an andere weitergeben." Mit Gutscheinen sind in diesem Zitat die Rabattmarken übersetzt (Berne 1975 S. 130).

Es gibt nicht nur die Rabattmarken der unangenehmen Gefühle, es gibt auch Menschen, die **goldene Rabattmarken** sammeln. Dies klingt vordergründig angenehm, aber auch diese Rabattmarken sind skriptgebunden, wenn jemand ‚gute Taten sammelt', um bestimmte Dinge tun zu dürfen, ist dies auch zielgerichtet auf eine Skriptbestätigung. In diese Gruppe gehören auch die Triumphe, die als Spielgewinne erlebt werden, die im ersten Moment erfreulich erscheinen, aber auch dysfunktional sind.

Ist ein Rabattmarkenbuch voll – diese Bücher sind individuell unterschiedlich groß – werden sie eingetauscht –, in der Weise, daß derjenige sich ein Verhalten anderen gegenüber erlaubt, das er sich sonst nicht erlauben würde.

Klienten finden oft über die Frage nach den gesammelten Gefühlen einen Zugang zu ihren Maschen und Spielen. Die Formulierung „Wenn das Maß voll ist, dann..." ist vielen vertraut und ein wichtiger Hinweis auf Rabattmarken.

Den Bezug zu den dazugehörigen Skriptglaubenssätzen, die diese Gefühle unterstützen, herzustellen ist notwendig, z.B. ‚Ungute Gefühle bewahren mich vor Schlimmem' oder ‚Wenn ich mich ärgere, werde ich aktiv'.

Gemischte Emotionen
Häufig können Klienten die Gefühle und Emotionen, die sie erleben, nicht zuordnen, das liegt einerseits daran, daß sie wenig Übung darin haben, sie zu beschreiben, zu benennen und auszudrücken, und andererseits oft Mischungen von Gefühlen erleben.

Gemischte Emotionen hat *Gellert* (1976) beschrieben und Gefühlen zugeordnet. Die folgende Zusammenstellung hilft solche Mischungen zu erfassen und sie zu entwirren:

Unruhe	Ärger und Angst
Verlegenheit	Freude und Angst
Neid	Ärger und Traurigkeit
Eifersucht	Ärger und Verlassenheitsangst

Für den Arbeitskontext verhilft diese Sichtweise auch zu Interventionsmöglichkeiten.

Ersatzbedürfnisse
Bei den Ersatzbedürfnissen werden häufig die seelischen Bedürfnisse durch körperliche Bedürfnisbefriedigungen ersetzt. Die Ersatzbedürfnisse sind daran zu erkennen, daß nur eine ganz kurzzeitige oder keine Bedürfnisbefriedigung erreicht wird. Auch diese Vorgänge haben einen appellativen Charakter.

⌘ Bei übergewichtigen Patienten ist eine der Ursachen des Übergewichtes das Essen als Ersatzbefriedigung. Die meisten haben sich mit vielen Hungerkuren schon gequält, ohne auf Dauer ein niedrigeres Gewicht halten zu können, da der dauernde Hunger schwer zu ertragen ist. Es wird dadurch erhalten, daß diese Menschen viel Zuwendung geben und sehr wenig annehmen, vor allem sehr wenig bedingungslose positive Zuwendung. Mit ihrem Ersatzbedürfnis demonstrieren sie das nicht ‚satt' werden. Diese Patienten nehmen häufig fast unmerklich kontinuierlich ab, wenn sie in ihrem Zuwendungshaushalt das Geben und Nehmen von Zuwendung verändert haben.

Weitere Beispiele dafür sind:
- Essen an Stelle von Anerkennung
- Übermäßige körperliche Belastung an Stelle von Stimulierung
- Übermüdung

Ersatzverhalten
Die passiven Verhaltensweisen sind ein Theoriekonzept, in dem *Schiff* eine Übersicht von Verhaltensweisen zusammengestellt hat, die ein gestelltes Problem/Thema nicht lösen. Dabei spielt es keine Rolle, ob dies ein selbst gestelltes Problem oder ein von außen kommendes Thema ist.

Grundgefühle und Grundbedürfnisse

Grundbedürfnisse und Grundgefühle werden wir miteinander besprechen, da sie oft eng miteinander verknüpft sind und eine Trennung hier artifiziell wäre. Grundbedürfnisse und Grundgefühle liegen auf derselben Ebene.

Es ist ganz normal, in manchen Situationen mehrere Gefühle gleichzeitig wahrzunehmen und sie nicht gleich unterscheiden zu können, dies bedeutet nicht, daß eine Änderung notwendig ist.

Einen neuen Umgang, wenn es notwendig ist, mit Gefühlen und Bedürfnissen zu leben, bedeutet in der Regel eine Skriptänderung. Für diese Änderung ist im therapeutischen Setting die Arbeit mit frühen Szenen in der Regression notwendig. Die Regression zu den frühen Situationen ist sinnvoll, da im ‚Jetzt' die Klienten andere Ressourcen haben als in der Kindheit und die Unterstützung durch die Therapeuten gegeben ist. Diese beiden Faktoren ermöglichen neue Erfahrungen und neue Entscheidungen.

Diese neuen Entscheidungen sind nicht allein durch kognitive Arbeit möglich, sie benötigen auch die Gefühle.

Erskine und *Moursund* (1991) betonen, daß zu neuen Entscheidungen das Erkennen der frühen Entscheidung, das Gefühl und der Wille, etwas zu verändern, gehören.

Umgang mit Grundgefühlen
Die Voraussetzungen, wie Stärke, Schutz und Erlaubnis, wurden dargestellt, das Erkennen von Maschen, Gefühlen und Bedürfnissen ebenso. Anfängern fällt es häufig schwer, die Gefühlsebene zu erreichen und adäquat mit Gefühlen umzugehen. Aufgabe des Therapeuten ist es, dem Klienten dazu zu verhelfen, Gefühle auszudrücken, eine adäquate Antwort zu geben. Durch neue Erfahrungen wird es dem Klienten möglich sein, neue Entscheidungen zu treffen. Hier ist weniger der Inhalt der Interventionen wichtig als die Haltung, mit der die Interventionen gemacht werden. Die Haltung sollte zeigen, daß Berater/Therapeuten bereit sind, verfügbar zu sein und den nötigen Schutz zu geben.

Die Art der begleitenden Interventionen ist hier neben der schon beschriebenen Haltung wichtig. Es ist sinnvoll, Interventionen in folgender Weise zu formulieren:
- Kurze einfache Fragen, die den Kind-Ich-Zustand ansprechen.
- Körperliche Reaktionen ansprechen wie feuchte Augen, verkrampfte Hände oder flache Atmung.

- Fragen, die sich auf Fühlen, nicht auf Denken oder Verhalten beziehen.
- Fragen, die sich auf konkrete Situationen beziehen.
- Ermunterung, das Gefühl zuzulassen.
- Ermunterung, im Kontakt zu bleiben.
- Die geschilderte Situation beschreiben, nicht wertend kommentieren, bei Wertung besteht die Gefahr, daß Klienten die Eltern verteidigen, statt sich ihren eigenen Gefühlen zuzuwenden.
- Angebote machen, die dem Entwicklungsalter und dem Skriptkontext entsprechen.

Der Gefühlsausdruck hat eine entlastende kathartische Wirkung, auch wenn keine neue Entscheidung getroffen wird.

Ausdrucksformen von Gefühlen
Die Gefühlsarbeit hat zwei Komponenten, auf der einen Seite die Bearbeitung der Gefühle aus der Kindheit und die damit im Zusammenhang stehenden Skriptentscheidungen und auf der anderen Seite diese Erfahrungen in das aktuelle Leben zu transportieren und Umgangsweisen damit zu entwickeln.

Dabei ist es wichtig zu erarbeiten, wie derjenige heute seine Gefühle ausdrücken möchte und welche Ausdrucksformen in spezifischen Situationen angemessen sind. Danach ist es notwendig dieses auch auszuprobieren, z. B. wie er im täglichen Leben Wut ausdrücken wird am Arbeitsplatz oder zu Hause.

Ein weiterer notwendiger Punkt ist die Überlegung, wann eine Gefühlsarbeit sinnvoll ist und welche Voraussetzungen erfüllt sein sollten·
- Persönlichkeitsentwicklung
- therapeutische Beziehung tragend
- Skriptbezug und Ziel definiert

Anmerkung: Der Begriff Arbeit im Zusammenhang mit Gefühlen ist letztendlich unpassend, auch wenn er sich eingebürgert hat. Er kommt durch die Situation zustande, daß der Berater/Therapeut sich in einer Arbeitssituation befindet und der Klient intensive Gefühle erlebt, die sonst nicht in eine Arbeitssituation gehören. Das bedeutet, daß auf der einen Seite eine Arbeitssituation herrscht und auf der anderen Seite eine intensive Erlebenssituation, die lebensverändernd ist.

Für viele bedeutet **Wutarbeit** ein stereotypes Schlagen mit Batakas (dafür konstruierte Schläger aus Schaumstoff). Im Kapitel 3.5 (Analyse der Gefühle) wurde dargestellt, daß Gefühle einen Zeitbezug haben und unterschiedliche Antworten erfordern. Eine Übersicht der verschiedenen Ärgerformen mit Bezug zu den damit im Zusammenhang stehenden Ereignissen zeigt, daß es nicht nur um das Gefühl geht, sondern auch um die dazugehörigen Ereignisse. Auf diese Weise kann zusammen mit den Klienten ein adäquater Ausdruck der bis dahin unterdrückten Gefühle gefunden werden, z.B. aufstampfen, schreien, schlagen, werfen. Hinweise auf die angemessene Ausdrucksform können häufig von dem Körperausdruck abgelesen werden, z.B. Fußstampfen, die Stimme wird lauter, oder die Fäuste werden geballt. Dabei ist es notwendig, darauf zu achten, daß keine Verletzungsgefahr besteht, weder für diejenigen, die gerade arbeiten, die Gruppenmitglieder und die Therapeuten.

Eine ausführliche Diskussion mit praxisbezogener Beschreibung von aggressivem Ausdruck ist bei *Kiltz* zu finden.

📖 Kiltz, R. R.: Die sogenannte Wutarbeit, 1996.

Wie für alle Arbeit mit Gefühlen bedarf der Umgang mit **Trauer** für die Klienten, daß sie sich in der Therapie/Beratung sicher fühlen. Gerade in der Beratungsarbeit nimmt das ‚Trauern lernen' einen breiten Raum ein z.B. Begleitung Sterbender und ihrer Angehörigen.

Trauern ist ein Prozeß, für den es hilfreich ist, Rituale zu entwickeln, wenn sie nicht vorhanden sind.

📖 Childs-Gowell, E.: Good Grief Rituals, 1992.

Über **Angst** wird häufig gesprochen; die körperlichen Symptome, die mit der Angst einhergehen, wie Herzrasen oder beschleunigte Atmung, werden oft mit Angst in Verbindung gebracht. Auch wenn Angst nicht angesprochen wird, ist wichtig nach diesen Symptomen zu fragen, denn dadurch kommen Klienten häufig mit Angst in Kontakt. Zittern ist ein weiterer Ausdruck von Angst, dieses Zittern zu beachten und verstärken zu lassen, ist eine Möglichkeit, um die Angst deutlich zu machen.

Das Ausdrücken von **Freude** verwehren sich viele z.B. durch Trübungen wie: ‚Auf Lachen folgen Tränen' oder ‚Lachen ist albern'.

Das Lachen aus dem Gefühl der Freude heraus zu erleben und andere daran teilhaben zu lassen ist eine wichtige Erfahrung in der Therapie. *M. James* beschreibt in ihrem Artikel über die Lachtherapie die Bedeutung und die Wirkung von Lachen. Sie differenziert die unterschiedlichen Formen des Lachens, wie z. B. Lachen aus Freude, das Galgenlachen und das Erkenntnislachen.

‚Fallen' in der Arbeit mit Gefühlen
Da immer wieder die Gefühlsebene als sehr wichtig angesprochen wird, wird die Einladung, auf die Gefühlsebene zu gehen, von Klienten angenommen, auch in Fällen, in denen es nicht sinnvoll ist.

Ware (1992) hat die Anpassungsweisen für diese sinnvollen Zugänge beschrieben und dort auch gezeigt, daß die Arbeit an Gefühlen, z. B. bei der schizoiden Anpassung, einen ganz schwierigen Bereich darstellt.

📖 Ware, Paul: Anpassungen der Persönlichkeit. Türen zur Therapie, 1992.

Grundbedürfnisse
Im Kapitel 3.4 (Motivationsanalyse) haben wir die Grundbedürfnisse und die Ersatzbedürfnisse dargestellt. Hier geht es jetzt um den Umgang mit den Grundbedürfnissen in der beraterischen und therapeutischen Arbeit.

Die Arbeit bezieht sich auf zwei Bereiche:
- die aktuelle Situation in den Gesprächen,
- die Erarbeitung, wie derjenige im täglichen Leben seine Bedürfnisse erfüllen kann.

Das **Bedürfnis nach Struktur** wird häufig schon durch die Regelmäßigkeit der Sitzungen beachtet. Für viele Klienten ist es deshalb wichtig, über einen längeren Zeitraum vorauszuplanen. Ebenso geht die Struktur der Sitzungen auch auf dieses Bedürfnis ein, z. B. die Gruppenregeln wie: Begrüßungs- und Abschiedsrituale. Es ist wichtig, die Art der Gruppenarbeit (z. B. Einzelarbeit in der Gruppe, gruppendynamische Arbeit) festzulegen.

Die psychologischen Spiele, eine der von *Berne* (1961) dargestellten Möglichkeiten der Zeitstruktur, sind eine skriptgebundene und damit skriptverstärkende Strukturierung. Daher ist es sinnvoll, dieses ‚spielen' zu vermeiden; in geleiteten Gruppen nehmen andere Formen der Zeitstrukturierung wie Aktivität und Intimität einen größeren Raum ein als die Spiele; dies ist für viele Klienten anfangs ungewohnt und daher oft angst auslösend.

Das Wahrnehmen der eigenen Bedürfnisse und Wege zu finden, sie zu erfüllen, sind zentrale Themen. Es kann z. B. hilfreich sein, mit einem Jugendlichen, der hilflos durch die Woche ‚dümpelt', eine Struktur für die Woche zu erarbeiten.

Das **Bedürfnis nach Stimulierung** kann im Rahmen von Therapie und Beratung z.B. durch Phantasieübungen befriedigt werden, Kuscheltiere sind eine gute Möglichkeit.

Schon die Interventionen der Berater/Therapeuten sind stimulierend. Für viele Klienten ist es eine völlig neue Erfahrung, selbst für Stimulierung zu sorgen, wenn sie anfangen, ihr Bedürfnis wahrzunehmen. Am Anfang ist es oft notwendig, mit Ideen zur Seite zu stehen, wie z.B. Duschen, Musik hören und Joggen.

Es ist wichtig, daß sich die Teilnehmer in Gruppen nicht durch die ‚Geschichten' der anderen stimulieren lassen, das wäre voyeuristisch und damit mißbrauchend. Dasselbe gilt für Gefühlsarbeiten, z.B. ‚Wutarbeit', wenn Klienten immer wieder daran arbeiten weil es so ‚schön' aufregend und spannend ist. Hier wird die Wutmasche zur Stimulierung mißbraucht, dies ist auch mit anderen Maschen möglich.

Bei dem **Bedürfnis nach Anerkennung** ist die Klärung des Zuwendungshaushaltes als erstes wichtig, da viele Klienten die positive Beachtung, vor allem die bedingungslose, durch ihren Zuwendungsfilter nicht durchlassen und daher trotz eines großen Angebots an bedingungsloser Zuwendung in der Therapie und Beratung in einen noch größeren Mangel kommen und dadurch eskalieren.

Wenn Klienten in der Lage sind, positive Beachtung anzunehmen, kann dies in unterschiedlicher Weise geschehen, wie im Kapitel Motivationsanalyse beschrieben.

In den Gesprächen wird die Beachtung überwiegend verbal gegeben, in der Einzelsituation von Beratern/Therapeuten und in der Gruppensituation sehr wesentlich auch von den Gruppenteilnehmern. Häufig wird die Zuwendung von den anderen aus der Gruppe leichter angenommen, da hier die Übertragungsphänomene häufig nicht negativ sind.

Der Körperkontakt
Die körperliche Berührung im Rahmen der Psychotherapie ist ein vielfältig diskutiertes Thema. Hier wollen wir uns in der Weise damit beschäftigen, daß wir die Bedeutung und Sinn der körperlichen Berührung besprechen und uns nicht mit den unterschiedlichen Richtungen der Körperarbeit beschäftigen. Die Berater/Therapeuten, die sich speziell mit Körperarbeit beschäftigen, bekommen in diesen Ausbildungen die für den speziellen Bereich notwendigen Informationen. In vielen Formen der Psychoanalyse wird jeglicher körperli-

cher Kontakt abgelehnt, da durch den direkten Bezug zum Gegenüber für diesen Prozeß wichtige Möglichkeiten nicht mehr gegeben sind. In den Psychotherapieformen, die einen beziehungsorientierten Ansatz verfolgen, ist die körperliche Berührung angemessen im Rahmen des Vertrages in bezug auf das Therapie- oder Beratungsziel. Zum eigenen Schutz und zum Schutz der Klienten ist dabei die Gruppensituation vorzuziehen.

Ganz generell ist wichtig, die körperliche Berührung im Interesse der Klienten unter klaren ethischen Grundsätzen (Kap. 2.2) und mit klaren vertraglichen Vereinbarungen durchzuführen.

Der körperliche Kontakt kann alle drei Formen der Grundbedürfnisse erfüllen und auch die schutzgebende Haltung erfahrbar machen.

Beispiele für körperliche Berührung und deren Bedeutung:
- Halten der Hand, ein Zeichen für Kontakt, bei Regression dadurch Verbindung zum eigenen Erwachsenen-Ich; Symbol für Schutz ‚an die Hand nehmen' aus Kindertagen; Anerkennung der Person.
- Hand auf die Schulter legen z. B. bei Gefühlsarbeiten als Zeichen ‚du bist nicht allein, ich bin da'.
- Im-Arm-Halten bietet die Erfahrung des Haltes, daß jemand schützend liebevoll da ist und damit auch Struktur gibt. Die körperliche Berührung erfüllt auch das Bedürfnis der Stimulierung.
- Festhalten von Kindern dient dem Bedürfnis nach Struktur, dem Schutzbedürfnis und intensiver Stimulierung.

Es ist notwendig, daß auch hier Berater und Therapeuten ihren persönlichen Weg in ihre Arbeit unter den gegebenen Bedingungen finden. Die Supervision ist auch hier ein wichtiges Hilfsmittel.

Gefahren der intensiven Arbeit

Die Situation des intensiven Gefühlsausdruckes kann der Phantasie Vorschub leisten, daß eine intensivere persönliche Beziehung besteht, als dieses real auf Dauer der Fall ist. In der Therapie handelt es sich um eine situative emotionale Nähe, die oft von beiden Seiten überbewertet wird.

Die Gefahr des Mißbrauchs ist in ungleichen Situationen generell gegeben, sie steht nicht nur mit körperlichen Berührungen im Zusammenhang. Folgende Punkte auf seiten der Therapeuten und Berater sollen eine Hilfe zur Schärfung der Wahrnehmung für solche Fallen sein:
- die idealisierende Verehrung,
- eigene Bedürftigkeit und Mangel,

- die Verwechslung Arbeitsbeziehung und persönliche Beziehung,
- Fehldeutung der Verführungsmaske.

In der Therapie und Beratung liegt die Verantwortung bei den Beratern/Therapeuten, da von den Klienten nicht die Bewußtheit und Einsicht über diese Bereiche erwartet werden können. Bei auftauchenden Zweifeln und Unsicherheiten ist Supervision dringend notwendig. Die Problematik ist geschlechtsunabhängig.

Hinweise auf von Klienten ausgehende Einladungen:
- Verliebtheit,
- verführerisches Verhalten,
- intensive Gefühle,
- Nähebedürfnis,
- sexuelle Attraktion.

Die auf der Verhaltensseite liegenden Faktoren sind den Klienten in der Regel nicht bewußt, daher ist es notwendig, sie in den Therapieprozeß einzubeziehen.

Die mögliche Verwechslung von Gefühlen und privater Verbundenheit haben wir schon erwähnt.

Nach unseren ethischen Prinzipien sind sexuelle Beziehungen mit Klienten und auch emotionale Ausbeutung unangemessen und schädlich.

Da Mißbrauch leider immer wieder stattfindet, ist es wichtig, mit mißbrauchten Klienten in schonender und klarer Weise umzugehen, damit nicht noch größerer Schaden entsteht. Dazu gehören entsprechende Schritte wie Beendigung der Therapie oder Beratung und bei der Vermittlung eines anderen Beratungs- oder Therapieplatzes zu helfen. Supervision oder Therapie zur Lösung der bestehenden Situation und auslösender Themen ist notwendig.

5.5 Zugänge mit verhaltensorientiertem Schwerpunkt

Der Zugang über das Verhalten ist insbesondere in der klassischen Schule der Transaktionsanalyse zentral: Aus dem Verhalten des Klienten in der Gruppe ergibt sich der Weg zu den inneren Prozessen.

Verhaltensprobleme zeigen sich besonders im Befolgen von innerlichen Antreibern, den stereotypen Mustern der Spiele und in passiven Verhaltensweisen. Besonders bedeutsam ist der Verhaltenszugang bei den persönlichen Stilen der Ruhigen, Rebellen und Charmanten. Darauf gehen wir weiter unten ausführlicher ein.

Den Rahmen für die Erprobung neuen Verhaltens bietet zunächst die Gruppe, da dort eine schrittweise Veränderung möglich ist und die Folgen ungeübter Verhaltensweisen geringer gehalten werden können.

Für die Zeit zwischen den Sitzungen werden oft auch Übungen angeboten, die auf intensivere Selbstbeobachtung und Selbstkontrolle abzielen. Vorteilhaft ist es, wenn Klienten selbst Ideen entwickeln, wie sie ihre Entwicklung unterstützen können. Der Therapeut/Berater sollte solche Ideen unterstützen und auf ihre Lösbarkeit achten, damit nicht durch zu hohe Ansprüche oder gute Vorsätze die Erfahrung des Versagens verstärkt wird. Der Begriff ‚Hausaufgaben' löst bei vielen Menschen schlechte Erinnerungen an die Schulzeit aus, die die Zusammenarbeit stören können. Deshalb ist es wichtig, einerseits über Übungen zwischen den Terminen in der Folgesitzung zu sprechen, sie andererseits aber nicht penibel zu kontrollieren.

Änderung von Antreiberverhalten

Die Diagnose der Wirkung von Antreibern wurde in Kap. 5.2 beschrieben. Sie sind für den Anfänger leicht zu identifizieren, auch wenn anfangs Unsicherheiten in der genauen Zuordnung üblich sind.

Da die Antreiber im Skript verankert sind, führt eine Änderung des entsprechenden Verhaltens meist zu den Ängsten, die die hemmenden Grundbotschaften begleiten. Die Verhaltensänderung muß daher immer unter den Gesichtspunkten des gesamten Skripts gesehen werden und kann nicht isoliert betrieben werden. Folge zu schnellen oder zu oberflächlichen Vorgehens sind sonst schlechte Erfahrungen, die die Grundbotschaften und die Antreiber bestätigen. Positive Erfahrungen hingegen können bisweilen auch ohne eine ausdrückliche Arbeit an den Botschaften im Eltern-Ich und ohne regressive Arbeit mit dem Kind-Ich zu deutlichen Veränderungen führen.

Dabei ist zu berücksichtigen, daß Antreiber-Botschaften eine Anpassung an gesellschaftliche Normen ermöglichen sollen. Ihr Inhalt ist daher nicht grundsätzlich schlecht, sondern die Einseitigkeit und Übertreibung im Verhalten schafft Probleme. In Therapie/Beratung ist es daher nützlich, auch die Erfolge und den positiven Effekt von Antreibern zu beachten.

Ziel von neuen oder bisher gemiedenen Verhaltensweisen ist die **korrigierende Erfahrung:** Der Klient braucht die Möglichkeit, sich anders zu verhalten und damit erfolgreich zu sein.

So braucht jemand mit einem ‚**Sei perfekt'-Antreiber** die Chance, zu erfahren, daß Fehler in einem gewissen Maß bei jedem Menschen üblich sind und nicht unbedingt zu negativen Reaktionen der anderen führen müssen bzw. sich solche negativen Reaktionen ertragen lassen. Anfänger unterliegen dabei oft dem Trugschluß, daß es nötig sei, den Klienten aufzufordern, Fehler zu machen. Absichtliche Fehler sind aber gewöhnlich nicht das Problem von Klienten mit Perfekt-Antreibern. Sie können auch perfekt Fehler planen und durchführen. Wichtiger ist es, im Alltag die Situationen zu erkennen, die nicht perfekt gestaltet sind und dennoch nicht zu negativen Konsequenzen führen.

Ein Mensch mit dem Antreiber ‚**Arbeite hart!**' bzw. ‚**Streng dich an!**' braucht eine Grenze, wann es genug ist mit der Arbeit und Anstrengung und die Erfahrung, daß er, auch ohne Mühe genügend Anerkennung bekommen kann.

Der ‚**Beeil dich!**'-Antreiber dient oft der Gefühlsvermeidung. Der Klient braucht daher die Erfahrung, daß Ruhe und Gelassenheit Stärken sind und er nicht von Gefühlen dabei überschwemmt wird. Ist der Hintergrund des Antreibers die Sorge, nicht genügend Zeit und Raum zur Verfügung zu haben, kann es sinnvoll sein, einen bestimmten Zeitraum zu definieren („Du hast jetzt 50 Minuten Zeit für dich!") bzw. eine Zeitgestaltung in Kontakt mit den eigenen Wünschen und Bedürfnissen zu erproben.

‚**Sei stark!**' als Antreiber verstärkt die Idee, daß Gefühle in einer Leistungsgesellschaft nicht erwünscht und eine Person im Wettbewerb mit anderen schwächen. Die korrigierende Erfahrung bezieht sich damit auf das wettbewerbsfreie Verhalten und Situationen, in denen Gefühle Kontakt schaffen und den eigenen Wünschen und Bedürfnissen dienen.

Auch ‚**Mach's den anderen recht!**' wird erst durch die Übertreibung und Ausschließlichkeit zum Problem. Dabei übersieht die Person ihre eigenen Bedürfnisse. Sie muß also lernen, es sich selbst recht zu machen und damit auch von anderen unterstützt und anerkannt zu werden.

Antreiber	Korrigierende Erfahrung	Neues Verhalten
Sei perfekt	Ich kann Dinge auf meine Art machen; jeder macht Fehler; Details sind nicht immer wichtig; Pannen sind eine Lernmöglichkeit	Fehler bekennen; zu den eigenen Grenzen stehen; sich für Lücken entscheiden; auf Wesentliches achten
Arbeite hart! Streng dich an!	Es tut gut, eine Arbeit getan zu haben; Pausen sind angenehm; Grenzen helfen mir; eine Aufgabe zu Ende führen, befriedigt; lockere Arbeit führt zu gutem Ergebnis	Pensum begrenzen; nichts doppelt machen; Feierabend machen; kleine Erfolge genießen; Feste feiern; nein sagen; Aufgaben/Ämter ablehnen
Beeil dich!	Gefühle sind nützlich; Muße ist angenehm; ich kann mich an meinem eigenen Rhythmus orientieren; ich habe und bekomme genügend Raum und Zeit	Ruhig reden und handeln; Zeit vereinbaren; Aktivitäts- und Ruhe-Rhythmen im Tagesablauf einhalten; innehalten und nachdenken
Sei stark!	Gefühle schaffen Kontakt; ich kann offen sein; nicht jeder nutzt mich aus oder will mir schaden, wenn ich schwach bin	Gefühle aus- und ansprechen; ehrlich seine Meinung sagen; Wettbewerb reduzieren; Spiel statt Kampf
Mach's anderen recht!	Meine eigenen Bedürfnisse sind wichtig; ich kann für mich und für andere sorgen	Wünsche äußern; sich Wünsche erfüllen; sich belohnen; sich helfen lassen; helfen nur auf Anfrage; erst anhalten, durchatmen, dann handeln

📖 Kahler, T. / Capers, H.: The Miniscript, 1974.

Eine Struktur zur Analyse von Problem- und Lösungsverhalten

Die Steuerung des Verhaltens durch bestimmte Gefühle und Gedanken kann sowohl für die Festigung des Problemverhaltens wie auch für die Praxis neuer Verhaltensweisen erfahren werden.

Folgender Satzergänzungsfragebogen läßt sich als Vertragsformular oder als Anleitung für die Gesprächsführung verwenden (Levin 1973 und Erskine/Texley 1975):

Analyse des Problemverhaltens:

Ich fühle mich ....
          (Gefühl: traurig, schlecht, ängstlich, überlegen etc.)
denn ich denke, wenn ich ....
                    (etwas tun, was ich will oder brauche)
wird ....
                                (Name des anderen)
sich ....verhalten,
                     (etwas tun, was ich nicht mag)
anstatt ....
                        (tun, was ich erwarte oder erhoffe)
Daher ....
                     (Rechtfertigung des Problemverhaltens)
und der andere reagiert ....
                (Reaktion des Partners auf das Problemverhalten)

Die Veränderungs- und Lösungsstruktur

Ich werde ....sein,
                                    (Gefühl)
wenn ich ....
                            (Problemverhalten).
Ich will nicht mehr ....
                              (ungesunde Reaktion)
sondern ....
                              (gesunde Reaktion)
Deshalb werde ich ab sofort ....
                              (verändertes Verhalten)

⌘ Ich fühle mich ängstlich. Denn wenn ich zeige, was ich wirklich weiß, wird der Vorgesetzte pauschal sagen, es sei falsch, anstatt darauf zu achten, was richtig war. Deshalb resigniere ich und sage: Ich weiß es nicht! Und der Vorgesetzte hält mich für inkompetent.
Ich werde mich gut fühlen, wenn ich zeigen kann, was ich weiß. Da ich nicht mehr eine Ablehnung meiner Kompetenz erfahren will, sondern klare hilfreiche Kritik, werde ich ab sofort meine Meinung sagen und um hilfreiche, positive Kritik bitten.

⌘ Ich fürchte, wenn ich meinen Partner um Aufmerksamkeit bitte, werde ich zurückgewiesen, anstatt angenommen. Deshalb hole ich mir Aufmerksamkeit, indem ich vorgebe, krank zu sein.
Ich werde mich auch dann liebenswert fühlen, wenn ich Aufmerksamkeit brauche. Ich verzichte auf die Vorstellung, zurückgewiesen zu werden. Ich werde auf einen günstigen Moment achten und ihn um die Aufmerksamkeit bitten, die mir gut tut.

Verhaltensorientierte Spielanalyse

Die **Spielanalyse** hilft, einem Klienten zu verdeutlichen, wie ursprünglich als „schicksalhaft" erlebte und wiederholte Situationen mit dem eigenen Verhalten in Zusammenhang stehen, durch eigenes Denken, Fühlen und Verhalten verursacht werden und somit auch veränderbar sind. Die Veränderungsarbeit beginnt mit der Analyse des regelhaften Ablaufs und besonders dem Spieleinstieg. Im Sinn des Selbstkontroll-Vertrags wird dieser Spieleinstieg bewußt beobachtet bzw. zu vermeiden versucht.

Eine stabile Veränderung der Spielbereitschaft wird jedoch erst eintreten, wenn der Nutzen aus dem jeweiligen Spiel deutlich ist und Alternativen bekannt und geübt sind, die biologischen, existentiellen (skriptgebundenen), psychologischen und sozialen Gewinne des Spiels auf andere Art zu erhalten.

Für den Anfänger empfiehlt es sich, den eigenen Spielen auf die Schliche zu kommen, um den ‚wunden Punkt', aber auch die eigenen Haken besser kennenzulernen. Eine praktische Möglichkeit hierzu bietet der ‚**John James Game Plan**', eine Reihe von Fragen zur Identifizierung, Analyse und Benennung typischer Spiele (siehe Kap. 4.4).

Fragen zum Umgang mit Spielen (Grundlage: J. James ‚Game Plan', 1973)

Fragen zur Spielanalyse	Fragen zur Spielvermeidung
• Was geschieht mir/dir immer wieder?	• Wie kann ich diese Situation frühzeitig erkennen?
• Wie fängt es an?	• Was sind meine körperlichen Hinweise auf das Spiel?
• Was geschieht danach?	
• Was kommt dann?	• Wie kann ich die Einstiegssituation verhindern?
• Wie geht es aus?	
• Wie fühle ich mich / fühlst du dich danach?	• Wie kann ich mittendrin aussteigen?

Fragen zur Spielanalyse
- Was denke ich dann über mich / die anderen / das Leben?
- Was ist damit wieder einmal bewiesen?

Fragen zur Spielvermeidung
- Was wünsche ich mir eigentlich?
- Wie kann ich das, was ich wünsche oder brauche, anders bekommen?
- Welche positiven Erfahrungen habe ich, die mir helfen können?

Die Fragen nach der wiederholten Erfahrung oder dem schlechten Gefühl am Ende sind am leichtesten zu beantworten. Von dort kann ich dann rückwirkend die verschiedenen Schritte des Spiels herausfinden und den Haken bzw. die Öse kennenlernen.

Spiele sind besonders über die Rollen des Karpman-Dreiecks leicht zu entdecken. Die Opfer-, Retter- und Verfolger-Rollen sind von anderen schnell wahrnehmbar und für den Klienten nachvollziehbar. Gewöhnlich ist es von da auch nicht schwer, den historischen Lernzusammenhang und die verstärkenden Erfahrungen zu ermitteln.

In der Praxis sind wir zwei typischen Situationen ausgesetzt: Wir sind selbst als Spielpartner eingeladen, oder wir beobachten in der Gruppe, der Familie oder bei Paaren deren Spiele.

Der erste Fall ist schwieriger zu handhaben, und gleichzeitig gibt es dafür weniger Handlungsanweisungen. Oft werden wir unsere Spielbeteiligung erst am Ende bei dem unangenehmen Endgefühl bemerken. Hier ist es wichtig, die Verantwortung für das Mitspielen nicht dem Klienten anzulasten, sondern die eigene Betroffenheit zu akzeptieren und je nach Beziehungssituation auch auszudrücken.

Wesentliche Voraussetzung für den **Umgang mit Spielen** ist daher zunächst die Kenntnis der eigenen ‚Haken' und ‚Ösen'. Hierfür sind Eigentherapie/Selbsterfahrung unerläßlich. Ansonsten besteht immer die Gefahr, mit der Arbeit an den Spielangeboten anderer selbst in eine ‚Verfolger-Rolle' zu geraten.

Da das **Aufdecken** von Spielen leicht als aggressiv erlebt wird, ist ein Gesprächsvertrag dringend anzuraten. Das ‚Überhören' des Spielangebots ist bei harmlosen Spielen (1. Grad) nützlich. Da damit aber der Spieler um den Gewinn gebracht wird, folgen meist intensivere Spielangebote (Eskalation).

Ist eine Bearbeitung der Spielsituation nicht möglich (z. B. ungünstige Situation, mangelnde Bereitschaft des Klienten) und der Therapeuten/Berater hat intuitiv eine Idee, was der Nutzen dieses Spiels sein kann (siehe Kap. 3.3), läßt sich das zugrundeliegende **Bedürfnis** bisweilen **erfüllen,** ohne daß das Spiel durchgespielt werden muß. Geht es z.B. um Beachtung und Anerkennung, läßt sich diese Beachtung in einem angemessenen Rahmen geben, und das Spielangebot wird nicht mehr oder seltener auftauchen. Bei Wiederholungen solcher Situationen ist eine Besprechung unumgänglich, da es sich sonst um eine Verstärkung des Skriptmusters (Ausbeutungstransaktion) handelt.

In einer direkteren Art und Weise kann man die Person auch zu den bisherigen Erfahrungen mit dem entsprechenden Verhalten befragen und mit ihr **Alternativen erarbeiten** oder ihr anbieten. Falls die Person bisherige Erfahrungen leugnet oder nur ungenau wiedergibt, kann es sinnvoll sein, das **Spiel bis zum Ende laufen zu lassen**, das negative Endgefühl aufzugreifen und neue, sinnvolle Möglichkeiten zu suchen. Dabei ist es wichtig, das ‚Mitspielen' und das vermutete Ende anzukündigen, damit nicht der Therapeuten/Berater als Verursacher einer Blamage und damit des Spiels „Jetzt hab' ich dich endlich, du Schweinehund!" erlebt wird.

Spiele 3. Grades erlauben wegen ihres massiv schädlichen Endes ein Mitspielen nicht mehr. Hier ist oft als erste Möglichkeit die **Verminderung des Spielgrades** anzustreben, d.h. das Spiel 3. Grades in ein Spiel 2. Grades zu überführen (z.B. eine unflätige Beschimpfung statt einer Schlägerei als Fortschritt zu sehen).

Das Modell des passiven Verhaltens

Die TA-Schule um *Jacqui Lee Schiff* (1975) befaßte sich vor allem mit der Therapie schizophrener und persönlichkeitsgestörter Personen. Dabei wurde neben den redefinierenden Transaktionen vor allem das passive Verhalten als charakteristisch beobachtet.

Passivität meint hier, daß eine Person ihre Energie nicht für die Problemlösung einsetzt, sondern aus einer symbiotischen Haltung heraus erwartet, daß andere oder die Zeit das Problem lösen werden (Schiff A./J. 1971). Diese passiven Verhaltensweisen haben verschiedene Erscheinungsweisen und Schweregrade.

Im einfachsten Fall weiß die Person, was zu tun wäre, verharrt aber im **Nichts-Tun**. Das Warten ist charakteristisch, die Zeit soll die Lösung bringen. Es äußert sich im Trödeln, Pläneschmieden, Tagträumen, allen Arten von Zeitvertreib wie Formen der Alltagssucht, z.B.

Fernsehen, Kaffeetrinken und andere Dinge tun, als nötig wäre etc. In der massiveren Form verfällt die Person in eine Art Starre (z. B. Löcher in die Luft starren). Auch viele Dinge gleichzeitig anfangen und nicht zu Ende führen, gehört zu dieser Kategorie.

> ⌘ Jemand beabsichtigt, eine Psychotherapie zu beginnen, weiß auch schon, welche Person er anrufen kann, um einen Erstgesprächstermin zu vereinbaren. Zunächst wird immer wieder etwas anderes vorgeschoben, weshalb es gerade nicht möglich ist anzurufen. Vielleicht wird sogar der Anruf immer wieder im Terminkalender notiert, um ihn nicht zu vergessen. Als dann bei einem Anruf sich nur der Anrufbeantworter meldet, ist das ein neuer Anlaß zu zögern, ‚da der Therapeut ja nie da ist'.

Nutzt das Warten nichts, kann die Person die stärkere Form der **Überanpassung** wählen: Die Energie wird ebenfalls nicht zur Problemlösung eingesetzt, sondern darauf verwandt, zu erraten, was andere denken, fühlen und wünschen, und sich demgemäß zu verhalten. Dahinter steckt die Idee, wenn es gelingt, es der anderen Person recht zu machen, wird sie im Gegenzug hoffentlich das Problem lösen.

In der Therapie/Beratung kann diese Haltung lange Zeit den Eindruck erwecken, daß der Klient gut mitarbeitet, und es bleibt unklar, wieso der Erfolg ausbleibt. Hinweise auf eine solche Passivität geben eine allzu schnelle Übernahme von Begriffen des Therapeuten/Beraters, berichtete Erfolge ohne Konsequenzen oder die Bevorzugung von Randthemen oder Lieblingsthemen des Therapeuten/Beraters.

> ⌘ Eine Klientin in der Therapiegruppe ‚spielt' Ko-Therapeutin: Sie interpretiert die Aussagen der Therapeutin, gibt Ratschläge und glänzt durch viele Fachausdrücke. Für die Bearbeitung ihrer eigenen Thematik bleibt nur wenig Zeit, weil sie so rücksichtsvoll den anderen den Vortritt läßt.

Die dritte Stufe der Passivität besteht in der **Agitation**, einem Abbau der Lösungsenergie durch Verhaltensweisen, die einer Lösung im Wege stehen. Innerlich kann dies durch Grübeln (ineffektives Denken) oder Zwangsgedanken (mit der Folge von z. B. Schlaflosigkeit), aber auch durch das Erleben der Überflutung durch Gefühle geschehen. Äußerlich sichtbar wird Agitation durch übertriebene körperliche Aktivität, wie Unruhe, ständiges Bewegungsbedürfnis, Aufräum-

und Putzzwänge, hektisches Rauchen u. ä. Der Druck auf die Umgebung, das Problem zu erkennen und nach einer Lösung zu suchen, steigt dadurch.

⌘ Eine Mutter ruft wiederholt in der Beratungsstelle wegen Probleme in der Erziehung ihres Sohnes an und versichert sich, ob der Termin stimmt. Dabei stellt sie einige kleine Fragen zu Erziehungsfragen, die ihr auch die Sekretärin beantworten soll. Zum vereinbarten Termin erscheint sie eine halbe Stunde zu früh, hat eine Menge Papiere von der Geburtsurkunde bis zu den Zeugnissen dabei und wirkt dann im Gespräch so verwirrt, daß kaum herauszufinden ist, weshalb sie eigentlich kommt. Die Beraterin gewinnt dabei den Eindruck, daß es der Mutter eigentlich um sich selbst geht und die Erziehungsfragen nur ein Aufhänger sind, über ihre eigenen Probleme zu reden.

Sich unfähig machen / Gewalt anwenden ist die massivste Stufe von Passivität. Da gewöhnlich die verschiedenen passiven Verhaltensweisen nicht weiterhelfen, wird in der vierten Stufe die Umgebung zu einer Reaktion gezwungen. Dies geschieht dadurch, daß die Person sich als lösungsunfähig zeigt, krank wird (z. B. Migräne), aus der Situation flieht (z. B. vom Arbeitsplatz fernbleibt) oder sich in Alkohol, Suchtmittel (Medikamente) oder auch in die Psychose flüchtet. In extremen Fällen wird gegen sich selbst oder andere Gewalt angewendet in Form von Selbstverletzungen (Schneiden), Alkohol- oder Drogenrausch bis zum Selbstmord oder aggressiver Zerstörung („Ausflippen') bis zum Totschlag.

Nun muß die Umgebung (Verwandte, Freunde, Nachbarn) oder die Staatsgewalt (Krankenhaus, Polizei, Fürsorge) eingreifen. Dadurch wird das Grundproblem nicht gelöst, sondern nur die Folgen der Passivität gedämpft. Danach beginnt oft die passive Sequenz von vorne.

⌘ Ein Mann wird von seiner Frau verlassen. In der ersten Stufe von Passivität lebt er einfach so weiter, als sei nichts geschehen. In der Überanpassung versucht er, seine Frau dadurch zurückzugewinnen, daß er ihr alle ihre Wünsche zu erfüllen verspricht, die Wohnung so renoviert, wie sie es schon lange wünschte, ihr Geschenke macht und sich ihrer Kritik an ihm unterwirft. In der Agitation flieht er von zu Hause, geht in Bars, beginnt zu trinken, sucht sexuelle Abenteuer, führt stundenlange Telefonate. Zuletzt schreibt er Abschiedsbriefe und verursacht einen schweren Verkehrsunfall unter Alkoholeinfluß.

Diese vier Stufen der Passivität enthalten eine Steigerung der Gefahr und bringen die Person von der Lösungsmöglichkeit immer weiter weg. Daher ist es in Therapie/Beratung wichtig, so früh wie möglich diese passiven Verhaltensweisen zu erkennen, das zentrale Problem herauszufinden und an Lösungen zu arbeiten. Dies gilt besonders, wenn die Stufe der Agitation erreicht ist, da ihr schnell die physische Gewaltanwendung gegen sich oder andere folgen kann. So ist z. B. bei Psychosegefahr auf der Stufe der Agitation (längerfristige Schlaflosigkeit, ständiges Umherwandern, gehäufte Suizid- oder Gewaltideen) und unbegründetem Fernbleiben von der Therapie/Beratung oft unter üblichen Behandlungsbedingungen eine medikamentöse Hilfestellung nicht mehr zu umgehen.

In nicht zu extremen Fällen wird der Therapeut/Berater prüfen, ob es gelingt, durch klare Verhaltensforderungen, Vorschriften und evtl. Kontrolle des Klienten zur Stufe der Überanpassung zurückzuführen. Da in der Stufe der Überanpassung das Denken wieder zur Verfügung steht, läßt sich hier der Faden zur Bearbeitung der Problemsituation wieder aufnehmen.

Der Umgang mit Ruhigen, Rebellischen und Charmanten

Wie in Kap. 5.2 beschrieben, ist der Zugang zur Beratung/Therapie bei Ruhigen, Rebellen und Charmanten am effektivsten über das Verhalten. Danach wird bei Ruhigen das Denken aktiviert, bei den anderen Strukturen geht der Weg weiter zum Fühlen.

Bei Ruhigen steht unter Streß die Blockierung des Verhaltens im Mittelpunkt. Das Modell des passiven Verhaltens bietet eine Möglichkeit, über die Aktivierung von Verhalten zum Denken zu führen. Auch die Spielanalyse bietet diesen Weg an.

Bei Rebellen und Charmanten führt die Verhaltensanalyse (z.B. Spielanalyse) zu den emotionalen Folgen adäquaten oder problematischen Verhaltens. Während Rebellen hierbei eher den Genuß und die Freude suchen (Abbau von Frustration), brauchen Charmante mehr die Stimulation, den Kitzel der Herausforderung, z.B. ob ihre Manipulationsversuche entdeckt werden.

Die Aktivierung der Ruhigen

Gesteigerter Streß bei Ruhigen führt entweder zur Lähmung oder Agitation im Verhalten. In beiden Fällen ist es zunächst notwendig, durch Vorgabe kleiner, lebenspraktischer Aufgaben die Aktivität in nicht-schädliche Bahnen zu lenken. Dabei liegt der Akzent auf dem konkreten Handeln statt auf Sinnieren und Planen oder gar Träumen. Auch soziale Kontakte (z. B. Einkaufen gehen) müssen ‚verschrieben' werden.

Dabei läßt sich das Denken aktivieren: Was muß noch getan werden? Was ist als nächstes zu tun? Was ist wichtig? Der Therapeut/Berater unterstützt das Handeln, auch wenn der Klient über unangenehme Gefühle (Angst, Unsicherheit oder körperliche Beschwerden) klagt.

> ⌘ Die Beraterin des Sozialpsychiatrischen Dienstes betreut einen kürzlich aus der Psychiatrie entlassenen Schizophrenen. Da er selbständig wohnen will, unterstützt sie zunächst die Einrichtung der Wohnung, hilft, Ordnung zu halten, und geht mit ihm einkaufen. Dabei achtet sie darauf, die Schritte klein zu halten, aber immer mehr an Eigenständigkeit zu verlangen. Sie führt eine gute Zeitstruktur ein, die zuverlässig eingehalten werden kann. Später werden Verhaltensweisen eingeübt, die eine Anpassung an eine berufliche Tätigkeit erlauben.

Die Arbeitsfähigkeit der Rebellen

In der kindlichen Entwicklung und der Pubertät sind Trotz und Rebellion als Ansatz zur Autonomie zu verstehen. Sie dienen zum Erspüren des eigenen Selbst, der eigenen Kraft und Abgrenzung von der Umwelt. Beim Erwachsenen läßt sich an diesen positiven Zielen anknüpfen. Die Analyse rebellischen Verhaltens führt zum Fühlen der Eigenständigkeit, der Lust am eigenen Tun, an eigenen Ideen und der Neugier auf den eigenen Weg. Eine effektive Umgangsform in Therapie/Beratung mit Rebellen ist daher die Anerkennung ihrer Selbständigkeitsbestrebung, die Achtung der darin liegenden Kreativität, Aufregung und Stärke. Damit kann man dann Zuwendung für den Spaß an rebellischem Verhalten (nicht das Verhalten selbst!) und Kämpfen geben (Drye 1974).

Ein Verharren in der Rebellion wird in der Transaktionsanalyse dagegen als Versuch der Beibehaltung der symbiotischen Beziehung zu den Eltern oder anderen wichtigen Bezugspersonen gesehen (‚ich möchte ja, aber du läßt mich nicht!'). Der Erwachsene will Beachtung, Fürsorge oder Liebe ertrotzen, zeigt sich pseudounabhängig und erreicht damit Widerstand und Kritik.

Rebellische Position:

„Was immer jemand von mir verlangt, werde ich nicht tun oder zumindest nicht auf die erwartete Weise" (Ich bin o.k., ob du es bist, bin ich mir nicht sicher).
Symptome:
- Druck des Eltern-Ich: ‚Ich möchte, würde gern, müßte, sollte ...'
- Etwas unangemessenes Lachen der Überlegenheit (kein Galgenlachen)
- Lange Liste von Ansprüchen, Forderungen, Erwartungen an sich und vor allem an andere (Rebellen beraten gerne)
- viele Pläne ohne Ausführung, gute Vorsätze
- Beobachtung, daß er nicht tut, was verlangt wird (z.B. mit Gegenfragen antworten, Erklärungen geben statt einfacher Aussagen wie ja und nein, Gegenargumentieren statt Zuhören)
- Drückt Aggression verdeckt körperlich aus (z.B. Fußtrittbewegungen)

Behandlung:
- Stärke und Potenz zeigen durch Zuverlässigkeit und Unerschütterlichkeit gegenüber dem rebellischen Verhalten.
- Anerkennung der Stärke und Kreativität des Klienten
- Entdecken der Stimulation (Excitement) in dem rebellischen Verhalten, Alternativen finden
- Angst wahrnehmen lernen und sie annehmen
- Suche nach Lust statt Frust: Nutzen der Beobachtungsfähigkeit und Kreativität für genuß- und lustvolles Verhalten

Die Herausforderung durch die Charmanten

Charmante Persönlichkeiten greifen unter Streß auf Manipulation zurück: Bewußt oder unbewußt gebrauchen sie Spielmuster und Maschen, da sie glauben, ihre Ziele nicht direkt erreichen zu können. Ähnlich wie beim Rebellen gibt dies eine besondere Qualität von Aufregung, M. Balint (1960) nennt dieses Gefühl: Angstlust (‚Thrill').

Im Unterschied zum Umgang mit Rebellen wird der Therapeut/Berater den Gebrauch des eigenen Eltern-Ich eher zurückstellen zugunsten des Kind-Ich: Der eigene ‚kleine Professor' hilft, die Tricks und Fallen zu erspüren und Ideen zum Umgang damit zu entwickeln.

Wesentlich ist anfangs die
- Ohnmachtserklärung des Therapeuten/Beraters:
  Er bestätigt dem Klienten, ihm an Tricks unterlegen zu sein. Eine Zusammenarbeit gelinge nur dann, wenn der Klient keine Detektiv-Arbeit vom Therapeuten/Berater erwartete.

- Umkehrung der ‚Beweis-Führung':
  Da es für den Therapeuten/Berater leichter sei, gehe er zunächst davon aus, daß der Klient den Beweis erbringen müsse, daß es sich bei Verhaltens-, Denk- und Fühlweisen nicht um Spielanteile handele.
- Vorhersage von Verhalten und Gefühlen:
  Mit Hilfe der Spielanalyse lassen sich Verlauf und Ende von Verhaltenssequenzen vorhersagen. Dies bedeutet für den Klienten eine Herausforderung, Spiele zu entdecken und zu verändern.

Mit diesen drei Grundregeln wird der Machtkampf um die Autorität vermieden, die Verantwortung bei den Klienten gelassen und ihr Bedürfnis nach Aufregung befriedigt, das Interesse geweckt und die Wahrnehmung gefördert.

6. Die Veränderung intrapsychischer Prozesse

6.1 Die Veränderung des Erwachsenen-Ich

Für die Arbeit mit Erwachsenen verwenden wir hier die Auffassung des integrierten Erwachsenen-Ich nach *Clarkson:* „Der integrierte Erwachsenen-Ich-Zustand stellt deshalb eine biologisch reife Person dar, deren erwachsene Intelligenzfunktionen voll entwickelt sind, die emotional über ein breites Reaktionsspektrum (Pathos) verfügt und sich an einem überprüften Wertesystem (Ethos) orientiert und so ihre Bedürfnisse mit den Möglichkeiten ihrer Umgebung in Einklang bringt." (1996 S. 81).

Diese Auffassung geht über die in den Anfängen der Transaktionsanalyse beschriebenen Funktionen des ‚Er' als datensammelnder und -verarbeitender Computer hinaus (Harris 1975) und sieht im Unterschied zur Theorie der Schiff-Schule (Schiff u. a. 1975) im ‚Er' eine eigene Energie wirksam, die der Lebensgestaltung des Erwachsenen dient.

Funktionen des Erwachsenen-Ich

Das integrierte Erwachsenen-Ich hat die Aufgabe,
- Sinnesinformationen aufzunehmen, zu spüren und wahrzunehmen,
- komplexe Gefühle zu spüren,
- zu erkennen und zu intuieren,
- zu analysieren und zu schlußfolgern,
- Realitäten zu schaffen und Bedeutung zu geben,
- nach der Wichtigkeit zu bewerten und zu wählen,
- zu entscheiden und Sinn zu geben.

Es dient damit der Integration und Verwirklichung von Wünschen und Bedürfnissen, der realistischen Anpassung an die Umwelt und der Einschätzung möglicher Konsequenzen. Es trägt zur Identitätsbildung, zum Schutz der Person und zu ihrer Lebensgestaltung mit den Aufgaben der Sinnfindung bis zu einer spirituellen (transpersonalen) Entwicklung bei.

Therapie und Beratung haben die Aufgabe, Störungen und Unsicherheiten bei diesen Funktionen zu entdecken und dem Klienten zu helfen, seine Möglichkeiten im Hier und Jetzt und für die Zukunft voll zu entfalten.

Pathologie des Erwachsenen-Ich

Typische Störungen des Erwachsenen-Ich wurden schon in Kap. 4.3 beschrieben. Es handelt sich um nicht wahrgenommene Einflüsse des Kind-Ich und/oder des Eltern-Ich, die als **Trübung** bezeichnet werden.

Trübung aus dem Kind-Ich meint dabei die unreflektierte Wirkung vergangener Erlebnisse, die die Urteilskraft und Entscheidungen des Erwachsenen mindern.

> ❦ Ein Mann hat die Erfahrung gemacht, daß Anerkennung nur durch Leistung zu erreichen ist. Diese Erfahrung der Kindheit wird auch im Erwachsenen-Alter praktiziert im festen Glauben, daß niemand ohne Leistung und nur wegen seiner Person geliebt wird. Bei der Suche nach einer Partnerin wird dieser Mann versuchen, durch Leistung zu beeindrucken, und evtl. damit andere Möglichkeiten der Beziehung gefährden, weil er die bedingungslose liebevolle Zuwendung einer Partnerin nicht annehmen kann.

Die **Trübung durch das Eltern-Ich** stellt eine ungeprüfte Übernahme erlernter und anerzogener Meinungen (Vorurteile) dar.

> ❦ Ein anderer Mann hat von den Eltern den Glauben übernommen: ‚Es gibt auf der Welt nichts Gutes, das man sich nicht sauer verdienen muß.' Dies hat er zwar selbst nicht erfahren, glaubt es aber der elterlichen Autorität. In der Partnersuche strengt er sich über die Maßen an, wird verkrampft und sieht seine Mühe durch die Partnerin nicht recht belohnt.

Meist beobachten wir eine **Doppel-Trübung** durch ‚El' und ‚K' gleichzeitig. Dies beruht darauf, daß jemand in einem Milieu, in dem bestimmte Vorurteile geglaubt werden, auch die entsprechenden bestätigenden Erfahrungen machen wird. Damit ist dann im ‚El' die Vorannahme und im ‚K' die Erfahrung gespeichert, beide wirken unbemerkt auf das ‚Er' ein.

Trübungen enthalten die gesamte Bandbreite von Alltagsvorurteilen (‚ich fahre nur eine bestimmte Automarke') und kindlichen Marotten (‚wenn ich den blauen Sakko anziehe, wirke ich mehr auf Frauen') bis zu schwerer Pathologie, wenn z. B. Gewalt und Kriminalität gerechtfertigt werden.

Eine andere Form der Störung des Erwachsenen-Ich sind **schwache Ich-Zustandsgrenzen.** Hier reicht die Kraft im Erwachsenen-Ich nicht aus, Elemente des Kind-Ich oder Eltern-Ich von der aktuellen Situation fernzuhalten. Bilder, Gefühle, Gedanken aus dem ‚K' tauchen auf, werden als überschwemmend erlebt, oder die Unterscheidung zwischen früherer und aktueller Situation gelingt nicht mehr. Ebenso werden Verhaltensweisen von Autoritätspersonen ohne erkennbaren Anlaß plötzlich imitiert. Auch Reize der Umwelt können überschießende Reaktionen auslösen, die für den Beobachter unverständlich sind.

Ursachen solcher geschwächten Grenzziehung liegen entweder im konstitutionellen Bereich (sogenannte asthenische Persönlichkeit oder auch als Folge von Hirnschädigungen), in frühen massiv traumatisierenden Erfahrungen (z. B. sexueller Mißbrauch) oder in aktuell traumatisierenden Ereignissen (posttraumatische Streßreaktion). Auch der Gebrauch von Alkohol, Drogen und Medikamenten kann die Ich-Zustandsgrenzen schwächen.

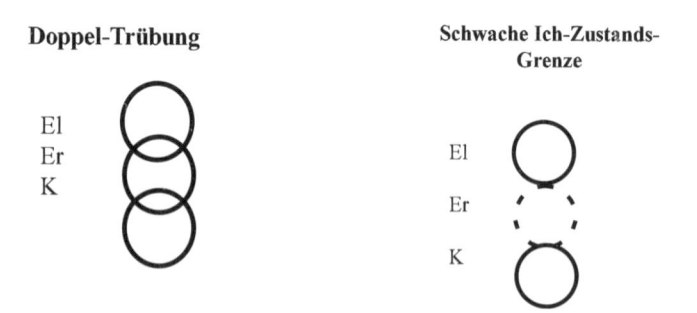

Doppel-Trübung   **Schwache Ich-Zustands-Grenze**

El
Er
K

⌘ Nach dem Erleben einer Gewalttat ‚überfallen' einen Zeugen immer wieder plötzlich die Bilder der Situation. Gefühle des Schreckens, des Schocks, der Ohnmacht tauchen auf, ohne daß die Person dafür einen äußeren Anlaß braucht. Die Konzentration auf die momentane Situation gelingt nicht mehr. Zittern, Angst, Schweißausbruch, Schlaflosigkeit, Kopfschmerzen und Kontaktverlust sind die Folge. Da dies anderen nicht immer wieder erzählt werden kann, verschweigt die Person ihr Erleben und zieht sich zurück und wird arbeitsunfähig.

Eine weitere Form der Störung stellt das **ausschließende Erwachsenen-Ich** dar: Eine Person kann die Erfahrungen der Vergangenheit ebensowenig nutzen wie die erlernten Verhaltensweisen. Sie lebt damit zeitlos in der Gegenwart, kann keine Identität entwickeln und muß jede Reaktion neu ‚erfinden'. In solchen Fällen sind oft sowohl die eigenen Erfahrungen der Kindheit so schmerzhaft, daß sie unterdrückt werden, wie auch die Autoritäten so bedrohlich oder hilflos (z. T. auch nicht anwesend) gewesen, daß die Funktion des Eltern-Ich außer Kraft gesetzt wird.

**Ausschließendes
Erwachsenen-Ich**

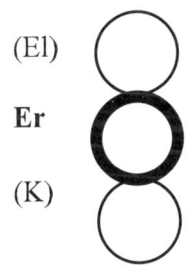

(El)

Er

(K)

Stärkung des Erwachsenen-Ich

Allgemein stärkt die Übung der verschiedenen oben genannten Funktionen das Erwachsenen-Ich: die Anregung zu exakter Wahrnehmung, die Integration der Sinne, Hilfen zur Urteilsbildung, Analyse, Bewertung und Entscheidung. In der transaktionsanalytischen Gesprächsführung wird immer wieder auf diese Punkte Wert gelegt. Der Klient lernt, genaue Beobachtung von der Interpretation zu trennen, Schlußfolgerungen zu ziehen, Konsequenzen zu bedenken, sich klar zu entscheiden und danach zu handeln.

Die Enttrübung

Enttrübung ist ein Prozeß der Abgrenzung der Ich-Zustände, wodurch ihre Funktionsfähigkeit wiederhergestellt und dem integrierenden Erwachsenen-Ich die Wahlfreiheit eröffnet wird, auf eine Situation aus verschiedenen Bereichen der Ich-Zustände zu reagieren.

Gedanken und Gefühle werden in jedem Ich-Zustand differenziert und unterschiedlich erlebt.

Im Gespräch mit KlientInnen wird der Therapeut/Berater an Stellen, wo eine Trübung vermutet wird, immer wieder die Herkunft von Ansichten oder Gefühlen erfragen und realitätsbezogene Denk-, Fühl- und Handlungsalternativen fördern oder anregen. Die Identifikation von Gedanken und Gefühlen aus dem ‚El' oder ‚K' setzt Energie frei, die sich auch in körperlichen Veränderungen äußert: Jemand wird plötzlich warm, eine körperliche Starre schwindet, die Lust, eine Idee in genußvolles Handeln umzusetzen, läßt eigene Kraft spüren.

> ⌘ Eine Fau beschreibt nach der Phase der Enttrübung verwundert ihr Fühlen im Erwachsenen-Ich: „Es ist nicht mehr so heftig, nicht mehr so farbig, aber viel klarer und wirkt auf andere Weise mächtig. Ich spüre viel deutlicher, daß ich fühle, und habe keine Angst vor der Überwältigung durch Gefühle."

Enttrübung als Prozeß kann durch verschiedene Methoden unterstützt werden. Im Folgenden beschreiben wir einige verbreitete Arbeitsweisen: die Ich-Zustands-Dialoge nach *Stuntz* (1973) und *Rissman* (1975), die acht therapeutischen Schritte nach Berne (1985/1966), die Entwicklung des Gewinner-Miniskripts (Kahler/Capers 1974; Gere 1975), das Gewinner-Dreieck als Alternative zum Drama-Dreieck (Choy 1990) und die Methode des Selbst-Beelterns nach *James* (1974).

Ich-Zustands-Dialoge

Stuntz (1973) beschrieb eine Arbeit mit drei Stühlen, die hilft, die verschiedenen Ich-Zustände als getrennt wahrzunehmen, ihre Qualitäten zu verdeutlichen und die Grenzen zu verstärken. Er empfiehlt diese Technik für Strukturanalyse, Enttrübung, Neuentscheidung, Beeltern und Beziehungsanalyse.

Ebenso läßt sich diese Methode auf fünf Stühle erweitern, wenn man die funktionale Analyse zugrunde legt.

Der Klienten wechselt jeweils auf den Stuhl, der seinem momentanen Ich-Zustand entspricht. Er kann aus diesem Ich-Zustand heraus mit dem Therapeuten/Berater sprechen und dabei Verhaltensalternativen entwickeln. Es ist aber auch ein Dialog oder Trilog mit den anderen Ich-Zuständen möglich. *Rissman* (1975) verwendet diese Methode bevorzugt zur Bewußtmachung des inneren Dialogs im Unterschied zu den äußerlich sichtbaren Transaktionen. Hierbei werden die Akzentsetzungen der Ich-Zustände, ihre nützlichen oder blockierenden Tendenzen deutlich. Die Leichtigkeit des Wechsels oder auch die Vermeidung von Ich-Zuständen geben zudem diagnostische Hinweise auf die Flexibilität und Ressourcen der Person.

Anordnung für Drei- oder Fünf-Stuhl-Arbeit

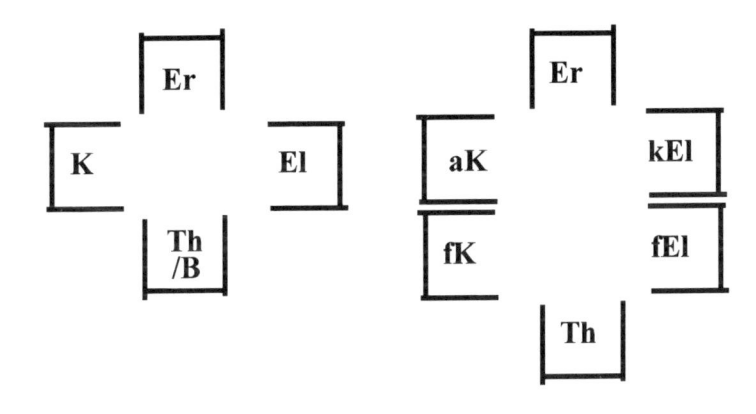

```
      Er                    Er
 K        El         aK          kEl
      Th                   
      /B                fK        fEl
                           Th
```

Die acht therapeutischen Operationen

In seinem Buch über Gruppenbehandlung nennt *Berne* (1985/1966) acht therapeutische Operationen, die in sich eine schlüssige Sequenz zur Enttrübung enthalten. Sie haben für die Arbeitsweise von Transaktionsanalytikern große Bedeutung erlangt. Die Schritte eins bis sechs haben auch für die Beratung Gültigkeit, die siebte Operation als Veränderung des Kind-Ich wird in Kap. 6.2 näher ausgeführt, der achte Schritt in der Festigung und Automatisierung des neuen Verhaltens entspricht als Abschluß auch allen anderen Methoden.

Die acht Operationen bauen aufeinander auf, auch wenn sie nicht immer nach exakt der aufgeführten Reihenfolge gebraucht werden. Gelingt ein nächster Schritt nicht, so wird zu einer vorhergehenden Arbeitsweise zurückgekehrt.

Die acht Operationen
1. Befragung
  ⮌ ⮎ 2. Spezifizierung
      ⮌ ⮎ 3. Konfrontation
         ⮌ ⮎ 4. Erklärung
           ⮌ ⮎ 5. Veranschaulichung
              ⮌ ⮎ 6. Bestätigung
                 ⮌ ⮎ 7. Entwirrung des Kind-Ich
                   ⮌ ⮎ 8. Festigung

Die **Befragung** ist eine grundlegende Intervention und erfüllt eine Reihe von Funktionen:
- sie aktiviert das Erwachsenen-Ich bei Klienten,
- sie zentriert auf wesentliche Punkte,
- sie gibt dem Therapeuten/Berater Informationen zur Problemstellung,
- sie zeigt diagnostisch, wie der Klient mit den Ich-Zuständen operiert,
- der Klient erfährt, worauf der Therapeut/Berater Wert legt,
- sie hilft bei der Entwicklung einer gemeinsamen Wirklichkeitsdefinition.

Die Befragung läßt einerseits dem Klienten Raum, sich und seine Konzepte des Problems und seiner Lösungsideen darzustellen, lenkt aber auch die Aufmerksamkeit auf bestimmte Inhalte und Zusammenhänge. *Berne* warnt aber auch vor dem Spiel ‚Psychiatrische Krankheitsgeschichte', in dem der Therapeut/Berater mit unnützen Informationen überschwemmt wird.

Im Wechsel und als Ergänzung zur Befragung steht die **Spezifizierung**. Sie dient der Klärung von Zusammenhängen und Begriffen, hilft zu einer gemeinsamen Sprache, legt aber auch den Klienten auf bestimmte Aussagen fest.

Spezifizierung ist besonders nötig bei:
- unklaren Begriffen („Was meinen Sie mit ‚Nerven verloren'?"),
- unklaren Beziehungen („Wollen Sie sich wirklich scheiden lassen?"),
- unklaren Zusammenhängen („Weshalb kamen Sie in die Psychiatrie?"),
- Abstraktionen („Was verstehen Sie unter Erwachsen-Sein?"),
- Fachausdrücken und Fremdwörtern („Was meinen Sie mit paranoid?"),

- schwammigen Beschreibungen („Was hat der Arzt genau gesagt?"),
- lückenhaften Darstellungen („Wie lief das genau ab?"),
- Pauschalisierungen („Erleben Sie alle Frauen so?"),
- ‚gefärbten' Aussagen („Wieviel trinken Sie genau?").

Das Risiko der Spezifizierung besteht in einer Anpassung von Klienten an die Sprache des Therapeuten/Beraters oder in einer erneuten Etikettierung („Das halten Sie auch für anormal!")

Die **Konfrontation** ergibt sich im Gespräch aus der Befragung und Spezifizierung. Hier wird der Klient auf widersprüchliche Behauptungen, Annahmen oder Verhaltensweisen aufmerksam gemacht und um Klärung gebeten. Auch Widersprüche in den Interessen der Person sind Inhalte der Konfrontation.

Gewöhnlich setzt Konfrontation eine vertragliche Vereinbarung voraus, damit sie nicht als verfolgerisch und anklagend erlebt wird. Die Akzeptanz der Person muß spürbar sein, auch wenn auf Verhaltensprobleme hingewiesen wird. Die Gefahr besteht, daß der Therapeut/Berater sonst in Spiele und Maschen einbezogen wird (vgl. Micholt 1985).

Beispiele für typische Konfrontationen von Widersprüchen sind:
- destruktives, selbstschädigendes Verhalten und Bedürfnisse des Klienten (alkoholisiert zum vereinbarten Termin erscheinen),
- Bruch getroffener Vereinbarungen und Zusammenarbeit (z.B. Pünktlichkeit),
- Maschen-Gefühlsausdruck (z.B. Lachen) und wirkliches Gefühl,
- Rollen im Drama-Dreieck und wirkliches Leiden, Helfen oder Sich-Behaupten.
- Antreiberaussagen zu sich oder anderen,
- Vergleiche mit anderen statt eigener Analyse („Mir geht es genauso!"),
- Wettbewerbsverhalten statt Verfolgen eigener Interessen („Mich interessieren deine Probleme nicht, meine sind wichtiger"),
- passive Verhaltensweisen statt Arbeit am Problem (z.B. Zeitvertreibsspiele),
- Redefinitionen statt klarer Antworten,
- Interpretationen statt Achten auf die genaue Aussage,
- übertriebene Gefühle statt die Hinweisfunktion von Gefühlen achten (z.B. Panik statt Angst),
- abwertende Aussagen zu sich oder anderen („Ich bin blöd!"),
- Rationalisierungen statt Gefühlsbezug,

Je stärker jemand in einem Verlierer-Skript befangen ist, um so schwieriger ist die Kunst der Konfrontation: Der Therapeut/Berater muß wählen, welche Verhaltens-, Denk- und Fühlweisen er im Moment für besonders wesentlich hält, da viele Äußerungen eines Klienten widersprüchlich sind.

Die **Erklärung** dient dazu, dem Klienten ein neues Verständnis für die Entstehung und Aufrechterhaltung der Problemsituation anzubieten. Schon bei der Befragung berichten Klienten meist ihre Interpretation, wie sie sich und ihre Umgebung verstehen. Dieses Modell konnte aber das Problem nicht lösen. Bei der Erklärung wird nun diese Idee der Klienten in Frage gestellt, und Alternativen dazu werden entwickelt. Die verschiedenen Modelle der Transaktionsanalyse können hier Anwendung finden.

Ziele der Erklärung sind:
- den Interpretationsansatz von Klienten zu erschüttern,
- neue Zusammenhänge zu zeigen,
- komplexe Zusammenhänge modellhaft zu verdeutlichen,
- Motivation fördern und Optimismus zu stärken,
- eine Struktur für die Problemlösung zu entwickeln.

Das Risiko besteht in einer Konkurrenz zum Denken des Klienten, was sich meist in ‚Ja, aber ...,-Spielen bemerkbar macht. *Berne* warnt außerdem vor dem Psychiatrie-Spiel ‚transaktionsanalytischer Typ', in dem TA-Modelle zur Stärkung des Skripts statt zu dessen Veränderung genutzt werden (z. B. zur Stärkung einer ‚Ich bin o.k., du bist nicht o.k.'-Haltung).

Ist eine neue Erklärung eingeführt und weitgehend akzeptiert, wird die **Illustration** zur Veranschaulichung des Modells gebraucht: Beispiele aus dem Leben des Klienten, von anderen Gruppenteilnehmern oder aus der Erfahrung von Therapeut/Berater verdeutlichen, was gemeint ist. Möglichkeiten der Illustration bestehen auch in bezug zu Märchen, Literatur, Parabeln, humorvollen kleinen Geschichten oder Witzen, die sich dem Klienten gut einprägen.

Illustration dient
- der Veranschaulichung des neuen Verstehens-Modells,
- der Festigung von neuen Denk- und Fühlweisen,
- der rechtshemisphärischen Einbettung analytischer Modelle,
- dem Abbau von Tabus, magischem Denken oder einer Stimmung von Feierlichkeit bei der Betrachtung der eigenen Situation,
- der Konfrontation der Idee, ein ganz besonderes Problem zu haben,
- dem humorvollen, spielerischen Umgang mit der Problemlösung.

Im negativen Sinne verleitet Illustration bisweilen den Therapeuten/

Berater zu sehr, aus eigener Erfahrung zu erzählen, sich als Geschichten- oder Witzeerzähler in Szene zu setzen oder auch den Klienten abzuwerten durch Aussagen wie: „Das kenne ich von früher aus meiner Therapie." *Berne* empfiehlt, ‚nicht zu lange auf der Bühne zu bleiben'.

Durch die bisherigen Schritte ist der Klienten schon angeregt, eigene neue Erfahrungen zu machen. In der Phase der **Bestätigung** zeigt er nun, wie gut das neue Erklärungsmodell verstanden ist und in die Lebenswirklichkeit umgesetzt werden kann. Die Aktivität des Therapeuten/Beraters nimmt ab, der Klient steht verstärkt im Mittelpunkt.

Bestätigung wirkt, wenn
- der Klient von sich aus Beispiele erfolgreicher Anwendung des neuen Modells berichtet,
- das Lob des Therapeuten/Beraters nicht mehr gesucht wird, sondern
- Energie für eine aktive Weiterentwicklung auf der Basis der neuen Problemsicht spürbar wird (intrinsische Motivation).

Zuviel und zuwenig Anerkennung gefährden den Erfolg der Bestätigung. Individuelle Modifikationen von Modellen durch den Klienten sind wichtig und sollten nur bei Mißverständnissen oder Fehlentwicklungen aufgedeckt und korrigiert werden.

Nach diesen Schritten steht nach *Berne* der Klient vor der Wahl, die Therapie/Beratung zu beenden, sie in anderer Weise (z.B. nach Einzelsitzungen nun in der Gruppe) fortzuführen oder sich intensiv der Arbeit an Kind-Ich und Eltern-Ich zuzuwenden. Die Enttrübung hat damit die Funktion des Erwachsenen-Ich wiederhergestellt, so daß eine regressive Arbeit folgen kann. Dies geschieht in der Phase der **Interpretation,** der ‚erlebnisgeschichtlichen Deutung', wie *Schlegel* (1984) es nennt oder was *Berne* als die ‚Entwirrung des Kind-Ich' bezeichnet (ausführlich beschrieben in Kap. 6.2).

Die **Festigung** schließt die Sequenz ab. *Berne* spricht auch von Kristallisierung und meint eine innere Sicherheit des Klienten, das aktuelle Problem bewältigt zu haben und künftige Probleme auf Gewinnerweise anzugehen.

Festigende Interventionen des Therapeuten/Beraters sind:
- Bestärkung des Klienten in der Sicherheit, Probleme selbst zu bewältigen
- Hinweise auf das mögliche Ende der Therapie oder Beratung,
- Unterstützung selbständiger Entscheidungen,
- Anerkennung geben für das Erreichte,

- den Klienten in der Gruppe als Modell für erfolgreiche Arbeit gelten lassen
- zeitweilig die Rolle des Ko-Therapeuten/Beraters in der Gruppe überlassen.

Werden festigende Interventionen zu früh gebraucht, kann sich der Klient leicht im Stich gelassen oder zur Beendigung der Zusammenarbeit aufgefordert fühlen, obwohl noch die innere Sicherheit fehlt. Oft werden in dieser Situation neue oder alte Symptome wieder produziert, um den Abschied zu vermeiden. Der Therapeut/Berater muß hier sorgfältig diagnostizieren, ob es sich um wirkliche Probleme, die auf der Basis eines neuen Arbeitsvertrags angegangen werden sollten, oder um Maschen handelt, die nach einer Konfrontation aufgegeben werden können.

Das Gewinner-Miniskript (o.k.-Miniskript)

Kahler und *Capers* (1974) haben analog zum Miniskript auch eine Umkehrung in Form des Gewinner-Skripts beschrieben. Da diese Veränderung insbesondere für Beratungssituationen vorrangig unter Leitung des Erwachsenen-Ich möglich ist, haben wir diese Arbeitsweise diesem Kapitel zugeordnet. Bei starken Verlierer-Skripts muß allerdings begleitend die Veränderung im Kind-Ich und im Eltern-Ich eigens bearbeitet werden.

Ausgehend vom Gefühl der Verzweiflung (vierte Position des Miniskripts) wird die Motivation für Veränderung entwickelt. Im Kind-Ich, aber auch im Erwachsenen-Ich eines Menschen ist der Wunsch nach Befreiung von Zwängen und nach individuellem Wachstum zu finden. *Clarkson* (1996) nennt dieses Bedürfnis in Anlehnung an *Berne* ‚Aspiration Drive'. Ist der Klient entschlossen, die unangenehmen Gefühle am Ende der Miniskript-Sequenz nicht mehr als Masche zu gebrauchen, wird das Bewußtsein für die rachsüchtige Seite des Kind-Ich gefördert (dritte Position). Dadurch werden die hemmenden Grundbotschaften wieder spürbar (zweite Position), und der Weg führt zurück an den Anfang der Sequenz, zu den Antreibern (erste Position). Wie *Gere* (1975) näher ausführt, beginnt die positive Arbeit nun mit der Frage nach der Loslösung von Antreibern: der befreienden korrigierenden Erfahrung und dem nötigen Schutz für eine positive Entwicklung (siehe Kap. 5.5). Kognitive Sätze werden als Erlaubnis entwickelt, der Übertreibung in den Antreibern nicht mehr Folge zu leisten. Anstelle der Hemmung tritt dann die Unterstützung: Die Bewußtwerdung positiver Erinnerungen aus dem Reservoir des Kind-Ich und die Effekte der korrigierenden Erfahrung durch neues Verhalten in der Gegenwart lassen die hemmenden Grundbotschaften wirkungslos werden. Das wiedererlangte Bewußtsein für die eigenen Bedürfnisse und die Selbstakzeptanz brauchen äußere und innere Anerkennung und Verstärkung für das ‚freie Kind'. Schließlich führt diese veränderte Sequenz zu einem verstärkten Selbstgefühl und zu authentischen Gefühlen, die als Selbstverstärkung wirksam werden.

Das Gewinner-Miniskript

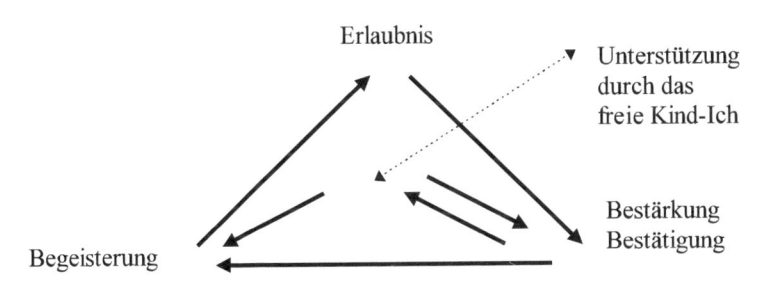

Erlaubnis

Unterstützung durch das freie Kind-Ich

Begeisterung

Bestärkung
Bestätigung

Das Gewinner-Dreieck

In Kap. 3.3 wurde das Drama-Dreieck nach *Karpman* (1968) beschrieben. Dieses Modell ist für Klienten leicht nachvollziehbar und hilft zur Klärung der Entstehung und des Verlaufs von Spielen. Sie basieren auf einer Verzerrung (Abweitung) der Rollen: Ankläger sind zu sehr auf ihr Recht-Haben bedacht, Retter zu sehr aufs Helfen und Opfer zu sehr auf ihr Leiden konzentriert. Das Scheitern in der Erfüllung der verdeckten Wünsche führt zum Rollenwechsel und löst das unangenehme Gefühl am Ende aus.

Choy (1990) bietet ein Modell an, wie die ursprüngliche negative Abfolge verändert werden kann, indem die Bedürfnisse und Haltungen in den drei Rollen erfüllt werden.

Das ursprüngliche Opfer wird sich seiner Verletzlichkeit bewußt, die Person akzeptiert, daß sie selbst ein Problem hat, das ihr Leiden verursacht. Damit wird das Erwachsenen-Ich aktiviert, die Passivität (siehe Kap. 4.5) wird abgebaut. Denken und Fühlen werden für die Entdeckung notwendiger Änderungen eingesetzt. Denken und Fühlen kann gleichzeitig geschehen, statt miteinander in Konkurrenz zu stehen. Die Problemlösefähigkeit und Sorge für eigene Bedürfnisse werden gefördert. Damit verbessert auch der Klient seine Möglichkeiten, nützliche Hilfe zu verlangen und anzunehmen.

Als Methoden der Selbsthilfe schlägt *Choy* vor:
- Beschäftigung mit Problemlöseverhalten (Schritte aus Psychologie und Management),
- Brainstorming (unzensiertes Ideensammeln),
- nützliche Funktionen der Gefühle wahrnehmen (Was sagt mir das Gefühl? Wie hilft es mir?),
- Informationen sammeln (realistische Informationen z.B. über Krankheiten, deren Behandlungsmöglichkeiten etc.),

Für die Veränderung in Therapie und Beratung dienen
- geleitete Phantasien,
- Ideensammlung in der Gruppe,
- Mehr-Stuhl-Arbeit zwischen Ich-Zuständen, aber auch zwischen konkurrierenden Bedürfnissen,
- Kind-Interview (s. u. Selbst-Beeltern),
- Spielanalyse,
- Bearbeitung von Engpässen (Neuentscheidungsarbeit).

Dabei liegt die Betonung auf den Ressourcen der Person: Erfolgreiche Problemlösungen in ähnlichen Situationen werden gesucht und auf ihre Anwendbarkeit in der aktuellen Problemlage geprüft.

Die Retter-Rolle wird zur wirklichen Helfer-Rolle und von echter Fürsorglichkeit geprägt. Helfer respektieren die Fähigkeit von Ratsuchenden, zu denken, Probleme zu lösen und zu erfragen, was sie wirklich brauchen. Sie übernehmen nicht ungefragt oder entgegen ihren eigenen Bedürfnissen Aufgaben für andere. Sie entscheiden sich für bestimmte Formen der Unterstützung auf der Basis der eigenen Interessen und lehnen eine Überforderung ohne Schuldgefühle ab. Sie üben dabei das genaue Hinhören auf andere.

Methodische Möglichkeiten sind
- kontrollierter Dialog,
- klientenzentrierte Gesprächsführung,
- Analyse von Doppelbotschaften, verdeckten Transaktionen,
- klare Absprachen und Verträge,
- Übung im Wahrnehmen und Ausdrücken eigener Gefühle und Bedürfnisse,

- unterstützendes Feedback,
- Informationen vermitteln, ohne zu belehren.

Ankläger sind auf Durchsetzung ihrer Interessen und Rechte bedacht. Bei einem guten Kontakt ist dafür die Herabsetzung eines anderen Menschen und seine Bestrafung nicht erforderlich. Die Energie wird für eine Veränderung der Situation und nicht mehr für die Beherrschung anderer eingesetzt. Durchsetzung geschieht durch Verhandeln, nicht durch Besiegen.
Methodische Hilfen sind dafür:
- Übung im Fragen statt Fordern,
- ‚Nein'-Sagen, statt Vorwürfen,
- erklären, wie für einen selbst etwas zum Problem wird, statt Schuldzuschreibungen,
- Verhandlungstechniken üben,
- Ideen sammeln, wie eigene Bedürfnisse unabhängig von einer nicht veränderungsbereiten Person erfüllt werden können.

In Therapie und Beratung sind ähnliche Arbeitsweisen wie bei der Veränderung der Opfer-Haltung angezeigt.

Das Gewinner-Dreieck nach *Choy* (1990)

Verhandler
Ziel: Durchsetzen eigener Interessen ohne Kampf
Weg: Verhandlungsführung lernen

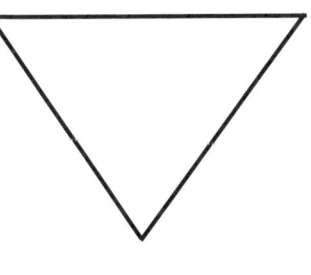

Helfer
Ziel: Sorgen für andere
Weg: aktives Zuhören, Selbstbewußtsein

Hilfesuchender
Ziel: aktive Problemlösung
Weg: Problemlösestrategien, Selbstbewußtsein

Die Revision des Eltern-Ich und der Aufbau von Selbstakzeptanz (Selbst-Beeltern)

Ausgehend von der Annahme, daß das Erwachsenen-Ich die anderen Teile der Persönlichkeit in unterschiedlicher Weise nutzen kann, entwickelte James (1974) eine Methode zur Stärkung des Erwachsenen-Ich, die sie Selbst-Neubeeltern (Selfreparenting) nannte. Die theoretische Grundannahme besteht darin, daß Eltern- und Kind-Ich dynamische Elemente der Person sind, deren Inhalte erweitert, schädliche Teile entmachtet und nützliche Teile (Ressourcen) betont werden können. Der erwachsene Mensch kann mit Hilfe seines Erwachsenen-Ich das Kind-Ich und Eltern-Ich analysieren und sich entschließen, hinderliche Einflüsse des Eltern-Ich zu verändern bzw. fehlende Erfahrungen durch Neuerfahrung zu ergänzen. James (1981) sieht diesen Schritt als einen Aufbruch, ein neues Leben zu beginnen. Das Selbst-Beeltern ist dann erfolgreich abgeschlossen, wenn die neuen Verhaltensweisen so in die Persönlichkeit integriert sind, daß sie automatisiert wurden.

Die Methode ist weitgehend kognitiv orientiert und in der Beratung und Erwachsenenbildung sehr gut verwendbar. Einzelne Sequenzen lassen sich aber auch in einen Therapieprozeß gut einbetten.

Der Weg gliedert sich in **sieben Schritte:**
1. Motivationsarbeit
2. Historische Diagnose des Eltern-Ich
3. Informationen über hilfreiches elterliches Verhalten
4. Bewertung der Ergebnisse der Analyse und Information
5. Die Planung der Veränderung
6. Vereinbarungen zur Veränderung (Eigenverträge)
7. Automatisierung des neuen Eltern-Ich-Anteils.

In der **Motivationsarbeit** bietet *James* Fragenlisten zum Gebrauch des eigenen Eltern-Ich an, die ein Nachdenken über die eigene Nutzung des Eltern-Ich und zur eigenen erlebten Freiheit anregen sollen.

Fragebogen zur Motivation (James 1981, 17–19, übers. G. P.)
Gehe die folgenden Fragen flott durch und kreuze an, was für dich zutrifft, mache einen Strich, wo es nicht zutrifft, oder ein Fragezeichen, wenn du nicht sicher bist.

- ☐ Ich verstehe mich nicht.
- ☐ Ich sorge nicht für mich.
- ☐ Ich bin ein unabhängiger Denker.
- ☐ Ich gebe leicht auf.
- ☐ Ich bin oft rebellisch.
- ☐ Ich habe eine gute Gesundheit.
- ☐ Ich bin optimistisch.
- ☐ Ich habe wenig Selbstbeherrschung.
- ☐ Ich habe oft Schuldgefühle.
- ☐ Ich wünsche, ich wäre nie geboren.
- ☐ Ich bin kein guter Vater, keine gute Mutter.
- ☐ Ich kann gut Probleme lösen.
- ☐ Ich fühle mich frei.
- ☐ Ich mache mir zu viel Sorgen.
- ☐ Ich bin kompetent.
- ☐ Ich habe Selbstvertrauen.
- ☐ Ich kann mich nicht leiden.
- ☐ Ich fühle mich ganz in Ordnung.
- ☐ Ich stehe sehr unter Leistungsdruck.
- ☐ Ich habe keine engen Freunde.
- ☐ Ich gebe gewöhnlich nach.
- ☐ Ich bin oft glücklich.
- ☐ Ich fühle mich in der Falle.
- ☐ Ich bin beliebt.
- ☐ Ich bin zu kritisch eingestellt.
- ☐ Ich bin kreativ.
- ☐ Ich bin froh zu leben.
- ☐ Ich fühle mich unvollständig.
- ☐ Ich fühle mich schwach statt kraftvoll.
- ☐ Kinder mögen mich.
- ☐ Ich verstehe oft nicht, worum es geht.

Schau dir die Antworten noch einmal an: Gibt es ein typisches Muster? Gibt es Bereiche, wo du in der Falle sitzt, und andere, wo du frei bist?

Weitere Möglichkeiten der Motivation sieht sie in der Reflexion über Fragen zur eigenen Geburt (Was wurde dir über deine Geburt erzählt?), oder auch zu Zuschreibungen durch Eltern und Verwandtschaft (Was sagten sie, wer du bist, was aus dir werden soll?). Es folgen Fragen zur frühen Kindheit, der Unterstützung oder Abhängigkeit von anderen und zu Einschränkungen der eigenen Freiheit in der Familie (Konntest du hingehen, wohin du wolltest; Freunde haben und nach Hause mitbringen; eigene Gedanken denken und äußern; eigene Interessen verwirklichen?). Als Abschluß der Reflexion wird nach dem aktuellen Umgang mit dem Eltern-Ich gefragt (Wie hältst du dich heute zurück? Wie vermeidest du deine Freiheit?).

Im **zweiten Schritt** werden die elterlichen Verhaltensweisen analysiert, die entsprechenden Situationen erinnert, in der ein bestimmter Stil erfahren wurde, und die eigene Reaktion darauf beschrieben.

Förderliche elterliche Stile	Hemmende elterliche Stile
vernünftig	überkritisch
ermutigend	widersprüchlich
konsequent	überfürsorglich
vermittelnd	streitlustig
fürsorglich	unbeteiligt
entspannt	übersachlich
verantwortlich	emotional überbedürftig

Wo hat der Klient diese Reaktionsweisen übernommen, oder welche Kompromisse hat er geschlossen?

Die Diagnose wird fortgesetzt durch eine Auflistung von Eigenschaften von Vater und Mutter und anderen Elternfiguren, die jeweils nach positiv oder negativ sortiert werden. Schließlich werden Elterneigenschaften aufgelistet, die jemand in Situationen positiv nutzen kann, die jemand in negativer Weise nutzt, oder auch Merkmale, die jemand ablehnt und nicht gebraucht.

Beim Selbst-Beeltern werden die natürlichen Eltern geachtet und so akzeptiert, wie sie waren. Der Berater muß vorsichtig sein, Eltern zu kritisieren oder abwertende und negative Statements des Klienten zu unterstützen.

Der **dritte Teil** der Methode beginnt mit einer Analyse der Wünsche und Bedürfnisse des inneren Kindes. Wie erkennt ein Klient heute diese Wünsche und Bedürfnisse und sorgt für deren Befriedigung. Zur Information des Erwachsenen-Ich über gutes elterliches Verhalten gibt James einen Überblick über kindliche Entwicklung und über altersgemäße Bedürfnisse. Sie beschreibt den sinnvollen Umgang mit eigener Energie und Kreativität und das entsprechende elterliche Verhalten, das diese Bereiche fördern kann.

In einem **vierten Schritt** wird ein innerer Dialog angeregt. Das Erwachsenen-Ich tritt in Kontakt mit dem eigenen Kind-Ich, z.B. in Form einer Stuhlarbeit oder einer geleiteten Phantasie. Es kann dabei das Kind nach den eigenen Wünschen, Erfahrungen und Bedürfnissen befragen und spüren, wie weit der Erwachsene bereit ist, das bedürftige Kind in sich anzuerkennen und anzunehmen.

Eine **typische geleitete Phantasie** hierfür ist:
Gehe zurück an den Ort deiner Kindheit und schaue dich dort um. Irgendwo kannst du dich als Kind spielen sehen. Schau dir dieses Kind an,

> und beobachte, was es gerade tut und wie es ihm dabei geht. Wenn du dich vorsichtig annäherst und allmählich mit dem Kind Kontakt aufnimmst, kann es sein, daß du das Kind zu seinen Wünschen, zu seinem Erleben, auch zu seiner Lebenssituation befragen kannst. Höre dabei aufmerksam auf die Klagen des Kindes.

Wenn der Kontakt mit dem Kind gut gelingt und das Verständnis da ist, kann man die Phantasie abschließen, indem man das Kind auf den Schoß setzen oder auf den Arm nehmen läßt und dann wieder Teil der erwachsenen Person wird.

In dem **fünften Schritt** werden die nun ermittelten Daten – das Erleben der eigenen Freiheit, die Analyse der Eltern als Person, die Bedürfnisse des Kindes – gewertet und auf die jetzige Lebenssituation bezogen. Dabei wird immer wieder zwischen brauchbar und unbrauchbar unterschieden. Neue Möglichkeiten werden im Gespräch oder in der Gruppe gesucht, wie mit ungünstigem Elternverhalten umgegangen werden kann oder wie fehlende Erfahrungen heute ermöglicht werden.

Diese Arbeit führt im **sechsten Schritt** zu der Entwicklung von Selbstvereinbarungen. *James* gibt hierfür eine Einführung in die Praxis der Vertragsarbeit. Der Mensch plant, wie er seine Wünsche besser kennenlernen kann, und verwirklicht, wie er seine Intuition und Kreativität gebraucht, mit Stärken und Schwächen umgeht und für sich selbst fürsorglich sein kann. Diese Verträge werden notiert und in kleinen Schritten in der Gruppe eingeübt. Besonderer Wert wird darauf gelegt, beeinflussende, hilfreiche, schützende Sätze als Erlaubnisse und Ermutigungen zu entwickeln, die das neue Eltern-Ich dem Kind sagen kann.

Der **siebte Schritt** im Prozeß des Selbst-Beelterns besteht im Einüben der neuen Verhaltensweisen in der Lebenssituation der Klienten, um mit ihnen vertraut zu werden, bis sie automatisch gebraucht werden. Der Abschluß besteht in der emotionalen Versöhnung mit sich selbst und den Eltern, die dann gelingt, wenn das neue selbstfürsorgliche Verhalten als positiv und gewinnbringend erfahren wird.

6.2 Veränderung des Kind-Ich-Zustands

Die Arbeit der Veränderung des **Kind-Ich-Zustands** und des **Eltern-Ich-Zustands** steht in einem engen Zusammenhang, da die Themenbereiche häufig korrespondierend sind. Das bedeutet, daß die **Skriptüberzeugungen** im Kind-Ich von den Meinungen des Eltern-Ich unterstützt werden. Da diese beiden Persönlichkeitsanteile auch ohne das Erwachsenen-Ich miteinander in Austausch treten, ist dann der Einfluß des an der aktuellen Realität bezogenen Persönlichkeitsanteils oft gering, dies kann zu Funktionsstörungen führen.

Im Kind-Ich-Zustand sind (in den Kapiteln Skript 3.6 und 4.2 und auch im Kapitel Ich-Zustände 3.1 beschrieben) die Erlebensgeschichte, die frühen Entscheidungen im Zusammenhang mit den frühen Erlebnissen gespeichert. Dies findet auf allen Ebenen, der Denk-, Fühl-, Verhaltens- und Körperebene, statt.

Für die Darstellungen dieser Arbeit benutzen wir das historische und das phänomenologische Modell, da wir uns mit den inneren Prozessen beschäftigen. Im Prozeß selbst ist das Verhaltens- und soziale Modell zur Diagnostik erforderlich.

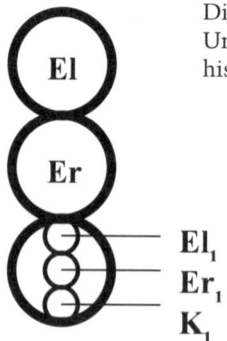

Die **Strukturanalse 2. Ordnung,** in der wir die Unterstrukturen von Kind-Ich darstellen können, historisches Modell.

El

Er

El_1
Er_1
K_1

Ziele der Veränderungsarbeit

Das übergeordnete allgemeine Ziel ist die Autonomie. Um autonom leben zu können, sind folgende Veränderungen im Kind-Ich notwendig:
- das Wiederherstellen der Ich-Zustandsgrenzen, das bedeutet, Vermischungen mit anderen Ich-Zuständen aufzuheben;

- frühe Erfahrungen und daraus resultierende Entscheidungen und Gefühle aufzuspüren und neue Erfahrungen zu machen, um daraus neue Entscheidungen zu treffen und andere Gefühle zu erleben. Das bedeutet die Lösung innerer Konflikte;
- Integration und strukturelle Neuorganisation der Ich-Zustände;
- eine neue Energieverteilung;
- Aktivierung positiver Kind-Ich-Zustände (Ressourcen);
- neue Erfahrungen in Bereichen, die bisher wenig oder nicht gelebt wurden.

In der Definition und der Diskussion der Ich-Zustände haben wir gezeigt, daß es unterschiedliche Sichtweisen gibt. Unabhängig davon, ob ein Transaktionsanalytiker die Richtung des integrierten Erwachsenen-Ich vertritt und damit im Kind-Ich nur die Fixierungen sieht oder ob auch im Erwachsenenalter Ich-Zustände in ihrer Funktion nach außen als normal angesehen werden, besteht Übereinstimmung darüber, daß die Probleme die Konsequenz von frühen kindlichen Entscheidungen sind, die auf Erfahrungen oder Mangel beruhen. In der Psychotherapie ist regressive Arbeit zur Bearbeitung dieser Probleme notwendig.

Nach den richtungweisenden Arbeiten von *Berne* wurden verschiedene Ansätze erarbeitet, die zum Teil ganz detaillierte Ansätze zeigen oder auch Leitlinien geben. Auch hier gibt es wieder Beispiele für die Konzepte, die zur Planung einzelner Interventionen hilfreich sind und solcher, die für die Gesamtplanung relevant sind. In der folgenden Übersicht sind wichtige für die Praxis relevante Konzepte zusammengestellt:

Psychotherapie von Kind-Ich-Zuständen

Entwirrung *Berne* (1961)
Neuentscheidung *Goulding und Goulding* (1979)
Integrative Therapie *Erskine und Moursund* (1991)
Neue Kindheitserfahrungen ‚rechilding' *Clarkson* (1996)
Entwicklungspsychologischer Ansatz *Levin* (1980), *L. Weiss* (1991), *Babcock und Keepers* (1980/1976), *Schiff* (1975), *M. James* (1985).
Punktuelles Neubeeltern *Osnes* (1981/1974)
Neubeeltern *Schiff* (1975)

Entwirrung

Den Begriff **Entwirrung** benutzen wir für die Arbeit mit dem Kind-Ich-Zustand. Auch wenn *Berne* (1961) in der Darstellung über Regressionsarbeit diesen Begriff nur für einen bestimmten Abschnitt dieser Arbeit verwendet, scheint es uns sinnvoll diesen Begriff dafür anzuwenden im Kontrast zur **Enttrübung des Erwachsenen-Ich**.

Erkennen des Kind-Ich-Zustands
Berne (1961) schreibt dazu aus seiner klinischen Beobachtung:
- Die charakteristische Haltung des Kind-Ich sei es, andere übertrieben zu bewundern oder sich bedauernswert hilflos darzustellen.
- Das Kind-Ich drängt sich in die Aktivität des Erwachsenen-Ich, und es zeigt sich unbewußt im Zusammenhang mit dem Erwachsenen-Ich durch Gestik und Stimme.
- Der kleine Professor, das Er_1, zeigt sich dann, wenn irgend etwas nicht so abläuft wie gewünscht oder bisher erfahren.

Auf den Kind-Ich-Zustand werden wir, wenn wir uns auf die **vier Diagnosemöglichkeiten** beziehen, durch das Verhalten darauf aufmerksam, in seiner Gesamtheit wird er phänomenologisch deutlich. Wie jemand in Beziehung tritt, beschreibt die soziale Diagnose in Transaktionen. Der Ursprung dieser Manifestationen wird durch die Lebensgeschichte in der historischen Diagnose bestätigt.

Die Verhaltensbeschreibung und die historische Diagnose sind beides Ansätze über das Erwachsenen-Ich, so daß Therapeut/Berater über das ‚Kind' sprechen. Ausführliche Informationen dazu enthält das Kapitel Diagnose der Ich-Zustände (Kap 4.4).

Der erste Schritt zur Arbeit mit dem Kind-Ich besteht darin, daß Therapeuten und Berater es erkennen und die Klient Zugang dazu entwickeln. Der zweite Schritt ist der, daß Klienten bemerken, daß ihre Spielgewinne ungesund sind und sie diese Art Zuwendung zu bekommen, aufgeben wollen. Dafür ist es erforderlich, daß sie mit dem, was sie in der realen Welt bekommen können, zufrieden sind. Dieses bedeutet den Verzicht auf die ‚Weihnachtsmann-Phantasie'.

Über die Erinnerung konkreter Situationen gelingt es, daß die Klienten sich in diese gefühlsmäßig einlassen. *Berne* (1966 S. 247) schreibt, daß diese Art der Arbeit nicht nur eine Entlastung oder ein Durcharbeiten in Form der freien Assoziation ist, sondern **der Ich-Zustand könne wie ein richtiges Kind behandelt werden.**

Berne entwickelte zwei Hauptschwerpunkte der Arbeit mit dem Kind-Ich:
- **Wiederaufbau** (restructuring): Dazu gehört einerseits die Klärung und Definition der **Ich-Zustandsgrenzen** durch Verfeinerung der Diagnostik und Enttrübung. Andererseits ist die Neuverteilung der Energie durch **Aktivierung von Ich-Zuständen** (siehe Egogramm Kap. 3.1) eine Form des Aufbaus.
- **Reorganisation** (reorganisation): Reorganisation bedeutet die Zurückgewinnung des Kind-Ich durch die Veränderung des Eltern-Ich und die Entwirrung des Kind-Ich. Die Entwirrung des Kind-Ich ist Lösung der Konflikte innerhalb des Kind-Ich. Dies geschieht in der Bearbeitung früher Szenen in der Regression. Die Anwesenheit des Eltern-Ich, soweit es dazu in der Lage ist, zum Schutz des Kind-Ich und des Erwachsenen-Ich und zur späteren Umsetzung der neuen Entscheidungen und Erfahrungen ist dabei erforderlich. (Allgemeine Informationen dazu siehe Kap. 5.3.) *Berne* sieht es für diese Arbeit als notwendig an, daß die Klienten Informationen über die Konzepte der Ich-Zustände bekommen, um gut mitarbeiten zu können.

Wiederaufbau und Reorganisation des Kind-Ich	
Wann:	Wenn Enttrübung des Er und Informationen an das Er nicht ausreichen, um Probleme zu lösen
Wie:	Neue Erfahrungen im Kind-Ich unter Beisein von Er_2 und El_2 mit Hilfe des Therapeuten in der Regression
Wozu:	Erarbeitung neuer Möglichkeiten im aktuellen Leben durch Befreiung gebundener Energie

Neuentscheidungen

Goulding und *Goulding* (1979) haben ein Behandlungskonzept mit Schwerpunkt der Therapie von neurotischen Störungen entwickelt. Die Grundideen sind auch bei anderen Störungen anwendbar.

Ausgehend von der Vorstellung, daß die einschränkenden Überzeugungen in der frühen Kindheit im Kind-Ich getroffen werden, stellten sie dar, wie nun diese Entscheidungen durch neue Entscheidungen ersetzt werden können.

Die beiden *Gouldings* (1979) beschrieben **drei Arten von Engpäs-**

sen, deren Entscheidungen aus unterschiedlichen Altersstufen stammen und damit auf unterschiedlichen Ebenen liegen. Ein Engpaß ist eine Situation, in der zwei oder mehrere gegeneinander wirkende Kräfte aufeinander treffen und dadurch eine Lösung der Situation unmöglich scheint.

Engpässe
Wir stellen hier die klassische Sichtweise der *Gouldings* (1976 TAJ) dar, in der der entscheidende Ich-Zustand das Er_1, der ‚kleine Professor', ist. Da dieser Teil die Entscheidungen als Antwort auf die Einschärfung getroffen hat, ist es notwendig, daß auch dieser Teil die Entscheidungen revidiert und eine neue Entscheidung trifft.

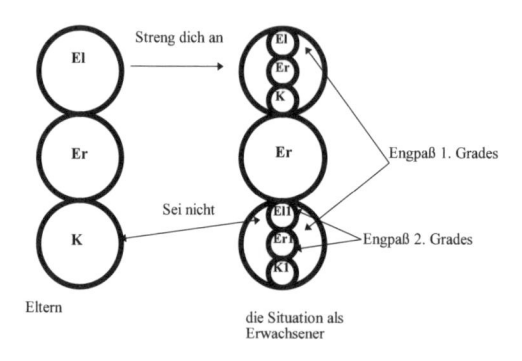

Der **Engpaß ersten Grades** besteht zwischen der Gegeneinschärfung und den Strebungen, dieser nicht mehr zu folgen, also zwischen dem El_2 und dem K_2. In der Strukturanalyse zweiter Ordnung läßt sich diese Situation genauer zeigen; der Konflikt besteht zwischen dem Eltern-Ich im Eltern-Ich (El des Introjektes) und dem Erwachsenen-Ich im Kind-Ich, dem ‚kleinen Professor'.

Der **Engpaß zweiten Grades** besteht innerhalb des Kind-Ichs zwischen dem Erwachsenen-Ich im Kind, das eine neue Entscheidung treffen möchte, und dem Eltern-Ich im Kind-Ich, das die einschränkende Seite darstellt und an der alten Entscheidung festhält.

Für die Darstellung des **Engpasses dritten Grades** verwendeten *Gouldings* das Funktions- oder Verhaltensmodell:

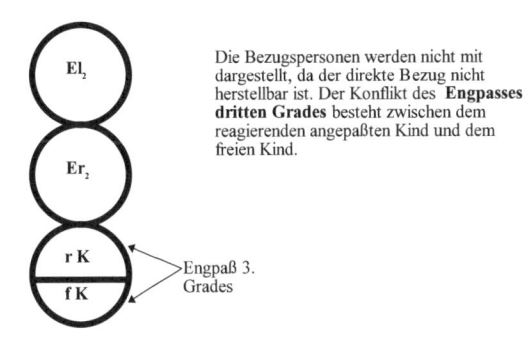

Die Bezugspersonen werden nicht mit dargestellt, da der direkte Bezug nicht herstellbar ist. Der Konflikt des **Engpasses dritten Grades** besteht zwischen dem reagierenden angepaßten Kind und dem freien Kind.

Engpaß 3. Grades

Voraussetzungen für Engpaßarbeit
Die Voraussetzung für die Lösung der Engpässe ist ein enttrübtes Erwachsenen-Ich und eine Veränderung des Eltern-Ich, dadurch ist eine Veränderung des Kind-Ich möglich, die stabil bleibt und nicht nur eine Absichtserklärung, die dann nicht verwirklicht wird, weil das Eltern-Ich noch zu viel Energie zu diesen Themen hat. Daher ist es wichtig, Neuentscheidungen sorgfältig vorzubereiten, da sonst die Gefahr der Skriptverstärkung besteht.

Ein eindeutiger Vertrag mit Festlegung des Themas und auch eindeutiger Bereitschaft der Klienten ist eine Voraussetzung.

Lösung von Engpässen
Die Lösung der Engpässe geschieht in der **Regression** in eine frühe Szene, die dem entsprechenden Engpaß zugeordnet ist. Da das Er_1 die Entscheidungen getroffen hat, die später zu den Engpässen führen, ist das Er_1 auch der Teil, der die neue Entscheidung beim Engpaß trifft. Bei dem **Engpaß ersten Grades** erkennt der Klient im Er_2, daß es keine logischen Gründe für die Verhaltensmaßregeln der Gegeneinschärfungen bzw. Antreiber gibt; diese Erkenntnis gibt neben dem Leiden die Motivation zur Veränderung in der der Klient zu einer eigenen Haltung in bezug auf die Gegeneinschärfung kommt und im Er_1 eine neue Entscheidung trifft z.B. zu überlegen, ob Eile notwendig ist.

Die Neuentscheidung beim Engpaß zweiten Grades betrifft einen Bereich des Seins, z.B. intelligent sein, im Kontrast zur **Einschärfung** ‚denk nicht'. Die praktische Durchführung findet in einem ‚ich-du'-Dialog mit der entsprechenden Elternfigur statt, die Szene wird in der Therapiesituation imaginiert. Wichtig dabei ist, sich die Eltern vorzustellen, wie sie damals waren, denn die Auseinandersetzung

263

wird nicht mit den heutigen Eltern, sondern mit den damaligen, den ‚inneren Eltern' geführt.

Auch der **Engpaß dritten Grades** wird in einer frühen Szene gelöst, auch wenn kein Dialog mit einer Bezugsperson möglich ist, es findet eine ‚ich-ich'-Auseinandersetzung statt mit dem Ziel, daß das freie Kind seine neue Überzeugung vertritt und sich dazu entscheidet. Bei der Lösung des Engpasses zweiten und dritten Grades liegt der Schwerpunkt der Arbeit auf den Gefühlen, die mit diesen Einschränkungen verbunden sind.

Lösung eines Engpasses **ersten Grades** mit der Gegeneinschärfung ‚Beeil dich!':

⌘ Beispiel: Ein Klient schildert, wie er von seinem Vater immer wieder zur Eile angetrieben wurde. Er erinnert es so, daß er bei allem, sei es bei den Mahlzeiten zu schnellerem Essen oder in anderen Situationen, zu schnellerem Tun angehalten worden sei. ❖
Der Klient fing auf Anregung des Therapeuten nun an nachzudenken, wann denn Eile hilfreich sein kann, und stellte fest, daß er sich in vielen Situationen eilt, in denen es überhaupt nicht angemessen, sondern eher hinderlich ist. Er erlebt sich als unfähig, anders als schnell zu handeln, obwohl er es nicht mehr möchte. ❖
Dem Klienten fiel eine Situation von früher beim Mittagessen ein, die Familie hatte Zeit, und er wurde trotzdem zur Eile angetrieben. ❖
In einer ‚Stuhlarbeit' setzte er seinen früheren Vater in der Phantasie auf einen zweiten Stuhl und teilte ihm mit, wie er die Situation heute einschätzt, dann fühlte er sich wie damals

❖ Kommentar: Die geschilderte Einschränkung ist eine **Gegeneinschärfung,** daher die zu erwartende Enge ein **Engpaß ersten Grades.**
Durch die Interventionen des Therapeuten erkennt der Klient, daß es nicht sinnvoll ist, sich in so vielen Situationen zu beeilen.
Er spürt Ärger auf den Vater und sieht noch keine Möglichkeit, anders zu handeln. Diese Erkenntnis aus dem Er$_2$ reicht nicht für eine dauerhafte Änderung aus.
Der Klient findet eine Situation aus seiner Geschichte mit seinem Vater. Er wird von dem Therapeuten angeleitet, sich diese Situation vorzustellen. Der Therapeut versichert ihm, daß er da ist und Unterstützung gibt. Er fragt, welche Art der Unterstützung der Klient möchte, um sich wie damals zu erleben (zur Überprüfung phänomenologische Diagnose) und dem Vater als das Kind von damals zu sagen, was er dazu denkt. Die heutige Erfahrung, die Anwesenheit des Therapeuten und das heutige Er$_2$ ermöglichen dem Klienten, den Vater nicht mehr als so mächtig zu erleben, daß er anzupassen, sondern er erlebt die Energie und die Freiheit

> am Eßtisch und entschied, von nun an in Ruhe zu essen und auch in anderen Situationen nachzudenken, ob Eile notwendig ist, und nach seinen eigenen Maßstäben zu handeln. aus seinem Kind, dem Er_1, eine neue Entscheidung zu treffen. Die Entscheidung lautet: ‚Ich kann für mich festlegen' wann es notwendig ist, mich zu eilen oder in Ruhe zu handeln'.

In diesem Beispiel wird deutlich, daß bei der Arbeit am Engpaß ersten Grades das Denken eine große Rolle spielt und der kindlichen Entscheidung eine Enttrübung vorausgeht. In diesem Fall war die Trübung ‚eilen ist dauernd nowendig'. Nachdem der Klient für sich erkannte, daß er darüber nachdenken kann, und in der Lage ist, zu entscheiden, wann er sich beeilt und in welchen Situationen er in Ruhe arbeitet, war es ihm möglich, die kindliche Entscheidung ‚ich muß mich immer eilen' zu revidieren. Er konnte in seinem Kind-Ich die oben beschriebene Entscheidung treffen.

Engpaß ersten Grades

Wann: Beginn der Therapie, um Antreiber bzw. Gegeneinschärfungen aufzulösen und um die Einschärfungsebene deutlich zu machen

Wie: ‚Stuhlarbeit' in einer Scene aus der Kindheit, Entscheidung aus dem Kind-Ich

Wozu: Entlastung von Antreibern bzw. Gegeneinschärfungen, Intensivierung des Therapieprozesses, Lösung des Konfliktes zwischen El_2 und K_2

Die Gegeneinschärfungen bzw. Antreiber haben die Funktion, die darunterliegenden einschränkenden Entscheidungen zu überdecken. Daher ist es wichtig, vor Bearbeitung der Engpässe ersten Grades eine Vorstellung darüber zu haben, welche Themen dann deutlich werden, die vorher nur indirekt zum Tragen kamen. Klienten erleben nach der Auflösung eines Engpasses als erstes eine Erleichterung und werden dann Einschärfungen deutlich erleben, die sie bis dahin nur hintergründig wahrnahmen. Der direkte Zugang bewirkt, daß sie Gefühle und Überzeugungen wahrnehmen, die bis dahin verdeckt waren; es wird häufig so formuliert: „Mir geht es so schlecht, so schlecht ist es mir noch nie gegangen."

Dieses Leiden unter den Einschränkungen ist ein Teil der Motivation weiterzuarbeiten, der andere Teil ist die Motivation aus neuen, inzwischen gemachten und registrierten Erfahrungen.

Lösung eines Engpasses **zweiten Grades** mit der Einschärfung ‚Denk nicht':

Beispiel: ✿ Frau Z. kam in einer Phase ihrer Therapie zu dem Punkt, da sie massiv unter dem Gedanken, dumm zu sein, litt. Sie war traurig und wütend und haderte mit sich, sie sei zu dumm, um irgend etwas zu verändern. Sie machte ihre ‚Dummheit' daran fest, daß sie sich nichts merken könne. Beim Lesen eines Buches hatte sie den Eindruck, nachher nichts mehr davon zu wissen.
Die Klientin war immer wieder verzweifelt, sie hatte einerseits Spaß an Diskussionen, am Lesen und machte sich alles immer wieder schlecht, es sei alles dumm, was sie sage, und ihr Wissen sei zu gering. Nach der gedanklichen Trennung zwischen Wissen und Denken wurde ihr deutlich, daß sie an ihrer Denkfähigkeit zweifelt, und konnte dies dann ihrem Vater zuordnen. ❖
Sie erlebte heftige Wut, es kamen ihr unterschiedliche Situationen in Erinnerung, in denen ihr Vater ihr vermittelte, daß sie nicht in der Lage sei zu denken. ❖

❖ Kommentar: Diagnostisch ist es notwendig zu erkennen, ob es sich um Kind-Ich oder Eltern-Ich handelt. Hier war die Gestik und Mimik wie auch die Sprache kindlich.
❖ Die Klientin kam mit ihren Gefühlen dazu in Kontakt. Da die einschränkende Entscheidung eine **Einschärfung** war, entwickelte sich daraus ein **Engpaß zweiten Grades.**
Die Klientin bekam immer wieder Rückmeldung über ihr Denken, welche Verknüpfungen sie herstellte und wenn sie Zusammenhänge klar darstellte.
Als sie erkannte, daß sie oft klar denkt, haderte sie damit, daß sie zu wenig wissen würde. Die Enttrübung zwischen Wissen und Denken war ihr dann möglich.
Sie erkannte mit der Zeit, daß sie in bestimmten Situationen ihr Denken blockierte. Sie stellte fest, daß dies im Gespräch mit Männern am Arbeitsplatz häufig war. Es kamen ihr Situationen mit ihrem Vater in Erinnerung, in denen sie ihn als abwertend in bezug auf ihr Denken erlebte. Sie kam sich neben ihm oft dumm und deshalb abgelehnt vor.
Bedingt durch die neuen Erfahrungen und das zunehmende Zutrauen zu ihrem Denken, kam sie immer mehr in die Enge zwischen der kindlichen Entscheidung, daß sie nicht denken könne, und der Erfahrung, daß sie gut dazu in der Lage ist. Obwohl ihr Vater sich auf der bewußten Ebene eine intelligente Tochter wünschte, hatte sie als Kind wahrgenommen, daß ihr klares Denkvermögen dem Kind-Ich des Vaters bedrohlich war und er daher dieses abwertete.
Bei den neuen Erfahrungen mit ihrer

Eine Erinnerung, die immer wieder auftauchte, war ein Lächeln des Vaters, das für sie ironisch und abwertend war, dann, wenn sie über irgend etwas sprach z. B. Dinge, aus der Schule oder Dinge, die sie gelesen hatte. Er sagte ihr dazu: „Das verstehst du nicht." ❖
In einer ‚Stuhlarbeit' sagte sie ihrem Vater, wie sie ihn erlebte und was das für sie bedeutete. Sie zeigte ihm ihre Wut, schrie ihn an, warf mit Kissen, war verzweifelt in ihrem Kummer über die Dummheit. Sie entschied sich zu dem was sie in der letzten Zeit öfter erlebt und auch bemerkt hatte, daß sie klar denken kann, und sagte es ihm mit fester Stimme. ❖
Zur Verfestigung dieser Entscheidung ging sie nach der Arbeit mit dem imaginierten Vater zu einzelnen Mitgliedern der Gruppe und teilte diesen ihre Entscheidung mit. ❖

Denkfähigkeit erlebte sie Spaß und Energie.
Der Engpaß wird deutlich, wenn die gegenläufigen Kräfte aufeinandertreffen. Die Klientin ist motiviert, eine neue Entscheidung zu treffen, dafür ist ein spezifischer Vertrag notwendig. Die Vorbereitung beinhaltet z. B., an welchen Platz die Person für den Dialog gesetzt wird, den Schutz durch die Therapeutin, wo sie sitzen wird, und die Information, daß der Vater sie in diesem Rahmen nicht unter Druck setzen kann. Die Therapeutin leitet dann die Klientin an, sich die Szene von früher mit dem damaligen Vater vorzustellen. In einem Dialog mit dem inneren Vater, der von der Therapeutin begleitet wurde, wurde die Klientin unterstützt durch Nachfragen nach der Situation und Ermutigung, sich den Gefühlen in bezug auf den früheren Vater auszusetzen.
Sie teilt in diesem Dialog dem Vater mit, daß sie denken kann, daß sie eine intelligente Frau ist. Diese neue Entscheidung den Gruppenmitgliedern mitzuteilen, dient der Integration der Entscheidung in das heutige Leben und der Anerkennung für diese Arbeit.

Je nachdem, in welchem Entwicklungsalter die Störungen der Klienten begründet sind, werden nach der Lösung der Engpässe zweiten Grades noch weitere einschränkende Überzeugungen deutlich. Diese können wie auch die Einschärfungen ganz unterschiedliche Bereiche betreffen.

Engpaß zweiten Grades

Wann: Wenn durch neue Erfahrungen die Sackgasse erreicht ist und ein Leiden dazu deutlich wird. Die Enttrübung des Er_2 und ausreichende Veränderung des El_2 sind notwendig.

Wie: Regression in eine Szene aus der Kindheit, ‚Stuhlarbeit' mit der entsprechenden Bezugsperson und das Erleben der zugehö-

	rigen Gefühle und ihr Ausdruck, neue Entscheidung aus dem Kind-Ich vom Er_1.
Wozu:	Veränderung der einschränkenden Skripterfahrungen mit dem Ziel, im aktuellen Leben andere Gefühle zu erleben, Lösung innerer Konflikte innerhalb des K_2.

Gouldings (1976) stellten die Engpässe ersten und zweiten Grades im lebensgeschichtlichen, dem Strukturmodell als Konflikte zwischen El_2 und K_2 bzw. El_1 und Er_1 dar. Diese Persönlichkeitsanteile sind entwicklungsgeschichtlich definiert.

Der **Engpaß dritten Grades** ist ein Konflikt zwischen Überzeugungen, die aus früheren Gefühlen und Erlebnissen, in denen Bedürfnisse und Wünsche nicht erfüllt wurden, stammen. Bei der Darstellung im lebensgeschichtlichen Modell liegt dieser Konflikt innerhalb des Kind-Ich. Dies wurde in der Weise dargestellt, daß das K_1 von *Mellor* (1981/1980) auch in elterliche, erwachsene und kindliche Anteile unterteilt wurde.

📖 Mellor, K.: Impasses. Ihre Entwicklung und ihre Struktur. 1981.

Säuglinge haben, wie die neueren Beobachtungen zeigen, durchaus verschiedene Anteile; ob diese mit unseren vom Verstand geprägten Begriffen sinnvoll beschrieben sind, ist fraglich. Die Lösung von *Gouldings* (1976), für diese Problematik die Verhaltensbeschreibung zu wählen, ist eine für die praktische Arbeit hilfreiche Lösung, denn das Problem, das Leid, liegt in den Anpassungsprozessen und die Energie zur Veränderung, um die Bedürfnisbefriedigung zu erreichen, im freien Kind-Ich. In der Darstellung über die Verhaltensbeschreibung wird nicht der Ort des Konfliktes dargestellt, sondern die nach außen im Hier und Jetzt deutlichen beobachtbaren Kindanteile, die für eine Bearbeitung dieser Situation wichtig sind. Auch die Arbeit an den Engpässen ersten und zweiten Grades dienen der Entwicklung der Autonomie von der Anpassung an die inneren Eltern, die im heutigen Leben nicht mehr passend ist.

Diese **Verhaltensbeschreibung** dient auch der diagnostischen Klarheit über die Ich-Zustandsbesetzung, um wirklich mit dem Kind-Ich-Zustand zu arbeiten und nicht mit kindlichen Anteilen aus dem Eltern-Ich. Eine weitere Gefahr für Klienten liegt darin, daß sie sich den Therapeuten anpassen und die Vorstellungen, die Therapeuten haben, integrieren, um wieder den vertrauten Anpassungsmechanismen folgen zu können und nicht wirklich eine Entscheidung für sich zugunsten ihrer eigenen Bedürfnisse und Gefühle treffen.

Bei der Engpaßarbeit stellen Therapeuten ihr Eltern-Ich als Hilfs-Eltern-Ich zur Verfügung, das in potenter Weise den ‚inneren Eltern' entgegenstehen kann. Diese elterliche Funktion wird in verschiedenen Bereichen deutlich z. B. der Haltung, dem Schutz in der Situation oder Regeln in bezug auf den Rahmen.

Die Lösung eines **Engpasses dritten Grades** mit der Überzeugung ‚Mich hat nie jemand wirklich gemocht!':

⌘ Beispiel: Eine Klientin stellt sich am Arbeitsplatz und im privaten Bereich immer wieder Situationen her, in denen sie abgelehnt wurde. Am Arbeitsplatz konkurrierte sie vor allem mit den Männern, sie wurde schnell ärgerlich und zog sich schmollend zurück. ❖ Ihre Ehe endete mit einer Scheidung, sie lebt allein und hat wenig Freunde, da sie sich von anderen immer wieder schnell ausgenutzt erlebt und sich zurückzieht. Das Ergebnis vieler Kontakte ist die innerliche Überzeugung: Mich mag im Grunde keiner, es hat mich noch nie jemand gemocht. In der Therapiegruppe war die Klientin anfangs immer wieder kratzbürstig und motzig. Der Therapeut beantwortete dies in unterschiedlicher Weise, so daß die Klientin aufmerksam wurde, daß ihr Verhalten nicht zu dem gewohnten Ergebnis führte und sie mit ihren Überzeugungen zu diesem Thema in Kontakt kam. Durch die Arbeit an veschiedenen Themen innerhalb des Therapievertrages entwickelte

❖ Kommentar: Die Klientin verhielt sich ihrer Grundüberzeugung entsprechend immer wieder so, daß sie Ablehnung erfuhr und sich immer wieder ihre Überzeugung bestätigte und dadurch auch verfestigte. So war sie anderen Menschen gegenüber grundsätzlich mißtrauisch und lebte zurückgezogen, um diesen ‚bösen Menschen' nicht so oft ausgeliefert zu sein.

Die Klientin ließ kaum jemanden an sich heran und versuchte, sich dadurch vor der Bestätigung ihrer Überzeugung zu schützen, vereinsamte dabei und erlebte einen schlimmen Mangel an Anerkennung und Stimulierung.

Die Therapieschritte, die notwendig waren, damit die Klientin sich auf die Engpaßarbeit einlassen konnte, dauerten mehrere Jahre, sie enttrübte ihr Er und löste eine Reihe von Engpässen ersten Grades und machte die erleichternde Erfahrung, solche Engen wirklich auch lösen zu können. In diesem Bereich war für sie die Erfahrung, fähig zu sein, sich zum Leben zu entscheiden, zentral.

Dies gab ihr Motivation weiterzuarbeiten, auch wenn sie manchmal fast verzweifelte über die Schwere und

die Klientin ausreichendes Vertrauen, um ganz allmählich und vorsichtig zu glauben, daß der Therapeut sie anerkannte und auch mochte.
Die Klientin begann Anerkennung anzunehmen und kam darüber an die Gefühle, die mit der Überzeugung, nie geliebt gewesen zu sein, in Kontakt. Sie erlebte eine tiefe Verzweiflung und Wut über ihr bisheriges Leben. Die Entscheidung zu leben hatte sie schon in einer vorangegangenen Arbeit getroffen.
In der Verzweiflung war es ihr möglich, auch noch den inzwischen entwickelten Glauben, daß es Menschen gibt, die sie mögen, wahrzunehmen und nach mehrmaligem Durchleben dieser intensiven Verzweiflung auch über das, was ihr im bisherigen Leben verlorengegangen war, die Entscheidung zu treffen, daß sie liebenswert ist.

Mühsal der Beschäftigung mit ihrem Inneren. Sie hatte immer wieder die Tendenz aufzugeben, hielt aber durch und kam zu dem Punkt, an dem sie Anerkennung annahm und in einzelnen Situationen glaubte, daß bestimmte Menschen sie gerne mögen.

Sie zweifelte daran, liebenswert zu-sein, da ihr gewohntes Verhalten immer wieder zu Ablehnung führte und sie dadurch ihre ursprüngliche Überzeugung bestätigt sah.
Sie lernte ihr Verhalten wahrzunehmen und sah, was sie dazu beiträgt, immer wieder dasselbe zu erleben, und fand Möglichkeiten, anderes Verhalten einzuüben.
Sie machte mehrere Ansätze, die Entscheidung zu revidieren; dies zeigt, daß es wichtig ist, Geduld zu haben bis zu dem Zeitpunkt, an dem Klienten soweit sind, neue Entscheidungen zu treffen.

Dieses Beispiel zeigt, daß es wichtig ist, Klienten nicht zu drängen, wenn sie in ihrer Entwicklung noch nicht soweit sind, neue Entscheidungen zu treffen und so Anpassung zu verstärken und damit auch skriptverstärkend zu sein. Dies bedeutet, daß Klienten zwar Ermutigung und oft auch sanften Druck brauchen, um Veränderungen zu machen. Andererseits ist es wichtig, die Entwicklung im Blick zu haben und zusammen mit den Klienten eine sinnvolle Strategie in der Skriptänderung zu planen.

Bei der Betrachtung der Einschärfungen und der daraus möglichen Engpässe wird deutlich, wie eine sinnvolle Reihenfolge sein kann. Es ist z.B. notwendig, vorsichtig zu sein mit der Bearbeitung der Einschärfung ‚Schaff's nicht' und sorgfältig zu klären auf welche Bereiche sie sich bezieht. Wenn sie sich darauf bezieht, daß jemand sagt, ich schaffe es nicht, mich umzubringen, weil ich zu feige bin, ist es notwendig, zuerst das Thema ‚Leben' zu bearbeiten, da sonst die Gefahr des Suizides verstärkt werden kann. Dies ist ein extremes Beispiel, um die Verknüpfungen deutlich zu machen, die Gefahren beinhalten.

Engpaß dritten Grades	
Wann:	Wird eine Überzeugung über das deutlich, wie sich jemand schon immer erlebt hat, und steht diese im Gegensatz zu neuen Erfahrungen, kann dies als Sackgasse erlebt werden. Wenn der Wunsch besteht, diesen Konflikt zu lösen.
Wie:	Regression in ein kindliches Gefühl (es sind häufig Situationen aus vorsprachlicher Zeit, so daß es oft wenige Worte dazu gibt und auch meistens kein konkretes Gegenüber), das in der therapeutischen Situation wahrgenommen und ausgedrückt wird. Wichtig ist die adäquate Antwort mit dem Ziel, eine neue Entscheidung zu treffen.
Wozu:	Zur Befreiung aus den Einschränkungen der Kindheit mit dem Ziel des veränderten Erlebens, Lösung innerer Konflikte innerhalb des K_2.

Das Konzept der Neuentscheidungen zeigt, wie im Detail an einzelnen Entscheidungen gearbeitet werden kann, und bietet die Interventionsplanung in diesen Abschnitten.

Mc Cormick und *Pulleyblank* (1985) haben sieben Stadien der Neuentscheidungsarbeit zusammengestellt.

- Lernen, dem Therapeuten zu trauen, daß er den therapeutischen Prozeß sicher gestaltet.
- Aushandeln eines Therapievertrages, um die gewünschten Verhaltensänderungen genau festzulegen.
- Erkennen der vorausgegangenen Transaktionen mit sich selbst und mit anderen.
- Erkennen der vorausgegangenen Transaktionen und die daraus folgenden Entscheidungen.
- Erkennen der Vor- und Nachteile, mit diesen Entscheidungen weiterzumachen.
- Neu entscheiden in bezug auf die selbstzerstörerischen Entscheidungen aus der Vergangenheit und verstärken der konstruktiven Entscheidungen aus der Kindheit.
- Integrieren der Neuentscheidung, indem sie in den Therapiesitzungen und außerhalb praktiziert wird.

📖 Goulding und Goulding: Neuentscheidung 1979. McNeel: Die sieben Faktoren der Neuentscheidungstherapie 1981

Integrative Therapie

Erskine und *Moursund* (1991/1988) beschreiben einen im doppelten Sinne integrativen Ansatz, einerseits von den Therapiemethoden, – sie integrieren unterschiedliche Therapieansäze in ihre Arbeit –, und andererseits in bezug auf die Persönlichkeit, in die Anteile integriert werden im Sinne des integrierten Erwachsenen-Ich. Die Sichtweise ist die, daß **Introjekte** im Eltern-Ich und **Fixierungen** im Kind-Ich die Funktion des Erwachsenen-Ich stören und daß eine Auflösung der Blockaden und eine Integration gesunder elterlicher und kindlicher Anteile in das Erwachsenen-Ich notwendig ist, um in gesunder Weise im Leben zu stehen.

Es gibt vier große Bereiche, in denen therapeutische Arbeit stattfindet:
- Verstand
- Verhalten
- Gefühle
- Körper.

Die Bearbeitung aller vier Bereiche ist für Skriptänderungen notwendig. Die Arbeit mit dem Kind-Ich geht über eine frühe Kindheitsszene, um die früheren Gefühle wiederzuerleben, damit der Kind-Ich-Zustand die Führung übernimmt. Die Vorbereitung dazu ist, wie in anderen Bereichen schon beschrieben, die Vertragsarbeit, das bedeutet, daß auch das Erwachsenen-Ich mit der Arbeit einverstanden ist.

Der Therapeut übernimmt oft am Anfang die Führung, um den Schutz, der von ihm ausgeht, deutlich zumachen. Der Therapeut erkennt das kindliche Bedürfnis, z. B. Symptome der Angst, Zähneknirschen oder Wunsch nach Erlaubnis, und verbalisiert es, so kann der Kind-Ich-Zustand mit mehr Energie besetzt werden. Der Therapeut nimmt direkt Kontakt zu dem Kind-Ich auf. Die Klienten erleben in der frühen Szene noch einmal, was ihnen damals gefehlt hat, und können erkennen, zu welchen Schlüssen sie damals gekommen sind. Dadurch, daß sie mit ihren heutigen Möglichkeiten diese Situation nacherleben, sind sie in der Lage, andere Möglichkeiten zu entwikkeln und diese Anteile zu integrieren, statt sie auszublenden. Therapeuten unterstützen das Kind auch mit direkten Geboten an die inneren Eltern wie: „Du schlägst den Jungen nicht mehr!"

Nach diesen intensiven emotionalen Erfahrungen ist es häufig wichtig, daß der Klient noch körperlichen Kontakt hat und von einem Gruppenmitglied oder dem Therapeuten gehalten wird.

In ihrem Buch haben *Erskine* und *Moursund* viele eindrucksvolle Beispiele ihrer Arbeit durch Transkripte und Erläuterungen gezeigt, so daß wir dazu keine Beispiele vorstellen.

📖 Erskine und Moursund: Kontakt – Ich Zustände – Lebensplan. 1991.

Integrative Therapie	
Wann:	Deutliche direkte oder indirekte Zeichen einer Kind-Ich-Beteiligung an einem Thema mit Energiebindung.
Wie:	Regression in eine frühe Szene, Erspüren der nicht erfüllten Bedürfnisse, neue Erfahrungen, z.B. Schutz durch Therapeuten.
Wozu:	Auflösung von Fixierungen, Integration dieser Bereiche mit ihrer Energie in das integrierte Er_2.

Neue Kindheitserfahrungen ‚rechilding'

Clarkson (1996/1992) geht bei der Kinderneuerung von den phänomenologisch beobachtbaren Kind-Ich-Zuständen aus, die in der Lebensgeschichte eines Menschen begründet sind. Sie zeigt, wie die Veränderung von Ich-Zuständen aus entwicklungsgeschichtlich früheren Stufen der Streßfestigkeit eines Menschen dient.

Sie sieht diese Möglichkeit nicht an Stelle der üblichen TA-Therapie, sondern als Erweiterung und Konzeptionalisierung des Bisherigen.

Das Konzept der neuen Kindheitserfahrungen bezieht sich nicht auf Bearbeitung innerer Konflikte, sondern auf neue Erfahrungen und Entwicklungen, die in der Kindheit nicht möglich waren.

Clarkson gibt für die Psychotherapie in der Gruppe vier Stufen an:
- Gruppenprozeß, dabei liegt das Schwergewicht auf Erwachsenen-Ich-Funktion mit Konfrontation und Unterstützung zur Schaffung eines gemeinsamen Arbeitsklimas.
- Psychotherapie, das bedeutet Arbeit an Konflikten, wie Neuentscheidungsarbeit, Beelterung oder Enttrübungsarbeit.
- Neue Kindheitserfahrungen, hier besteht das Angebot, vertraglich festgelegt, in bestimmte Altersstufen zu regredieren und innerhalb der Gruppe neue Erfahrungen und Entwicklungen zu machen.
- Kognitive Integration, in dieser Phase wird die kindliche Erfahrung in das Erwachsenenalter eingebaut. Es können Fragen gestellt und die Abläufe besprochen werden.

Die Phase der neuen Kindheitserfahrungen wird von der gesamten Gruppe durchgeführt, z.B. Angebote aus dem Kindergartenalter mit entsprechenden Spiel- und Beschäftigungsangeboten werden gemacht, die Therapeuten stehen in elterlicher Funktion zur Verfügung.

Anteile daraus werden in vielen Therapien genutzt, indem Spielmaterial oder Malutensilien vorhanden sind und im Bedarfsfall situativ eingesetzt werden.

Diese neue Kindheitserfahrung, sie entspricht der korrigierenden Beziehungserfahrung, bewirkt eine Streßfestigkeit von Menschen, die z.B. im sozialen Bereich großen emotionalen Belastungen ausgesetzt sind. Viele kompensieren ihre Entwicklungsdefizite aus der Kindheit über lange Zeiträume und dekompensieren im Streß; hier dient diese Arbeit der Prävention.

Die Beschreibung dieser Veränderung im Energiekonzept zeigt, daß die freie Energie ins Kind-Ich gebracht wird, um durch Fixierungen gebundene Energie zu befreien und auch im Erwachsenen-Ich wirksam werden zu lassen (siehe Kap. 3). Durch Entwicklungsdefizite entstandene Pathologie wird so außer Kraft gesetzt.

Neue Kindheitserfahrungen (rechilding)	
Wann:	Werden neben inneren Konflikten auch Defizite in der kindlichen Entwicklung deutlich.
Wie:	Regression in frühere Entwicklungsstufen mit entsprechenden Angeboten innerhalb der Gruppe (für die gesamte Gruppe).
Wozu:	Stabilität der Persönlichkeit durch breitere Basiserfahrungen.

Diese Aspekte der Entwicklung sind auch bei anderen Autoren deutlich, auch wenn sie dort nicht in ein solch festes Programm gefaßt werden.

Sowohl in der Psychotherapie wie auch in der Beratung wechselt die Arbeit immer wieder zwischen Entwicklungsförderung und Konfliktbearbeitung auf verschiedenen Ebenen.

📖 Clarkson, P.: Transaktionsanalytische Psychotherapie. 1996.

Entwicklungspsychologische Ansätze

Die beziehungsorientierte Arbeit setzt in ihrem Schwerpunkt bei der korrigierenden Beziehungserfahrung an, das bedeutet, daß Klienten im Rahmen der Beratung oder Therapie Erfahrungen machen, die ihnen bis dahin verwehrt waren.

Dieser Ansatz ist vor allem im Beratungsbereich wichtig, da es in der Beratung nicht primär um die innerpsychischen Veränderungen geht. Dort ist die entwicklungspsychologische Sicht, Angebote dort zu machen, wo Mängel bestehen, und dadurch Veränderungen zu erzielen, hilfreich.

Diese Veränderungen sind im Sinne einer Entwicklungsförderung zu sehen.

Durch diese Erfahrung, daß Beziehungen anders sein können als die bis zu diesem Zeitpunkt gelebten, wird es Klienten möglich, bestimmte Entwicklungsschritte zu machen, und es wird dadurch auch die Fähigkeit entwickelt, innere Konflikte zu erkennen und zu lösen.

Im folgenden Abschnitt werden wir den Schwerpunkt auf die für gesunde Entwicklung notwendigen Faktoren legen. Hier geht es nicht darum, Eltern oder Therapeut/Berater zu perfektionieren, sondern im Sinne der ‚ausreichend guten Mutter' der Vorstellung von *Winnicot* Anregungen zu geben ‚ausreichend gute Therapeuten/Berater' für die Beelterung im Arbeitsprozeß zu sein.

In der Beschäftigung mit der Kinderentwicklung wurde deutlich, wie wichtig es ist, daß Kinder die notwendigen Entwicklungsschritte in einer bestimmten Reihenfolge machen, damit die aufeinander aufbauenden Teilschritte zu einer Gesamtheit wachsen. Läßt z.B. ein Kind die Krabbelphase aus, sind weitere Entwicklungsschritte oft schwieriger als bei Kindern, die die Krabbelphase durchleben. Die psychomotorische Entwicklung steht in engem Zusammenhang mit der seelischen Entwicklung, auch hier bauen die einzelnen Phasen aufeinander auf.

Für die gesunde Entwicklung ist die Befriedigung der Grundbedürfnisse durch die Bezugspersonen ein zentrales Element.

Pam Levin (1974) stellte Bestätigungen zusammen, die sie für eine gesunde Entwicklung vorschlägt. Sie geben einen Anhalt, Defizite zu finden, und Anregungen, wie solche Bestätigungen formuliert werden können.

- Du hast das Recht, hier zu sein.
- Du darfst Bedürfnisse haben.

- Ich freue mich, daß du ein Mädchen bzw. Junge bist.
- Du brauchst dich nicht zu eilen.
- Ich mag es, dich zu halten.

Diese Botschaften sind von Geburt an wichtig, sie werden von den Eltern oder später in Therapie und Beratung von Therapeuten/Beratern gegeben. Diese Formulierungen sind Vorschläge, welche Bereiche wichtig sind. Es ist notwendig, sie für den eigenen Gebrauch so umzuwandeln, daß sie der Persönlichkeit des Absenders entsprechen und für den Empfänger angemessen sind.

M. James schreibt: „Es ist nie zu spät, fröhlich zu sein", das bedeutet, daß es möglich ist, neue Erfahrungen zu machen und sie in das Leben zu integrieren. Sie beschreibt die Entwicklung der persönlichen Kräfte, sie bezieht sich auf die Entwicklungsstadien von E. Erikson.

James, M.: It's Never too Late to Be happy. 1985.

Neubeeltern

Die Neubeelterung – diesen Begriff verwenden wir nur für die spezifische Arbeit, die aus den Entwicklungen der *Schiffs* (1975) stammten – bezieht sich auf Psychotherapie mit schwer gestörten Patienten. Bei dieser Arbeit wird nicht nur das Eltern-Ich verändert, sondern intensiv mit dem Kind-Ich in der Regression gearbeitet. Auch hier ist der spezifische Vertrag für die einzelnen Schritte notwendig. Da davon ausgegangen wird, daß bei diesen Patienten die Defizite vorgeburtlich und im ersten Lebensjahr liegen, beinhaltet diese Arbeit sehr viel körperliches Halten und z.B. auch Flasche-Trinken und ähnliche frühe Erfahrungen. Die motorische Entwicklung wird auch in diese Arbeit einbezogen. Die Nachentwicklung dient dem Aufbau eines neuen Kind-Ich.

Neubeeltern	
Wann:	Bei klarer Diagnosestellung einer Psychose und der Möglichkeit, in einer entsprechenden Einrichtung zu arbeiten.
Wie:	Regression auf frühe Stufen mit vielen neuen kindlichen Erfahrungen.
Wozu:	Aufbau eines neuen Kind-Ich.

Punktuelles Neubeeltern

Das **punktuelle Neubeeltern** ist eine Arbeit im Kind-Ich, bei dem wie auch bei den anderen Konzepten die Therapeuten als Hilfs-Eltern-Ich fungieren in bezug auf die Klienten und auch ein Gegengewicht zu den ‚inneren Eltern' darstellen.

Osnes (1981/1978) zeigt, daß die prinzipielle Idee des Neubeelterns nicht nur bei Psychotikern angewandt werden kann, sondern in abgewandelter Form auch in fortlaufenden Gruppenbehandlungen. Sie identifiziert mit den Klienten einen spezifischen Bereich, in dem Defizite bestehen. Sie leitet die Klienten an, sich mit geschlossenen Augen eine solche Situation zu vergegenwärtigen und sie zu beschreiben und die Gefühle, die auftauchen, zuzulassen. Bei Bedarf zeigt sie ihre Anwesenheit zum Schutz dadurch, daß sie ihre Hand auf die Schulter legt. Wenn Situationen zu beängstigend erscheinen, ist es möglich, zwischendurch in Gedanken an einen sicheren Ort der Kindheit zu gehen. Es ist wichtig, daß die Klientnen in der Gegenwart sprechen, um die Situation nachzuerleben und auch im Heute eine neue Erfahrung zu machen.

Die Klienten fragen nach dem, was sie brauchen, oder die Therapeuten machen intuitive Angebote aus dem, wie sie die Klienten wahrnehmen, da die Situationen häufig aus der vorsprachlichen Zeit stammen. Bei der Vorbereitung der Situation ist es bei Regression auf ein frühes Alter häufig hilfreich, daß die Klienten sich vorher Elternfiguren aus der Gruppe wählen, die ihnen während der Arbeit zur Seite stehen. Die Art des Beistandes kann vorher besprochen oder in der Situation erbeten werden.

Punktuelles Neubeeltern

Wann: Deutlich und bewußt werden von Defiziten in der kindlichen Entwicklung.
Wie: Regression in eine definierte Situation, um neue Erfahrungen zu machen.
Wozu: Ziel ist es, durch diese Erfahrungen das Kind-ich zu stabilisieren und neue Gefühlsqualitäten zu erschließen.

Die Entwicklungsstadien und die dazu gehörenden Bestätigungen werden im Kap. 7.4 Kindertherapie besprochen.

Allgemeine Anregungen zur Attraktion des Kind-Ich
Für die oben beschriebenen Verfahren ist es wichtig, den Kind-Ich-Zustand zu erreichen und ihm dann auch kindgerechte Angebote zu machen. Dazu gehört einerseits genügend Schutz, und andererseits ist es wichtig, den kindlichen Bedürfnissen nach Bewegung und Anregung Rechnung zu tragen, z. B.
- eine wohnliche Einrichtung der Therapieräume mit der Möglichkeit, auch auf dem Boden zu sitzen;
- Kuscheltiere in der Größe auch für Erwachsene geeignet;
- Bewegungsfreiheit z. B. für freies Tanzen;
- die Möglichkeit Lärm zu machen;
- Malmaterialien.

Es ist nicht notwendig, nun alles zur Verfügung zu haben, sondern sich Gedanken zu machen, was in dem eigenen Arbeitsbereich möglich ist und welche Möglichkeiten auch der eigenen Persönlichkeit entsprechen.

Diese vorgestellten Möglichkeiten, mit dem Kind-Ich zu arbeiten, sind nicht zu werten, sie bedürfen ihrer spezifischen Indikation, und sie sollten während der Ausbildung oder Selbsterfahrung kennengelernt werden und nicht nur auf dem Boden theoretischer Informationen durchgeführt werden.

Für das Einüben dieser Verfahren ist es wichtig, Supervision zu erhalten.

6.3 Veränderung des Eltern-Ich-Zustands

Die Arbeit mit dem **Eltern-Ich** betrifft nicht nur die **Psychotherapie**. Die Wirkung auf das Eltern-Ich, die im **Beratungsbereich** erzielt wird, wird häufig unterschätzt. Denn aus dem Beispiel, wie Berater mit ihnen umgehen, integrieren Klienten Haltungen und Informationen in ihr Eltern-Ich-System. Dadurch findet ein **Beelterungsprozeß** statt; es ist wichtig, auch diesen bewußt zu steuern.

Die Themenbereiche, die zu Schwierigkeiten führen, sind in der Regel in allen drei Ich-Zuständen begründet. Diese Themen werden erhalten durch die Skriptüberzeugungen im Kind-Ich, sie werden nicht erkannt durch Trübungen oder einen Mangel an Informationen im Erwachsenen-Ich und werden durch die Einstellung des Eltern-Ich verstärkt. Daraus folgt, daß in der Therapie und der Beratung die

Arbeit mit allen drei Ich-Zuständen zu einem Thema notwendig werden kann.

Der Eltern-Ich-Zustand wird häufig in seinem **Verhalten** dargestellt, indem er entweder **fürsorglich oder kritisch** beschrieben wird in seiner elterlichen Qualität des Tuns, die Betrachtung der **phänomenologisch** deutlich werdenden Eltern-Ich-Zustände und der **Lebensgeschichte** des jeweiligen Menschen ist für die Veränderungsarbeit ebenso wie die Art der **Beziehungsaufnahme** notwendig.

Die Bedeutung der Veränderung des Eltern-Ich-Zustandes ist erst in der Zeit nach *Berne* herausgearbeitet worden. *Berne* bezieht sich auf den inneren Dialog und die Einflüsse, die dadurch vom Eltern-Ich ausgehen und wie diese den Kind-Ich-Zustand beeinflussen. *Berne* (1975/1972) sieht den Schwerpunkt darin, die **Elternstimmen** zu erkennen und dann vom **Erwachsenen-Ich** zu entscheiden, diesen Anweisungen zu folgen oder dies nicht zu tun.

Ziele der Veränderungsarbeit

Die Arbeit mit dem Eltern-Ich kann in dem Prozeß der Beelterung stattfinden, die Klienten integrieren Neues in diesen Ich-Zustand, oder es kann eine Psychotherapie mit dem Eltern-Ich durchgeführt werden, die eine Änderung im Gefühlsbereich des Eltern-Ich bewirkt. Bisher ausgeblendete Anteile werden wirksam, und/oder den schädlichen Anteilen wird Energie entzogen. Wir werden zwei Gruppen von Arbeiten mit dem Eltern-Ich darstellen: einerseits die **therapeutischen Veränderungen im Eltern-Ich** und den **kontinuierlichen Prozeß der Beelterung** mit dem Schwerpunkt der entwicklungspsychologischen Sicht und für die folgende Techniken entwickelt wurden:

Elterninterview *Mc Neel* (1976)
Neubeeltern *Schiff* (1975)
Die Kopfbewohner *M. Goulding* (1991/1985)
Integrative Therapie *Erskine und Moursund* (1991/1988)
Eltern-Ich-Lösung *Dashiell* (1981/1978)
Neubeeltern des Eltern-Ich zur Untersützung von
Neuentscheidungen *Mellor* und *Andrewartha* (1981/1980)
Aktivierung positiver Eltern-Ich-Strukturen (Parent Grafting)
A. Mitchell (1983)
Beelterung *Levin* (1980) und *Drego* (1994)

Eltern Interview

Eine der ersten Arbeiten zur Veränderung des Eltern-Ich hat *Mc Neel* (1976) entwickelt. In der Befragung des Eltern-Ich, im **Eltern-Interview,** wird in der ‚Regression' das Eltern-Ich wie eine ganze Person mit Gefühlen, Denken und Werthaltungen angesprochen in einer Situation aus der Kindheit des Klienten. Unter Regression verstehen wir in der Regel das Zurückgehen in kindliche Anteile hier ist das Zurückgehen in elterliche Anteile gemeint, die oft schwerer zu erreichen sind als die kindlichen. Hier sind die Kriterien der phänomenologischen Diagnose zur eindeutigen Identifizierung hilfreich.

Diese Form der Arbeit wurde aus der Beobachtung von Dialogen bei der ‚Zwei-Stuhl-Arbeit', in denen Klienten beide Seiten sowohl den Kind-Ich-Zustand als auch den Eltern-Ich-Zustand, verkörpern, entwickelt. Häufig startet der Klient aus dem reagierenden Kind-Ich und wechselt auf dem zweiten Stuhl entweder in das negativ-kritische oder das negativ-nährende Eltern-Ich. In diesem Dialog bleibt der Klient häufig gefangen und findet keine Lösung. Das **Eltern-Interview** dient dazu, Lösungen zu finden und Neuentscheidungen zu unterstützen. Die Situation in der das Eltern-Interview angewendet werden kann, ist dann gegeben, wenn der Klient eindeutig in der Opferposition ist und Bedürfnisse an das Eltern-Ich formuliert, und dieses weist die Bedürfnisse zurück und gibt verteidigende Antworten in der Regel, um das eigene Kind-Ich zu schützen.

Wenn sich der Klient eindeutig in einer Engpaßsituation befindet und darauf wartet, daß die Elternfigur sich ändert, wird eine Intensivierung in der therapeutischen Situation dadurch erreicht, daß Therapeuten fragen, ob derjenige bemerkt, daß er darauf wartet, daß der andere sich ändert.

Beim **Eltern-Interview** reagiert der Klient aus dem Eltern-Ich, und der Therapeut befragt ihn, als wäre es eine reale Person. Eine erste sinnvolle Frage ist die nach dem Namen, dann sind Fragen in bezug auf Gedanken und Gefühle wichtig, die sich auf die Forderung des Kind-Ich beziehen. Diese Befragung geht davon aus, daß die Eltern nicht in böser Absicht, sondern aus einer für sie selbst bedrohlichen Situation handelten.

Der Klient macht eine ganzheitliche Erfahrung als dieser Elternteil mit Gedanken und Gefühlen, die auch auf der körperlichen Ebene deutlich werden. Er erlebt Vater oder Mutter als ganze Person mit eigenen Problemen und nicht nur den zurückweisenden oder verteidigenden Teil. Der entscheidende Schritt während des Eltern-Interviews ist der Ich-Zustandswechsel der Elternfigur aus dem negativ-kritischen oder negativ-fürsorglichen Eltern-Ich in das Kind-Ich, das seine Gefühle, z. B. Ängste, zeigt. Dies erleichtert den Trennungsprozeß zwischen der Elternfigur und den Klienten: die Lösung der ungesunden Symbiose. Auf der Erwachsenen-Ebene wird ihnen bewußt, daß sie ihre Wünsche häufig unterdrückten und statt dessen Maschengefühle oder Maschenverhalten zeigten und diese eher eskalierten, als die Eltern in ihrer Vorstellung durch eigene Wünsche in Bedrängnis zu bringen. Früher schützten sie damit ihre Eltern und tun dies für die ‚inneren' Eltern immer noch.

⌘ Ein Klient hatte immer wieder Schwierigkeiten, in den Bergen wandern zu gehen, er spürte eine massive Bremse, obwohl er Lust dazu hatte und vor einiger Zeit die Entscheidung getroffen hatte, dies tun zu dürfen. Er haderte immer wieder mit sich und schimpfte mit sich, wie es früher seine Mutter getan hatte. Er wurde als seine Mutter befragt. Als erstes fragte die Therapeutin nach ihrem Namen und danach, wie denn der Sohn gewesen sei, als er ungefähr vier Jahre alt war. Sie berichtete, er sei ein wildes Kind gewesen und habe ungeheuer viel Energie gehabt. Sie habe ganz oft mit ihm geschimpft und ihn zurechtgewiesen. Sie habe ihn in seine Schranken gewiesen, als Junge durfte er schon wild sein, aber doch mit Maßen. Dies sei häufig über ihre Kräfte gegangen. Sie habe ganz oft Angst um ihren Sohn gehabt, sie habe ihm dies aber doch nicht zeigen können, sonst wäre die Gefahr gewesen, daß sie ihn verweichlicht hätte. Denn ihr Vater hätte ihr beigebracht, Jungen dürften nicht verweichlicht werden. Die

❖ Die Therapeutin half dem Klienten, zwischen den elterlichen Stimmen und den kindlichen Stimmen zu unterscheiden. Er identifizierte die elterliche Stimme als die seiner Mutter.
Er machte einen Vertrag, sich in die Mutter hineinzuversetzen, er hatte schon Erfahrung in dieser Art der Arbeit.
Als nächstes wurde er eingeladen, sich auf den Stuhl der mütterlichen Stimme zu setzen und sich in die Mutter hineinzuversetzen in einen Zeitraum, zu dem er etwa vier Jahre alt war. Oft ist es eine Hilfe, von der Erinnerung an die Wohnung auszugehen.
Als erstes wurde die kritische schimpfende Haltung der Mutter deutlich, dann kam der Umschwung, und sie berichtete über ihre Angst.
Am Ende der Arbeit berichtete der Klient sein Erstaunen darüber, daß die Mutter Angst gehabt hatte, er hat es in dieser Situation deutlich mit Herzklopfen wahrgenommen. Im Nachgespräch konnte der Klient von seinem Erwachsenen-Ich die Angst der Mutter verstehen.

> Angst habe dann ganz oft im Vordergrund gestanden.
>
> Im nächsten Schritt war es ihm möglich, in den Bergen wandern zu gehen, was er sich, ohne zu wissen und zu spüren warum, vorher versagte.

Dieses Konzept bezieht sich nicht nur auf die Eltern, sondern auf andere wichtige Bezugspersonen, es kann z. B. auch ein ‚Großmutter-Interview' oder ‚Tanten-Interview' durchgeführt werden.

Mc Neel führte damit die Veränderungsarbeit des Eltern-Ich ein. In vielen Therapieverläufen wird deutlich, daß in den Situationen, in denen sehr viel Energie im Eltern-Ich gebunden ist, eine Führung durch das Erwachsenen-Ich dauerhaft nicht möglich ist. Dann ist eine Arbeit mit dem Eltern-Ich erforderlich.

Eltern-Interview

Wann: Wenn die Veränderung des Kind-Ich durch das Eltern-Ich gebremst wird.

Wie: ‚Zwei-Stuhl-Arbeit', Befragung des Eltern-Ich, als sei es eine ganze Person.

Wozu: Veränderung des El_2, Wechsel vom negativ-kritischen oder negativ-fürsorglichen Teil in das Kind-Ich im El_2, damit Lösung der ungesunden Symbiose, damit Möglichkeit zum Umsetzen von Neuentscheidungen.

Neubeeltern

In derselben Zeit entwickelte *J. L. Schiff* (1975) mit ihrem gesamten Team die **Neubeelterung** (reparenting) von schwer gestörten Patienten hauptsächlich Schizophrenen. Dieses Konzept geht davon aus, daß das Eltern-Ich so pathologisch und dadurch pathologieverstärkend ist, daß es komplett ersetzt werden muß. Das bedeutet, daß während eines intensiven therapeutischen Prozesses mit festen Elternfiguren, die als solche definiert werden, einerseits neue Kinderfahrungen (siehe Arbeit mit dem Kind-Ich) gemacht werden und andererseits ein neues Eltern-Ich aufgebaut wird. *J. L. Schiff* adoptierte ihre ersten Patienten, um ihnen die Möglichkeit zu geben, ein neues Eltern-Ich innerhalb einer Familie zu entwickeln. Dieses Eltern-Ich ist dann geprägt von den Therapeuten, die als Elternfiguren tätig waren.

Diese Arbeit wird in der Regel in therapeutischen Gemeinschaften oder Kliniken durchgeführt, da hier die nötige Intensität auch vom zeitlichen Rahmen her möglich ist.

Da die **Neubeelterung** in der Weise, wie *J. L. Schiff* sie durchführte, nur therapeutischen Gemeinschaften möglich ist, beschreiben wir diese Arbeit nicht im Detail.

📖 Jacqui L. Schiff et al: Cathexis Reader Transactional Analysis Treatment of Psychosis. 1975; dies.: Alle meine Kinder. 1990; dies.: Reparenting Schizophrenics 1969.

Neubeeltern	
Wann:	Bei klarer Diagnosestellung einer Schizophrenie.
Wie:	In einer entsprechenden Einrichtung mit speziell dafür trainierten Therapeuten.
Wozu:	Aufbau eines neuen Eltern-Ich, zur Heilung der Psychose.

Integrative Therapie

Erskine und *Moursund* (1991) beschreiben das Eltern-Ich als durch Introjekte entstanden, und sein Ausdruck nach außen ist Ausdruck dieser Introjekte. Durch Projektion dieser Elternfiguren nach außen kann innerer Streß vermieden werden. In der Übertragungstransaktion wird dies von *Moiso* (1985) dargestellt.

Nach innen werden die Introjekte durch den inneren Dialog deutlich. Die Introjektion der Elternfiguren ist eine Überlebensstrategie, wenn Eltern sehr viel Negatives mitgeben. Eine weitere Überlebensstrategie ist die Entwicklung des ‚Buhmannes', dem alle bösen Dinge unterstellt werden, der eine Phantasiefigur ist. Diese dient dazu, die Elternfiguren positiv sehen zu können und sie unbelastet lieben zu können. Dieser ‚Buhmann' hat dieselben Funktionen wie die Introjekte. Introjekte sind ein Abbild dessen, wie die Klienten ihre Eltern erlebten, nicht wie sie wirklich waren.

Die praktische Arbeit mit dem Eltern-Ich wird, wie beim Elterninterview entwickelt, in der Weise durchgeführt, daß der entsprechende Elternteil wie eine ganze Person zum Gespräch eingeladen wird. Wichtig ist hierbei die phänomenologische Diagnose, um nicht mit kindlichen Elternanteilen zu sprechen.

Bei der Psychotherapie des Eltern-Ich geht es um die Bedürfnisse und Gefühle der Elternfiguren, um die Introjekte so zu verändern, damit die durch sie gebundene Energie freigesetzt werden kann, z.B.

daß sich der Klient nicht mehr durch unausgesprochens Leid gebunden fühlt und sich innerlich das ganze Leben um die Eltern sorgt. Es geht um die Lösung der ungesunden Symbiose, der Symbiose zweiter Ordnung, in der Klienten Verantwortung für die Eltern übernehmen, sie ‚beeltern'.

Nach dieser Bearbeitung der elterlichen Themen wird der Ablauf mit dem Erwachsenen-Ich des Klienten besprochen, damit wird die Veränderung konsolidiert und in das aktuelle Leben integriert.

Integrative Therapie	
Wann:	Wenn die Integration des Erwachsenen-Ich durch Bindung von Energie im Eltern-Ich behindert wird.
Wie:	‚Zwei-Stuhl-Arbeit': Arbeit mit dem Eltern-Ich, als sei es eine ganze Person, zur Lösung der ungesunden Symbiose (Sorgen für die Eltern).
Wozu:	Befreiung von Energie aus den Introjekten des Eltern-Ich zur Integration in das Denken, Fühlen und Handeln im heute.

Die Kopfbewohner

M. *Goulding* (1991) nahm die Elternstimmen aus dem inneren Dialog unter die ‚Lupe'; sie aktiviert Klienten, den Stimmen in ihrem Kopf zuzuhören, sie bestimmten Charakteren zuzuordnen und sich mit den strafenden und hinderlichen Figuren zu beschäftigen. Der Klient lernt diese Stimmen zu beeinflussen und mit ihnen spielerisch umzugehen. Diese Art des Umganges mit den inneren Stimmen dient der Entmachtung und der Veränderung der inneren Stimmen, die nicht nur von den leiblichen Eltern stammen, auch Großeltern und andere wichtige Bezugspersonen sind dort aktiv.

Wenn diese Elternfiguren entmachtet sind, wird es möglich, positive innere Haltungen und Stimmen zu entwickeln und damit Neuentscheidungen aus dem Kind-Ich zu unterstützen. Dies ist wichtig, damit Klienten ihre Neuentscheidungen auch umsetzen können.

Eine spielerische Möglichkeit mit diesen Charakteren ist, Luftballons mit diesen Gesichtern zu bemalen und diese dann schrumpfen zu lassen. Es kann auch der Wut Ausdruck verliehen werden, wenn neue Möglichkeiten entwickelt sind, diese Ballons real oder gedanklich platzen zu lassen.

Eine andere Möglichkeit besteht darin, sie gedanklich z.B. in eine Metallkiste zu sperren und sie auf einen Planeten zu schicken und dadurch den nötigen Abstand zu haben, um sich nicht mehr nach ihnen zu richten.

Danach ist es wichtig, liebevolle Verbündete zu entwickeln, z.B. eine gute Fee, die dir beispielsweise sagt: „Du bist liebenswert", oder „Du bist wertvoll". Weiterhin ist es wichtig, eine Erinnerung an früher zu aktivieren, in der es eine solche liebevolle Figur gegeben hat, die Ähnliches gesagt haben und die nun auch liebevolle Verbündete werden kann.

⌘ Beispiel: Ein Klient sprach in hektischer Weise davon, wie er einen Vortrag für eine Fortbildung vorbereitet. Er habe Folien gemacht, inhaltlich viel zusammengetragen und habe nun die Angst, daß alles nicht genug sei. Während er das berichtet, ist er motorisch unruhig, spricht schnell und atmet unregelmäßig und flach. Auf die Frage des Therapeuten: „Was nehmen Sie dazu wahr?" berichtete er über schweißige Hände, Herzklopfen und daß er sich innerlich antreibe mit Sätzen wie: „Du hast noch nicht genug gemacht! Setz dich hin! Du kannst es nicht!" Der Therapeut fordert nun den Klienten auf, diese Stimmen einer Figur zuzuordnen und diese Figur zu benennen und zu beschreiben. Nach einem Zögern beschreibt der Klient eine Hexe mit braunen Haaren und einem faltigen Gesicht, die einen Besen dabei hat und auf seiner rechten Schulter sitzt und ihm diese Sätze dauernd mit einer schrillen Stimme ins Ohr schreit. Nun leitet der Therapeut den Klienten an, diese Hexe vor sich auf den Boden zu setzen und eine Behälter für sie zu finden, er sucht sich eine goße Keksdose aus. Daraufhin wird er aufgefordert sich ein Raumschiff zu bestellen und dieses in das Weltall zu schicken. Er bestellt ein Ufo,

❖ Kommentar: Der Klient macht schon seit längerer Zeit Therapie und sabotiert immer wieder seine Entscheidungen, er hat große Schwierigkeiten, sie umzusetzen.
Er hat schon Erfahrungen in der Arbeit mit inneren Vorstellungen und auch auf seinen inneren Dialog zu achten.
In der Vorstellung, die elterlichen Stimmen einer Phantasiefigur zuzuordnen, ist häufig für rebellische, trotzige Klienten hilfreich, da die Energie des freien Kind-Ich dadurch gelockt wird. Der Klient geht mit und macht einen Vertrag, sich in dieser Weise mit dem inneren Dialog zu beschäftigen.
Es ist deutlich, daß er eigene Ideen bringt, der Therapeut macht zu der Figur keine Vorgaben.
Er leitet in der oben beschriebenen Weise den Klienten an, die Figur zu beschreiben, zu charakterisieren und dann wegzuschicken. Als zweiter Schritt ist dann wichtig, eine positive Figur zu entwickeln.
Der Klient war nicht bereit, für sich eine Phantasiefigur vorzustellen. Die Figur des Großvaters war so plastisch da, daß der

> das schnell in der Vorstellung erscheint, er stellt die Keksdose in das Ufo, das dann zum Mars abfliegt. Danach lehnt sich der Klient erleichtert zurück.
> Daraufhin fragt der Therapeut: „Welche unterstützende Figur wollen Sie denn nun für sich haben, und was soll diese zu Ihnen sagen?" Es fällt ihm keine Phantasiefigur ein, er möchte, daß sein Großvater auf seiner Schulter sitzt und folgende Sätze zu ihm sagt: „Du kannst das! Laß dir Zeit! Du darfst dann arbeiten, wenn du Lust dazu hast!" Nach dieser Vorstellung ist der Klient entspannt und hat Zutrauen, seine Vorbereitungen zu beenden und diesen Vortrag zu halten.
>
> Therapeut sich entschied dem Klienten vorzuschlagen, den Großvater zu verkleinern und an Stelle der Hexe auf die Schulter zu setzen. Er zog es vor, mit der Energie des Klienten zu gehen und die Gefahr von Rebellion zu vermeiden, indem er dem Vorschlag des Klienten folgte, statt auf einer Phantasiefigur zu bestehen.
> Die Körperreaktionen des Klienten zeigten eine deutliche Veränderung, er atmete gleichmäßig und wieder in den Bauch, er sprach langsamer als vorher, und das Gesicht war entspannt.

Die Figuren, die nun im Kopf lebendig werden, bewirken andere Gedanken und Gefühle, daraus folgt verändertes Handeln.

Die Kopfbewohner	
Wann:	Wenn nach Neuentscheidungen die Umsetzung durch die inneren Stimmen verhindert wird.
Wie:	Durch Definieren dieser Stimmen als bestimmte Charaktere und den spielerischen Umgang, z.B. über Luftballons, werden diese Einflüsse entmachtet.
Wozu	Entmachtung der destruktiven Elternstimmen, Aufbau von unterstützenden elterlichen Stimmen.

📖 Goulding, M.: „Kopfbewohner" oder: Wer bestimmt dein Denken? 1988

Maximale und minimale Eltern-Ich-Lösung

In der Arbeit mit dem Eltern-Ich geht auch *Dashiell* (1981/1978) davon aus, daß mit dem Eltern-Ich wie mit einer ganzen Person gearbeitet werden kann. Auch hier ist wieder die eindeutige Diagnose des Ich-Zustandes erforderlich. *Dashiell* weist darauf hin, daß dadurch, daß die Eltern wie als Person aktiv werden, über das Eltern-Ich im El_2 auch ein Zugang zu früheren Generationen hergestellt werden kann;

die Veränderung betrifft dann nicht nur die Elterngeneration, sondern auch frühere Generationen. Hier besteht ein Bezug zum Konzept des Episkriptes von *F. English*.

Die Eltern-Ich-Lösung soll die im Eltern-Ich inkorporierten Überzeugungen, Haltungen und Gefühle verändern, um Enttrübungen des Er_2 und Skriptarbeit im Kind-Ich erfolgreich durchführen zu können.

Je nach Schwere der Störung sind neben dem Vertrag andere Schutzmaßnahmen erforderlich, wie z. B. ein spezieller Vertrag mit dem Erwachsenen-Ich, das eigene Leben zu schützen unabhängig von dem, was bei der Arbeit mit dem Eltern-Ich deutlich wird.

Die praktische Durchführung erfolgt in einer ‚Stuhlarbeit‘, in der drei Stühle bereitgestellt werden, um die Ich-Zustände voneinander zu trennen, je einer für das Eltern-Ich, das Erwachsenen-Ich und das Kind-Ich.

- Die minimale Eltern-Ich-Lösung: Das Eltern-Ich der Klienten hört auf, destruktive Botschaften an das Kind-Ich zu richten, und beginnt, dem Kind-Ich positive Botschaften zu geben. Dafür ist ein Dialog zwischen Eltern-Ich und Therapeuten notwendig, um positive Botschaften zur Verfügung zu stellen. Dieser Prozeß ist nur dann erfolgversprechend, wenn das Eltern-Ich diese Botschaften verwerten kann und dadurch die destruktiven Botschaften zurücknimmt.
- Die maximale Eltern-Ich-Lösung: In einer Psychotherapie des Eltern-Ich wird entweder ein Episkriptanteil im Kind-Ich des El_2 abgeschlossen, oder es werden Gefühle aufgegeben, die im Eltern-Ich gespeichert waren und von den Klienten mit Kind-Ich-Gefühlen verwechselt wurden. Es erfolgt die Unterscheidung zwischen Gefühlen aus dem Kind-Ich des El_2 und dem Kind-Ich der Klienten. Dieser Prozeß wird als Entmachtung (defusion) des Eltern-Ich bezeichnet, er enthält Erlaubnis und Ermutigung wie bei der Ergänzungsarbeit und zusätzlich Gefühlsarbeit. Ein Wiedererleben von unausgedrückten Gefühlen aus der Geschichte der Klienten, die die Bezugspersonen unterdrückt hatten, die aber trotzdem wirksam waren. Der Schwerpunkt dieses Vorgehens liegt in der Arbeit mit dem Kind-Ich im El_2 mit dem Ziel, die Bedürftigkeit im El_2 aufzudecken und zu vermindern, damit die von dort weitergegebenen skriptwirksamen Botschaften aus dem El_2 nicht mehr verstärkt werden, sondern daß Veränderung unterstützt wird.

⌘ Eine Klientin leidet immer wieder darunter, daß sie glaubt, nicht geliebt zu werden. Sie hat die Idee, daß dies mit ihrem Vater zusammenhängen kann, da sie ihn immer wieder als unklare Figur in inneren Bildern sieht. Sie läßt sich darauf ein, einmal in die Rolle ihres Vaters zu gehen.

Als ihr Vater befragt, berichtet sie, daß er aus einem strengen Elternhaus kam, in dem Regeln streng befolgt werden mußten. Er habe sich über die Regel hinweggesetzt und intensiven Kontakt mit einer jungen Frau (mit seiner späteren Frau) angefangen. Diese sei schwanger geworden. Er habe dies zu Hause mitteilen müssen, er wollte mit dieser Frau nicht zusammenbleiben, für ihn sei diese Beziehung nur ein Abenteuer gewesen, er habe Pläne gehabt, ins Ausland zu gehen.

Seine Eltern setzten ihn moralisch unter Druck, die Frau zu heiraten nach der Regel, bei uns in der Familie läßt kein Mann eine Frau sitzen, die schwanger geworden ist; diese Schande kann nur durch eine Heirat ausgeglichen werden. Er sei sehr wütend gewesen, habe sich aber nicht getraut, dies zu zeigen, er habe dann aufgegeben und resigniert. Seine Tochter habe er abgelehnt, obwohl er wisse, daß sie nichts dafür könne, aber sie habe ihn immer wieder an sein Schicksal erinnert. Er habe sich danach nichts mehr gegönnt, er sei nur noch zum Arbeiten gegangen; der Kontakt zu seiner Frau sei mittelmäßig, gar nicht so schlecht. Seine weiteren Kinder würde er auch nicht so ableh-

❖ Die Klientin arbeitete an diesem Thema schon über längere Zeit und kann sich kurzfristig immer wieder zugestehen, geliebt zu werden, und dies auch annehmen, sie fällt aber immer wieder in den alten Glaubenssatz – nicht geliebt zu werden – zurück.

Der Vertrag bezieht sich darauf, einmal in die Rolle des Vaters zu schlüpfen, um festzustellen, ob sie dabei Informationen bekommt und dadurch neue Möglichkeiten entwickeln kann.

In der Befragung der Klientin als ihr Vater wird deutlich, daß er im Sinne eines Episkripts Familienregeln weitergibt. Diese Regeln gehen in dieser Familie über die Bedürfnisse der Familienmitglieder. Leid und Mangel muß in Kauf genommen werden, um den Familienregeln zu folgen.

Die Patientin hatte wahrgenommen, daß ihr Vater sie ablehnte, obwohl er früher versuchte, ihr dieses nicht zu zeigen. Sie spürte auch die Bedürftigkeit des Vaters und versuchte, für ihn dazusein, da sie es mit sich in Verbindung brachte.

Dadurch, daß sie in der Rolle des Vaters Wut wahrnahm, die Depression spürte, fühlte sie sich in ihrer kindlichen Wahrnehmung im Nachgespräch dieser Arbeit bestätigt.

Eine deutliche Entlastung erfuhr sie auch dadurch, daß der Vater auf die Idee kam, sich nicht mehr nach den Familienregeln zu richten.

Durch die Veränderung des Eltern-Ich wird die Skriptentscheidung ‚Ich werde nicht geliebt' nicht

> nen. Auf die Frage, ob er auch in der Lage sei, Dinge zu tun, für die er sich interessiere, die ihm Spaß machten, veränderte er seinen Gesichtsausdruck, er war weniger verhärmt und zeigte Hoffnung. mehr bestärkt, und die schon getroffene neue Entscheidung kann anhaltend wirksam werden.

Wichtig bei dieser Arbeit sind die Führung und der Schutz durch die Therapeuten. Die **minimale Eltern-Ich-Lösung** findet häufig in der **Beratungsarbeit** statt, die **maximale Eltern-Ich-Lösung** braucht das **therapeutische Setting,** um den genügenden Schutz zu gewährleisten.

Diese Eltern-Ich-Veränderung dient der Vorbereitung und Stabilisierung von Neuentscheidungen.

Minimale und maximale Eltern-Ich-Lösung

Wann: Destruktive Eltern-Ich-Inhalte, die Neuentscheidungen verhindern, werden deutlich.

Wie: ‚Stuhlarbeit' mit dem Eltern-Ich, bei der minimalen Lösung gibt der Berater Informationen an das Eltern-Ich, bei der maximalen findet Therapie mit dem Eltern-Ich zur Aufgabe des Episkript statt oder Gefühlsarbeit zur Lösung innerer Konflikte.

Wozu: Ermöglichen und Stabilisieren von Neuentscheidungen.

Neubeeltern des Eltern-Ich zur Unterstützung von Neuentscheidungen

Das Vorgehen ist ähnlich wie beim punktuellen Neubeeltern, es zeigt aber im Gegensatz dazu die Arbeit mit dem Eltern-Ich und nicht die Kind-Ich-Seite. Dieses Vorgehen beinhaltet fünf Schritte:
- Die Zustimmung der Klienten zur Arbeit innerhalb des Eltern-Ich (Vertrag).
- Identifikation des anstehenden Themas mit dem Ansprechen des Eltern-Ich als ganze Person.
- Die Elternperson einladen, in ihr Kind-Ich zu gehen, und damit deren Wünsche, Bedürfnisse und Gefühle deutlich werden zu lassen.
- Die Elternfigur wird dann zu diesem spezifischen Thema beeltert und das Kind-Ich der Klienten ebenso.
- Die Elternpersönlichkeit soll eine Veränderung vollziehen, dies

kann Engpaßarbeit von Engpässen ersten und zweiten Grades beinhalten.

Mellor und *Andrewartha* (1981) geben allgemeine Leitlinien über das, was für die Therapeuten in diesem Prozeß der Beelterungs- und Neubeelterungsarbeit wichtig ist. Für denjenigen, der beeltern will, ist es notwendig, alle Ich-Zustände zur Verfügung zu haben und sie angemessen einsetzen können. Weiterhin sind klare Botschaften aus dem positiven Eltern-Ich wichtig sowohl Anweisungen als auch Verbote. Die Botschaften sollen relevant für die Gefühle und Bedürfnisse der Klienten sein. Es ist notwendig, daß der Zusammenhang von Eltern-Ich-Themen mit dem Kind-Ich-Leid erklärbar ist. Es ist wichtig, daß am Ende der Arbeit intensive Anerkennung für die Klienten steht, vor allen für den Mut des Kind-Ich, damit dieser Teil nicht wieder den Eindruck hat, daß er wieder nicht beachtet wird, da wieder die meiste Aufmerksamkeit an die Eltern ging.

Wenn das Eltern-Ich großen Widerstand zeigt, kann es notwendig sein, noch einmal in den Dialog mit dem Kind-Ich der Klienten zu gehen, um festzustellen, was dieser Teil befürchtet, wenn sich das Eltern-Ich an diesem Punkt verändert. Dies ist notwendig, da die Energie für die Veränderung im Kind-Ich steckt.

⌘ Eine Klientin erlebt immer wieder massive Ängste, sie traut sich das ‚ganze Leben' oft nicht zu und bringt dies mit ihrer Mutter in Verbindung. Sie weiß, daß sie seit Jahren allein ihr Leben meistert, sie sei aber nicht glücklich dabei, also schaffe sie es nicht. In verschiedenen Arbeiten erlebte sie Trauer und Wut über das in der Kindheit Erlebte und kommt trotzdem nicht aus ihrer Situation heraus. Sie geht in die Rolle der Mutter, diese lamentiert über ihr Leben als Bäuerin, das sie nicht zufriedenstellend leben kann, mit dem Mann ist sie unzufrieden, die Kinder und die Arbeit sind ihr zuviel. Sie nörgelt und schimpft. Sie wechselt vom kritischen Eltern-Ich in ihr Kind-Ich, sie spürt ihr Leid und beschließt eine Änderung, sie hadert mit ihren Eltern und entscheidet sich nicht mehr nach deren Vorstellun-

❖ Die Klientin machte einen Vertrag, sich mit der Rolle ihrer Mutter in diesem Bereich auseinanderzusetzen.
In der Rolle als Mutter gelingt es ihr, aus dem kritischen Eltern-Ich in das Kind-Ich im El_2 zu gehen. Hier wird die Leidenssituation dieses inneren Kindes deutlich.
Die Lösung der Situation erfolgt dadurch, daß sie entscheidet, eigene Entscheidungen zu treffen.
Die Klientin erkennt, wie sehr sie noch in den familiären Strukturen verhaftet ist, sie schließt eine Neuentscheidungsarbeit an und

> gen zu leben, sondern eigene Entscheidungen zu treffen. Am Ende der Arbeit wirkt die Klientin entlastet und locker. In der weiteren Arbeit beschließt sie in ihrem Kind-Ich, von nun an nicht mehr dieser bäuerlichen Haltung zu folgen, daß alles im Leben zu viel und dadurch nicht zu schaffen ist. Sie hat sich durch ihren Beruf (Krankenschwester) dies immer wieder bestätigen können. entscheidet in ihrem Kind-Ich, daß sie in der Lage ist, bestimmte Dinge zu schaffen. Sie muß nicht mehr übergeneralisierend ein Thema gleich auf das ganze Leben beziehen, sondern sie kann einzelne Punkte herausgreifen und sich als nächsten Schritt mit ihrer Arbeitssituation auseinandersetzen.

Dieses Verfahren dient dazu, die Energie aus dem Eltern-Ich zu befreien und nicht allein eine Verhaltensänderung zu bewirken, die im Gegensatz zu dem inneren Elternsystem steht und damit immer wieder Energie benötigt, das Verhalten umzusetzen.

Neubeeltern des Eltern-Ich

Wann: In den Fällen, in denen destruktive Elternbotschaften und Probleme innerhalb des Eltern-Ich deutlich werden.
Wie: ‚Stuhlarbeit' im Dialog mit dem Eltern-Ich als ganzer Person, Therapie der Elternfigur.
Wozu: Vorbereitung und Stabilisierung von Neuentscheidungen.

Aktivierung positiver Eltern-Ich-Strukturen (Parent Grafting)

Mitchell (1983) zeigt, wie bei Klienten, die rebellisch immer wieder daran festhängen, irgend etwas nicht bekommen zu haben, in ihrem Eltern-Ich elterliche Funktionen reaktiviert werden, die in Vergessenheit geraten waren. Dies eignet sich besonders für Klienten, die schon lange in Behandlung sind, oder narzißtische Störungen.

Für diesen Prozeß wird ein spezifischer Vertrag gemacht darüber, daß die Klienten auf ihrer Seite bleiben, nicht kritisch mit sich selbst werden und alte Themen, die den Prozeß unterbrechen könnten, ansprechen. Er hat drei Stufen:
- Der Klient wird aufgefordert, dort im Körper hinzuspüren, wo das Defizit erlebt wird. Dann wird er aufgefordert, die Art der fehlenden Funktion so genau wie möglich zu beschreiben. Die meisten haben dafür ein eindeutiges Empfinden.

- Im zweiten Schritt werden die Klienten dann aufgefordert, in ihre Kindheit zurückzugehen, in eine Situation, in der sie diese Sicherheit schon einmal gespürt haben. Wenn mehrere Erinnerungen auftauchen, ist es wichtig, mit den eindruckvollsten zu gehen.
- Im dritten Schritt werden die Klienten aufgefordert, die Situation genau zu beschreiben mit den körperlichen Wahrnehmungen und diese in den Körper aufzunehmen an Stelle des Defizits. Die Klienten werden dann eingeladen, diese Wahrnehmungen zu bewahren.

Dieses Vorgehen ist eine Hilfe vor allem für die Klienten, die heftig ablehnen, so wie ihre Eltern zu sein, und dadurch die für sie wichtigen positiven Anteile nicht leben, sondern das Augenmerk überwiegend auf die negativen Teile legen, die sie ablehnen.

Die Aktivierung interner Möglichkeiten geankert durch körperliche Erfahrung stabilisiert die elterliche Funktion.

Aktivierung positiver Eltern-Ich-Stukturen

Wann: Bei narzißtischen Störungen; bei langen Therapien von Klienten, die rebellisch sind.
Wie: Aufspüren der Körperempfindungen in bezug zu einem Defizit, Suche nach einer positiven Erinnerung an Eltern zu diesem Thema, Verankerung über Körperempfindung.
Wozu: Nutzen eigener positiver elterlicher Funktionen an Stelle von Selbstkritik.

Die vorgestellten Möglichkeiten der Arbeit mit dem Eltern-Ich sind bis auf die minimale Eltern-Ich-Lösung Psychotherapie des Eltern-Ich-Zustandes. Durch diese Veränderungen wird das Kind-Ich nicht länger behindert, die für es notwendigen Skriptänderungen bzw. Bezugsrahmen-Erweiterungen zu machen, Energie für das Leben im Hier und Heute wird mobilisiert. Das gibt die Möglichkeit, mit situationsgerechten Gefühlen in Kontakt zu kommen, statt an die Vergangenheit gebunden zu sein.

Beelterung

Im folgenden Abschnitt werden wir die Bereiche darstellen, die in der Beratung und Therapie mit Erwachsenen wichtig sind. Beelterung von Erwachsenen ist ein Nachreifungsprozeß, ‚sekundäre Beelterung', der sich von der ‚primären Beelterung' von Kindern unterscheidet. Der Prozeß bei Erwachsenen betrifft nur einzelne Themenbereiche und bezieht sich somit nicht auf die gesamte Entwicklung. Es geht darum, bestimmte Teile zu entmachten und andere aufzubauen. Auch hier ist wie in den anderen Bereichen wichtig, klare Vorstellungen zu entwickeln, wo die fehlenden Entwicklungsschritte liegen und welche Anteile destruktiv sind. Es geht häufig nicht nur um Neues von außen, sondern auch um Aktivierung gesunder Strukturen. Uns begegnen häufig Rebellen, die auch die Dinge, die die eigenen Eltern sinnvoll gemacht haben, nicht benutzen, da sie die Eltern als Person ablehnen und dadurch auch diese Erfahrungen nicht anwenden.

Die Veränderung des Eltern-Ich hat das Ziel, eine ausreichende Beelterung des inneren Kind-Ich-Zustandes möglich zu machen und auch für den Umgang mit realen Kindern neue Möglichkeiten zu schaffen.

> ⌘ Beispiel: Eine Klientin kam und klagte über Verhaltensauffälligkeiten ihres Sohnes, auch die Lehrerin hätte schon darüber geklagt. Die Klientin sprach auch über ihre eigenen Ängste, stellte diese aber hinter die Problematik mit dem Sohn zurück. Nach einigen Gesprächen entschied sie sich zu einer Therapie. In der ersten Zeit war der Sohn häufig Thema; das veränderte sich mit der Zeit, sie bearbeitete dann ihre Themen. Am Ende der Therapie brachte sie zum Ausdruck, daß sie nicht hätte glauben können, daß eine Behandlung, die sie durchführte, auch ihrem Sohn helfen könne. Sie erlebte eine deutliche Veränderung des Sohnes, sie hatten einen intensiven Kontakt miteinander entwickelt, das tägliche Leben war nicht mehr von ihren Ängsten bestimmt. Der Junge durfte inzwischen auch Eigenständigkeit entwickeln.

Um klare Vorstellungen über die Defizite entwickeln zu können, ist es notwendig, Informationen über Entwicklungspsychologie zu haben und mit Entwicklungsmodellen vertraut zu sein, damit die Fähigkeiten auf der Elternseite entwickelt werden können, die wichtigen Bedürfnisse zu erfüllen.

Im Verhaltensmodell wird die elterliche Funktion beschrieben, die fürsorgliche und kritische Qualität, die sowohl negativ als auch positiv sein kann. In der Arbeit mit Familien und Kindern wird häufig deutlich, daß viele Eltern mit sich selbst, im inneren Dialog, negativ-kritisch umgehen aber für ihre Kinder fürsorgliche Teile aktivieren können, da viele von ihnen entschieden haben: ‚So wie mit mir umgegangen wurde, werde ich mit meinen Kindern nicht umgehen.‘ Diese Haltung bewirkt eine Einstellung gegen die innere elterliche

Haltung, die nur mit viel Energie durchgehalten werden kann und leider, meistens aus den negativ-fürsorglichen Anteilen kommend, nicht die gewünschte Wirkung hat. Es führt dazu, daß dann negativ-kritische Anteile auch den Kindern gegenüber besetzt werden und dies zu einer Verfestigung der negativ-kritischen Haltung führt.

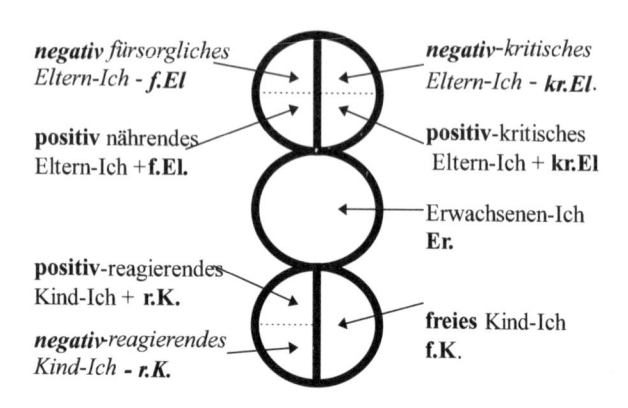

negativ fürsorgliches Eltern-Ich - *f.El*

positiv nährendes Eltern-Ich +**f.El.**

positiv-reagierendes Kind-Ich + **r.K.**

negativ-reagierendes Kind-Ich - **r.K.**

negativ-kritisches Eltern-Ich - **kr.El.**

positiv-kritisches Eltern-Ich + **kr.El**

Erwachsenen-Ich Er.

freies Kind-Ich **f.K.**

Die negativen Anteile sind häufig energiereich, wärend die positiven Eltern-Ich-Anteile wenig ausgebildet sind. Die Aufgabe ist es, diese Teile zu fördern, einerseits durch gezielte Informationen über den Umgang mit Kindern bezüglich z. B. ihrer Entwicklung, den Bedürfnissen und Gefühlen. Es ist wichtig, den Bezug zu dem eigenen ‚inneren Kind' herzustellen. Die Bedeutung dieser Anteile sollte vermittelt werden. Klienten lernen aus dem, was sie erleben und wie sie die Berater/Therapeuten erleben; daher erfolgt ein großer Teil der Beelterung aus dem Beispiel, dem Abschauen und aus dem Erleben, dem Erfahrunglernen.

Für Berater/Therapeuten ist es daher notwendig, in der Lage zu sein, das El_2 eindeutig zu besetzen, Klienten verwechseln für sich selbst häufig die elterliche Qualität aus dem Kind-Ich, das El_1 mit dem El_2.

Erlaubnisse als Bestätigung im Kontrast zu Einschärfungen
Erlaubnisse sind für das Wachstum das Entscheidende. *Drego* (1994 S. 4) schreibt über Erlaubnis: „Sie gibt die Freiheit, die einem Kind hilft, sich in Richtung Autonomie und Selbstverwirklichung zu entwickeln. Sie wird an Körper, Verstand und Seele erfahren. Mit der Erlaubnis kommt die Energie, zu existieren, Beziehungen zu leben, sich

am sozialen Leben zu beteiligen, erfolgreich bei der Arbeit zu sein, zu lieben und geliebt zu werden und auch Schwierigkeiten und Krisen zu überleben."

Drego entwickelte eine Einschärfungsskala, auf der Klienten herausfinden können, welche Überzeugungen sie entwickelt haben, um dann die passende Erlaubnis für sich zu suchen.

📖 Drego, P.: Happy Family Parenting through Family Rituals. 1994.

Levin (1980) zeigt, was Kinder für ihre Entwicklung brauchen (siehe Kap. 6.2), indem sie Bestätigungen für die einzelnen Entwicklungsstadien zusammenstellt. Bei der Beelterung Erwachsener ist es notwendig, das Eltern-Ich in die Lage zu versetzen, diese Bestätigungen dem eigenen inneren Kind-Ich zu geben, als auch dieser Person zu ermöglichen, realen Kindern gegenüber dazu in der Lage zu sein.

Bei der Beobachtung der Klienten im Verhaltensmodell wird deutlich, daß viele zwar reichlich elterliche Funktion zur Verfügung haben, dies aber überwiegend aus den negativen fürsorglichen oder kritischen El-Anteilen kommt. Hier ist es notwendig, die positiven Eltern-Ich-Anteile aufzubauen durch Informationen zur Enttrübung; diese hat nicht nur eine Wirkung auf das Erwachsenen-Ich, sondern dient auch der klaren Abgrenzung zwischen den Ich-Zuständen, so daß dann auch das Eltern-Ich eindeutig besetzt werden kann. Das Eltern-Ich ist in der Zeit, in der das Kind-Ich in seiner Bedeutung übertrieben gesehen wurde, in ‚Verruf' geraten. Elterlichkeit und klare stabile Beelterung sind von großer Bedeutung für die Persönlichkeitsentwicklung, sowohl für die Nachreifung als auch für das Aufwachsen von Kindern.

6.4 Die Integration der Ich-Zustände

Integration ist kein eigener Schritt im Prozeß der transaktionsanalytischen Therapie/Beratung, sondern geschieht fortwährend. Der Wechsel zwischen der erlebnismäßigen (phänomenologischen), beziehungsmäßigen (sozialen), verhaltensmäßigen und lebensgeschichtlichen Betrachtungsweise fördert die Integration. So werden immer wieder Verhaltens-, Denk- und Gefühlsprozesse miteinander verknüpft. Ebenso geschieht die isolierte Arbeit an der Veränderung eines Ich-Zustands nur während der Anwendung einer bestimmten

Methode (z. B. Maschenanalyse), wird dann aber wieder in Verbindung mit anderen Ich-Zuständen gebracht.

Das Racket-Skript-System als Modell für Integration

Das Racket-Skript-System (vgl. Kap. 3.4) ist charakteristisch für die enge Verknüpfung der Erlebnisbereiche in der Person (interne Prozesse) und die Auswirkungen in ihrer sozialen Umgebung als Bestätigungen.

Auf der lebensgeschichtlichen Seite wirken die Glaubenssätze mit dem Effekt der fortgesetzten Unterdrückung von Grundbedürfnissen und Grundgefühlen. Das Denken über sich, die anderen und die Lebensqualität in Verbindung mit Ersatzbedürfnissen und Ersatzgefühlen schafft die motivationale Grundlage für das gezeigte Verhalten, beeinflußt gleichzeitig aber auch die körperlichen Reaktionen und Phantasiebildung als Kompensation der unterdrückten Anteile. Darauf reagiert die Umgebung und verstärkt durch typische Zuwendungsmuster den gesamten Prozeß. Erinnerungen aus aktueller Lebenssituation und der eigenen Geschichte schließen den Kreislauf als ein in sich geschlossenes und selbstbestätigendes System.

Zur Veranschaulichung dient noch einmal die Beispielklientin Frau Z.:

❖ Das Maschen-Skript-System von Frau Z.

Skript-Glaubenssätze	Verhalten	Verstärkende Erfahrungen,
über sich selbst: *ich bin dumm* **über andere:** *die anderen wissen es besser* **über die Qualität des Lebens:** *es ist mühsam*	beobachtetes Verhalten: *hektisch, hastiges Sprechen*	gegenwärtige Ereignisse: *der Freund trennt sich, weil er sein Studium fertig hat*
Maschenbedürfnisse, Maschengefühle *negative Zuwendung, statt positive, Einsamkeit*	**Körperliche Phänomene** *Anspannung im Bauch*	**Alte Erinnerungen** *wenn ich als Kind gut war, hat es keiner gesehen*

Verdrängte Bedürfnisse und Gefühle: Anerkennung für Denken, Wut über Herabsetzung ihrer Fähigkeiten	Phantasien: *mich sieht keiner, weil ich nicht intelligent bin*	Erinnerungen an Phantasie als Realität: *andere waren schon immer intelligenter*

Da es sich um ein System handelt, kann die Arbeit an jedem Punkt einsetzen und zu anderen fortschreiten. Die Veränderung an einem Element verhindert schon den selbstverstärkenden Prozeß, die Bestätigungen für Unterdrückung der Bedürfnisse und Gefühle fehlen und die Glaubenssätze werden in Frage gestellt. Zur Auflösung des Systems ist es jedoch wichtig, alle Komponenten nacheinander zu bearbeiten, um wirkliche Freiheit vom Skript-Einfluß zu erreichen. Eine Arbeitsweise für die Selbsterfahrung bieten *Steward/Joines* (1990 S. 327 ff) an.

Das Leben in der Gegenwart und die Orientierung an der Zukunft

In der skriptgebundenen Zeit bestimmt die Vergangenheit eines Menschen seine Gegenwart, er wiederholt oder vermeidet Szenen aus der Kindheit und Jugend. Die Suche nach dem verlorenen Glück, aber auch die Angst vor der bedrohlichen Zukunft bestimmen das Erleben.

Erfolgreiche Skriptarbeit kann man nun so verstehen, daß der Klient die eigene Geschichte überarbeitet und mit derselben Vergangenheit zu einer anderen Betrachtungsweise findet (Allen/Allen 1995). Die früheren Erlebnisse werden nun aus der Sicht der Gegenwart gedeutet und erhalten einen Sinn, der Lebendigkeit unterstützt statt bedroht.

Die Freiheit von der Bindung an die Vergangenheit und das Engagement für sich selbst in der Gegenwart erlaubt, hilfreiche Visionen der möglichen Zukunft (s. Intuition) zu entwickeln. Wenn diese lebenswerte Zukunft zum Maßstab für gegenwärtiges Handeln wird, hat der Mensch die Energie, anstehende Probleme als Herausforderungen und Lernsituationen zu begreifen und nicht mehr als Bedrohungen. Damit wird ein positiv selbstverstärkendes System aufgebaut im Unterschied zum Maschen-Skript-System der Vergangenheit.

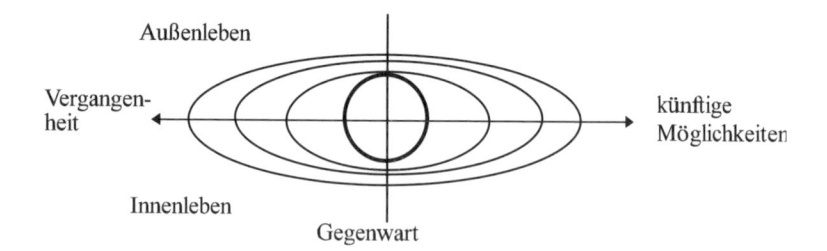

```
         Außenleben
             |
Vergangen-   |              künftige
heit    ◄────┼────►         Möglichkeiten
             |
         Innenleben
             |
         Gegenwart
```

Die Abschlußphase der Therapie/Beratung im Erleben von Klienten

Während der Veränderungsarbeit an einzelnen Ich-Zuständen tritt der Klient neben sich und beobachtet sein Handeln, Fühlen und Denken wie ein Außenstehender. Die Selbstbeobachtung führt zunächst zu einem Verlust an (skriptgebundener) Spontaneität. Gegen Ende der Therapie/Beratung gewinnt der Klient eine neue Form der Spontaneität. Die erarbeitete Fähigkeit zur Wahl, Entscheidung und Verantwortung für sich selbst erlaubt ihm, flexibel und realitätsorientiert mit sich und seiner Umgebung umzugehen (Kristallisation).

Dabei erleben Klienten die Abschlußphase unterschiedlich: Alte Probleme tauchen wieder auf und verunsichern. Der Therapeut/Berater kann hier helfen und aufzeigen, daß die erreichten Ziele auch den Umgang mit den alten Mustern verändert haben. In der Therapie/Beratung kann bisweilen das Gespür für ‚normale' Probleme, ‚normale' Gefühle usw. durch das ständige Hinterfragen verlorengehen. Die überwache Bewußtheit nimmt wieder etwas ab. Dieser Prozeß wird von manchen wie ein Rückfall erlebt.

⌘ Eine Klientin fürchtet um ihren Therapieerfolg: In der letzten Zeit könne sie sich immer weniger Träume merken, außerdem seien sie nicht mehr so bunt und intensiv wie während der Therapiezeit. Öfter habe sie nun auch den Eindruck, daß sie einfach in den Tag hineinlebe. Dies könne sie schon genießen, habe aber die Sorge, daß sie sich die Zeit vertreibe. Auch im Umgang mit ihrem Mann sei sie öfter impulsiv, auch ärgerlich oder betone einfach ihre Wünsche, ohne sich mit ihm abzusprechen.
Bei genauerer Betrachtung zeigt sich, daß die Klientin wesentlich besser schläft und gut erholt aufwacht. Ihre Zeiteinteilung ist sinnvoll, und ihr ‚Kind' liebt bisweilen den Zeitvertreib. Auch die impulsiven Handlungen gegenüber ihrem Mann werden von ihm gut aufgenommen, er erlebt sie als angenehm spontan. Durch diese Analyse nimmt die Klientin ihren Erfolg noch einmal vertieft wahr und vergewissert sich, daß die Veränderungen zu einem positiven Ergebnis geführt haben.

Die integrierte Person am Ende von Therapie und Beratung

Die Integration der Ich-Zustände bewirkt eine Freiheit der Wahl: Ich kann nun auf die Verhaltens-, Fühl- und Denkweisen aus dem Erwachsenen-Ich, Kind-Ich und Eltern-Ich zurückgreifen, situationsentsprechend auswählen. Die gebundene Energie ist zu einem erheblichen Teil freigesetzt und kann für das aktuelle Erleben genutzt werden: der Klient fühlt sich energiegeladen und aktiv. Die Angst vor dem, was im Kind-Ich oder Eltern-Ich noch an unangenehmen oder bedrohlichen Elementen verborgen sein könnte, nimmt ab. Dies wirkt sich in der Regel in einem anderen Körpergefühl, einer veränderten Körperhaltung bis hin zu veränderten Träumen aus. In einer emotional sehr intensiven Übung beschreibt *Rüdiger Rogoll* diese Erfahrung:

> „Wenn jetzt ein Patient *nach* (das ist sehr wichtig!) einer guten TA-Arbeit, in der er z.B. von einem sehr kritischen *Eltern*-Ich zu seinem fürsorglichen übergewechselt ist, um die Wünsche seines freien *Kindes* nach positiver Zuwendung erfüllen zu können, lasse ich ihn ein Kissen in den Armen halten, so als ob es ein Baby wäre – eben sein eigenes *Kind*-Ich. Dabei fühlt der Patient sich sehr wohl und fühlt manchmal zum ersten Male intensive Innigkeit.
> Wenn sein Gesicht dann so richtig strahlt (das ist die Voraussetzung für diese Übung!), frage ich ihn, ob er in der Phantasie sein *Kind* vor sich sieht – und wie das jetzt ausschaut. Meistens erhalte ich eine Antwort wie: ‚Der/die ist jetzt sehr zufrieden, ganz glücklich, lacht, freut sich oder strahlt.‘ In diesem Augenblick lege ich den beschriebenen Handspiegel, der jetzt sein *Kind*-Ich darstellt, sachte in das Kissen, so daß der Patient sein strahlendes Gesicht darin wiederfindet, und frage: ‚So?‘
> Die verstärkende Wirkung auf der Gefühlsebene ist erstaunlich. Spätestens jetzt weiß der Patient, daß er/sie ein *Kind* hat und vor allem, wie es aussieht." (R. Rogoll 1981, S. 44).

7. Paar-, Familien-, Gruppen- und Kindertherapie

7.1 Arbeit mit Paaren

Paarbeziehungen haben viele Aspekte und unterschiedliche Schwerpunkte. Es gibt eine Fülle von Literatur, von der wir hier nur einen kleinen Teil erwähnen können.

Basierend auf dem bisher Beschriebenen, werden wir die Konzepte in ihrer spezifischen Anwendung für Paare aufzeigen mit dem Ziel, Paarbeziehungen zu verstehen und Änderungsmöglichkeiten zu entdecken. Ziel ist es, mit dem Paar in eine Kommunikation über das eintreten zu können, was deutlich wird, in dem Sinne, daß es ihnen möglich wird, wie von ‚außen' auf die Situation zu schauen.

Bei der Betrachtung von Paarbeziehungen gibt es unterschiedliche Schwerpunkte wie den entwicklungsgeschichtlichen von *Bader* und *Pearson* (1988), den Zugang über Egogramme von *Dusay* (1989), die Betrachtung von Skript und Skriptsystemen nach *Erskine* und *Zalcman* (1979).

In der folgenden Graphik zeigen wir die Bereiche, die uns in der Beschäftigung mit Paaren wichtig erscheinen, die Partner als Individuum, jeder mit seinem eigenen Bereich, der gemeinsame Raum des Paares, der sich nur zum Teil mit den individuellen Bereichen deckt, und die Umwelt, mit der sowohl als ‚Einheit' Paar als auch individuell Kontakt aufgenommen werden kann.

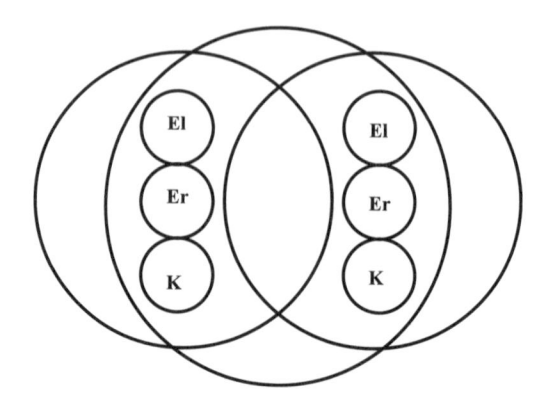

Der Umgang eines Paares miteinander und die daraus resultierenden Gemeinsamkeiten hängen von den Gegebenheiten und dem Erworbenen ab. Der Schwerpunkt unserer Betrachtung liegt auf den Faktoren, die durch den individuellen Lebensplan bedingt sind.

Die innerpsychischen Vorgänge und die kommunikativen Muster sind sowohl für Beratung als auch Therapie wichtig. Die Zielsetzung des Vertrages wird davon bestimmt, ob es sich um eine Therapie oder eine Beratung handelt.

Analyse von partnerschaftlichen Beziehungen

Bei der Analyse der Beziehungen wechseln wir in den Darstellungen zwischen den internen und externen Prozessen, um zu zeigen, wie innere Prozesse die Paardynamik beeinflussen und wie die Kommunikation Wirkung auf die innere Dynamik hat. Die Steigerungen können sowohl in den angenehmen förderlichen Bereichen stattfinden wie auch in den skriptgebundenen.

Beziehungsdiagramm
Berne (1974) beschreibt stabile Beziehungen als komplexe Vorgänge, an denen mehr als ein Ich-Zustand beteiligt ist, er stellt sie im Transaktionsdiagramm dar und bezieht sich dabei nicht nur auf partnerschaftliche Lebensgemeinschaften, sondern auch auf andere Kontakte.

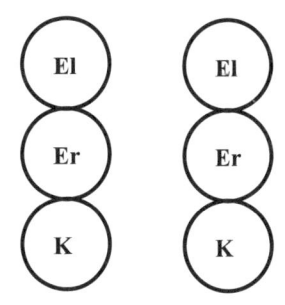

Zwei nicht aufeinander bezogene Personen

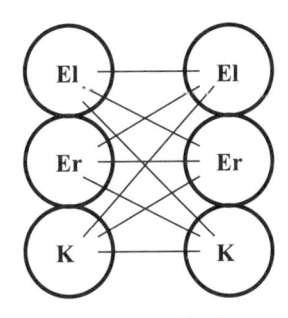

Eine theoretisch ideale Beziehung

In der rechten oberen Darstellung sind zwei Menschen miteinander im Kontakt, die alle Ich-Zustände besetzen und von daher eine vielfältige Beziehung leben können. Im Lebensplan finden einschränkende Entscheidungen statt, die dazu führen, daß einzelne Ich-Zustände häufig besetzt werden und andere dadurch in den Hintergrund treten.

Im folgenden linken Beispiel ist eine extreme Situation dargestellt, in der jeder der Beteiligten nur einen Ich-Zustand besetzt, im rechten Beispiel eine vielfältige Beziehung:

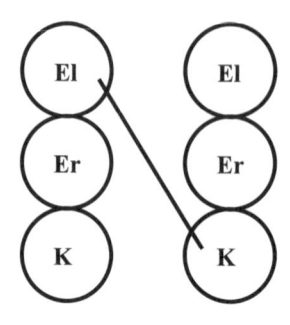

Eine wenig versprechende Beziehung, da nur zwei Ich-Zustände beteiligt sind

Eine ungewöhnlich stabile Beziehung, da alle Ich-Zustände beteiligt sind.

Transaktionen
In dem Beziehungsdiagramm von *Berne* (1961) sind die möglichen beteiligten Ich-Zustände aufgezeigt. Schränken zwei Personen durch ihre Skriptentscheidungen ihre Möglichkeiten ein, wird eine Beziehung instabil. Die Entwicklung eines Paares heißt auch, mehr Ich-Zustände in die Kommunikation einzubeziehen.

Eine Sonderform der Transaktion ist die Übertragungstransaktion, die von *Moiso* (1985) beschrieben wurde. Übertragung ist ein Begriff aus der Psychoanalyse und wird so verstanden, daß Klienten sich den Therapeuten gegenüber so verhalten und fühlen, als säßen sie einer Person ihrer Geschichte gegenüber. Diese Übertragungsphänomene finden nicht nur zwischen Therapeuten und Klienten statt, sondern auch zwischen anderen Professionellen und ihrem Gegenüber und auch zwischen Partnern. *Moiso* hat dieses Phänomen im Ich-Zustands-Modell erkärt und dargestellt:

projiziertes Eltern-Ich   Projektionsschirm

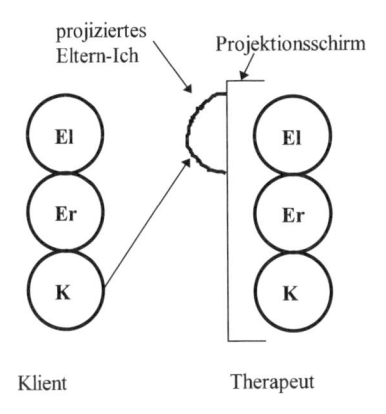

```
   El              El
   Er              Er
   K               K

 Klient         Therapeut
```

Auf einen Erwachsenen-Stimulus reagieren Klienten häufig so, als wäre ein Stimulus aus dem Eltern-Ich gekommen, und antworten aus ihrem Kind-Ich. Transaktional beschrieben, antworten sie mit einer gekreuzten Transaktion, dies ist ihnen nicht bewußt. Diese unbewußten Phänomene gibt es auch in der Partnerschaft; dies wird deutlich z. B. in der Frage während einer Kommunikation, die auf der Erwachsenen-Ebene begann: „Wieso verteidigst du dich?" und der Information: „Ich habe dich doch gar nicht kritisiert." Derjenige überträgt, macht sich klein und sieht das Gegenüber als Elternteil entweder in positiver Weise oder in destruktiver Weise. In der positiven Übertragung kann eine Nachreifung stattfinden, sie muß bearbeitet werden, die negative Übertragung sollte aufgedeckt werden, damit nicht Skriptmuster verstärkt werden. In seinem Artikel stellt *Moiso* (1985) weitere Übertragungsphänomene dar.

📖 Moiso, C.: Ego States and Transference 1985.

Beziehungsarten
Berne (1961) beschreibt neben der quantitativen Seite auch die qualitative, auf der er vier prinzipielle Arten unterscheidet; er gebraucht in seiner Definition in bezug auf Partnerschaft Begriffe, die umgangssprachlich eine andere Bedeutung haben, und beschreibt sie durch den Typ der Spiele, die gespielt werden; es sind:
- die **Sympathie:** es werden Spiele gespielt, die gut ineinander greifen, die Partner passen gut zueinander.
- der **Antagonismus:** es werden gegenläufige Spiele gespielt; dabei kann es sein, daß sie gerne miteinander kämpfen oder argumentieren.

- die **Antipathie:** hier besteht die Neigung, dieselben oder nicht kompatible Spiele zu spielen, sie können einander nicht aushalten.
- die **Indifferenz:** hier haben beide Partner Spiele entwickelt, die keine Bedeutung für den anderen haben (Berne 1961 S. 137).

Eine Partnerschaft wird in der Regel nicht genau in diese dargestellten Beziehungstypen hineinpassen, in jeder Partnerschaft werden Aspekte daraus mit einem Schwerpunkt enthalten sein. In der Sichtweise, daß Spiele immer negativ und damit skriptverstärkend in negativer Weise sind, ist diese Darstellung der Rollen pessimistisch. In der Sicht, daß es auch positive Spiele gibt, hat sie deskriptive Bedeutung.

Auf Spiele gehen wir an dieser Stelle nicht ausführlich ein, diese sind allgemein im Kapitel Kommunikationsmuster (Kap. 3.3) und in bezug auf Familien im folgenden Abschnitt (Kap. 7.2) dargestellt.

Summerton (1994 S. 179) bringt diese Rollen in seiner Beziehungsanalyse mit dem **Zuwendungsaustausch** in Verbindung.

Bei **Sympathie** überwiegt die **positive-bedingungslose** und **positivbedingte Zuwendung**, das bedeutet, daß beide einander empathisch verstehen. Es besteht eine verbindende Beziehung.

Der Schwerpunkt im Zuwendungsaustausch der **Antagonisten** liegt bei **positiv-bedingungsloser** und **negativ-bedingter Anerkennung**, darin wird Konkurrenz deutlich. Auch diese Art der Beziehung ist verbindend.

Bei **Antipathie** überwiegt die **negativ-bedingungslos** und **positivbedingte Zuwendung**, hier spielen Ideen von Überheblichkeit und das Herabsehen auf die andere Person eine Rolle, auch dies ist eine verbindende Beziehung.

Die **Indifferenten** tauschen überwiegend **negativ-bedingungslose** und **negativ-bedingte Zuwendung** aus, diese Art der Beziehung ist bestimmt von Ablehnung, und daher besteht keine weitere Verbindung.

Da der Zuwendungsaustausch in der Partnerschaft eine große Rolle spielt, ist dieses Konzept eine Hilfe, die bestehenden Muster aufzudecken und dadurch Bewußtheit über die Abläufe zu erreichen.

Die individuellen Anerkennungsmuster und die dazugehörigen Filter haben wir in der Motivationsanalyse (Kap. 3.4) ausführlich besprochen. In der Paarbeziehung ist es wichtig, auf den Zuwendungsaustausch zu achten und zu sehen, ob dies ein ausgewogenes Geben und Nehmen ist oder z.B. nach einer Seite lastend, so daß ein Mißbrauch besteht.

Die Überzeugungen in bezug auf Anerkennung sind im Lebensplan verankert.

Skript
Bei der Betrachtung unter Skriptgesichtspunkten zeigt sich, daß nicht nur die beiden individuellen Lebenspläne deutlich werden, sondern auch ein Skript der Beziehung; die gemeinsame Entwicklung des Paares hat auch unbewußte Anteile, die Einfluß auf den Verlauf und den Ausgang der Beziehung haben.

In der praktischen Arbeit mit Paaren wird deutlich, wie die Lebenspläne ineinandergreifen. Es gibt Punkte, in denen besteht ein unausgesprochenes Verständnis, da ähnliche Lebenssituationen erlebt wurden oder ähnliche Entscheidungen getroffen wurden.

⌘ Beispiel: In einer Arbeit wurde der Frau eines Paares deutlich, daß sie als Kleinkind eine Gedeihstörung hatte, das bedeutet, daß sie selten Hunger hatte, wenig aß und dadurch sehr langsam an Gewicht zunahm. Essen bedeutete für sie Nahrungsaufnahme und hatte für sie wenig mit Genuß und dem Empfinden der Bedürfnisbefriedigung zu tun. Der Partner stellte für sich fest, daß er als Kind immer wieder ‚Freßanfälle' hatte, in denen er über den Kühlschrank herfiel und so viel er nur konnte aß, um seine bedrohliche Situation nicht wahrzunehmen. Auch für ihn hatte Essen keine befriedigende Seite, sondern war überwiegend die Erfüllung eines Ersatzbedürfnisses. Dieses Paar verstand sich unausgesprochen darüber, daß Essen überwiegend nichts Lustvolles ist und im Grunde nicht zur Bedürfnisbefriedigung führt.

In anderen Bereichen kann es sein, daß die beiden Partner wie Schloß und Schlüssel ineinanderpassen, sie fühlen und denken anders, sie haben aber das Empfinden, wie ‚magnetisch' angezogen zu sein.

⌘ Beispiel: Ein Paar lernte sich während der Berufsausbildung kennen, und sie fanden relativ schnell Interesse aneinander, sie wußten nicht recht, was sie verband, sie stellten aber fest, daß sie ohne einander schlecht leben konnten. Ohne daß es den beiden bewußt auffiel, übernahmen sie für den bzw. die andere bestimmte Rollen, in denen sie in der partnerschaftlichen Beziehung immer fester steckten. Die Partnerschaft verlief wie in festen Bahnen. Er war immer wieder gebremst und erlebte sich antriebsarm, sie hatte massive Ängste, fühlte sich aber ganz lebendig und war immer wieder ‚der Motor' für Aktivitäten. Durch seine gebremste Energie war er viel zu Hause und verkörperte den Teil, der Sicherheit und Schutz gab.

Beide Partner einer Beziehung bestätigen und verstärken in der Partnerschaft sowohl die Stärken als auch die Schwächen.

In Paarberatung oder -therapie geht es nicht nur darum, die schwierigen Teile aufzudecken und zu lösen, sondern auch darum, die Stärken aufzuspüren und diese zu fördern. Es ist für viele eine Hilfe, die schwierigen Stellen zu kennen und zu lernen, wie sie zu umgehen sind, statt immer wieder anzuecken oder sich ineinander zu verflechten.

Die ineinandergreifenden Skriptsysteme sind eine Möglichkeit, die Anziehung und Abstoßung des jeweiligen Partners zu verstehen, dies wurde von *Erskine* und *Zalcman* (1979) dargestellt. Dieses System bezieht sich sowohl auf die innerpsychischen Überzeugungen, Empfindungen und Gefühle als auch auf die interpersonale Seite.

Im Folgenden zeigen wir, wie das Maschen-Skriptsystem der Frau Z. zu dem ihres Partners paßte.

☙ Maschen- oder Skriptsystem der Frau Z.

lebensgeschichtlich: Skriptglaubenssätze	verhaltensmäßig: Skriptverhalten	beziehungsmäßig: Verstärkende Erfahrungen
über sich selbst: *Ich bin dumm.* über andere: *Die anderen wissen es besser.* Qualität des Lebens: *Es ist mühsam.*	beobachtbares Verhalten: *hektisch, hastiges Sprechen.*	gegenwärtige Ereignisse: *Der Freund trennt sich, weil er sein Studium fertig hat.*
	phänomenologisch berichtete innere Erfahrungen: *Anspannung im Bauch* Phantasien: *Ich glaube, mich sieht keiner, die anderen sind intelligenter.*	**phänomenologisch** alte emotionale Erinnerungen: *Wenn ich als Kind etwas tat, hat es keiner gesehen.* Erinnerungen an die Phantasien als Realität: *Alle anderen sind intelligenter.*
Verdrängte Bedürfnisse: *Anerkennung für denken.* **Grundgefühle:** *Wut*		

Diese Darstellungen betreffen einen kleinen Ausschnitt aus dem jeweiligen Skript, ein solches System besteht nicht isoliert, es ist vernetzt mit anderen Überzeugungen, die das Ganze stabilisieren, es ist ein Funktionssystem.

Diese beiden Partner haben in diesem sich verstärkenden Bereich die Überzeugung, daß das Leben schwierig ist, sie zogen sich beide aus unterschiedlichen Gründen zurück und konnten sich dadurch ihre Phantasien bestätigen. In ihrem äußeren Verhalten sind sie konträr, sie ist hektisch und er ruhig gebremst. Dadurch, daß beide nicht über das, was sie denken und fühlen, sprechen, können sich beide das bestätigen, was sie schon ‚immer' über sich und andere gedacht haben, und danach handeln. Bei beiden bleibt das Grundbedürfnis unerfüllt, die Gefühle werden nicht ausgedrückt, daher bleiben beide unbefriedigt, das bedeutet, daß beide weiter ihr Maschenverhalten und ihre Maschengefühle leben.

Maschen- oder Skriptsystem des Partners		
lebensgeschichtlich: **Skriptglaubenssätze**	verhaltensmäßig: **Skriptverhalten**	beziehungsmäßig: **Verstärkende Erfahrungen**
über sich selbst: *Ich bin nicht liebenswert.*	beobachtbares Verhalten: *gebremst, ruhig*	gegenwärtige Ereignisse: *Die Partnerin ist verunsichert und zieht sich daher zurück.*
über andere: *Andere glauben mir nicht.*		
Qualität des Lebens: *Es ist mühsam.*	**phänomenologisch**	
	berichtete innere Erfahrungen: *Verspannung im Rücken*	**phänomenologisch** alte emotionale Erinnerungen: *Die Mutter lehnte ihn ab, Verzweiflung*
Verdrängte Bedürfnisse: *Bedingungslos gemocht werden*	Phantasien: *Andere sind liebenswerter als ich.*	Erinnerungen an die Phantasien als Realität: *Die Mutter mochte die Schwester mehr.*
Grundgefühle: *Trauer*		

Ausgehend von diesen Informationen können Interventionsstrategien für Beratung/Therapie entwickelt werden. Sie sind auch eine Hilfe bei der Vertragsgestaltung.

Ich-Zustandsdiagnosen
Die Verhaltensbeobachtung leitet wie in den anderen Arbeitsbereichen zu Fragestellungen und möglichen Vertragszielen. Schwierigkeiten entstehen häufig dadurch, daß jemand in bestimmten Situa-

tionen nicht in der Lage ist, einen der Situation angemessenen Ich-Zustand zu aktivieren.

Die soziale Diagnose, das Beziehungsangebot hat eine zentrale Bedeutung für die Kommunikation. Folgen auf das Angebot parallele Transaktionen oder wird ein Partner in einem Ich-Zustand angesprochen, den er nicht bereit ist zu besetzen, erfolgt eine Unterbrechung der Kommunikation (siehe Kap. 3.2).

Diese auf die aktuelle Situation bezogenen Diagnose-Kriterien reichen oft nicht aus, so daß es wichtig ist, die jeweilige Geschichte der Partner mit einzubeziehen und die lebensgeschichtliche Diagnose und die phänomenologische Diagnose auch zu stellen mit dem Ziel, daß die Partner einander verstehen, indem sie Zusammenhänge erfassen und unterscheiden lernen, was in die aktuelle Situation und welche Anteile und Verhaltensweisen in die Geschichte der Beteiligten gehört.

Egogramm

Das Egogramm wird aus der Verhaltensbeschreibung, der Verhaltensdiagnose erstellt (siehe Kap. 4.4).

Der Zugang zu typischen Mustern eines Paares ist in der Hier-und-jetzt-Situation über die Ich-Zustände möglich. Bei der Arbeit ist es immer wieder wichtig, von der aktuellen konkreten Situation auszugehen, da alle Beteiligten diese miterlebt haben. Tauchen Diskrepanzen darüber auf, wie sie erlebt wurden, ist dies in der Beratung und Therapie eine gute Einstiegsmöglichkeit und auch im späteren Verlauf eine gute Möglichkeit, Veränderungen zu überprüfen.

In der Arbeit mit Paaren ist die Gegenüberstellung der Egogramme hilfreich. *Dusay* und *Dusay* (1989) zeigen, wie diese als diagnostisches Hilfsmittel und zur Veränderung benutzt werden können. J. *Dusay* geht davon aus, daß Partner mindestens in zwei Energiebereichen der Besetzung von Ich-Zuständen Überschneidungen benötigen, um zusammenzukommen. Er beschreibt ein Paar, das sich an seiner Partnerschaft freut, sie haben beide dafür genügend freies Kind zur Verfügung; und da sie von ihren Eltern Fürsorge erlebten, haben sie auch genügend fürsorgliches Eltern-Ich für eine Energieüberschneidung. Er gibt hier ein typisches Beispiel für den kulturellen Skriptaspekt: Der Mann hat mehr kritisches Eltern-Ich entwickelt und die Frau mehr Anpassung. Das bedeutet, daß die beiden argumentieren in dem Sinne, daß er kritisch ist und sie aus dem reagierenden Kind-Ich kommt, entweder brav oder trotzig. Dort haben sie keine Überschneidungen wie auch im Erwachsenen Bereich. Über die Egogramme sind Stärken und Schwächen gut darstellbar:

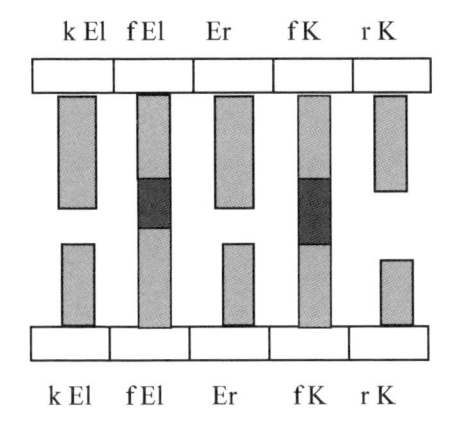

In diesem Beispiel hat das Paar Gemeinsamkeiten in der Besetzungsenergie in den Ich-Zuständen, die angenehm sind und Wachstum fördern. Die Erwachsenen-Ebene ist nicht ihre Stärke. So gibt es Paare, die ihren Schwerpunkt mehr auf der Denk-Ebene haben, andere, die sich in ihren kritischen Anteilen ergänzen oder die die Gemeinsamkeiten auf der Gefühlsebene haben. *Dusay* traf die Unterscheidung des Eltern-Ich in negative und positive Anteile für das Egogramm nicht. Wenn wir diese Unterscheidung auch durchführen, erhalten wir weitere Informationen über Destruktivität und förderliche Anteile in den Eltern-Ich-Systemen und innerhalb des Kind-Ich.

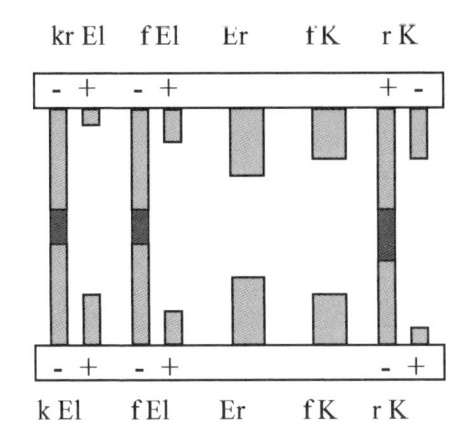

In diesem Beispiel von zwei Menschen, die viel negative Eltern-Ich-Anteile zur Verfügung haben und negativ reagierendes Kind, besetzen im gemeinsamen Bereich kaum Erwachsenen-Ich und wenig freies Kind-Ich, so daß die Partnerschaft von den negativen Anteilen bestimmt wird, z. B. ein Abhängiger und ein Coabhängiger.

Symbiose
Als ungesunde Symbiose wird von den *Schiffs* (1975) die Form der Beziehungsaufnahme beschrieben, bei der beide in der Symbiose verstrickten Partner Teile von sich und dem anderen abwerten. Die Entwicklung der Symbiose haben wir im Kapitel Arbeit mit Kindern dargestellt (Kap. 8). Für die Paarbeziehungen ist die komplementäre Symbiose erster Ordnung und seltener die komplementäre Symbiose zweiter Ordnung von Bedeutung.

In der komplementären Symbiose verhalten sich zwei Menschen so, als wären sie nur einer, es entspricht dem Wunsch der Verschmelzung. Es ist in dieser Weise aber ungesund, da Teile beider Persönlichkeiten in dieser Art der Beziehung ausgeblendet werden. Es ist angenehm und wichtig, wenn beide einer Partnerschaft einander etwas Vater oder Mutter sein können, wie *Jellouschek* (1992) es nennt. Bei dem gesunden Austausch steht die Befriedigung der Bedürfnisse im Vordergrund und nicht die Bestätigung von Skriptüberzeugungen.

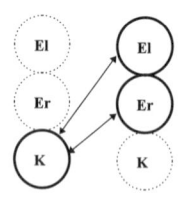

Komplementäre Symbiose
erster Ordnung

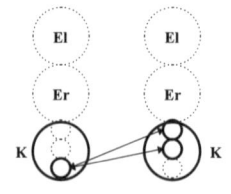

Komplementäre Symbiose
zweiter Ordnung

In der Graphik sind die ausgeblendeten Persönlichkeitsanteile gestrichelt gezeichnet und die miteinander agierenden mit Pfeilen verbunden. Wenn ein Paar zu symbiotischer Beziehung neigt, ist die Zeit, die die beiden so verbringen, unterschiedlich lang. Wird die gemeinsame Zeit überwiegend symbiotisch verbracht und ist diese Symbiose in der Weise starr, daß die beiden Beteiligten immer dieselben Anteile besetzen, wird derjenige, der überwiegend den Kind-Ich-Zustand ausblendet, leiden. Die Person, die darunter leidet, z. B. das

Kind-Ich ausgeblendet zu haben, wird sich außerhalb dieser Beziehung eine Bedürfnisbefriedigung suchen.

⌘ Beispiel: Ein Ehemann handelt in seiner Beziehung häufig von der elterlichen Position und übernimmt viel häufger als nötig die Verantwortung, da er alles für seine Frau tun möchte. Er verdrängt seine Bedürfnisse nach Versorgtwerden und ist grundsätzlich für sie da. Die Frau traut sich wenig zu, sie ist ängstlich und daher froh, so wenig Verantwortung übernehmen zu müssen.
Er beginnt eine Beziehung zu einer anderen Frau, in der er sich verwöhnen läßt.

❖ Kommentar: Das Paar lebt in weiten Teilen der Beziehung eine komplementäre Symbiose, in der er die elterliche bzw. erwachsene Position besetzt und sie überwiegend das Kind-Ich besetzt. Auf diese Weise verdrängt er seine Bedürfnisse und Gefühle und leidet unter einem Mangel.
Da dann häufig die Überzeugung besteht, daß in der Beziehung keine anderen Möglichkeiten bestehen, Bedürfnisse zu erfüllen, wird dies dann außerhalb versucht.

Dies ist allein ein Aspekt dieser Beziehung, um die Konstellation der Symbiose deutlich zu machen.

Sind zwei Partner einer Beziehung schwer gestört, gibt es die Konstellation, daß beide ihr Eltern- und Erwachsenen-Ich ausblenden und die Symbiose aus den kindlichen Anteilen gelebt wird. Das bedeutet, daß diese beiden zu dem Zeitpunkt nicht in der Lage sind, eine erwachsene Beziehung miteinander zu leben.

Verträge
Jedes Paar, das zusammenlebt, hat Absprachen und Verträge, die einerseits bewußt abgeschlossen sind, und Verträge, die auf der anderen Seite skriptgebunden sind und daher nicht bewußt.

McClendon (1979/1977 in Barnes TA seit Berne) beschreibt das Wesen des Ehevertrages in fünf Bereichen:
- Der **Erwachsenen-Ich-Vertrag**: Er beinhaltet die klaren Vereinbarungen über z.B. Hochzeit, Wohnort, Einrichtung der Wohnung oder Berufstätigkeit.
- Der **Vertrag**, der vom Eltern-Ich bestimmt wird und von den **getrübten Erwachsenen-Ich-Anteilen** abgeschlossen wird. Er bezieht sich auf moralische und kulturelle Aspekte, wie ein Eheversprechen, das aus der Familientradition stammt und z.B. religiös bestimmt ist.

- Der **Beziehungsvertrag** bezieht sich auf die Art der *Symbiose*, die zwischen den beiden Partnern gelebt wird. Sie kann als wechselnde oder starre komplementäre Symbiose erster oder zweiter Ordnung gelebt werden.
- Der **Vertrag auf der Skriptebene** bildet die eigentliche Grundlage einer partnerschaftlichen Beziehung mit dem Ziel, das Skript weiter fortsetzen zu können. Der Vertrag wird zwischen Anteilen der Kind-Ich-Zustände geschlossen. Die Skriptüberzeugungen dienen der gegenseitigen Bestätigung und Verstärkung, wie es bei dem ineinandergreifenden Maschenskriptsystem beschrieben wurde.

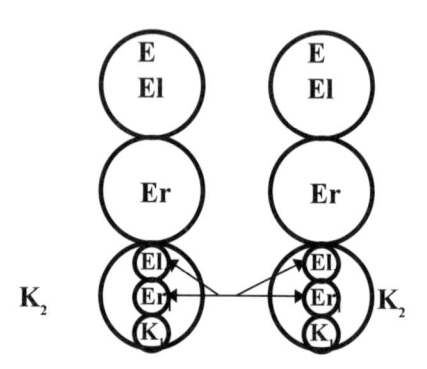

- Der **Kreativitätsvertrag** wird zwischen den Kind-Anteilen geschlossen, die nicht skriptgebunden sind. Er bietet eine Abstimmung darüber, wie die kreativen Seiten miteinander gelebt werden, z. B. Gefühle miteinander zu haben und Aufregungen zu erleben.

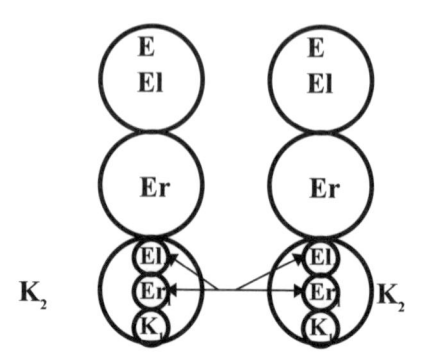

Diese Aspekte der partnerschaftlichen Verträge sind bei der Vertragsarbeit für die Beratung/Therapie wichtig, um die unbewußten Anteile bewußtzumachen und die Vertragsziele darauf abzustimmen, damit eine Skriptverstärkung vermieden wird.

Entwicklungspsychologische Sicht von Beziehungen

Jede Partnerschaft macht Entwicklungsprozesse durch. *Bader* und *Pearson* (1988) gehen davon aus, daß wie in der Kinderentwicklung notwendige Schritte aufeinanderfolgen. Sie vergleichen die Phasen der Paarentwicklung mit den Entwicklungsstadien, die *Mahler* (1979) beschrieben hat. Jedes Stadium dieser Entwicklung hat bestimmte Aufgaben, die gemeistert werden müssen.

Folgende Stadien werden durchlaufen:
- **Symbiose:** Sie ist die Verliebtheitsphase mit intensiver Bezogenheit aufeinander mit dem Ziel der Bindung. Es ist eine Phase des Gebens und Nehmens, ohne den anderen zu hinterfragen. Wenn die Partner viel Liebevolles und Versorgendes erhalten, ist dies eine solide Grundlage, in die weiteren Entwicklungsstufen einzusteigen.
- Die Phase der **Unterscheidung** (differentiation) folgt, die Partner lernen einander realistischer kennen und vertreten auch gegensätzliche Positionen.
- In der nächsten Phase **Beziehungsalltag** (practicing) der Partnerschaft ist jeder mehr auf sich bezogen, sie entdecken wieder sich selbst als Individuen. Es ist wichtig, daß das Paar die emotionale Verbindung behält.
- Das Stadium der **Wiederannäherung** (rapprochement) ist erreicht, wenn beide sich ihrer selbst sicher sind und Intimität leben können. Es besteht Sicherheit in der Wahrnehmung von ich und wir.
- **Bezogene Unabhängigkeit** (mutual interdependence) besteht dann, wenn sich beide durch externe Kontakte weiterentwickeln. Sie sind zufrieden mit ihrem Leben. Die Beziehung gründet dann auf Entwicklung und nicht auf Bedürftigkeit.

 Bader, E. / Pearson, P. T.: In Quest of the Mythical Mate. 1988.

Veränderung von Beziehungen

Setting
Die Arbeit mit Paaren kann in Form von Gesprächen eines Paares mit einem oder zwei Therapeuten/Beratern stattfinden. Führen beide Partner zu diesem Zeitpunkt eine Therapie/Beratung durch, kann es sinnvoll sein, daß Gespräche mit allen vier Beteiligten angeboten werden oder daß das Paar an einer anderen Stelle zur Therapie/Beratung geht.

Führt ein Berater/Therapeut die Gespräche durch, ist es wichtig, keine Einzelgespräche mit dem jeweiligen Partner zu machen, da dann Phantasien der Weg bereitet wird und Berater/Therapeuten keine Schwierigkeiten mit dem Umgang mit Informationen hat. Dann ist ganz klar, was jeder von beiden bereit ist, in die Gespräche einzubringen.

Eine weitere Form ist die Arbeit in einer spezifischen Gruppe für Paare, in der es um die gemeinsamen und individuellen Themenkreise, die die Partnerschaft betreffen, geht.

Vertragsarbeit
Kommt ein Paar zur Beratung oder Therapie ist als erstes einen Arbeitsabsprache notwendig mit der Aufgabe, eine Zielsetzung für die Gespräche zu erarbeiten. Zum Schutz beider Beteiligten und zur Förderung der Offenheit ist es hilfreich, mit beiden einen Vertrag darüber abzuschließen, daß das, was in den Sitzungen besprochen wird, zu Hause nicht zum Streit benutzt werden darf. Es ist notwendig, daß sich beide festlegen, die brisanten Themen an dem Ort der Gespräche zu lassen.

Die erste Hauptarbeit besteht oft darin, für das Paar eine gemeinsame Zielsetzung zu finden in dem Sinne, geht es darum, zusammen zu bleiben, oder geht es um Trennung. Häufig gibt es darüber schon beträchtliche Differenzen, so daß dies häufig der erste Klärungsprozeß ist, denn oft stellt sich die Situation so dar, daß einer sich trennen möchte und die andere die Beziehung fortführen möchte.

Kommen Paare mit Schwierigkeiten, ist es sinnvoll festzustellen, in welchem Entwicklungsstadium sie sich mit ihrer Partnerschaft befinden. Häufig liegen die Schwierigkeiten auch darin, daß ein Partner noch in einem Entwicklungsstadium bleiben möchte, z. B. in der Symbiose, während der andere sich schon in die nächste Phase entwickelt hat. Die Betrachtung der Paarbeziehung als ganzes System vermeidet, daß einer der beiden als der Schuldige angesprochen wird. In dieser ersten Phase geht es darum, unter diagnostischen Gesichtspunkten die Beziehung und die beiden Partner zu betrachten.

Aus diesen Informationen ist es dann möglich, in die spezifische Vertragsarbeit zu gehen. Hier ist es notwendig, Verträge in bezug auf das Paar zu machen, und individuelle Verträge mit jedem der Beteiligten, um persönliche Arbeiten zu machen, die im Rahmen der Paararbeit wichtig sind.

Die Beratung/Therapie in bezug auf Trennung beinhaltet die Arbeit auf der Erwachsenen-Ebene über die notwendigen Schritte mit dem Ziel, möglichst wenig Schaden anzurichten. Die Bearbeitung der Gefühlsseite hängt davon ab, ob die beiden Beteiligten bereit sind, sich noch miteinander auseinanderzusetzen, oder ob dies in getrennter Arbeit geschieht. Arbeiten beide getrennt, ist es häufig sinnvoll, daß unterschiedliche Berater/Therapeuten die Gespräche durchführen.

Hat ein Paar das Ziel, eine gemeinsame Entwicklung zu machen, ist die Fragestellung, in welchem Entwicklungsstadium sich diese Beziehung befindet, eine gute Möglichkeit, herauszufinden, was jeder von beiden benötigt, um die nächsten Entwicklungsschritte zu vollziehen. Die Paarentwicklung kann nur in der Weise vorangehen, wie die Beteiligten in der Lage sind, diese zu gestalten. Daher ist häufig auch individuelle Arbeit notwendig. Diese Arbeit unterscheidet sich im Vorgehen nicht von den schon beschriebenen Vorgehensweisen.

7.2 Familientherapie

Familientherapie in der Transaktionsanalyse stellt keine eigene Richtung, Schule oder Methodik dar, sondern ist im wesentlichen die Übertragung und Anwendung der TA-Methoden aus Einzel- und Gruppentherapie für die spezielle Situation der Familie.

Aus der Neuentscheidungsschule kommt ein erweitertes Konzept für die Arbeit mit Familien (McClendon/Kadis 1983). In der Praxis verbinden die meisten TA-Familientherapeuten die individuumzentrierte Betrachtungsweise mit Ansätzen systemischer Familientherapie. Da *Bernes* Kommunikationstheorie sich auf die gleichen Grundlagen stützt wie die der Palo-Alto-Schule (vgl. Watzlawick u. a.), sind viele Ansätze des systemischen Therapiemodells leicht mit der TA-

Theorie kombinierbar (Massey 1983, 1985, 1995; Weber/Schmid o.J.). Gemeinsamkeiten und Unterschiede von Transaktionsanalyse und der Mailänder-Schule beschreibt Kottwitz (1992).

Im Unterschied zu rein systemisch orientierten Therapie- und Beratungsmethoden werden Problemdefinition, Zielfindung, Hypothesen und Veränderungswege stets im Gespräch mit den Klienten vereinbart: Der Therapeut/Berater macht mit der Familie als Ganzes und jeder einzelnen Person Verträge, berücksichtigt die individuelle Motivation und bietet Hypothesen an, die die Klienten überprüfen, differenzieren oder ablehnen können. Er ist damit stets ein Teil des kommunikativen Veränderungsprozesses. So werden z.B. viele Fragen direkt an die Familie gerichtet, die der Therapeut/Berater sich in der systemischen Therapie selbst stellt oder im Beobachter-Team bespricht.

Merkmale der TA-Familientherapie und -beratung

Familientherapie und Familienberatung haben als Fokus die Familie, d.h. eine Gruppe von mindestens drei Personen, in der eines oder mehrere Mitglieder Probleme durch das Zusammenleben erfahren. Während in der Psychotherapie und Beratung eines einzelnen Individuums die innere Repräsentation der Ursprungsfamilie in den Denk-, Fühl- und Verhaltensmustern und deren Veränderung im Mittelpunkt stehen, geht es bei der Familientherapie und -beratung auch um eine konkret vorhandene Familie, deren Umgangsweisen einer Veränderung bedürfen. Dies schließt in vielen Fällen eine individuelle und paarbezogene Arbeit mit ein, geschieht aber immer mit dem Ziel, dem Organismus ‚Familie' seine Funktionsfähigkeit wieder zu ermöglichen.

Im Sinne der Humanistischen Psychologie besteht diese Funktion in der gegenseitigen Erfüllung von Grundbedürfnissen wie Schutz, Identitätsbildung, persönlichem Wachstum und Autonomie. Dafür ist eine wechselseitige Abhängigkeit in einem gewissen Maß nötig, die individuelle Räume offen läßt. Mit anderen Worten: Entscheidungen werden nicht für sich alleine getroffen, sondern auch in bezug auf die Funktion der Familie, insbesondere für deren Erhaltung als Quelle der Bedürfnisbefriedigung.

Transaktionsanalytische Familientherapie und -beratung berücksichtigt dabei die Familie als einen selbsteuernden Organismus (systemischer Ansatz) und gleichzeitig die Individuen dieser Gruppe in ihrer eigenen Persönlichkeit und Geschichte. „Gegenstand sind persönliche Verhaltensweisen und Kommunikationsprozesse im jeweiligen systemischen Kontext sowie die Analyse von einengenden prägenden Vorerfahrungen eventuell innerhalb der Primärfamilie (Skriptanalyse) und die kathartische Befreiung kreativer Kräfte und Entscheidungsprozesse." (Kottwitz 1992, S. 45).

Symptome werden unterschiedlich betrachtet:
- als individuelle Probleme in der Persönlichkeit des Symptomträgers,
- als Beziehungsprobleme zwischen Symptomträger und Umgebung,
- als Hinweise auf ein dysfunktionales System und den Versuch der Erhaltung des Systems mit problematischen Mitteln.

> ⌘ Ein Kind wird wegen Schulschwierigkeiten in der Beratungsstelle vorgestellt. Im Sinne einer TA-Familientherapie untersucht die Beraterin drei Bereiche:
> - Sind die Schulschwierigkeiten des Kindes persönlichkeitsbedingt (z. B. intellektuelle Überforderung, Hyperaktivität etc.)?
> - Beruhen sie auf Beziehungs-Problemen innerhalb oder außerhalb der Familie (z. B. auf Geschwisterrivalität, Problemen mit dem Lehrer, oder sind sie eine Masche, um Zuwendung zu erzwingen)?
> - Erfüllen sie eine Funktion für die Familie (z. B. sprechen die Eltern wegen der Schulschwierigkeiten des Kindes miteinander und streiten nicht so oft)?

Oft sind diese Faktoren nicht eindeutig trennbar, so daß die entsprechenden Hypothesen nacheinander geprüft und bearbeitet werden.

Familientherapie und -beratung ist dann indiziert, wenn die Problematik einer Person deutlich durch externe Kommunikations-, Bindungs- und Beziehungsmuster einer realen Familie beeinflußt erscheint und nicht nur auf inneren Konflikten (Skript) beruht.

Settings

Im Rahmen der TA-Familientherapie kann mit Großfamilien (Einbezug von Großeltern), Kernfamilien (Eltern und Kinder), Eltern allein, Subgruppen (z. B. Mutter/Kind) oder Einzelpersonen gearbeitet werden. Dies hängt von der Fragestellung, der Bereitschaft zur Mitarbeit und Verfügbarkeit der einzelnen Familienmitglieder ab. Die Anwesenheit der Kinder richtet sich nach der Problemstellung, dem Alter der Kinder und der Notwendigkeit für den Therapie-/Beratungsprozeß. In der Praxis ist eine flexible Handhabung empfehlenswert, wobei die Bedeutung der jeweiligen Konstellation immer wieder auf dem Hintergrund der Gesamtfamilie reflektiert werden muß. Dies gilt besonders bei Fernbleiben von Mitgliedern, wechselndem Erscheinen oder Einbezug familienfremder Personen (z.B. weitere Verwandte, Hausbewohner). Auch Einzelgespräche können sinnvoll sein, wenn die Regel der offenen Kommunikation beachtet wird, d.h., alles, was in der Einzelsitzung gesagt wird, muß der Gesamtgruppe mitteilbar sein. Der Therapeut/Berater darf nicht zum Geheimnisträger werden, da dies leicht zu Mißtrauen, problemverstärkenden Koalitionsversuchen und Verschwiegenheitskonflikten führen kann.

Die Häufigkeit und Zahl der Sitzungen variiert je nach Zielsetzungen und methodischem Ansatz des Therapeuten/Beraters.

Besonders am Anfang ist es sinnvoll, die Dauer der einzelnen Sitzung nicht zu kurz zu wählen, damit die Betroffenen genügend Raum haben. Das Ende der Sitzung sollte aber auch klar vereinbart sein, um dem Bedürfnis nach Zeitstruktur Rechnung zu tragen.

Verträge

Die Kriterien guter Vertragsarbeit (siehe Kap. 4.3) gelten selbstverständlich auch in der Arbeit mit Familien. Meist ist eine Person aktiv in der Suche nach Therapie oder Beratung und hat auch den Veränderungsanspruch. Sie definiert zuerst das Problem (sich selbst als Suchende oder jemanden als Symptomträger) gegenüber dem Therapeuten/Berater. Als nächstes ist es wichtig, die Problemdefinition jedes einzelnen Mitglieds zu erfahren. Jeder in der Familie leidet auf eine spezifische Art unter der Problemsituation. Hierbei achtet der Therapeut/Berater besonders auf die eigenständige Sichtweise (z.B., wie sehen Kinder das zentrale Problem selbst ohne Anpassung an die Meinung der Eltern oder eines Elternteils).

⌘ Die Eltern und zwei Töchter (10 und 12 Jahre) kommen zu einem ersten Gespräch nach einer telefonischen Anmeldung. Die Mutter hatte wegen Schulschwierigkeiten der jüngeren Tochter angerufen. Die Familie nahm den Vorschlag des Therapeuten an, daß alle Familienmitglieder mitkommen. Dabei waren die Eltern erstaunt, daß auch die ‚unproblematische' Tochter mitkommen sollte.

Bei dem **ersten Gespräch** wurde jeder einzeln eingeladen, zu dem von der Mutter geschilderten Problem Stellung zu nehmen.
Die Mutter berichtete, die jüngere Tochter habe von der ersten Klasse an Schulschwierigkeiten gehabt, sie sei schon immer eigenwillig gewesen. Nun sei die Versetzung gefährdet wegen Konzentrationsschwierigkeiten und dadurch bedingter schlechter Leistungen. Auf Nachfrage schilderte die Mutter das täglich wiederkehrende ‚Hausaufgaben-Drama': Das Mädchen verweigere regelmäßig, die Hausaufgaben zu machen, und sie führen jeden Nachmittag einen intensiven Kampf darum. Die Mutter nehme sich jeden Nachmittag erneut vor, ruhig zu bleiben, werde aber immer wieder laut und ungehalten. Der Vater fände beim Nachhausekommen diese Situation vor und beende relativ bald mit einem lauten ‚Machtwort' die Situation. Die Mutter schildert die Sorgen, die sie sich wiederholt über den weiteren Lebensweg ihrer Tochter macht: Sie sei besorgt, daß diese die Schule nicht abschließen und dadurch später im Leben untergehen werde.
Der Vater teilt mit, daß er die Situation nur für die kleine Tochter schwierig fände, er selbst könne diese Probleme gut verkraften. Seine Frau täte ihm manchmal leid, aber sie müsse einfach öfter durchgreifen.
Die ältere Tochter sagt, daß sie froh sei, auch gefragt zu werden. Sie erlebe die Stimmung nachmittags zu Hause als ganz schrecklich, die Mutter sei genervt und die kleine Schwester ekelhaft. Die beiden würden rumschreien, sie ginge dann in ihr Zimmer und ließe sich nicht mehr blicken. Die Eltern hätten keine Zeit mehr für sie. Immerzu würde nur über die kleine Schwester und die Schule geredet.
Die Eltern sind erstaunt zu hören, daß die ältere Tochter unter der Situation leidet.
Die jüngere Tochter wirkt jünger, als sie ist. Sie will zuerst nichts sagen und meint dann, es sei doch alles gar nicht so schlimm, nur die Lehrerin sei doof.
Als erste Ziele ergaben sich aus diesem Gespräch:
- Veränderung der Hausaufgabensituation: Klare Verträge von Mutter und Tochter zu diesem Thema mit Konsequenzen für beide Seiten, wenn sie nicht eingehalten werden.
- Aktionen der Eltern mit der großen Tochter ohne die kleine Schwester.
- Der Vater, der erst keine Ziele hatte, da er das Problem nur zwischen Mutter und kleiner Tochter sah, formuliert das Ziel, mehr Zeit zu Hause mit den Töchtern zu verbringen und sich in die Hausaufgabensituation nicht mehr direkt einzumischen.

Es wurden abschließend weitere Gesprächstermine vereinbart.

Um erste individuelle Ziele zu ermitteln, ist die Methode von *Hart* (1975, siehe Kap. 4.3) effektiv, das Problem als eine Situation und nicht als eine individuelle Verhaltensweise zu beschreiben. Gelingt eine gemeinsame Situationsauffassung, läßt sich auch ein gemeinsames Ziel für die Familie finden.

Beachtet man die systemischen Zusammenhänge, sind alle Antworten auf Fragen wie ‚Wer hat schuld? Wer hat angefangen? Wer hat recht?, Ergebnis einer zirkulären Wirklichkeitsdefinition. Sie sind daher nicht objektiv beantwortbar, auch wenn alle Beteiligten sich in einer bestimmten Betrachtungsweise einig sind. Die Zielbeschreibung muß also gewöhnlich außerhalb dieser Kategorien liegen. Besonderes Augenmerk bei der Vertragsarbeit gilt auch der Rolle des Therapeuten/Beraters.

Besondere Aspekte der Gesprächsführung in Familien

Der meist telefonische Erstkontakt ist bei Familien besonders wesentlich, da hier eine Person für die anderen aktiv wird, eine erste Beziehung herstellt und eine erste Problem- und Zielbeschreibung gibt. In der gemeinsamen Sitzung sollte man auf diesen Erstkontakt zu sprechen kommen und allen Familienmitgliedern den Informationsstand des Vorgesprächs geben.

Ziele des Therapeuten/Beraters in den jeweiligen Sitzungen sind:

- Kontakt zu jedem Mitglied herstellen,
- Führung übernehmen: Gespräch lenken, einzelne befragen, Regeln setzen, Beenden von Themen und der Sitzung,
- bei jedem Thema jedes Familienmitglied ansprechen,
- Problemdefinition ohne Schuldzuweisung erreichen,
- Zieldefinition: ein positives (ohne Verneinung), erreichbares, überprüfbares und von allen akzeptiertes Ziel,
- Vertrag: Zusammenfassung aus Problemdefinition, Zielformulierung und formalen Bedingungen (Kosten, Häufigkeit, Dauer, Anwesenheitspflicht),
- bei jeder Person positive Seiten, Stärken und Interessen betonen,
- sich als Quelle von Unterstützung und Wertschätzung anbieten,
- Neutralität wahren, eine Schiedsrichterrolle meiden.

Wesentliche **Interventionen** dazu sind:

Interventionen	Beispiel
Personen gegenüberstellen, miteinander ins Gespräch bringen	„Sagen Sie es ihm direkt!" „Sprechen Sie zu ihr!"

Interventionen	Beispiel
Inhalte verstehen und verdeutlichen	„Heißt das, die Eltern hätten gerne mehr Zeit für sich zu zweit?"
den roten Faden behalten bei der Vielfalt der Themen	„Kommen wir noch einmal auf die Hausaufgabensituation zurück."
emotionale Bedeutung der Punkte erfragen	„Was bedeutet es vom Gefühl her für Sie als Mutter, wenn Sie von der Lehrerin in die Schule bestellt werden?"
Prozesse beschreiben, Diskrepanzen und Widersprüche aufzeigen, Konfrontation mit dem Verlauf des Gesprächs (Meta-Ebene)	„Ist die Art, wie Sie gerade miteinander reden, typisch für zu Hause?" „Kommt es so immer wieder zum Streit?" „Wenn Sie dem Kind eine Ohrfeige geben, weil es seine Geschwister schlägt, sind Sie Modell für körperliche Gewalt."
Klärung abweichender Botschaften	„Sie als Vater sind der Meinung, auf Leistung komme es nicht so an, aber Sie als Mutter halten Leistung für sehr wichtig!?"
Rollenspiele, Rollentausch, Erproben von Verhaltensalternativen	„Wenn du jetzt deinen Papa spielst, was würde er zu dir sagen?" „Möchten Sie erproben, was geschieht, wenn Sie zuerst loben und dann kritisieren?"
Anteilnahme an jedem einzelnen, persönliche Betroffenheit äußern	„Wenn Sie noch einen Nebenjob ausüben, sind Sie abends sehr müde und verständlicherweise nicht begeistert, wenn dann die Kinder noch mit Ihnen spielen wollen."
Redefinieren: Umdeutung in positiven Sinn	„Sie streiten miteinander, statt sich zurückzuziehen, damit suchen Sie doch Beziehung zueinander."

Wesentliche **Regeln**, die von Beginn an eingeführt und bei Gelegenheit bekräftigt werden:
- Schweigepflicht gegenüber Außenstehenden

- Miteinander sprechen, nicht übereinander
- Reduzieren von ‚wir' zugunsten von ‚ich' und ‚du'
- Alle Beteiligten müssen langfristig einen positiven Effekt erleben
- Schutz und Erlaubnis gelten für jeden (z.B. keine Bestrafung der Kinder nach der Sitzung für ihre Äußerungen).

Aspekte entwicklungsorientierter Arbeit mit der Familie

Die Arbeit mit Familien ist an deren Erhalt, Wachstum und Funktionalität für den einzelnen orientiert. Der Therapeut/Berater zeigt und vermittelt modellhaft die Grundwerte in Beziehungen.
- Wachstum und Lebendigkeit geschehen nur in einer wohlwollenden, unterstützenden Umgebung. Daher sind Symptome als Versuche von Lösungen und nicht als Krankheit anzusehen. Sie beruhen nicht auf Boshaftigkeit oder reinem Egoismus.
- Individuation geschieht in der Entfaltung individueller Eigenschaften und Erfahrung von äußeren und inneren Grenzen.
- Die Nähe in der Beziehung und der Austausch von Zuwendung erlauben der einzelnen Person die Entwicklung von Identität und persönlicher Stärke, daher ist bei Konflikten der Bezug zum Gegenüber besonders wichtig.
- Der Gebrauch von Macht (nicht Autorität) behindert eine liebevolle Beziehung. Beziehungen sollen daher möglichst gleichwertig sein, nicht hierarchisch.
- Die Selbstbestimmung des Individuums ist auch im sozialen Gefüge der Fremdbestimmung vorzuziehen. Das Individuum sucht seine Selbstdefinition nicht in Abhängigkeit von Fremdbestimmung.

Aufgabe des Therapeuten/Beraters ist es, immer wieder die **Balance** herzustellen zwischen äußeren und inneren Prozessen, zwischen System und Individuum, zwischen äußerer Ordnung und Erleben, zwischen eigenen und Familienbedürfnissen.

Typische **Schwierigkeiten**, die dabei auftauchen, sind:
- Ambivalenz zwischen Symbiose und Autismus, z.B. Überfürsorglichkeit und Rückzug in einer depressiv getönten Beziehung;
- Über- und Unterindividuation, z.B. das altkluge Kind gegenüber den kindlichen Erwachsenen;
- Symbiotische Fusion, keine Selbstentwicklung, keine Identität, z.B. ständige Betonung des „Wir", Zuschreibung von Eigenschaften;

- Autistische Absonderung, z. B. Rückzug zu stundenlangen Computerspielen;
- Macht und Ohnmacht in Beziehungen, z. B. tyrannische Vorschriften oder Laisser-faire-Verhalten gegenüber Kindern.

Skriptarbeit in der Familie

Die Gesamtheit der Familie entwickelt – bedingt durch die individuellen Lebenspläne der Familienmitglieder – ein Familienskript, das auch von den früheren Generationen mitbestimmt wird. Im Genogramm stellt *Massey* (1985) diesen Einfluß der früheren Generationen dar, es ist eine wichtige Informationsquelle. *Fanita English* (1988) hat diese Einflüsse in ihrem Konzept des Episkripts beschrieben.

Dieses Skript hat in der Regel ein Motto wie „Wir sind eine glückliche Familie" oder „Was drinnen vorgeht, geht keinen etwas an", die ungeschriebenen und häufig auch nicht bewußten Regeln gehören dazu. Im Beispiel der ‚glücklichen' Familie gestehen die einzelnen Familienmitglieder sich selbst nicht ein, z. B. traurig oder unglücklich zu sein, und geben es den anderen gegenüber auch nicht zu.

In der Skriptanalyse zeigt sich, daß nicht nur Eltern Wirkung auf die Kinder haben, sondern auch Eltern werden durch ihre Kinder beeinflußt. Die Erfahrungen verändern ihr Skript in positiver Weise oder bestätigen Überzeugungen, die zum negativen Ausgang hin führen.

Auch Geschwister haben gegenseitig Wirkung in der Skriptbildung, dies ist in der Entscheidungsskala von *Wollams* und *Brown* (1979) dargestellt (siehe Kap. 8).

Phasen der Familientherapie mit Schwerpunkt Skript
In der Zielsetzung und Durchführung von Therapie oder Beratung einer Familie ist das Phasenmodell von *McClendon* und *Kadis* (1983) hilfreich. Sie entwickelten in ihrem Arbeitskonzept eine Kombination aus systemischer, Gestalt- und TA-Theorie, sie nennen es ‚Neuentscheidungsfamilientherapie'.

Die Arbeit hat drei Phasen von unterschiedlicher Dauer:
- Erste Phase: Systeme

Beobachtung und Beurteilung des Familiensystems, Interventionen in bezug auf die aktuellen Abläufe innerhalb der Familie, mit dem Ziel der Wiederherstellung von Familiengrenzen, der Beendigung destruktiven Verhaltens durch Veränderung der aktuellen Kommunikationsmuster. In dieser Phase beginnt neben der systemischen Arbeit die Skriptanalyse für jeden einzelnen, da in den Interaktionen Skriptanteile deutlich werden.

● Zweite Phase: Neuentscheidungen
Da das alte System unterbrochen ist, braucht jeder neue Möglichkeiten, um die Bedürfnisse erfüllt zu bekommen. Dafür sind neue Entscheidungen notwendig. Jedes Familienmitglied macht unabhängig voneinander für sich in der Gruppe persönliche Arbeit. In der Skriptarbeit werden die Bezüge der Themen vom Heute zum Früher hergestellt und Neuentscheidungen getroffen.

● Dritte Phase: Reintegration
Die Familienmitglieder üben miteinander neue Familienstrukturen und Interaktionen ein, entsprechend den persönlichen neuen Erfahrungen. Es werden Planungen gemacht und zukünftige Situationen im Rollenspiel ausprobiert. Diese Arbeit ist zukunftsorientiert. Die gegenwärtige Situation einer Familie wird nicht mehr von der Vergangenheit bestimmt, sondern es gibt Wahlmöglichkeiten.

Individuelles Skript und Familienkontext
Es ist notwendig, die individuellen Lebenspläne aufzuspüren und die daraus resultierenden Verhaltensweisen, die in der Familie wirksam sind, aufzudecken. Diese können in unterschiedlichen Konzepten dargestellt und damit zugänglich gemacht werden.

Wie schon in den vorangegangenen Kapiteln beschrieben, benötigen wir in der Arbeit einerseits den Überblick, um Zielsetzungen zu entwickeln, und andererseits die Sicht auf Details, um einzelne Interventionen sinnvoll zu gestalten. Hierfür eignen sich die Skriptmatrix und die Erlaubnismatrix, die die Konflikte und die Stärken zeigen (Kap. 3. 6). Wie in der Arbeit mit Paaren dargestellt, gibt es auch die Möglichkeit, die ineinandergreifenden Maschen-Skriptsysteme herauszufinden, mit dem Ziel, die Vernetzung dieser Abläufe innerhalb des Familiensystems zu beschreiben. Dies dient dazu, von dem Beobachtbaren, der Verhaltensebene, zu den inneren Prozessen zu gelangen und dort Änderungsmöglichkeiten zu erarbeiten.

Skriptgebundene Beziehungsmuster
Die Motivation zum Kontakt sind die Grundbedürfnisse. Liegen einschränkende Überzeugungen vor, werden diese in Teilen nicht befriedigt. Zusätzlich bleiben Gefühle in ihrem Ausdruck dann häufig ohne adäquate Antwort. Daraus resultieren ineffektive Lösungsversuche, häufig als ungesunde symbiotische Beziehungsmuster. Diese

betreffen meistens nur bestimmte Bereiche. Je schwerer die Störung ist, desto intensiver ist die symbiotische Verknüpfung.

⌘ In der oben beschriebenen Familie gibt es unterschiedliche symbiotische Beziehungen. Die Eltern leben eine konkurrierende symbiotische Haltung in bezug auf die jüngere Tochter:

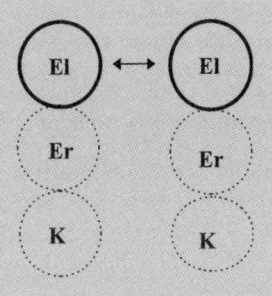

Vater: „Ich habe die besseren Ideen als du!"
Mutter: „Ich weiß besser, was für meine Tochter gut ist!"

Die Situation zwischen jüngerer Tochter und Mutter:

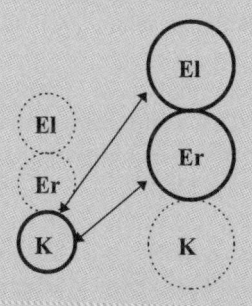

Mutter: „Du bist noch zu klein, um das alleine zu machen."
Tochter: „Ich kann das alles nicht."

Die symbiotische Beziehung zwischen älterer Tochter und Mutter:

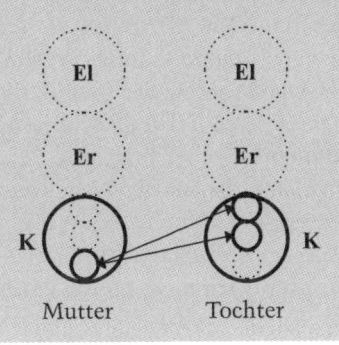

Tochter: „Mama, ich sorge für dich, ich mach' dir keinen Kummer und stelle keine Ansprüche."
Mutter: „Mir wird alles zu viel, mir geht es schlecht."

In diesen Verknüpfungen wird deutlich, daß die Familienmitglieder in bestimmten Situationen Bereiche von sich selbst ausblenden und dadurch diese Konstellationen entstehen. Diese sind dann ihrerseits Mitursache von Spielen.

Die Bearbeitung der individuellen Lebenspläne erfolgt, wie es in den vorangegangenen Kapiteln beschrieben wurde.

In der Familientherapie ist ein wichtiges Ziel, daß die Eltern zu einer ausreichend guten **Beelterung** für ihre Kinder fähig werden.

Die systemische Sicht der TA-Kommunikationsmodelle

Werden die verschiedenen TA-Modelle auf die Situation einer geschlossenen Gruppe bezogen, ersetzt eine zirkuläre Betrachtungsweise die sonst übliche Ursache-Wirkung-Analyse. Transaktionen, Spiele, Maschen und Skript werden in ihrer gegenseitigen Bedingtheit untersucht und nicht nur individuell auf eine Person als Auslöser und eine andere Person als reagierendes Gegenüber bezogen. Entscheidungsprozesse werden als Ergebnis gegenseitiger Beeinflussung und nicht als individuelle Lösungen angesehen (vgl. Jellouschek 1984, S. 25–32).

Skriptentscheidungen sind nicht nur individuelle Lebensstrategien, sondern Versuche, die Familie zu erhalten. Dafür bringt ein Kind (oder Elternteil) auch Opfer in Form einer Selbstbeschränkung, um z. B. die Ehe der Eltern zu erhalten. **Maschen** des einzelnen können Ersatzbedürfnisse des anderen befriedigen (z. B. durch auffälliges Verhalten für Aufregung sorgen) oder andere manipulativ zur Erfüllung ihrer Grundbedürfnisse führen (z. B. darf die erschöpfte Mutter sich Ruhe gönnen, die sie sich sonst nicht erlaubt). Bei **Spielen** ist in bezug auf verschiedene Familienmitglieder jeder Täter und Opfer zugleich.

In der Analyse der **Zeitstruktur** einer Familie werden die wechselseitigen Beeinflussungen verdeutlicht: Wer strukturiert wem die Zeit mit welchem Ergebnis? Wie weit entspricht dieses Ergebnis dem unterschwelligen Bedürfnis nach Anerkennung der Beteiligten? Wie wirkt die Anerkennung vom Nehmenden auf den Gebenden zurück?

Bei der Analyse von **Transaktionen** ist es wichtig, jede Person als Sender und Empfänger gleichermaßen zu sehen. Kommunikative Muster können auch als Familienregeln gelten, für deren Einhaltung alle Mitglieder sorgen. (Wenn die Regel Kreuztransaktionen verlangt, beginnt einer mit dieser Art Kommunikation, wenn ein anderer gerade aufgehört hat.)

Systemische Betrachtung in der Arbeit mit Familien

Die Familie wird als selbststeuerndes System gesehen, das in Kontakt oder unter Einfluß anderer, gleichrangiger oder übergeordneter Systeme steht.

Dabei wird davon ausgegangen, daß Systeme sich erhalten wollen. Dies geschieht durch Anstreben einer **Homöostase**, eines Gleichgewichtszustands zwischen Kräften der Bindung (starke Einengung) und der Auflösung (Verlassen des Systems).

Durch die Geschlossenheit des Systems entsteht die **Zirkularität**: Jeder wirkt auf jeden. Das Denken, Fühlen und Verhalten des einzelnen ist immer schon durch die anderen beeinflußt und wirkt auf die anderen zurück. Dadurch gibt es im System **keine Objektivität**. Auch die Betrachtung von außen unterliegt den Bedingungen eines größeren Systems (z.B. der Gesellschaft). Die Festschreibung der Wirklichkeit als einer übersubjektiven Instanz ist nicht möglich, sie wird stets durch die Beteiligten definiert. Sitten, Regeln und Gewohnheiten wie auch die unterschwellig wirkenden Tabus, Verbote und Bindungen sind Schöpfungen des Systems und haben außerhalb keine Existenz.

Einige wichtige Punkte systemischer Problemanalyse seien hier aufgeführt:

- Die **Grenzen** eines Systems zu übergeordneten Systemen können zu **weich** sein: Eine Familie wird durch andere zu stark von außen beeinflußt, z.B. durch Nachbarn, Lehrer, Vorgesetzte etc.
- Sie können ebenso **verfestigt** sein: Die Familie hat keinen Kontakt nach draußen, schirmt sich ab, lebt nur im Binnenbereich und ist sozial isoliert. Kinder dürfen dann nicht mit anderen spielen, niemanden mit nach Hause bringen, Eltern haben keinen Freundeskreis usw.
- Jedes System enthält **Subsysteme**: Innerhalb der Familie gibt es Trennlinien zwischen Generationen, z.B. Großeltern, Eltern und Kindern. Weitere Unterscheidungen werden nach Alter, Geschlecht, Interessen und Macht getroffen.

Konflikte entstehen, wenn Subsysteme

- unklar sind (z.B. die Tochter redet ihren Vater als Opa an, Enkel sagen Mutter statt Großmutter etc., alle Kinder egal welchen Alters haben die gleichen Regeln),
- zu starr sind (z.B. Eltern verbieten den Kontakt mit Großeltern; Eltern verfügen über ihre Kinder, sprechen ständig für sie),

- konkurrieren (z.B. wenn die Großmutter mit der Mutter um die richtige Erziehung der Kinder/Enkel streitet).

Methodisch sind in solchen Fällen das Ansprechen der Grenzen, Betonung von Subgruppen („Jetzt reden die Eltern miteinander, und die Kinder hören zu") oder auch Wechsel und Nutzen der räumlichen Ordnung (Sitzordnung) sinnvoll.

Eine Spezialform der Störung von Subsystemen ist die **Triangulierung:** Jemand erhält eine Funktion in einem anderen Subsystem; z.B. ein Elternteil macht sich ein Kind zum Vertrauten gegenüber dem anderen Elternteil, oder ein Kind, das als Sündenbock für alle herhalten muß.

Der systemische Ansatz von Hellinger
Hellinger (1994, Weber 1993) entwickelte aus der TA-Skriptanalyse und systemischen Gesichtspunkten eine Form der familien- und sippenorientierten Psychotherapie, die auf der Annahme von grundlegenden Ordnungen in Systemen ausgeht, deren Verletzung zu Problemen der Angehörigen eines Familien- oder Sippensystems führt.

Aus der Vielzahl von Gesichtspunkten sind hier einige Beispiele herausgegriffen, die in unserem Zusammenhang wesentlich sind.

Hellinger geht von drei **Grundbedürfnissen** im Kontakt zwischen Familienmitgliedern aus, deren Störung das System dysfunktional werden lassen:
- **Das Bedürfnis nach Bindung:** Die Bindung an eine Familie schafft ein Gewissen, das die Einhaltung der Regeln überwacht, um einen Verlust der Zugehörigkeit zu vermeiden. Störungen in diesem Bereich führen zu Konflikten mit Schuld und Schuldgefühlen.
- **Das Bedürfnis nach Ausgleich zwischen Geben und Nehmen:** Innerhalb eines Systems sind die Beteiligten auf einen Ausgleich zwischen Geben und Nehmen als Ausdruck von Gerechtigkeit bedacht. Ein zu starkes Gefälle schafft Ungerechtigkeit, Überlegenheit (Macht) und Abhängigkeit und bedroht das System, wenn z.B. der ‚Schuldner' das System verläßt, weil keine Chance mehr auf einen Ausgleich besteht. Zwischen Eltern und Kindern besteht ein Generationenvertrag, d.h., die Eltern geben den Kindern, was sie erhalten haben, die Kinder geben es der nächsten Generation weiter.
- **Das Bedürfnis nach Ordnung:** Durch das Zusammenleben werden Regeln, Normen, verbindliche Haltungen und Tabus entwickelt, die das System erhalten sollen. Verstöße gegen diese Regeln werden als bedrohlich für alle im System erlebt und meist gestraft.

Für die **Funktionalität der Sippe** (Familienverband und Mehr-Generationen-Perspektive) nennt er vier weitere Bedingungen:
- Die Bedingung der **Ebenbürtigkeit:**
Jeder hat das Recht dazuzugehören und darf nicht ausgeschlossen werden. Der Ausschluß einer Person aus einem System führt oft zu einer Übernahme der Problemrolle in der späteren Generation.
- Die Bedingung der **vollen Zahl:**
Alle Personen, die zur Sippe gehören, müssen einen guten und ehrenvollen Platz im Herzen des einzelnen haben. Ein Ausschluß führt zu einer Verunsicherung und zu Energieverlust. Besonders das Ignorieren oder Abwerten von Familienmitgliedern schafft Spannungen.
- Der **Vorrang des Früheren:**
„Wer zuerst im System da ist, hat Vorrang vor dem, der später kommt. In gewachsenen Systemen herrscht also eine Rangordnung, die sich in erster Linie am Vorher und Nachher orientiert, das heißt, wer früher kommt ist vorgeordnet, wer später kommt, ist nachgeordnet ... Daher kommen die Eltern vor den Kindern und der Erstgeborene vor dem Zweitgeborenen" (Weber 1993, S. 141).

Dies gilt innerhalb eines Systems, bei verschiedenen Systemen hat umgekehrt das neue System den Vorrang vor dem älteren, z.B. hat die Gegenwartsfamilie Vorrang vor der Ursprungsfamilie.
- Die **Anerkennung der Vergänglichkeit:**
Probleme in einem System beruhen oft darauf, daß Vergangenes wie Gegenwärtiges behandelt wird, das betrifft im individuellen Sinn alte Wünsche und Illusionen und im Familienumfeld vergangene Zeiten, verstorbene Personen, vermiedene Trauer.

7.3 Arbeit mit Gruppen

Transaktionsanalyse ist von ihren Ursprüngen her als Veränderungsarbeit in Gruppen konzipiert, auch wenn die Einzelbehandlung schon immer eine Rolle spielte und derzeit wieder mehr Bedeutung gewinnt.

Den folgenden Ausführungen liegen die Arbeiten von *Berne* (1961, 1966, 1979), *Goulding/Goulding* (1981), *Steiner* (1982), *James* (1977), *Schlegel* (1993) sowie unsere praktischen Erfahrungen zugrunde.

Allgemeine Merkmale von TA-Gruppenbehandlung

Berne (1966) spricht ausdrücklich von ‚Behandlung in der Gruppe' (Group Treatment) und grenzt sich gegen die analytische Form der Gruppentherapie ab. Der Therapeut/Berater nimmt im TA-Konzept eine aktive Rolle ein und behandelt die einzelne Person in der Gruppe, wobei ihm alle Interventionsmöglichkeiten, die bisher besprochen wurden, zur Verfügung stehen.

Vorteile der Arbeit in Gruppen
Therapeuten und Berater zögern als Anfänger oft, Gruppenarbeit anzubieten, weil sie die Komplexität des Gruppengeschehens für anstrengender als die Einzelarbeit halten. Damit treffen sie sich leicht mit dem Vorbehalt der Klienten, die ebenfalls die Einzelsituation bevorzugen und die Gruppe gerne vermeiden. Die meisten TA-Praktiker machen allerdings bald die gegenteilige Erfahrung: Die Arbeit in der Gruppe erlaubt dem Therapeuten/Berater mehr Spielraum und Flexibilität, da sie letztlich in vielen Fällen effektiver und zufriedenstellender ist. Ähnlich geht es Klienten, wenn sie erst einmal die Erfahrung der Gruppe gemacht haben.

Analog zur Analyse des Nutzens von Spielen nach externen und internen Vorteilen auf der sozialen, psychologischen und existentiellen Ebene lassen sich auch die Vorteile der Gruppenarbeit systematisieren:

	Externer Nutzen	**Interner Nutzen**
Soziale Ebene	Die Teilnahme an einer Gruppe gibt eine feste Zeitgestaltung und eine Möglichkeit des Gesprächs mit Außenstehenden.	Die Gruppe erlaubt das Zusammensein mit Gleichgesinnten, leichte Kontaktaufnahme und gemeinsame Themenfindung.
Psychologische Ebene	Andere werden als offen, ehrlich und mutig erfahren. Geben und Nehmen können balanciert werden, Selbstverantwortung und Engagement für andere werden geübt, und die Erfahrung von Intimität ist möglich.	Die psychische Stabilität wächst. Gefühle von Akzeptanz, Nähe, Zugehörigkeit, Identität und persönlichem Wert werden erlebbar.

	Externer Nutzen	Interner Nutzen
Existentielle Ebene	Grundbedürfnisse nach Anerkennung, Zuwendung, An- und Aufregung und Struktur werden befriedigt	Die Grundhaltung des wechselseitigen o.k.-Seins wird erfahren und bestätigt, Freiheit von Skriptzwang erlebt, und neues Lernen mit relativ wenig Risiko ist möglich.

Die Situation der Gruppe entspricht mehr der Alltagssituation. Dabei werden typische Kommunikationsformen sichtbar, Beziehungsprobleme direkt erfahren, und neues Verhalten kann relativ risikolos erprobt werden. Die Arbeit basiert auf aktuellem Geschehen und bezieht sich seltener auf vergangene, nicht beobachtbare und nur berichtete Situationen außerhalb der Gruppe. Der einzelne kann durch Beobachtung an anderen erfolgreiches Verhalten lernen und sein Repertoire erweitern. Interventionen werden durch die Unterstützung der Gruppe wirksamer, der Beifall der Gruppe für Einsicht und Lern- oder Verhaltenserfolge wirkt ermutigend.

Der Therapeut/Berater braucht nicht ständig zu reagieren, hat Zeit zur Beobachtung, sieht die soziale Wirkung von Interventionen. Der Kontakt wird realistischer, die Überidealisierung von Therapeuten/Beratern ist nicht so hoch, seine Macht wird relativiert.

Die Zeitstruktur in der Arbeit mit einzelnen ist flexibler (kein 50-Minuten-Takt) und entspricht so mehr den Bedürfnissen der Klienten.

Strukturen der TA-Gruppenarbeit
Die Strukturen der Gruppenarbeit sind weit gefächert. Dabei ist durchaus üblich, verschiedene Arten (z.B. fortlaufende Gruppe und Marathon) zu kombinieren. Unter Marathon werden in der Transaktionsanalyse mehrtägige Intensivseminare verstanden, die meist außerhalb des Wohnsitzes stattfinden und oft mit gemeinsamem Wohnen verknüpft sind.

Betreuungsgruppen bieten Klienten Kontakt untereinander und Anbindung an eine Beratungseinrichtung. Sie sind sehr flexibel in ihrer Gestaltung (Teestunde bis Informationsveranstaltung), brauchen gewöhnlich mindestens zu Beginn die Unterstützung eines professionellen Leiters, um das förderliche Gruppenmilieu zu gestalten.

Übersicht über organisatorische Merkmale verschiedener Gruppentypen

	Dauer	Teilnehmerzahl	Häufigkeit	Zeitraum	Struktur
Fortlaufende Beratungs- oder Therapiegruppe	1,5–3 Std.	5–10 Teilnehmer	wöchentliche oder 14tägige Treffen	begrenzt oder vertragsabhängig	halboffen oder geschlossen
Marathon	täglich ca. 6–8 Std.	16 und mehr	täglich, evtl. mit Unterbrechung	3–10 Tage	geschlossen evtl. in Klausur
Stationsgruppe	100 Min.	10–20	täglich oder 1–3 mal pro Woche	mindestens 3 Wochen, abhängig von Institution	geschlossen
Thematische Gruppe	1–3 Std.	variabel	1–4 wöchentlich	variabel	themenabhängig, geschlossen oder offen
Betreuungsgruppe	1–3 Std.	offen	1–4 wöchentl.	offen	offen

Indikation und Kontraindikation

Grundsätzlich wird jede Person mit einem gewissen Grad an Erwachsenen-Ich-Stärke für Gruppenbehandlung geeignet gehalten. Eine Kontraindikation besteht lediglich für Personen mit akuten Psychosen und weiterbestehenden Suchtformen. Bei extrem selbstunsicheren Klienten, massiv antisozialen Persönlichkeitsstörungen oder Geheimnisträgern kann eine Gruppenarbeit ausgeschlossen sein oder ist eine Vorbereitung durch Einzelbehandlung nötig. Für Marathons ist eine größere Stabilität erforderlich als für fortlaufende Gruppen. Vorgespräche sind sinnvoll zur Abklärung der Ziele und Indikation.

Die Rolle des Gruppenleiters

Generell soll der Therapeut/Berater mit allen Ich-Zuständen anwesend sein und aus allen Ich-Zuständen heraus intervenieren können.

Dabei kommt dem Erwachsenen-Ich eine besondere Bedeutung zu. Der Gruppenleiter darf keine Sonderstellung einnehmen und soll dennoch durch seine Aktivität eine klare Führungsposition innehaben und behalten. Er eröffnet und schließt die Gruppe, achtet auf die Zeit, verteilt Gesprächsanteile und fühlt sich für das Gruppenklima und die Entwicklung des einzelnen in der Gruppe im Rahmen der vertraglichen Absprache mitverantwortlich.

Auch wenn es für das Strukturbedürfnis der Mitglieder sinnvoll sein kann, stets denselben Platz innezuhaben, soll er auf ‚Insignien der Macht' verzichten (kein besonderer Stuhl, keine Sonderrechte).

Der Gruppenleiter hört zu, gibt Informationen, teilt Beobachtungen und Analysen, aber auch persönliche Betroffenheit mit und ist Modell für Offenheit, Direktheit, Konfliktfähigkeit, Sachlichkeit und Humor. Neugier und Kreativität seines Kind-Ich haben ebenso Platz wie belehrende, fordernde oder auch positiv kontrollierende Verhaltensweisen. Die ethische und moralische Einstellung soll transparent sein, ohne missionarisch zu wirken.

Zusammensetzung von Gruppen
Berne empfiehlt eine Mischung der Gruppe nach Geschlecht, Alter und Problemstellungen. Diese Mischung ermöglicht einen stärkeren Bezug zum Alltagsleben und eine größere Variation der individuellen Bezugsrahmen. Auch für den Therapeuten/Berater ist die Arbeit in einer solchen Gruppe leichter, da die Übernahme von Aufgaben, gegenseitige Unterstützung, Rollenspiel, Konfrontation u. ä. eher möglich sind. Außerdem erfüllt eine gemischte Gruppe auch mehr die Bedürfnisse des Therapeuten/Beraters nach Abwechslung und Kontakt.

Diese Mischung kann durch äußere Bedingungen (zufällige Anmeldung der Teilnehmer) oder institutionelle Einschränkungen (Spezialisierung der Klinik oder Beratungsstelle) eingeschränkt oder nicht möglich sein. Für bestimmte Fragestellungen sind auch ausschließende Kriterien sinnvoll, z.B. Frauen- oder Männergruppen, Suchtprobleme oder Eßstörungen.

Extreme in der Alters- oder Geschlechtsverteilung wirken sich dagegen eher nachteilig aus. So kann eine ältere Person alleine unter Jüngeren oder umgekehrt eine sehr junge Person unter wesentlich Älteren mit ihren speziellen Fragestellungen und Bedürfnissen nicht genügend Verständnis und Unterstützung finden. Ähnlich ist es, wenn nur ein Mann unter Frauen oder eine Frau unter Männern teilnimmt.

Ehe- und Lebenspartner können an derselben Gruppe teilnehmen, wenn dies ihrer individuellen Entwicklung und ihrer Beziehung förderlich ist. Bei Familienmitgliedern und Verwandten ist die Teilnahme sorgfältig zu prüfen (evtl. Probezeit vereinbaren). Die Teilnahme von Freunden bedroht sehr oft die Freundschaft und führt zu Konflikten mit der Schweigepflicht und ist daher eher skeptisch zu beurteilen.

Bedingungen an den Gruppenraum
Der Raum sollte entsprechend der Teilnehmerzahl genügend groß sein. Üblicherweise findet TA-Gruppenarbeit auf Stühlen oder entsprechend festen Sitzgelegenheiten statt, die die Erwachsenen-Ich-Haltung betonen. Für regressive Arbeiten sind allerdings auch Polster, Kissen, Matten und einige Plüschtiere vorhanden. Ansonsten sollte die Ausstattung relativ sachlich sein und dennoch genügend gemütliche Atmosphäre erlauben.

Für die meisten TA-Gruppen ist eine Tafel oder ein Flip-Chart erforderlich, um TA-Modelle, Vereinbarungen, Zeichnungen oder sonstige Erklärungen optisch festhalten zu können.

Tonband- oder Video-Aufzeichnung geschieht nach Absprache und gewöhnlich offensichtlich. Mikrophon oder Kamera sind nicht versteckt, wenn auch nicht unbedingt im Blickfeld der Teilnehmer.

Der Raum sollte so schallisoliert sein, daß die Teilnehmer und der Therapeut/Berater sich bei lauten Gefühlsäußerungen nicht befangen zu fühlen brauchen.

Vertragsebenen, Vertragsarten für die Gruppenbehandlung

Institutioneller Kontext
Berne (1966, 1979) legt Wert darauf, daß sich eine Person, die in einem institutionellen Rahmen arbeitet, die Vertragssituation über den direkten Klienten-Vertrag hinaus verdeutlicht, da diese bemerkt oder unbemerkt Einfluß auf die Arbeit nimmt. Hierzu gehören:
1. Der **administrative Kontrakt:**
    - Was sind die Ziele und Zwecke der Organisation, in der ich arbeite?
    - Wie ist ihre äußerliche Darstellung in Programmen und Prospekten?
    - Was sind die gesetzlichen Grundlagen, geltende Bestimmungen, Vorschriften?

2. Der **professionelle Kontrakt:**
   - Was ist mein konkreter Auftrag durch die Institution?
3. Der **psychologische Kontrakt:**
   - Was sind meine eigenen Wünsche und Bedürfnisse?
   - Was würde ich gerne tun, und was darf ich, ohne gefeuert zu werden?
4. Die **Organisationsbedürfnisse:**
   - Was erwartet sich die Organisation von der Therapie/Beratung?
   - Wie hoch ist die Risikobereitschaft oder Angst vor der Öffentlichkeit?
   - Wie progressiv oder konservativ ist die Institution?
   - Wie wagemutig darf ich sein?
5. Das **Autoritätsdiagramm:**
   - Wer bestimmt die Ideologie der Einrichtung?
   - Auf welcher Stufe der Hierarchie stehe ich?
   - Wo stehen meine Vertragspartner?
   - Wer kann mir etwas sagen?
   - Was ist die Stellung meiner Kollegen?
   - Wo stehen die Klienten?

Individueller Vertrag
1. Der **allgemeine Gruppenvertrag**
   - Aufgaben (Rechte und Pflichten) des Leiters: z. B. Behandlungsmethoden, ethische Grundlagen, Schweigepflicht oder Weitergabe von Informationen, Aufgaben und Begrenzungen durch Dreiecksvertrag;
   - Aufgaben (Rechte und Pflichten) der Mitglieder: z. B. Schweigepflicht, Teilnahmeverpflichtung, Mitarbeit, gegenseitige Unterstützung.
2. Der individuelle Vertrag mit den Klienten
   - administrative Seite (Bezahlung, Abmeldung bei Fernbleiben etc.);
   - Ziel der Behandlung.
   Auch der **psychologische Vertrag** sollte – soweit möglich – angesprochen werden: Heimliche Wünsche und Befürchtungen oder verdeckte Bedürfnisse der Klienten können durch Ansprechen der Phantasien über die Gruppe, Vorurteile und die ersten Eindrücke am Gruppenbeginn geklärt werden. (*Berne* nennt diese Vorstellungen ‚Provisional Group Imago'.)

Unterschiede der TA-Schulen in der Arbeit mit Gruppen

In der **klassischen Schule** (Berne, Steiner, Woolams, Brown, English u. a.) wird die Gruppe als soziales Feld zum Studium der Kommunikationsphänomene und deren Veränderung gesehen.

Bernes Technik der Gruppenbehandlung entwickelte sich aus der stationären Arbeit mit Menschen in der Psychiatrie. Am Anfang steht wie immer der Vertrag mit jedem einzelnen, der je nach der aktuellen Situation modifiziert oder durch Zwischenverträge ergänzt wird. Dieser Vertrag wird in einem oder mehreren Vorgesprächen vor der Grupppenteilnahme geschlossen, kann aber auch in den ersten Gruppensitzungen das Thema sein.

In der Sitzung läßt der Therapeut für eine Weile die Kommunikation ungehindert fließen und interveniert dann durch Veranschaulichung des Geschehens mit Hilfe von TA-Modellen. Die Diagramme für Transaktionen, Spiele, Maschen oder Skript werden aufgezeigt und Handlungsalternativen besprochen, die in der Gruppe erprobt werden können und/oder als Hausaufgaben für die Zeit zwischen den Treffen gelten. Für die Analyse und zur Vermeidung von Diskussion, wie es wirklich war, wird bisweilen auch die Tonbandaufnahme des Gesprächs eingesetzt. Die Analyse-Arbeit geschieht direkt zwischen Klient und Therapeut. Die Gruppe kann dabei beobachten, am Modell lernen und Feedback geben. Die Veränderungsarbeit basiert wesentlich auf der Stärkung des Erwachsenen-Ich und seiner Abgrenzung zu Kind-Ich und Eltern-Ich.

Der Gruppenprozeß wird nicht thematisiert. Konflikte, die in der Gruppe entstehen, werden auf den einzelnen zurückgeführt und als individuelles Problem behandelt. Dabei wird skriptanalytisch die Ursprungssituation ermittelt, das zugrundeliegende Bedürfnis aufgedeckt und an neuem, zufriedenstellendem Verhalten gearbeitet.

Die **Neuentscheidungsschule** – ausgehend von *R. und M. Goulding* – arbeitet neben fortlaufenden Gruppen überwiegend in Marathons und ist vor allem für Menschen mit neurotischen Problemstellungen geeignet. Hierfür werden vor allem Methoden aus der Gestalttherapie (wie Awareness-Konzept und Stuhlarbeit) in die TA-Arbeit integriert.

Sie legt weniger Wert auf Information und Erklärungen als die klassische Schule und betont mehr die Gruppe als Ort, wo Bedürfnisse aus dem Kind-Ich gezeigt und gelebt werden können. Die Therapeuten ermöglichen eine Situation, die von Erlaubnis und Fürsorglichkeit geprägt ist. In diesem Milieu werden die Engpässe der Teilnehmer als Einschränkungen eines spontanen kindhaften Verhaltens schnell offensichtlich und dann in der direkten Arbeit mit den Therapeuten durchgearbeitet. Übertragungsphänomene werden weitgehend reduziert durch die Technik des ‚leeren Stuhls', auf dem die in der Kindheit wichtige Person gesehen wird. Neuentscheidung wird durch die Unterstützung des Kind-Ich gefördert, um sich von den hemmenden Einflüssen des Eltern-Ich zu distanzieren und selbst für die Erfüllung von Bedürfnissen und Wünschen zu sorgen.

Die Gruppe dient dabei als Quelle von Zuwendung und Anerkennung, ermutigt und gibt Beifall. Sie erfüllt auch die Bedürfnisse nach Nähe und Stimulierung. Für neues Verhalten steht sie als Experimentierfeld zur Verfügung und hilft bei der Verankerung geänderter Lebensentscheidungen.

Die **Schiff-Schule** (J. L. Schiff, S. Schiff) entwickelte die Gruppenkonzepte aus der Arbeit mit schizophrenen (später auch persönlichkeitsgestörten) Menschen, die anfangs von *Jacqui Schiff* adoptiert und in die therapeutische Familie integriert wurden (vgl. J. L. Schiff 1990). Hier übernimmt der Therapeut die Rolle eines Elternteils in der Familie und damit Erziehungsaufgaben. Die Arbeit in der Gruppe betont die Funktion des Erwachsenen-Ich für das klare Denken und die Realitätskontrolle, gibt Schutz vor destruktiven Impulsen und einen Rahmen für konstruktives Verhalten. Ziel ist die Veränderung des Eltern-Ich (Neubeeltern).

Gruppenmitglieder haben je nach ihrem eigenen Therapieprozeß die Funktion von Geschwistern in der Familie, die Mitverantwortung für das Familienleben zu übernehmen, den Eltern (Therapeuten) zu helfen und auf die Einhaltung von Verträgen zu achten (Konfrontationsvertrag).

Die Gruppe ist der Ort des gemeinsamen Lebens, der klaren Regeln und Verträge, der Einübung in erwachsenes Verhalten, aber auch der vertraglich vereinbarten Regression auf kindliche Entwicklungsstadien und Nachentwicklung.

In der aktuellen Anwendung von TA-Gruppenarbeit werden meist diese Ansätze je nach Zielsetzung, Klientel und Institution gemischt und die Gruppe als Ganzes stärker beachtet, auch wenn die direkte Arbeit mit den Klienten in der Gruppe (Eins-zu-Eins-Arbeit) vorherrscht. Ebenso ist es üblich, andere gruppenbezogene Arbeitsweisen wie Psychodrama-Methoden, Themenzentrierte Interaktion nach *Ruth Cohn* oder der Körpertherapie (Bioenergetik, Reichsche Core-Energetik, Hakomi u. a.) einzubeziehen.

In Beratungsgruppen ist die Strukturierung deutlicher, es werden mehr Übungen angeboten, Themen besprochen und Methoden der Erwachsenenbildung integriert.

Bedeutung des Gruppenmilieus

Auch wenn es in der Literatur zur TA-Gruppenarbeit nicht besonders betont wird, kommt dem therapeutischen Milieu in der Gruppe eine erhebliche Bedeutung für den Veränderungs- und Heilungsprozeß zu.

Hierfür nimmt der Therapeut/Berater indirekten Einfluß auf die Entwicklung der Gruppe und des einzelnen. Dies geschieht vor allem durch die Zuwendung zu den ‚gesunden' Teilen einer Person, durch Bestärkung skriptfreien Verhaltens, Ermutigung zu Offenheit und Direktheit, kreativen und positiven Umgang mit Konflikten und Schutz vor hemmenden Einflüssen anderer Gruppenmitglieder. Die Freude an der Entwicklung der einzelnen Person und emotionale Beteiligung an ihren Problemen sowie die strikte o.k.-Haltung wirken als Modell und werden (oft unausgesprochen) zur Gruppenregel. Die unbedingte Annahme der Person in ihrem Wert als Mensch trotz ihres problematischen Verhaltens wird von vielen Teilnehmern erst auf die Probe gestellt, später wird dann diese Erfahrung zugelassen und auch anderen Teilnehmern gegenüber praktiziert.

Regeln werden selten gegeben, da sie nach *Berne* (1966) für ein Drittel der Teilnehmer überflüssig – weil selbstverständlich – sind, für ein weiteres Drittel ein Mittel darstellen, ihre Bravheit gegenüber einer elterlichen Autorität unter Beweis zu stellen, während ein weiteres Drittel sie zur Rebellion und zur Prüfung der Konsequenz des Therapeuten/Beraters mißbraucht. Implizit bilden sich dennoch Gruppenregeln, die der Therapeut/Berater wahrnehmen sollte und je nach Nutzen oder Schaden unterstützt oder zur Veränderung auffordert. Dies gilt nach *Berne* auch für zu große Ernsthaftigkeit oder Feierlichkeit in der Gruppenarbeit. Durch diese regelarme Arbeitsweise werden die im Eltern-Ich der Teilnehmer vorhandenen und befolgten oder bekämpften Regeln um so deutlicher und sind der Veränderung zugänglich. Dies gilt insbesondere für feindselige und unterdrückende Regeln, die in die Gruppe projiziert werden. Deren Aufdekkung erlaubt eine Enttrübung des Erwachsenen-Ich von den Anteilen des Eltern-Ich der Klienten.

Durch das Miterleben wichtiger emotionaler Prozesse entsteht eine Haltung der Anteilnahme in der Gruppe; das Wissen um die wichtigen Themen der Teilnehmer und die gemeinsame Entschlossenheit zur Veränderung schaffen eine Intimität, wie sie im Alltag selten möglich ist.

Gruppendynamische Orientierung

Während in der ursprünglichen Form der TA-Gruppen die Gruppendynamik lediglich ein Gegenstand der Beobachtung durch den Therapeuten/Berater ist, beziehen neuere Richtungen (z. B. Clarkson 1992, 1995) auch gruppendynamische Prozesse in die inhaltliche Arbeit der Gruppe mit ein.

Schlegel (1994) zeigt in seiner Zusammenstellung der Darstellungen *Bernes* zur Gruppenarbeit dessen Ambivalenz gegenüber der Gruppendynamik: Auf der einen Seite entwickelte er gute Modelle zur Beobachtung und Analyse von Gruppenprozessen und Institutionsentwicklung, verwendete sie aber in der Gruppenbehandlung nur für eigene Zwecke, nicht für Interventionen, die die Gruppe betreffen. Die Gruppendynamik wird quasi ignoriert und nicht in die Gruppe eingebracht. Dennoch machen die Gruppen auch bei einer ‚Eins-zu-Eins'-Behandlungsmethode (oder auch ‚Einzelbehandlung in der Gruppe') Entwicklungen durch. Die Erfahrung zeigt, daß Themen und Erfahrungsmöglichkeiten in Gruppen durchaus vom Gruppenklima, von der Entwicklungsphase einer Gruppe, der Rollenposition des einzelnen und der Gruppenzusammensetzung abhängig sind.

Berne (1966) beobachtete eine Gruppenentwicklung, die er im Konzept der Zeitstrukturierung als Ordnungsgesichtspunkt verwendete.
- Anfänglich sind Rituale für die Gruppe sehr wichtig.
- Sie werden dann durch Zeitvertreib abgelöst.
- Erst danach beginnt die Phase der Orientierung an der Arbeit in der Gruppe, und
- damit werden auch die Spiele und Maschen der Teilnehmer in der Gruppe erprobt.
- Schließlich gelingt mit guten persönlichen Arbeiten der Durchbruch zur Intimität in der Gruppe.

In der Phase der Gruppenbildung gibt die **Sitzordnung** wichtige Hinweise auf die Festigung der Gruppe und die Bildung von Subgruppen. Es ist daher empfehlenswert, sich Sitzordnungen von Zeit zu Zeit zu notieren. So werden durch räumliche Nachbarschaft oft skriptgebundene Koalitionen deutlich. Kontakt und Isolierung sind bisweilen am Abstand der Stühle zu erkennen. Besondere Bedeutung erhalten auch die Plätze neben (Co-Therapeuten oder Lieblingskinder) und gegenüber (informelle Gruppenführung, Opposition) den Leitern.

In der gruppendynamisch orientierten Richtung werden die Gruppenprozesse angesprochen. Der Therapeut/Berater teilt Beobachtungen und Hypothesen über den Gruppenprozeß mit. Insbesondere spricht er
- Phänomene der Rollenbesetzung in der Gruppe,
- Subgruppenbildung,
- Passivitätsmuster der Gruppe,
- implizite Regeln und Tabus der Gruppe,
- Fluktuation der Teilnahme,
- Pünktlichkeit und andere Phänomene

offen an und verwendet einen Teil der Gruppenzeit zur Förderung der Gruppenentwicklung.

Die üblichen Phasen der Gruppenentwicklung sind auch in der TA-Gruppenarbeit zu beobachten.
- Die Gruppe schließt allmählich ihre Grenzen gegen die Außenwelt,
- orientiert sich zunächst an der Autorität des Leiters,
- sucht danach die eigenen Rollenmöglichkeiten,
- erprobt die inneren Grenzen,
- entwickelt ein ‚Wir-Gefühl' und eine eigene Identität und
- gelangt dann zur Arbeitsfähigkeit.

Bei einem vereinbarten gemeinsamen Ende der Gruppe sind auch die Auflösungsformen wie
- Orientierung nach außen,
- Idealisierung,
- Flucht und
- Trauer erkennbar.

Der Organismus ‚Gruppe' läßt sich in Grenzen auch wie eine Persönlichkeit in den TA-Modellen darstellen: In metaphorischer Weise gibt es Personen, die mehr ein Eltern-Ich, ein Erwachsenen-Ich oder ein Kind-Ich der Gruppe darstellen oder Haltungen des Funktionsmodells repräsentieren, wie Fürsorglichkeit, Kritik, Nüchternheit, Sachlichkeit, Anpassung, Rebellion, und ‚freies Kind' ausdrücken.

Das innere Bild des einzelnen von der Gruppe (*Berne* nennt dies ‚Gruppenimago') entwickelt sich aus einem diffusen Muster, in dem zunächst nur der Leiter und die eigene Position deutlich sind, oft weiter nach dem Muster der Ursprungsfamilie: Es werden Eltern- und Geschwisterpositionen vergeben und die Eigenschaften der Personen aus der Vergangenheit in die gegenwärtigen Gruppenteilnehmer projiziert. Erst in der Arbeitsfähigkeit gelingt eine Sichtweise, in der die Teilnehmer nach ihren wirklichen Stärken und Schwächen beurteilt werden.

Praktische Überlegungen und Hinweise

Methodische Hilfen
In der Transaktionsanalyse wird die Selbstbestimmung des einzelnen auch in der Weise ausgedrückt, daß keine feste Reihenfolge der Wortmeldungen vorgegeben wird. ‚Runden' sind nicht üblich. Auch beim Einholen kurzer Statements zum Befinden (Blitzlicht) oder zu den Vorhaben am Anfang der Sitzung (Stundenvertrag) beschließt jeder Klient, wann für ihn die richtige Zeit ist, sich zu äußern.

Bei größeren Gruppen kann es eine Hilfe sein, diejenigen, die an ihrem Thema arbeiten wollen, in einem Innenkreis zusammenzusetzen und die übrigen Mitglieder als Beobachter in einem Außenkreis zu lassen. *Berne* verwendete diese Technik in der Psychiatrie, indem er zunächst mit Patienten im Innenkreis arbeitete, während das Stationspersonal und ein Teil der erfahreneren Patienten im Außenkreis saßen und beobachteten. Nach einer Zeit wurde die Sitzordnung getauscht, und der Innenkreis besprach nun die Beobachtungen, während die Patienten zuhören konnten.

Um die Wichtigkeit der Verträge zu betonen und eine Mitverantwortung der Gruppe für die Zusammenarbeit zu fördern, werden bisweilen die Langzeit- und Stundenverträge auf große Poster geschrieben und für alle sichtbar aufgehängt. Dort läßt sich auch markieren, was schon erreicht ist oder was noch offensteht.

Von Zeit zu Zeit empfiehlt es sich, für eine Zwischenbilanz im Arbeitsprozeß innezuhalten. Im Feedback kann der Klient den Vertrag prüfen, Erfolge feststellen und Ziele neu formulieren. Die Gruppe und der Leiter können ihre Wahrnehmung der Entwicklung, der Erfolge und anstehenden Aufgaben mitteilen.

Ablauf der Sitzungen
Am Anfang der Gruppe steht günstigerweise eine kurze Zeit des ‚Warmwerdens' miteinander. Es kann sinnvoll sein, daß der Therapeut/Berater nach Vereinbarung etwas später hinzukommt. Beginnt die Gruppe gewöhnlich zu hektisch, weil die Klienten direkt aus streßbetonten Alltagssituationen kommen, ist eine Entspannungs- und Konzentrationsphase zu Beginn hilfreich. Danach kann die Zeit genutzt werden für Berichte über Erfahrungen der vergangenen Woche, Erfolgsmeldungen oder Erledigung von Hausaufgaben.

Bei fortlaufenden Gruppen haben die meisten Klienten den Wunsch, in jeder Sitzung wenigstens kurz ihre Situation und Probleme zu besprechen. Besonders wenn die Gruppe sich nicht zu häufig sieht, muß die Zeit danach bemessen sein, daß jeder diese Chance hat. Die Zeit muß aber auch für länger dauernde Einzelarbeiten ausreichend sein. Die anderen Gruppenmitglieder stehen dafür zurück.

Die vereinbarte Zeit für das Gruppenende wird in der Regel nicht überzogen. Kommt gegen Ende jemand mit einem wichtigen Thema, wird er auf die nächste Gruppe verwiesen.

Oft trennen sich die Mitglieder nach der Gruppensitzung nicht sofort, sondern besprechen das Geschehen noch miteinander. Dafür gilt die Regel, daß wichtige Erkenntnisse, Gesprächsergebnisse oder auch Konflikte in die nächste Gruppensitzung eingebracht werden. Ein schnelles Auseinandergehen wird ähnlich wie eine zu intensive ‚Nachsitzung' als Hinweis auf Störungen des Gruppenklimas verstanden und sollte in der Supervision, Nacharbeit des Therapeuten/Beraters und evtl. auch in der folgenden Gruppensitzung ein Thema sein.

Der Gruppenleiter macht gewöhnlich keine Mitschrift des Gruppengeschehens, notiert sich aber kurz während oder nach der Gruppensitzung wesentliche Punkte. Für das eigene Nacharbeiten und die Supervision ist das Tonband der Gruppensitzung eine gute Hilfe. Die Gruppe ist über die Verwendung des Tonbandes zu informieren (auch wann es gelöscht wird). Für einzelne kann auch die Tonbandaufzeichnung der eigenen Arbeit eine Hilfe für die Nachbereitung zu Hause sein, um mit der dann möglichen Distanz sich selbst noch einmal zu hören, Erfahrungen zu festigen oder die Zwischenzeit von Sitzung zu Sitzung zu nutzen.

Ende der Teilnahme und Ende der Gruppe
Üblicherweise endet die Gruppe oder die Teilnahme einer einzelnen Person mit dem vereinbarten Termin oder bei Erfüllung des Vertrags. In halboffenen, ‚ewigen' Gruppen wird die Person verabschiedet und macht den Platz frei für jemand anders.

In vielen Fällen sind auch äußere Gründe für das Verlassen der Gruppe verantwortlich: Jemand zieht um oder seine Lebensumstände (z. B. Arbeitszeiten) ändern sich so, daß eine weitere Teilnahme nicht mehr möglich ist. Hier ist das Feedback, die Besprechung weiterer Möglichkeiten und die Verabschiedung besonders wichtig.

Verläßt ein Mitglied die Gruppe aus Unzufriedenheit, Frustration oder mangelnder Veränderungsmotivation, sollte eine Vereinbarung getroffen sein, daß das Verlassen angekündigt wird und mindestens noch eine weitere Sitzung möglich ist, um den Abschied zu bearbeiten. Bleibt jemand trotz Vereinbarung einfach fern, ist eine Aufarbeitung der Gefühle der Gruppenmitglieder nötig, um das Gruppenklima zu erhalten.

7.4 Arbeit mit Kindern

In diesem Kapitel werden wir die Arbeit mit Kindern darstellen unabhängig vom Familienkontext, mit dem Ziel, Verständnis für Kinder zu erreichen und Möglichkeiten für die individuelle Arbeit mit Kindern aufzuzeigen.

Säuglinge reagieren noch ganzheitlich, bei ihnen sind die unterschiedlichen Entwicklungsbereiche nicht voneinander abgrenzbar. Es ist bei der Betrachtung immer wieder nötig, Schwerpunkte zu setzen, um bestimmte Faktoren deutlich zu machen, z. B. Sprachentwicklungsstörungen, bei denen die Ursachen in unterschiedlichen Bereichen, dem psychosozialen, dem organischen oder einer Kombination davon, liegen können. Kinder machen in den ersten Lebensjahren eine atemberaubende Entwicklung, die eine **Flexibilität** der Kinder erfordert ebenso eine Beweglichkeit der Bezugspersonen.

Die Fülle des Materials zwingt uns in diesem Rahmen zu einer Auswahl, die auch wie in den anderen Bereichen subjektiv ist nach Schwerpunkten, die für uns hilfreich waren.

Kindliche Ich-Zustände

Kinder sind Kinder und nicht kleine Erwachsene oder Teile eines Erwachsenen wie zum Beispiel das K_2 in seiner Strukturanalyse zweiter Ordnung, das oft mit Kindern gleichgesetzt wird. Für die Arbeit mit Kindern ist der jeweilige Entwicklungsstand wichtig, nicht die Rückschlüsse aus Fehlentwicklungen Erwachsener.

Auf die bisher unzureichende Beschreibung der kindlichen Ich-Zustände hat *Ch. Gérard* (1993) hingewiesen. Sie betont den Unterschied zwischen den Ich-Zuständen Erwachsener und den kindlichen Ich-Zuständen.

📖 Gérard, Ch.: Wer sagt, daß es keine blauen Elefanten gibt? 1993.

Die Persönlichkeit eines Kindes ist wie die eines Erwachsenen in den drei Anteilen, die bei den Grundannahmen über Ich-Zustände beschrieben wurden, deutlich. Diese Persönlichkeit macht insgesamt eine Entwicklung, die in der folgenden Abbildung in der Größenveränderung symbolisiert wird. Dies zeigt, daß Kinder nicht ein Teil des Erwachsenen sind, sondern wie auch Erwachsene Ich-Zustände als eine Sammlung von stimmigen und zusammenhängenden Mustern des Seins, Denkens, Entscheidens, Fühlens und Verhaltens, das eine Person als stimmige Einheit erlebt und nach außen hin zeigt (Summerton 1994), erleben, mit dem Unterschied, daß diese altersentsprechend sind. Sie sind in den vier Modellen, die beschrieben wurden, darstellbar (Kap. 3.1).

Die folgende Abbildung zeigt, daß jeder Ich-Zustand für sich eine Entwicklung macht, die lebensgeschichtliche Dimension ist in jedem Ich-Zustand enthalten.

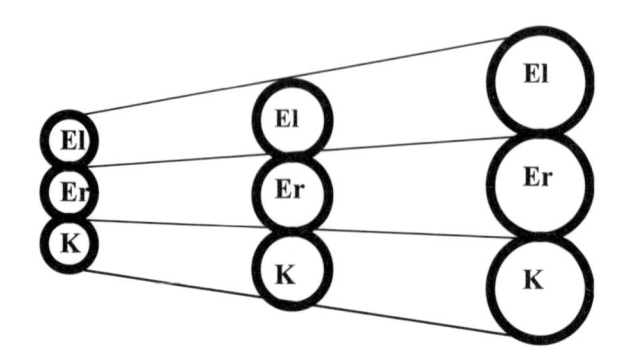

F. English (1981/1977) verdeutlicht diese Entwicklung im Kind-Ich-Zustand wie einen Wachstumsprozeß eines Baumes mit Jahresringen..

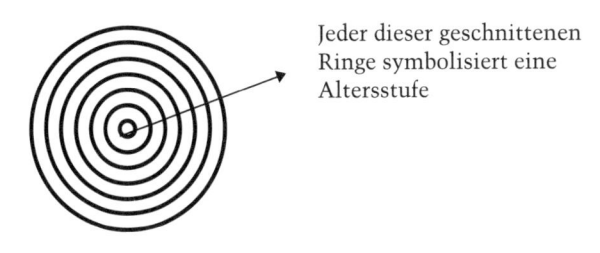

Jeder dieser geschnittenen Ringe symbolisiert eine Altersstufe

Es gibt verschiedene Ansätze zum Verständnis der kindlichen Ich-Zustände, dies zeigt, daß auch in diesem Bereich eine Diskussion noch im Gange ist.

Bedeutung des Lebensplans für Kinder

Das Konzept des Lebensplans ist auch für Kinder von großer Bedeutung; wie bei der Entwicklung des Lebensplans (Kap. 3.6) dargestellt, gibt es verschiedene Entwicklungsstadien des Skripts, die sich in der Komplexität und den Abwehrstrukturen unterscheiden. Kinder treffen für sich selbst oft so einschneidende Entscheidungen, da sie von den Bezugspersonen abhängig, auf diese angewiesen sind. Zusätzlich ist ein Kind verletzlicher als Erwachsene.

Woollams und *Brown* (1978) zeigen die Verletzlichkeit von Kindern auf und geben fünf wichtige Faktoren an:
- Der Mangel an Energie und Kraft: Kinder leben in einer Welt von ‚Riesen', die ihnen alle überlegen sind oder überlegen scheinen.
- Die Unfähigkeit, Streß auszuhalten: Die Gefahr, daß Kinder von Gefühlen überwältigt werden, ist groß, da das Nervensystem noch nicht so weit ausgereift ist, daß sie die körperliche und seelische Erregung aushalten.
- Das Denken ist noch nicht ausgereift: Kinder denken nicht in der Weise logisch wie Erwachsene, da sie noch wenige Informationen haben. Sie nutzen mehr ihre Intuition und haben ein magisches Denken; das dient dazu, sich Zusammenhänge zu erklären. Kinder treffen ihre Entscheidungen daher häufig global und übergeneralisierend.
- Der Mangel an Informationen: Kinder erhalten ihre frühen Infor-

mationen von den Eltern, die für sie zuerst die ‚ganze Welt' bedeuten. Das bedeutet, daß die Welt der Eltern für Kinder die Realität bedeutet und daß sie glauben, alle Menschen sind wie ihre Eltern. So sind sie darauf angewiesen zu glauben, was ihre Eltern ihnen auch über sich selbst mitgeben z.B. die Zuschreibungen wie: „Du bist unsere praktisch Begabte." Dies klingt freundlich, ist aber auch einschränkend, da dadurch andere Bereiche gar nicht entwickelt werden.

- Der Mangel an Möglichkeiten: Kinder können sich meistens nicht aussuchen, wo und mit wem sie leben wollen. Sie müssen den bestmöglichen Weg suchen, in ihrem Leben zurechtzukommen.

Das Zusammenspiel dieser Faktoren und der Erlebnisse als Teil der Lebenserfahrungen hat Einfluß auf die Entscheidungen des Lebensplans.

Je jünger das Kind ist, desto direkter ist der Zugang zu den Erlaubnissen und Bestätigungen wie auch zu den einschränkenden Überzeugungen und den Einschärfungen. Die Skriptbildung ist noch nicht abgeschlossen, so daß der Einfluß auf Skriptentscheidungen bei Kindern noch möglich ist.

Jeder von uns entscheidet aus Erfahrungen mit unterschiedlichen Personen zum gleichen Thema. Häufig haben Vater und Mutter unterschiedliche Bereiche, in denen sie positive Erlaubnisse und Bestätigungen oder einschränkende Verbote bzw. einschränkende Anweisungen vermitteln. (siehe Kap. 3.6).

Wie diese unterschiedlichen Botschaften in den einzelnen Bereichen wirksam werden, stellten *Woollams* und *Brown* (1978) zusammen, sie nannten dies die Entscheidungsskala. In der Skala werden Paare von Erlaubnissen und Einschärfungen oder Bestätigungen und Antreibern dargestellt. Die Skala geht von 0–10, die Erlaubnis bzw. die Bestätigung liegt bei 0; wenn die Einschärfung bzw. Gegeneinschärfung sehr gravierend ist, liegt sie bei 10, es gibt viele Abstufungen dazwischen. Das bedeutet, daß Einschärfungen, die identisch benannt werden, unterschiedliche Intensität haben können.

Beispiel:

Ein Junge sollte nach Wunsch der **M**utter eigentlich ein Mädchen sein, der **V**ater hatte sich einen Sohn gewünscht. Die **O**ma, die mit im Haushalt lebte, hätte auch lieber ein Mädchen gehabt. Der ältere **B**ruder hatte sich auch einen Bruder gewünscht, die **T**ante, die öfter zu Besuch kam, hätte auch lieber ein Mädchen in der Familie gesehen.

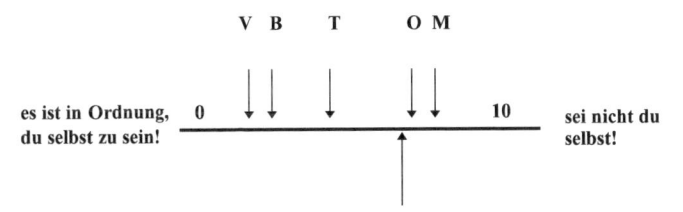

```
           V   B    T      O M
es ist in Ordnung,  0 ↓ ↓  ↓   ↓ ↓   10   sei nicht du
du selbst zu sein!  ─────────↑─────────    selbst!
                             │
```

Dieser Pfeil steht für die Gesamtentscheidung
aus den erlebten Einflüssen

Die Gesamtentscheidung ist wirksam, wenn keine Übertragungsphänomene auf bestimmte Personen bestehen. In der Übertragungssituation wird derjenige immer wieder so reagieren wie den ursprünglichen Familienmitgliedern gegenüber.

Die Wirksamkeit der Botschaften ist von der Intensität der Beziehung abhängig, in diesem Beispiel haben die Botschaften von Tante und Bruder die geringste Wirkung, die der Eltern sind sehr bedeutsam, ebenso wie die der Oma, die mit in der Familie lebte.

Dieses Konzept hat auch in der Arbeit mit Kindern eine große Bedeutung, da die Personen, die nahe mit den Kindern zu tun haben, auf die Intensität und die Art der kindlichen Entscheidungen mit Einfluß haben. Z. B. hat die erste Lehrerin meistens eine große Bedeutung und daher auch wesentlichen Einfluß auf Skriptentscheidungen.

Entwicklungsstadien und Bedürfnisse

Es gibt eine Fülle unterschiedlicher Entwicklungsmodelle, die dadurch, daß so viele unterschiedliche Faktoren eingehen können, ganz unterschiedliche Aspekte betrachten und von daher nicht vergleichbar sind und hier nicht im einzelnen dargestellt werden können.

Jedes Entwicklungsstadium hat verschiedene Schwerpunkte in den Bedürfnissen und der Art, diese zu befriedigen. Um dies darzustellen, eignet sich das Modell von *P. Levin* (1980).

Sie geht von sechs Entwicklungsstufen aus, die eine Übersicht geben und eine Hilfe darstellen, die kindliche Entwicklung zu begleiten. Hier haben wir die Entwicklungsstufen mit den drei Gruppen von Bedürfnissen in Verbindung gebracht, um Anregungen zu geben, welche Bedürfnisbefriedigungen in unterschiedlichen Altersstufen sinnvoll sein können. In der Übersicht sind die Schwerpunkte der einzelnen Stufen exemplarisch beschrieben. Diese Zusammenstellung kann auch dabei helfen, Defizite aufzuspüren und in der Therapie/Beratung entsprechende Angebote zu machen.

Entwicklungs-stadien	Bedürfnis nach Stimulierung	Bedürfnis nach Struktur	Bedürfnis nach Anerkennung
0–6 Monate Da-Sein	Körperkontakt Ansprache Blickkontakt Körperspiele Sinnesreize	Wiederkehrende Abläufe Schlaf-, Wachrhythmus	Blickkontakt freundliche Ansprache Freude der Eltern über das Kind
6–18 Monate Handeln	Wie oben und Musik neugierig sein Erkundungen motorische Erfahrungen	Wiederkehrende Tagesstrukturen Aktivitätsphasen Kuschelzeiten	Bedingte Zuwendung für eigenes Handeln (mehr positive als negative)
18 Monate – 3 Jahre Denken	Geruchs- und Geschmackerfahrungen Musik Rhythmus	Möglichkeit, selbst Zeit zu strukturieren, gemeinsame Spiele	Bestätigung für Ausprobieren von Abläufen, Antworten auf ‚Warum'-Fragen
3–6 Jahre Identitätsfindung	Körpererfahrungen Kraft, selbst Musik machen	Eigene Aktivitäten eigene Rituale z.B. 10mal eine Cassette hören	Zuwendung für Kraft und eigene Vorstellungen Beachtung als Mädchen/Junge
6–12 Jahre eigene Erfahrungen	Sport, Musik selbst machen und anhören ‚Lieblingsgerichte' Rangeln	Eigene Strukturen entwickeln, z.B. Hausaufgaben, Schlafzeiten selbst bestimmen	Anerkennung für eigene Freunde, selbständiges Handeln, Zustimmung zu eigener Meinung
12–18 Jahre Standpunkt in der Erwachsenenwelt	Musik, Sport Freunde, erste sexuelle Erfahrungen	Kleidung, Rituale im Bad, z.B. beim Waschen, Kämmen	Anerkennung für Eigenständigkeit, eigenes Denken, Handeln, Werthaltungen, einfach gemocht werden auch bei Protest, Widerpart in Diskussionen

Nach *Levin* wiederholt jeder während seiner Entwicklung immer wieder diese Stadien in etwa dieser Reihenfolge, das ermöglicht, daß Defizite, die bestehen, gut aufgefüllt werden können. Es ist wichtig, daß die neuen Erfahrungen in der natürlichen Folge stattfinden, da dies eine aufbauende Entwicklung ist. In der Psychotherapie wird von Nachreifung gesprochen.

Jeder entwickelt sein eigenes Muster, die Bedürfnisse zu befriedigen. Es wird immer wieder versucht, es in dieser Weise zu tun; gelingt dies nicht, so entsteht Frustration.

Die Zuwendungsökonomie (Kap. 3.4) von *Steiner* (1982) gibt Hinweise darüber, wie Menschen in einen Mangel an Zuwendung kommen und welche Botschaften hilfreich sind, diese Einschränkungen zu verändern. *Schneider* (1987) entwickelte nach dem Zuwendungsprofil von *McKenna* (1978/1974) ein Profil über das Geben und Nehmen von Zuwendung, das auch den positiven und negativen Bereich erfaßt.

📖 Schneider, J.: Zuwendungsprofil, in: ZTA 2, 1987.

Symbiose

In der gesunden Entwicklung findet eine kontinuierliche Selbständigkeitsentwicklung zur Autonomie statt. Wie schon beschrieben (Kap. 3.4), sind Säuglinge nicht völlig abhängig von den Bezugspersonen, wie die frühere Vorstellung war, aber sie benötigen ihre Bezugspersonen, ohne sie sind sie nicht lebensfähig. Diese Situation wird als Symbiose beschrieben. Wir unterscheiden eine **gesunde** und eine **ungesunde Symbiose**.

Die gesunde Symbiose ist so definiert, daß ein Kind die Fähigkeiten, die es noch nicht entwickelt hat, von den Bezugspersonen zur Verfügung gestellt bekommt. Im Persönlichkeitsmodell der Ich-Zustände ist die gesunde Symbiose folgendermaßen darstellbar (siehe Graphik folgende Seite):

Wichtig bei der gesunden Symbiose ist, daß sie bewußt eingegangen wird. Jemand bittet um Hilfe, wenn er etwas nicht kann. Im vorsprachlichen Alter oder bei geistig Behinderten bedarf es der geschulten Beobachtung und Informationen, was notwendig ist.

⌘ Beispiel: Ein geistig behinderter Jugendlicher sprach beim Einkaufen die Betreuerin an und bat sie, ihm die Preise vom Eis zu sagen, und zeigte ihr sein Geld mit der Frage: „Reicht es für ein Eis?"

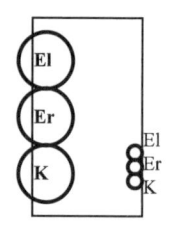

Säugling und Mutter sind in einer intensiven Symbiose, das Kind ist nicht total innerhalb der Symbiose, es hat auch eigenständige Anteile.	Das Kind braucht weniger symbiotische Verfügbarkeit der Mutter, von beiden werden die Bereiche außerhalb der Symbiose größer.	Bei Jugendlichen ist die Zeitdauer der symbiotischen Phasen kürzer, und beide Teilnehmer der Symbiose sind etwa zu gleichen Teilen daran beteiligt.

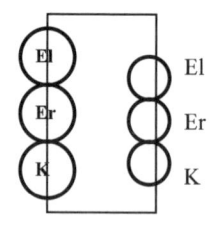

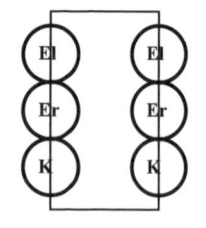

In der ungesunden Symbiose, definiert von *J. L. Schiff* (1975), leben zwei Menschen so miteinander, als wären sie nur eine Person. Das bedeutet, daß sie Anteile von sich selbst ausblenden und auch Anteile des anderen abwerten. Diese ungesunde Symbiose kann in der Beziehung zwischen Eltern und Kindern stattfinden, dort wird sie gelernt, oder auch zwischen Erwachsenen. Diese Form der Beziehung kann die gesamte oder auch Teile der gemeinsamen Zeit betreffen. Dieser Konstellation geht bei Erwachsenen oder Jugendlichen die **konkurrierende symbiotische Haltung** voraus, bei der die beiden Teilnehmer an der Symbiose um die Eltern-Ich-Position (wer hat hier recht) oder um die Kind-Ich-Position konkurrieren (wer braucht im Moment mehr Zuwendung). Diese Konkurrenz führt zu der oben beschriebenen **komplementären Symbiose.**

Die ungesunde symbiotische Haltung und die komplementäre Symbiose können im Ich-Zustandsmodell folgendermaßen dargestellt werden (siehe Graphik folgende Seite):

Da eine ungesunde symbiotische Beziehung von Abwertungen auf beiden Seiten bestimmt wird, ist sie für ein gesundes Wachstum hinderlich. Die Bereiche, in denen abgewertet wird, sind unterschiedlich, dies ist notwendig, dort wo es Bedeutung hat, im einzelnen herauszufinden. Die überfürsorgliche Erziehungshaltung entsteht oft auf dem Boden der Abwertung des eigenen Wertes der Bezugsperson und der Abwertung der Fähigkeiten des Kindes.

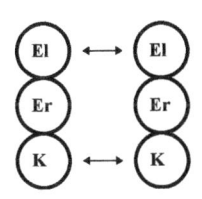

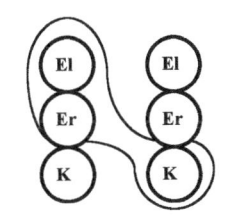

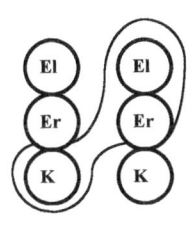

Konkurrierende symbiotische Haltung entweder um die Kind-Ich-Position oder um die Eltern-Ich-Position.

Komplementäre ungesunde Symbiose, bei der die beiden Beteiligten immer wieder dieselbe Position einnehmen können oder ihre Position wechseln können.

Leben Bezugspersonen in symbiotischen Beziehungen, so ist das für Kinder Vorbild für die Gestaltung von Beziehungen.

Ein weiterer Grund, eine ungesunde Symbiose in der Kindheit einzugehen, ist z. B. ein depressiver Vater; Kinder nehmen das Leiden der Eltern wahr, in diesem Fall des Vaters, sie setzen alles daran, z. B. ihm alles recht zu machen, damit er sich freut und es ihm wieder gutgeht. Diese Art der Symbiose zwischen Kind und Bezugsperson nennen wir Symbiose zweiter Ordnung. Das Kind sorgt für den bedürftigen Kind-Ich-Zustand der Bezugsperson, in diesem Beispiel für den Vater. Es besteht dann eine komplementäre Symbiose, bei der das Kind seinen Kind-Ich-Zustand ausblendet.

Die Darstellung erfolgt im Strukturmodell zweiter Ordnung, dem historischen Modell:

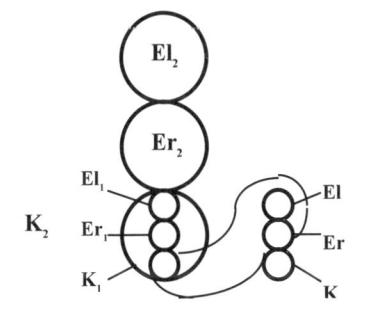

Das Kind sorgt aus seinem kindlichen Eltern-Ich und Erwachsenen-Ich für den bedürftigen Teil im Kind-Ich der Bezugsperson und mißachtet dabei seine eigenen Bedürfnisse und Gefühle.

Die Symbiose ist der Versuch, eine Lösung aus schwierigen, bedrohlichen Situationen zu finden, um z. B. das eigene Leben zu schützen oder unter der Depression eines Vaters nicht so zu leiden.

Geht nun die Bezugsperson ihrerseits in die Symbiose mit einem Kind, blendet sie ihren Kind-Ich-Zustand aus und ist nur noch für das Kind da. Wird das Kind älter, lernt es seine elterlichen und erwachsenen Anteile auszublenden, um damit die Symbiose zur Mutter zu erhalten.

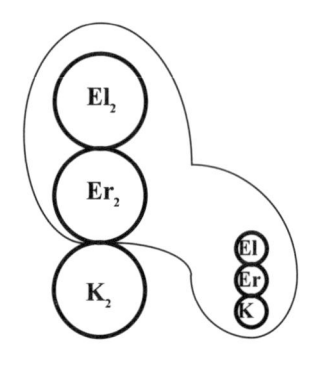

Die ungesunde Symbiose zwischen Mutter und Kind sieht so aus, daß die Mutter ihren Kind-Ich-Zustand ausblendet und das Kind insgesamt vereinnahmt. Das hat für die Zeit der symbiotischen Beziehung z. B. die Folge, daß Mutter und Kind nicht gleichzeitig ihre Gefühle wahrnehmen können.

Engpässe bei Kindern

Wie im Kapitel (6.2) Arbeit mit den Kind-Ich dargestellt, gibt es, entwicklungsgeschichtlich gesehen, drei Ebenen, auf denen die Entscheidungen liegen, die bei der therapeutischen Arbeit zu Engpässen führen können. Es handelt sich um die frühen Skriptüberzeugungen ‚ich bin schon immer so gewesen', z.B. ‚ungeliebt', die Einschärfungen wie ‚werde nicht erwachsen' oder ‚sei kein Kind' und die Gegeneinschärfungen oder Antreiber wie ‚sei perfekt', ‚streng dich an'. Bei Kleinkindern und im Grundschulalter sind die Antreiber häufig noch nicht internalisiert, sie kommen noch nicht aus dem eigenen Eltern-Ich, sondern werden noch den Bezugspersonen zugeordnet, das kann so klingen: „Meine Mama will, daß ich mich eile, wenn wir etwas zusammen machen" oder „Der Papa sagt immer wieder: Streng dich doch mehr an in der Schule, dann hast du bessere Noten". Dies macht einerseits deutlich, daß die Skriptentwicklung noch nicht abgeschlossen ist, andererseits wird die Gefahr deutlich, daß Kinder ihren Einschärfungen noch direkter folgen, die frühen Überzeugungen sind schon verdeckt und wie bei Erwachsenen indirekt wirksam. Hat ein Kind z.B. die Einschärfung entwickelt ‚sei nicht gesund', wird es immer wieder kränkeln oder krank sein. Häufig wird das mit der Pubertät, der Entwicklung des Gegenskriptes, verändert. Diese Faktoren sind nicht die alleinige Ursache, sie haben einen Anteil an der Gesamtsituation.

Voraussetzungen für die Arbeit mit Kindern

Die bisher besprochenen Konzepte dienen dazu, die Situation eines Kindes einzuschätzen. Auch wenn das Augenmerk auf der Veränderung der Bezugspersonen liegen sollte, damit sie in die Lage versetzt werden, mit ihren Kindern angemessen umzugehen, dies betont auch *Gérard* (1993).

Eine notwendige Voraussetzung in der Arbeit mit Kindern ist ein guter Kontakt zum eigenen inneren Kind, die Akzeptanz von Kindern, Freude am Umgang mit Kindern und ein spezielles Fachwissen. Dazu gehört die klare Haltung, auch wenn es manchmal schwerfällt, die Eltern als die Hauptbezugspersonen zu akzeptieren und nicht mit ihnen zu konkurrieren, ‚die besseren Eltern' zu sein. Dies würde Kinder in große Spannungen versetzen. Sie können dann die positiven Erfahrungen nicht integrieren, da durch die Konkurrenz die inneren Eltern bedroht würden und auch die realen Eltern möglicherweise Druck ausüben würden. Die Arbeit mit Kindern unterscheidet sich auch darin von der mit Erwachsenen, daß das Umfeld in der Regel noch eine größere Rolle spielt.

Wir halten es für notwendig, auch für die Beratung der Eltern und in Supervisionen Professioneller die Situation der Kinder zu erfassen. Die bisher dargestellten Konzepte betreffen die inneren Denkstrukturen, die benötigt werden, um das Beobachtete einzuordnen. Im Folgenden werden wir die Kontaktmöglichkeiten mit Kindern darstellen.

Kommunikation mit Kindern

Kinder sind häufig nicht bereit, sich im Gespräch mitzuteilen, sie fühlen sich oft durch Fragen bedrängt, daher ist es wichtig, auf kindliche Ausdrucksformen einzugehen, wie z.B. malen, spielen, körperliche Aktivität und Geschichten erzählen.

Das Spielen (play)
Das Spielen ist ein Hauptzugangsweg zu Kindern, um mit ihnen Spaß zu haben und aktiv zu sein. Wir können über Spiel sowohl diagnostische Informationen bekommen als auch verändernd tätig wer-

den. *P. Kernberg* (1989) beschreibt in ihrem Artikel über kindliches Spiel die Möglichkeiten, dieses sowohl diagnostisch als auch therapeutisch zu nutzen.

Das normale Spiel ist freudvoll, spontan und aktiv, Kinder fangen von sich aus an zu spielen und finden ein Thema, das dann eine Lösung und ein befriedigendes Ende findet. Sie können dann zu einem neuen Spiel oder einer anderen Aktivität gehen, da es einen Abschluß gefunden hat.

Zum normalen Spiel gehört auch, daß es altersentsprechend, passend zum Geschlecht des Kindes ist und spontan entwickelt wird.

Diese Fähigkeit, zielgerichtet zu spielen, ist ein zentraler Bereich im kindlichen Leben, es bietet Bedürfnisbefriedigung in allen drei Bereichen der Bedürfnisse, Stimulierung, Struktur und Zuwendung.

Kernberg ordnet bestimmte Formen des pathologischen Spiels bestimmten Diagnosen zu, z. B. das freudlose Spiel von autistischen Kindern oder das zwanghafte Spiel mit sexuellen Komponenten bei Borderline-Klienten.

In der Therapie dient Spielen dazu, einerseits die Situation des Kindes zu erfassen und andererseits dem Kind zu ermöglichen, Defizite aufzufüllen.

Kreisgesichtsymbole
Den kindgerechten und spielerischen Umgang mit den Ich-Zuständen zeigte *Kleinewiese* (o. J.), sie verwendet dafür Kreisgesicht-Symbole, die sie zur bildhaften Darstellung von Ich-Zuständen und Gefühlen entwickelte. Dieses Material hilft, den Lebensplan eines Kindes zu erfassen und daraus Strategien für die Arbeit zu entwickeln.

 Kleinewiese, E.: All Deine Ich; dies.: Kreisgesicht-Symbole. Transaktionsanalyse mit Kindern. 1987.

Sie hat diese ‚Ich-Zustandsgesichter' auf Karten dargestellt und gibt sie Kindern in die Hand, z. B. um Geschichten zu erzählen, sie bestimmten Personen zuzuordnen oder auch in einer Art Memory damit zu spielen (siehe Graphik folgende Seite).

Diese Symbole können ganz ähnlich wie das Spiel sowohl diagnostisch als auch in der Veränderungsarbeit mit Kindern genutzt werden.

Beispiele nach den Tafeln von *Kleinewiese:*

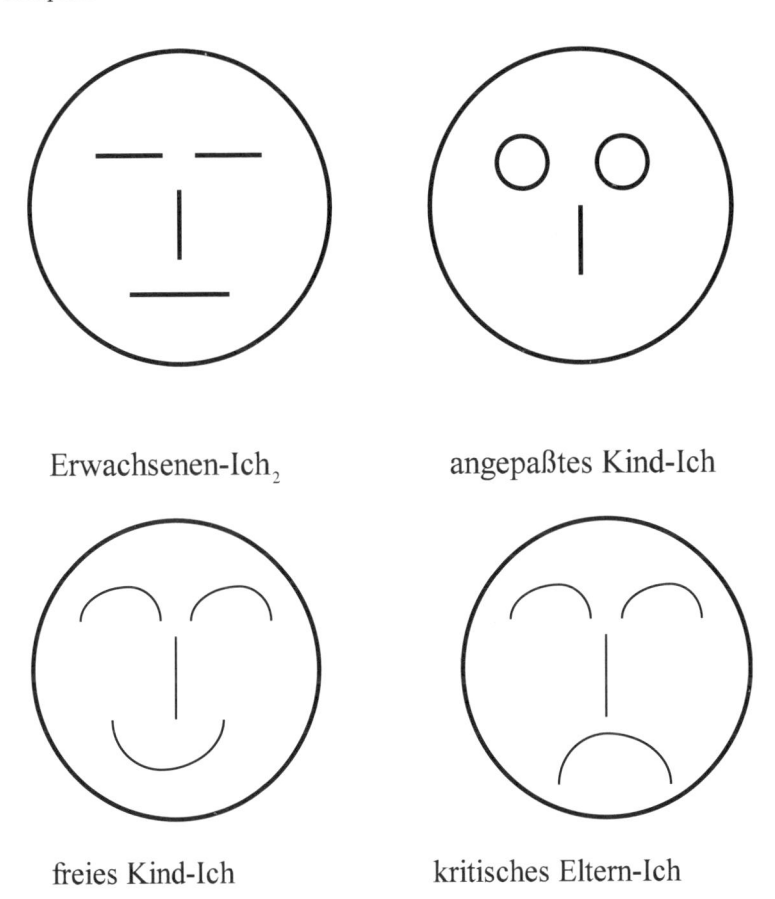

Erwachsenen-Ich$_2$ angepaßtes Kind-Ich

freies Kind-Ich   kritisches Eltern-Ich

Malen
Zeichnungen sind eine gute Möglichkeit, in Kontakt zu kommen. Es kann in Form von freiem Malen sein oder auch Zeichentests wie z. B. die verzauberte Familie. Dieser Test wurde von *Kos* und *Biermann* (1973) entwickelt. Über das Zeichnen kann in kindgerechter Form Kontakt aufgenommen werden, und gleichzeitig werden Informationen im Gespräch und aus der Zeichnung an Berater/Therapeuten gegeben.

Die Veränderungsarbeit

Bei der Arbeit mit Kindern wird immer wieder die Frage diskutiert, ist das, was jemand tut, Pädagogik, Therapie oder Beratung, gerade bei Kindern liegen diese drei Bereiche dicht beieinander. Die Autonomie ist bei allen Arbeitsrichtungen das Ziel, bei der Therapie ist es die innere Autonomie, während es sich in der Beratung und Pädagogik auf die äußere Autonomie im sozialen Umfeld bezieht. Die Therapie zielt mehr auf die inneren Konflikte und Defizite, Beratung und Pädagogik beziehen sich auf aktuelle Themen, in denen ein Beratungsziel oder ein Erziehungsziel formuliert wird.

Die prinzipielle Vorgehensweise in der Arbeit mit Kindern entspricht der bei Erwachsenen, auch hier finden der diagnostische Prozeß und der Prozeß des Vertrags parallel statt.

Der Rahmenvertrag muß mit den Eltern und dem Kind geschlossen werden. Der weitere inhaltliche **Vertrag wird mit dem Kind direkt abgeschlossen, es ist notwendig, ihn altersgerecht zu formulieren.**

Die Bedeutung des Kontaktes ist schon beschrieben worden, ihm gilt die erste Phase der Arbeit. Daran schließt sich die Phase der **Motivation** an, in der erste Erfahrungen gemacht werden, wie Veränderungen im inneren oder äußeren möglich sind.

In der Veränderungsphase stehen die Gefühle und Bedürfnisse weit im Vordergrund, zur Planung der Beratung/Therapie sind die entwicklungspsychologischen Kenntnisse wichtig, um die Defizite aufzuspüren. Die theoretischen Ansätze der Veränderungen von Ich-Zuständen hat dieselben Konzepte wie für Erwachsene; es ist notwendig, sie kindgerecht zu machen, z.B. im Rollenspiel.

> ⌘ Beispiel: Ein Junge, sechs Jahre alt, hatte immer wieder lange Zeit im Krankenhaus verbracht, er hatte seine Schmerzen, die er erlitten hatte, und die Trauer und Wut über die Trennung von zu Hause nicht verarbeitet. Er spielte in der Therapie über Wochen einen tapferen Krieger, der immer gepflegt werden mußte und dann sicher nach Hause zurückkam. Er war in dieser Rolle des Kriegers traurig und wütend und ließ sich versorgen.

Dieses Beispiel zeigt, daß Schwerpunkte in der Kindertherapie auf der kindgerechten Arbeit mit dem Erkennen der Bedürfnisse und ihrer Erfüllung liegen und auch das Wahrnehmen der Gefühle und ihr Ausdruck gefördert werden. Diese Arbeit dient dazu, die nötige Stabilität zu erreichen, um die inneren Konflikte wie Suizidalität zu bearbeiten.

Umweltbedingungen der Kinder

Die Welt der Kinder hat sich deutlich verändert; auch wenn Kinder sehr flexibel sind, geht die Belastung häufig aus einer Überstimulierung (z. B. Lärm, optische Reize, Bewegungserfahrungen), einem Zuviel an bedingungsloser Zuwendung, bedingter negativer und bedingungsloser negativer Zuwendung hervor. Gleichzeitig haben viele Kinder einen **Mangel** an positiver bedingungsloser und positiver bedingter **Zuwendung** sowie einen Mangel an **Struktur** und gesunder **Stimulierung** (z. B. Bewegung).

Dies verursacht in vielen Fällen aggressives Verhalten in Form von Destruktion. Die Arbeit mit Kindern versucht, diesem einerseits **Zuviel,** andererseits **Zuwenig** abzuhelfen, damit Kinder eine **gesunde Entwicklung** nehmen können.

Das bedeutet, die Verantwortung für Kinder zu übernehmen. Die Arbeit mit und für Kinder beinhaltet, daß Eltern sich dazu entwickeln, daß sie gut beeltern können, die direkte Arbeit mit den Kindern und Schutz durch entsprechenden Einfluß auf die Umwelt, daß diese kindgerecht gestaltet wird und daß die Menschen, die mit Kindern zu tun haben, sich kindgerecht verhalten.

8. Die Weiterbildung in Transaktionsanalyse

Wie schon öfter erwähnt, bleibt eine Praxis der Transaktionsanalyse allein auf der Basis von Buchwissen problematisch. Vieles an weiterführender **Theorie** ist für Praktiker schwer zugänglich, die **Praxisanleitung** und regelmäßige **Supervision** sind bei vielen Verfahren der TA erforderlich, die Selbsterfahrung und **Eigentherapie** sind wesentliche Voraussetzungen einer effektiven Anwendung von Transaktionsanalyse. Diese drei Bereiche werden in der Weiterbildung zum Transaktionsanalytiker angeboten.

Die Weiterbildung zum Transaktionsanalytiker ist im Prinzip für jeden offen, auch im Bereich Beratung und Therapie werden lediglich die formalen Voraussetzungen professioneller Zulassung der entsprechenden Länder zugrunde gelegt. Die Weiterbildung allein schafft damit keine berufsrechtliche Zulassung.

Die Weiterbildung geschieht berufs- und anwendungsbegleitend. Daher ist es nötig, neben der Grundqualifikation in einem sozialen Beruf auch ein Arbeitsfeld zu haben, in dem jemand Transaktionsanalyse anwenden kann. Die konkrete Einübung im Umgang mit Theorien und Modellen der Transaktionsanalyse wird in der Weiterbildung supervidiert. Dort werden Empfehlungen für eine verbesserte Anwendung gegeben und die eigenen, persönlichen Probleme der Arbeit mit Transaktionsanalyse geklärt und gegebenenfalls auch eine Klärung in der Lehrtherapie empfohlen.

Die TA-Weiterbildung orientiert sich an **internationalen Standards** der Internationalen und Europäischen Gesellschaft für Transaktionsanalyse (ITAA/EATA). In diesen Standards sind die Ziele, Trainingsprinzipien, Umfang und Dauer und die möglichen Praxisfelder sowie die Art der Abschlußexamina vorgeschrieben. Diese internationalen Standards ermöglichen es, die Weiterbildung in praktisch jedem Land der Welt fortzuführen oder einen Abschluß machen zu können, der international anerkannt wird.

Der erste Schritt der Weiterbildung ist die Teilnahme an einem sogenannten **Einführungskurs** („101"-Kurs), der im Überblick alle wesentlichen Grundlagen der TA vermittelt. Mit der Bestätigung aus diesem Kurs ist der Zugang zu Weiterbildungsgruppen eröffnet. Die Standards lassen einen großen individuellen Spielraum für die Gestaltung der Weiterbildung. Daher ist es für Interessenten empfehlenswert, Vergleiche anzustellen und zu schauen, welche Art der Weiterbildung einem persönlich am ehesten zusagt.

Üblicherweise bieten Lehrende **Weiterbildungsgruppen** an. Sie erlauben das praktische Training und die integrierte Vermittlung von Theorie über längere Zeit in einer schützenden Umgebung mit vertrauten Personen. Ergänzend dazu kommen meist **Theorieseminare**, aber auch Supervisionen und **Selbsterfahrungsgruppen** oder Einzeltherapie, die Inhalte und Erfahrungen der Gruppe ergänzen. Da die Bindung an einen Mentor (Lehrenden) innerhalb der TA relativ groß ist, ist gleichzeitig vorgeschrieben, daß Angebote verschiedener Lehrender besucht werden und so die Erfahrung erweitert und vertieft wird.

Es können verschiedene **Abschlüsse** der Weiterbildung angestrebt werden.
- Innerhalb Deutschlands kann durch die DGTA nach drei Jahren eine Bestätigung über **die Basisqualifikation in Transaktionsanalyse** ausgestellt werden. Neben der regelmäßigen Teilnahme an der Weiterbildung ist hierfür ein persönlicher Bericht über die Weiterbildungserfahrungen und über den Lernprozeß nötig sowie die schriftliche Aufzeichnung von Supervisionsberichten.
- Der Abschluß als **geprüfter Transaktionsanalytiker** dauert vier bis sechs Jahre und geschieht vor einem internationalen Gremium. Das Examen besteht aus einem schriftlichen Teil, einer Hausarbeit oder Fallstudie, und einer mündlichen Prüfung, in der vor vier Lehrenden Tonbandausschnitte aus der eigenen Arbeit vorgeführt werden. Anhand deren werden die Theoriesicherheit, die Praxis und der ethische Hintergrund der Person geprüft.
- Anschließend an den Abschluß als geprüfter Transaktionsanalytiker kann nach einer entsprechenden Praxiszeit die Weiterbildung zum **lehrenden Transaktionsanalytiker** aufgenommen werden. Diese dauert noch einmal fünf bis sieben Jahre.

Der Kandidat kann sich üblicherweise zwischen den **Anwendungsfeldern** von Psychotherapie, Beratung, Erziehung und Erwachsenenbildung, Organisationsentwicklung und Management entscheiden. Meist wird die Zuordnung zu einem bestimmten Praxisfeld nach der

Grundstufe von zwei bis drei Jahren getroffen und gilt als Grundlage des Weiterbildungsvertrags mit der EATA.

Für die Weiterbildung wird eine durchschnittliche Menge von 20 Weiterbildungstagen pro Jahr angenommen. Die Preise pro Seminartag belaufen sich je nach Lehrenden von ca. 100 DM bis 350 DM. Die Kosten der Gesamtausbildung sind also abhängig von der Wahl der Weiterbildungseinrichtung und von der Dauer, die man persönlich braucht, um die Voraussetzung für die Abschlüsse zu erfüllen.

Als **Ziele der Weiterbildung** nennen die ITAA und EATA
- eine gründliche Sicherheit in der TA-Theorie,
- effektive Anwendung im beruflichen Feld,
- Beachtung ethischer Prinzipien (Kenntnis der Grenzen und der eigenen Verantwortung) im Einklang mit den gültigen Landesgesetzen
- sowie die Weiterbildung für individuelle Anwendung in Gruppen und in Marathons (Wochenenden oder 5-Tage-Workshops).

Die Weiterbildung erfolgt nach dem **Mentorenprinzip**. Der Weiterbildungskandidat sucht sich eine Person seines Vertrauens und schließt mit dieser Person einen Weiterbildungsvertrag. Die Weiterbildung wird nicht über Institute oder Schulen wahrgenommen, sondern durch konkrete Personen. Dieser Mentor kann im Lauf der Weiterbildung gewechselt werden. Es ist auch vorgesehen, daß ein Kandidat bei verschiedenen Lehrenden verschiedene Teile der Weiterbildung absolviert. Dies dient dazu, daß er unterschiedliche Anwendungsstile und verschiedene Richtungen und Schulen der TA kennenlernen kann. Die Aufgabe des Mentors ist es, Teilnehmern bei ihrer Weiterbildung zu assistieren, ihnen zu helfen, einen eigenen Stil zu finden und die persönliche Entwicklung über die Weiterbildung zu unterstützen.

Als **Grundhaltungen für die Weiterbildung** gelten dabei
- **selbstgesteuertes Lernen:** Die eigene Motivation, die Bedürfnisse und Interessen des Kandidaten stehen im Mittelpunkt. Der Teilnehmer orientiert sich an Trainingszielen und kann innerhalb dieser Orientierung die Inhalte, Spezialisierungen, aber auch die zeitliche Abfolge oder Intensität variieren. Dies erlaubt auch Personen, die keinen Vollzeitberuf haben oder die Pausen im Beruf einlegen (Kinderzeit oder Berufsarbeitslosigkeit), die Weiterbildung durchzu-

führen, ohne daß Teile der Weiterbildung als verloren gelten müssen;
- **lebensnahes Lernen:** Weiterbildungsteilnehmer werden in der Anwendung begleitet und erfahren dadurch eine Vertiefung von Theorie und Praxis;
- **gegenseitige Anregung zu weiterem Lernen:** Weiterbildungskandidat und Mentor sehen sich gleichermaßen als Lernende. Dabei soll ein Mentor den Lebensstil und den motivationalen Hintergrund der Kandidaten sowie ihre Fähigkeit zu lernen berücksichtigen. Auch die Fähigkeit, Erfahrungen mit theoretischen Konzepten zu verknüpfen und sich durch berufliche Erfahrung persönlich weiterzuentwickeln, wird unterstützt. Dies verlangt eine variable Methodik, die sich nicht an genauen zeitlichen und inhaltlichen Festlegungen orientieren kann.

Die Stärke der Weiterbildung in Transaktionsanalyse besteht in der **Verknüpfung von fachlicher Kompetenz und persönlichem Wachstum** (Schmid 1984). Dadurch daß TA nicht theoretisch abstrakt vermittelt, sondern in der konkreten Praxis erlernt wird, werden immer wieder Bereiche beruflicher Entwicklungsnotwendigkeiten und Krisen berührt. Die Bindung an einen Mentor schafft eine persönliche Beziehung innerhalb dieses Lernens, so daß das Lernen nicht abstrakt und quasi objektiv, sondern in der Begegnung von Subjekt zu Subjekt geschehen kann. Es entspricht damit auch der Idee von Therapie und Beratung als einer Begegnung von Individuen in einer gemeinsamen Lernsituation. Da in der TA-Gesellschaft die Risiken eines solchen Lernens in Abhängigkeit von persönlichen Faktoren auch gesehen werden, sind Möglichkeiten gegeben, Mentoren zu wechseln und Beziehungskrisen zu handhaben.

9 Anhang

9.1 Die Ethik-Richtlinien der TA-Gesellschaften

Diese auf der Grundlage der entsprechenden ITAA- und EATA-Erklärungen formulierten ethischen Richtlinien informieren die Mitglieder der DGTA und die TeilnehmerInnen an TA-Fortbildung darüber, welches Verhalten in ethischen Fragen im Zusammenhang ihrer Berufsausübung von ihnen erwartet wird, wenn sie diesem Fachverband angehören. Weiterhin informieren sie die Öffentlichkeit darüber, welches Verhalten diesbezüglich von den Mitgliedern dieses Fachverbandes erwartet werden kann.

Die **Mitgliedschaft** bzw. der **Weiterbildungsvertrag** eines Mitglieds kann von der DGTA ausgesetzt werden, wenn dessen Verhalten nicht den in den Richtlinien dargelegten Grundsätzen entspricht und der/die Betreffende auch nicht bereit ist, nach entsprechender Konfrontation durch KollegInnen oder den Fachverband, dieses Verhalten zu ändern.

A) Ein DGTA-Mitglied anerkennt die Würde eines **jeden** Menschen.
B) Mitglieder der DGTA enthalten sich, im Bewußtsein ihrer Verantwortung als Vertreter der DGTA und der Transaktionsanalyse, in ihren öffentlichen Aussagen herabsetzender Äußerungen oder Anspielungen bezüglich des Standes, der Qualifikation oder des Charakters eines anderen Mitglieds. Hingegen ist direkte persönliche und sachliche Kritik willkommen.
C) Der Schutz des Klienten / der Klientin ist die vorrangige Verantwortung der DGTA-Mitglieder. Darum sollen sie ihre bestmöglichen Dienste bereitstellen und so handeln, daß sie niemandem absichtlich oder fahrlässig Schaden zufügen.
D) DGTA-Mitglieder suchen in ihren KlientInnen das Bewußtsein der Würde, Autonomie und Verantwortung des Menschen zu wecken und ein Handeln aus diesem Bewußtsein zu fördern.
E) Zu einer ethisch verantwortlichen Anwendung der Transaktionsanalyse gehört, daß ein DGTA-Mitglied mit seiner Klientel nach entsprechender Information eine vertraglich vereinbarte Arbeitsbeziehung eingeht und beide die Fähigkeit und Absicht

haben, den Inhalt dieses Vertrages zu erfüllen. Sofern ein/e KlientIn nicht in der Lage oder bereit ist, im Rahmen dieser vertraglichen Arbeitsbeziehung zu handeln, muß das DGTA-Mitglied die Beziehung lösen, und zwar so, daß dem Klienten / der Klientin dadurch kein Schaden zugefügt wird.

F) Ein DGTA-Mitglied nützt KlientInnen in keiner Weise aus, insbesondere nicht in finanzieller und persönlicher Hinsicht. Sexuelle Beziehungen zwischen DGTA-Mitgliedern und ihren Klienten/Klientinnen sind untersagt.

G) DGTA-Mitglieder gehen keinen professionellen Vertrag ein und erhalten keinen aufrecht, wenn andere Beziehungen oder Aktivitäten zwischen DGTA-Mitgliedern und ihren Klienten/Klientinnen diesen Vertrag gefährden könnten.

H) Die berufliche Beziehung des DGTA-Mitglieds zur Klientel ist durch den Vertrag definiert und endet mit der Beendigung des Vertrages. Jedoch bleiben gewisse professionelle Verpflichtungen auch nach Beendigung des Vertrags bestehen. Sie beziehen sich unter anderem auf folgende Punkte:
– Aufrechterhaltung der vereinbarten Vertraulichkeit (Schweigepflicht),
– Vermeidung jeder Ausnutzung der früheren Beziehung,
– Bereitstellung etwa benötigter Nachsorge.

I) DGTA-Mitglieder üben ihren Beruf in voller Verantwortung gegenüber den Gesetzen des Staates oder Landes aus, in dem sie leben.

J) Mit dem Eingehen einer beruflichen Beziehung muß für den/die KlientInnen auch ein angemessenes Umfeld geschaffen werden. Dazu gehören Vereinbarungen über die Schweigepflicht, die Bereitstellung psychischer Sicherheit während der Arbeit und die Information der KlientInnen über etwaige riskante Verfahren sowie deren Zustimmung dazu.

K) Wenn persönliche Konflikte oder medizinische Probleme die Einhaltung der vertraglichen Beziehung gefährden, müssen DGTA-Mitglieder entweder den Vertrag in verantwortlicher Weise lösen oder aber gewährleisten, daß der/die KlientIn alle Informationen erhält, die nötig sind, um eine Entscheidung über die Aufrechterhaltung des Vertrags treffen zu können.

L) DGTA-Mitglieder haben die Verantwortung, KollegInnen zu konfrontieren, wenn sie Grund zu der Annahme haben, daß diese sich nicht entsprechend dieser ethischen Richtlinien verhalten, und – falls keine Lösung gefunden wird – ihren Fachverband darüber zu informieren.

M) Mitglieder der DGTA, die Transaktionsanalyse in ihrem Berufsfeld anwenden, haben die Verpflichtung, sich in ihrem Anwendungsgebiet durch Teilnahme an Konferenzen und Seminaren, persönliches Studium und dergleichen über die Belange der TA-Fachverbände laufend zu informieren.

9.2 Literaturangaben

Abkürzungen für Zeitschriften:
ZTA – Zeitschrift für Transaktionsanalyse in Theorie und Praxis
TAB – Transactional Analysis Bulletin
TAJ – Transactional Analysis Journal

Allen, J. R. u. B. A. 1995, Narrative Theory, Redecision Therapy, and Postmodernism. TAJ 25,4,327–334
Allen, P. 1992, The Therapy Triangle: A Tool for Diagnosis and Therapy. TAJ 22,1, 48–53
Babcock, D. E. u. Keepers, T. D. 1980[4], Miteinander wachsen. Transaktionsanalyse für Eltern und Erzieher (engl.: Raising Kids OK. New York: 1976)
Bader, E., Pearson, P. T. 1988, In Quest of the Mythical Mate. New York
Balint, M. 1960, Angstlust und Regression. Stuttgart (engl.: Thrills and Regressions. London: 1959)
Barnes, G. (Hg.) 1977–1980–1981, Transaktionsanalyse seit Eric Berne, Bde.1–3, Berlin (engl.: Transactional Analysis after Eric Berne: Teachings and Practices of Three TA Schools. New York)
Barr, J. 1987, Therapeutic relationship model. TAJ 17,4,141
Bay, R. H. u. Jessen, F. 1985, Zuwendung für „Sein" oder „Verhalten" – eine neue Art der Darstellung. ZTA 2,1,51–54
Berne, E. 1957, Ego states in psychotherapy. The American Journal of Psychotherapy 11,293–309
Berne, E. 1961, Transactional Analysis In Psychotherapy. New York
Berne, E. 1962 a, In treatment. TAB 1,2,10
Berne, E. 1962 b, Terminology. TAB 1,2,24
Berne, E. 1966, Principles of Group Treatment. New York
Berne, E. 1967, Spiele der Erwachsenen: Psychologie der menschlichen Beziehungen. Reinbek bei Hamburg (engl.: Games People Play. New York: 1964)
Berne, E. 1970, Sprechstunden der Seele. Reinbek bei Hamburg (engl.: A Layman's Guide to Psychiatry and Psychoanalysis. Harmondsworth: 1947)
Berne, E. 1971, Spielarten und Spielregeln der Liebe. Reinbek bei Hamburg

Berne, E. 1975, Was sagen Sie, nachdem Sie „Guten Tag" gesagt haben? Psychologie des menschlichen Verhaltens. München (engl.: What Do You Say After You Say Hello? New York: 1972)

Berne, E. 1979, Struktur und Dynamik von Organisationen und Gruppen. München (engl.: The Structure and Dynamics of Organisations and Groups. New York: 1963)

Berne, E. 1985, Grundlegende therapeutische Techniken. ZTA 2,2,67–87 (engl.: Transactional Analysis in Psychotherapy. London: 1980)

Berne, E. 1991, Transaktionsanalyse der Intuition. Ein Beitrag zur Ich-Psychologie. Paderborn (engl.: Intuition and Ego States. New York: 1977) daraus zitiert:
- Das Wesen der Intuition, 33–64 (engl.: The Nature of Intuition, 1949)
- Über das Wesen der Diagnose, 65–80 (engl.: Concerning the Nature of Diagnosis, 1952)
- Über das Wesen der Kommunikation, 81–98 (engl.: Concerning the Nature of Communication, 1953)
- Die Psychodynamik der Intuition, 191–200 (engl.: The Psychodynamics of Intuition 1962)

Bettelheim, B. 1977, Kinder brauchen Märchen. Stuttgart

Bion, W. R. 1991[3], Erfahrungen in Gruppen und andere Schriften. Frankfurt a. M. (engl.: Experiences in Groups. New York: 1961)

Boyce, M. 1970, TA and children. TAB 9,33,18

Boyd, H. S. u. Cowles-Boyd, L. 1980, Blocking tragic scripts. TAJ 10,3,227ff

Brown, M. u. Kahler, T. 1978, NoTAtion: A Guide to TA-Literature. Michigan

Brown, M., Woolams, S. u. Huige, K. 1995[4], Abriß der Transaktionsanalyse. Eschborn

Campos, L. P. 1986, Empowering children: primary prevention of script formation. TAJ 16,1,18–23

Cassius, J. 1980, Horizons in Bioenergetics. New Dimensions in Mind/Body Psychotherapy. Memphis

Childs-Gowell, E. u. Kinnaman, P. 1978, Bodyscript Blockbusting: A Transactional Approach to Body Awareness. San Francisco

Childs-Gowell, E. 1994, Heilungsrituale. Aktive Hilfen zum Akzeptieren und Überwinden von Schmerz und Verlust. St. Goar

Choy, A. 1990, The Winner's Triangle. TAJ 20,1

Clarke, J. I. 1978, Self-esteem: A Family Affair. Minneapolis

Clarkson, P. 1988, a, Ego state dilemmas of abused children. TAJ 18,2,85–93

Clarkson, P. 1988, b, Script cure? – A diagnostic pentagon of types of therapeutic change. TAJ 18,3,211–219

Clarkson, P. 1991, Group Imago and the Stages of Group Development TAJ 21,1,36–50

Clarkson, P. 1992, The Interpersonal Field in Transactional Analysis. TAJ 22,2,89–94

Clarkson, P. 1996, Transaktionsanalytische Psychotherapie. Grundlagen und Anwendung – Das Handbuch für die Praxis. Freiburg (engl.: Transactional analysis psychotherapy, London: 1992)

Clarkson, P. u. Fish, S. 1988, Rechilding: creating a new past in the present as a support for the future. TAJ 18,1,51–59

Clarkson, P. u. Gilbert, M. 1988, Berne's original model of ego states. TAJ 18,1,20–29

Clarkson, P. u. Leigh, E. 1992, Integrating Intuitive Functioning with Treatment Planning in Supervision. TAJ 22,4,222–227

Copray, N. 1986, Viel mehr als ein Computer! ZTA 3,2,65–72

Cornell, W. F. 1988, Life script theory: a critical review from a developmental perspective. TAJ 18,4,270–282

Crossman, P. 1966, Permission and Protection. TAB 7,61–64

Dashiell, S. R. 1981, Eltern-Ich-Lösung: Neuprogrammierung psychischer Bestandteile des Eltern-Ich. ZTA 5,17 (engl.: The Parent resolution process: reprogramming psychic incorporations in the Parent. TAJ 10,4,289–294, 1978)

Divac-Jovanovic, M. u. Radojkovic, S. 1990, Die Behandlung von Borderline-Phänomenen jenseits diagnostischer Kategorien. ZTA 7,2,50–60

Drego, P. A. 1981, Ego state models. New Delhi

Drego, P. A. 1993, Paradigms and Models of Ego States. TAJ 23,1

Drego, P. A. 1994, Happy Family Parenting through Family Rituals. New Dehli

Drye, R. 1974, Stroking the Rebellious Child: An Aspect of Managing Resistance. TAJ 4,3

Duehrssen, A. 1963, Psychotherapie bei Kindern und Jugendlichen. Göttingen

Dusay, J. M. 1966, Response to games in therapy. TAB: Selected Articles from Volumes 1–9, 1976, San Francisco

Dusay, J. M. 1977, Egograms. New York

Dusay, J. M. 1978, Egogramme und die „Hypothese von der Konstanz". Neues aus der Transaktionsanalyse 2,5 (engl.: Egograms and the „constancy hypothesis". TAJ 2,3,133–137, 1972)

Dusay, J. M., Dusay, K. M. 1989, Couples Therapy. San Francisco

English, F. 1971 a, The Substitution Factor: Rackets and Real Feelings, part I. TAJ 1,4,225–230

English, F. 1971 b, Strokes in The Credit Bank for David Kupfer. TAJ 1,3

English, F. 1971 c, Rackets and real feelings, part I. TAJ 1,4

English, F. 1972, Rackets and real feelings, part II. TAJ 2,1,23–25

English, F. 1980 a, Der Dreiecks-Vertrag. In: English, F. Transaktionsanalyse, Hamburg, 208 f

English, F. 1980 b, Was werd' ich morgen tun?, In: Barnes u. a. Transaktionsanalyse seit Eric Berne, Bd.II

English, F. 1980 c, Episkript und das Spiel „Heiße Kartoffel". In: English, F. Transaktionsanalyse. Gefühle und Ersatzgefühle in Beziehungen. Hamburg, 169–180

English, F. 1985, Der Dreiecksvertrag. ZTA 2,2,106–108

English, F. 1988[4], Es ging doch gut, was ging denn schief. München

Erikson, E. H. 1976[6], Kindheit und Gesellschaft. Stuttgart (engl.: Childhood and Society. New York: 1950)

Ernst, Jr. F. H. 1971, The OK Corral: the grid for get-on-with. TAJ 1,4,231–240
Erskine, R. G. 1973, Six Stages of Treatment, TAJ 3,17
Erskine, R. G. 1974, Therapeutic intervention: disconnecting rubberbands. TAJ 10,3,7 f
Erskine, R. 1975, The ABC's of Effective Psychotherapy. TAJ 5,163–168
Erskine, R. G. 1980, Script cure: behavioural, intrapsychic and physiological. TAJ 10,2,102–106
Erskine, R. G. u. Moursund, J. P. 1991, Kontakt – Ich-Zustände – Lebensplan. Paderborn (engl.: Integrative Psychotherapy in Action. Newbury Park, CA, 1988)
Erskine, R. u. Texley, D. F. 1975, An Action Structure For Feeling Fine Faster. TAJ 5,2, 186–187
Erskine, R. G. u. Trautmann, R. 1981, Ego States. TAJ 3, 3,11
Erskine, R. G. u. Zalcman, M. J. 1979, Das Maschensystem. Neues aus der Transaktionsanalyse 3,11, (engl.: The „Racket System". TAJ 9,1,51–59, 1979)
Federn, P. 1978, Ichpsychologie und die Psychosen. Frankfurt a. M.
Freed, A. M. 1971, TA for Kids. Sacramento
Freed, A. M. 1976, TA for Teens and Other Important People. Sacramento
Freud, A. 1995[7], Einführung in die Technik der Kinderanalyse. Frankfurt a. M.
Freud, S. 1926, Gesammelte Schriften; Kurzer Abriß der Psychoanalyse. Leipzig
Friedman, H. u. Shmukler, D. 1983, A model of family development and functioning in a TA framework. TAJ 13,2,90–93
Garcia, F. N. 1995, The Many Faces of Anger. TAJ 2
Gérard, C. 1993, Wer sagt, daß es keine blauen Elefanten gibt? ZTA 3
Gere, F. 1975, Developing the ok Miniscript. TAJ 5,3
Glöckner, A. 1992, Das Energiekonzept von E. Berne. ZTA 9,2/3,59–89
Goos, B. u. G. Kottwitz 1994, Die Borderline-Persönlichkeit. Störungsbild und Heilungsprozesse. In: Kottwitz, G. u. a.: Integrative Transaktionsanalyse. Bd. 3, Berlin
Goulding, M. M. u. Goulding, R. L. 1975, Injunctions, decisions and redecisions. TAJ 6,1,41
Goulding, M. M. u. Goulding, R. L. 1981, Neuentscheidung. Ein Modell der Psychotherapie. Stuttgart (engl.: Changing Lives Through Redecision Therapy. New York: 1979)
Goulding, M. M. u. McClure, M. 1988, Kopfbewohner oder: Wer bestimmt dein Denken? Wie du die Feindschaft gegen dich selbst mit Spaß und Leichtigkeit in Freundschaft verwandelst. Paderborn
Gührs, M. u. Nowak, C. 1995[3], Das konstruktive Gespräch. Ein Leitfaden für Beratung, Unterricht und Mitarbeiterführung mit Konzepten der Transaktionsanalyse. Meezen
Harris, T. A. 1975, Ich bin o. k. Du bist o. k. Reinbek bei Hamburg
Hart, E. W. 1975, The Problem Diagram. TAJ 5,3

Heigel, F. u. Heigel-Evers, A. 1993, Lehrbuch der Psychotherapie. Stuttgart
Herzka, H. S. 1986², Kinder-Psychopathologie. Basel, Stuttgart
Hine, J. 1990, The Bilateral and Ongoing Nature of Games. TAJ 20,1,28–39
Holloway, M. M. u. Holloway, W. H. 1973 a, The contract setting process. In: The Monograph Series, Numbers I-X, Ohio, 34–39
Holloway, W. H. 1973 b, Shut the escape hatch. In: The Monograph Series, Number I-X, Ohio
Holloway, W. H. 1977, Transactional Analysis: an integrative view. In: Barnes, G. (Hg.), Transactional Analysis after Berne. Bd. 1, New York
James, M. 1969, Transactional analysis with children: the initial session. TAB 8,29,1 f
James, M. 1974, Self-reparenting: theory and process. TAJ 4,3,32–39
James, M. 1977, Techniques in Transactional Analysis. Massachusetts
James, M. 1981, Breaking Free: Self-reparenting for a New Life. Phillipines
James, M. 1985, It's Never Too Late To Be Happy. The Psychology of Self-Reparenting. Massachusetts
James, M. 1986, Diagnosis and Treatment of Ego State Boundary Problems. TAJ 16,3
James, M. u. Jongeward, D. 1986, Spontan leben. Übungen zur Selbstverwirklichung. Reinbek bei Hamburg
Jellouschek, H. 1984, Transaktions-Analyse und Familientherapie: ein Brückenschlag zwischen individuumzentrierter und systemorientierter Therapie. ZTA 1,1,25–32
Jellouschek, H. 1992, Die Kunst als Paar zu leben. Stuttgart
Jorgensen, E. W. u. H. 1984, Eric Berne. Master Gamesman. A transactional biography. New York
Kahler, T. 1978, Transactional Analysis Revisited. Arkansas
Kahler, T. 1988, The Mastery of Management or, How To Solve The Mystery of Mismanagement. Little Rock, Arkansas
Kahler, T. u. Capers, H. 1974, The miniscript. TAJ 4,1,26–42
Karpman, S. 1968, Fairy tales and script drama analysis. TAB: Selected Articles from Volumes 1–9, 1976, San Francisco
Karpman, S. 1971, Options. TAJ 1,1,79–87
Klein, M. 1981, Ein Kind entwickelt sich. München
Kleinewiese, E. o.J., All Deine Ich: Transaktionsanalyse in der Kindertherapie. Berlin
Kleinewiese, E. 1980, Kreisgesicht-Symbole: Eine visuelle Darstellung der Funktion der Ich-Zustände. Transaktionsanalyse mit Kindern. Berlin
Kleinewiese, E. 1984, Das Kind im Spielraum unterschiedlicher Therapie-Methoden. Berlin
Kottwitz, G. u.a. 1992, Integrative Transaktionsanalyse. Bd. 1: G. Kottwitz u. V. Lenhardt, Wege zur Orientierung und Autonomie. Berlin
Kottwitz, G. u.a. 1993, Integrative Transaktionsanalyse. Bd. 2: G. Kottwitz, Wege zu mir und dir bei Borderline-Störungen. Berlin
Kottwitz, G. u.a. 1994, Integrative Transaktionsanalyse. Bd. 3: B. Goos u.

G. Kottwitz, Die Borderline-Persönlichkeit. Störungsbild und Heilungsprozesse. Berlin
Levin, P. 1973, A Think Structure for Feeling Five Faster. TAJ 3,1 38–39
Levin, P. 1974, Becoming the Way We Are. Berkeley, CA
Levin, P. 1982, The Cycle of Development. TAJ 12,2,129–139
Levin, P. 1988, Cycles of Power. Hollywood, CA
Loomis, M. E. 1982, Contracting for Change. TAJ 12,1
Loomis, M. E. u. Landsman, S. G. 1985, Manisch-depressive Struktur: Möglichkeiten der Behandlung ZTA 2,2,96–105
Loomis, M. E. u. Landsman, S. G. 1985, Manisch-Depressive Struktur: Diagnosestellung und Entwicklung. ZTA 2,1,5–16
Mahler, M. S. 1979, Symbiose und Individuation. Stuttgart
Mahler, M. S., Pine, F. u. Bergman, A. 1978[12], Die psychische Geburt des Menschen. Symbiose und Individuation, Frankfurt a.M. (engl.: The Psychological Birth of the Human Infant. London: 1975)
Marsh, C. u. Drennam, B. 1976, Ego States and Egogram Therapy. TAJ 6,2,135–137
Massey, R. F. 1983, Passivity, paradox and change in family systems. TAJ 13,33–41
Massey, R. F. 1985, TA as a family systems therapy. TAJ 15,2,120–141
Massey, R. F. u. Massey, S. D. 1995, Die sozialpsychologischen und systemischen Dimensionen der Transaktionsanalyse als Perspektive für die Behandlung von Einzelnen, Paaren und Familien. ZTA 12,4,157–197
McClendon, R. u. Kadis, L. B. 1983, Chocolate Pudding and Other Approaches to Intensive Multiple-Family Therapie. California
McNeel, J. R. 1976, The Parent interview. TAJ 6,1,61–68
McNeel, J. R. 1981, Die sieben Faktoren der Neuentscheidungstherapie. In: Barnes, G. et al. (Hg.), Transaktionsanalyse seit Eric Berne. III: Du kannst dich ändern. Berlin
Mellor, K. 1980, Impasses: a developmental and structural Understanding. TAJ 10,3,213–220
Mellor, K. 1981, Die Integration von Neuentscheidungs-Arbeit und Neu-Beelterung zur Veränderung des Bezugsrahmens. TAJ 5,17
Mellor, K. u. Andrewartha, G. 1980, Reparenting the Parent in Support of Redecisions. TAJ 10,3,197–203
Mellor, K. u. Andrewartha, G. 1981, Die Integration von Neuentscheidungs-Arbeit und Neu-Beelterung zur Veränderung des Bezugsrahmens. Neues aus der Transaktionsanalyse 5,17 (engl.: Reframing and the integrated use of redeciding and reparenting. TAJ 10,3,204–212, 1980)
Mellor, K. u. Schiff, E. 1977, Redefinieren – Umdeuten. Neues aus der Transaktionsanalyse 1,133–139 (engl.: Redefining. TAJ 5,303–311, 1975)
Micholt, N. 1985, Confrontation Techniques EATA Newsletter 22,1–3
Moeller, M. L. 1986, Die Liebe ist das Kind der Freiheit. Reinbek bei Hamburg
Moiso, C. 1984, The feeling loop. In: Stern, E. (Ed.), Transaktional Analysis – The State of the Art. Dordrecht

Moiso, C. 1985, Ego states and transference. TAJ 15,3,194
Osnes, R. E. 1974, Spot reparenting. TAJ 4,3,40–46
Papussek, H. u. Papussek, M. 1995, Vorsprachliche Kommunikation In: Die Kraft liebevoller Blicke. Paderborn
Peck, H. B. 1978, Integrating transactional analysis and group process approaches in treatment. TAJ 8,4,328–331
Pelz, G. 1991, Verwöhnung – Verweigerung – Alltagsgewalt oder: Bausteine zum „Null Bock"-Skript. ZTA 8,2
Piaget, J. 1973^2, Das Erwachen der Intelligenz beim Kinde. Stuttgart
Raab, P. 1995, Philemon und Baucis. Die tiefere Wirklichkeit als Paar zu leben. ZTA 12,3,82–99
Rissman, A. 1975, Trilog. TAJ 5,2
Rogoll, R. 1981, Empfinde und betrachte dein strahlendes Kind. Neues aus der Transaktionsanalyse. 5,17,44
Schellenbaum, P. 1990, Abschied von der Selbstzerstörung, Befreiung der Lebensenergie. München
Schiff, A. W. u. Schiff, J. L. 1977, Passivität. Neues aus der Transaktionsanalyse. 1,3,121–127 (engl.: Passivity. TAJ 1,1,71–78, 1971)
Schiff, J. L. 1977a, One hundred children generate a lot of TA. In: Barnes, G., Transactional Analysis After Eric Berne. New York
Schiff, J. L. 1977b, Neubeelterung von Schizophrenen. Neues aus der Transaktionsanalyse 1,3 (engl.: Reparenting schizophrenics. TAB 8,31,72–75, 1969)
Schiff, J. L. et al. 1975, Cathexis Reader: Transactional Analysis Treatment of Psychosis. New York
Schiff, J. L. u. Day, B. 1990^2, Alle meine Kinder. Heilung der Schizophrenie durch Wiederholen der Kindheit. Gütersloh (engl.: All My Children. New York: 1970)
Schlegel, L. 1987^3, Die Transaktionale Analyse. Tübingen
Schlegel, L. 1991, Heilung: Ein kritischer Überblick über die bisherige Literatur. ZTA 8,1,3–20
Schlegel, L. 1993, Gruppentherapie nach Berne. ZTA 10,1/2,85–125
Schlegel, L. 1993, Handwörterbuch der Transaktionsanalyse. Sämtliche Begriffe der TA praxisnah erklärt. Freiburg
Schlegel, L. 1996, Symbiotische Beziehung und symbiotische Haltung. ZTA 13,2/3, 98–104
Schmid, B. A. 1984, Die Ausbildung in Transaktions-Analyse. ZTA 1,1,50–55
Schmid, B. A. 1986, Theorie, Sprache und Intuition. ZTA 3,2,73–77
Schmid, B. A. 1991 a, Kritische Gedanken zu Eric Bernes Aufsätzen über Intuition, Klinische Diagnose, Ich-Zustände. In: Berne, E. 1991, Transaktionsanalyse der Intuition, 201–220
Schmid, B. A. 1991 b, Intuition of the Possible and the Transactional Creation of realities. TAJ 21,3,144–154
Schneider, J. 1987, Zuwendungsprofil: Eine Erweiterung des Stroke-Profils von McKenna. ZTA 4,2,90–94

Schneider, J. 1995, Dreistufenmodell Transaktionsanalytischer Beratung und Therapie von Bedürfnissen und Gefühlen. Unveröffentlichtes Manuskript, Soltau
Spitz, R. A. 1976, Vom Säugling zum Kleinkind. Stuttgart
Steiner, C. M. 1966, Script Analysis. TAB 5,19
Steiner, C. M. 1978, Die Stroke-Ökonomie. Neues aus der Transaktionsanalyse 2,5 (engl.: The stroke economy. TAJ 1,3,9–15, 1971)
Steiner, C. M. 1982, Wie man Lebenspläne verändert. Paderborn (engl.: Scripts People Live. New York: 1975)
Steiner, C. M. 1984, Emotional literacy. TAJ 14,3
Steiner, C. M. 1985 Macht ohne Ausbeutung. Zur Ökologie zwischenmenschlicher Beziehungen. Paderborn
Steiner, C. M. 1996, Emotional literacy Training. TAJ 26,1
Stern, D. N. 1994[4], Die Lebenserfahrung des Säuglings. Stuttgart (engl.: The Interpersonal World of the Infant. New York: 1985)
Stern, D. N. 1995, Die Repräsentation von Beziehungsmustern. Entwicklungspsychologische Betrachtungen. In: Die Kraft liebevoller Blicke. Paderborn
Stewart, I. 1991, Transaktionsanalyse in der Beratung. Grundlagen und Praxis transaktionsanalytischer Beratungsarbeit. Paderborn (engl.: Transactional Analysis Counselling in Action. London: 1989)
Stewart, I. u. Joines, V. 1990[5], Die Transaktionsanalyse. Eine neue Einführung in die TA. Freiburg (engl.: TA Today: a New Introduction to Transactional Analysis. Nottingham: 1987)
Stuntz, E. C. 1973, Multiple chairs technique. TAJ 3,2,105–108
Summerton, O. 1994, Becoming o.k. Bombay
Thomson, G. 1989, Angst, Zorn und Traurigkeit. ZTA 6,2/3
Trautmann, R. u. Erskine, R. G. 1981, Ego state analysis: a comparative view. TAJ 11,2,178–185
Vollhard, F. 1952, Vor die Therapie setzten die Götter die Diagnose. Grenzach
Watzlawick, P. 1983, Anleitung zum Unglücklichsein. München
Watzlawick, P., Weakland, J. F. u. Fisch, R. 1992[5], Lösungen. Zur Theorie und Praxis menschlichen Wandels. Bern
Ware, P. 1992, Anpassungen der Persönlichkeit (Türen zur Therapie). ZTA 9,4,183–197
Weber, G. u. Schmid, B. A. Systemische Therapie. In: Schmid, B. A. Systemische Transaktionsanalyse, Eigenverlag, Wiesloch o.J.
Weiss, E. 1950, Principles of Psychodynamics. New York
Weiss, J. u. L. 1987, Von der Symbiose zur Spiritualität. ZTA 4,2,95–98
Weiss, L. 1980, A Developmental Point of View. TAJ 10,2
Weiss, L. 1991, An Action Plan for your Inner Child. Deerfield Beach
Willi J. 1991, Therapie der Zweierbeziehung. Reinbek bei Hamburg
Winnicott, D. W. 1974, Reifungsprozesse und fördernde Umwelt. München
Woolams, S. u. Brown, M. 1978, Transactional Analysis. Ann Arbor, Michigan

Woolams, S. u. Brown, M. 1979, TA: the Total Handbook of Transactional Analysis. Englewood Cliffs, NJ
Woolams, S., Brown, M. u. Huige, K. 1976, Transactional Analysis in Brief. Ann Arbor, Michigan
Zalcman, M. 1993, Spielanalyse und Maschenanalyse: Überblick, Kritik und zukünftige Entwicklungen. ZTA 10,1/2,52–84 (engl.: Game analysis and racket analysis: Overview, critique, and future developments. TAJ 20,1,4–19, 1990)

9.3 Adressen der TA-Gesellschaften

Bei folgenden Geschäftsstellen der TA-Gesellschaften können Informationen über Transaktionsanalyse, Weiterbildungsmöglichkeiten, Lehrende, Therapeuten und Berater und weitere Veranstaltungen angefragt werden:

International Association for Transactional Analysis (ITAA)
450 Pacific Ave., Ste. 250
San Francisco, CA 94133-4640

European Association for Transactional Analysis (EATA)
c/o Martine Huon, Les Toits de l'Aune Bat.E, 3 Rue Hugo Ely
F-13090 Aix en Provence

Deutsche Gesellschaft für Transaktionsanalyse (DGTA)
Silvanerweg 8
D-78464 Konstanz

Schweizerische Gesellschaft für Transaktionsanalyse (SGTA/ASAT)
Brunngasse 4
CH-8001 Zürich

Österreichische Gesellschaft für Transaktionsanalyse (ÖGTA)
Garnisonstr. 10
A-1090 Wien

Österreichischer Arbeitskreis für Transaktionsanalyse (ÖATA)
Naarnerstr. 22
A-4320 Perg

Sachregister

A

Abhängigkeit 101, 316
abwertende 247
Abwertung 198, 202, 251
abzuwerten 249
Analyse 202
Anamnese 110
Anerkennung 71, 224, 237, 249, 251, 337, 348
angepaßten 116
angepaßtes Kind-Ich 31, 104
Anpassung 176, 240, 247
Anpassungstypen 182
Antreiber 63, 100, 111, 116, 172, 185, 226, 228, 250
Antreiberaussagen 247
Antreiber-Botschaften 227
Antreiberverhalten 227
Antreiberworten 144
Ausschluß 50, 177
Auszahlung 60, 62
Autonomie 14, 210, 258, 316

B

Banale Skripts 90
Bedürfnis 233, 239
Bedürfnisse 63, 176, 205, 211, 228, 247, 251, 252, 256, 297, 324, 331, 333, 336, 347
Beeltern 244
Beelterung 279, 292, 326
Befragung 246
Behandlungs-/Beratungsvertrag 131
Behandlungsdauer 10
Behandlungsmethoden, 335
Behandlungsplanung 166
Behandlungsprozeß 171
Beratung 8, 47, 113, 123, 125, 126, 170, 173, 175, 236, 237, 241, 245, 252, 253, 254, 295, 316, 358
Beratungsarbeit 201
Beratungsgruppen 338
Beratungsplanung 165
Beratungssituationen 250
Bestätigung 249, 275, 295, 346
Bewußtheit 14, 101, 111, 190
Bewußtsein 168, 173, 251
Beziehung 146, 246, 301, 347
Beziehungsanalyse 244
Beziehungsgestaltung 53
Beziehungsmuster 114
Beziehungsprobleme 317
Bezugsrahmen 58, 135, 192, 194, 200, 204, 333
Bindung 67, 328
Botschaften 43, 47, 61, 99, 111, 176

D

Denken 134, 157, 170, 187, 188, 191, 192, 193, 200, 202, 204, 231, 236, 237, 248, 251, 296, 298, 316, 231, 337, 344, 345
Denkmuster 316
Depression 101
Diagnose 18, 146, 149, 164, 166, 173, 192, 254
Diagnose der Ich-Zustände 151
Diagnose eines Ich-Zustandes 154
Diagnose von Ich-Zuständen 37
Diagnostik 182
diagnostisch 246
Discount-Tabelle 194
Drama-Dreieck 57, 58, 156, 200, 244, 247, 251
Dreiecksvertrag 335

E

Egogramm 40, 308
Einschärfung 63, 98, 116, 172, 265, 346, 352
Einzelbehandlung 12, 329
Einzelsitzung 133
Einzeltherapie 11
elterliche Funktionen 125, 291
elterlichen Botschaften 96
Eltern 122
Eltern-Ich 48, 50, 60, 156, 169, 172, 227, 238, 241, 242, 243, 249, 250, 254, 257, 278, 282, 283, 286, 289, 290, 299, 336, 337, 338, 340
Eltern-Ich-Anteils 171
Eltern-Ich-Verträgen 144
Eltern-Ich-Zustand 34, 258, 280
Eltern-Position 116
Endausgang, 157
Endauszahlung 93
Endgefühl 232
Energie 181, 202, 249, 253, 256, 291, 297, 345
Energiekonzept 274
Energiemodell 181
Engpaß 252, 262, 268, 352
Entscheidens 344
Entscheidungen 143, 249, 261, 270, 316, 324
Entscheidungsprozesse 326
Enttrübung 130, 244, 245, 249, 339
Entwicklung 10, 338
Entwicklungsprozesse 313
entwicklungspsychologisch 170
Entwirrung 249, 260
Episkriptes 287
Erlaubnis 98, 170, 169, 171, 172, 207, 250, 257, 294, 337, 346
Erlaubnismatrix 324
Ersatzbedürfnisse 211, 219, 296
Ersatzgefühle 211, 296
Erwachsenen-Ich 36, 48, 130, 156, 169, 173, 180, 188, 241, 242, 243, 246, 249, 250, 254, 256, 299, 333, 336, 337, 340
Erwachsenen-Ich-Ebene 187
Erwachsenen-Ich-Haltung 334
Erwachsenen-Ich-Struktur, 122
Ethik 14
ethische 133, 333, 335
ethische Haltung 206, 360
ethischer Grundhaltung, 108
existentiellen 330

F

Familie 180, 322, 337
Familientherapie 315, 316, 317
Feedback 341, 343
freies Kind 31, 122, 187, 188
freudlos 101
Fühl- 316
Fühlen 134, 231, 236, 251, 298, 344
Fühlweisen 248
funktionale 50
Funktionsmodell 30, 340
fürsorgliche 188
fürsorgliche oder nährende Eltern-Ich 31, 187, 281
Fürsorglichkeit 337

G

Gedanken 203, 229, 242
Gedankengängen 201
Gefühl 80, 187, 188, 216, 222, 232
Gefühle 77, 88, 192, 201, 203, 205, 206, 211, 226, 228, 229, 242, 247, 251, 252, 297, 324
Gefühlen 201, 251
Gefühlsausdruck 247
Gegeneinschärfungen, 63
Gegenübertragung 190
Gegenübertragungsphänomenen 45
gekreuzte 44
Gemischte Emotionen 218
Generalisierung 201
Geschichte 10

Gesprächsführung 173, 176, 243, 252
Gesprächstechniken 139
gestalttherapeutische 171
Gestalttherapie 336
Gesundheit 21
Gewinne 231
Gewinner-Skripts 90, 250
Glaubenssätze 296, 297
Grenzen 15
Grundbedürfnisse 64, 67, 65, 183, 212, 220, 223, 296, 316, 324, 328
Grundbotschaften 227
Grundeinstellung 53
Grundgefühle 77, 79, 220, 296
Grundposition 70, 189
Gruppen 180, 329
Gruppenbehandlung 12, 336
Gruppenbildung 340
Gruppendynamik 339
Gruppenentwicklung 340
Gruppenimago 341
Gruppenkonzepte 337
Gruppenprozeß 336, 339, 340
Gruppenregeln, 338
Gruppensitzungen, 133
Gruppentherapie 11, 330

H

Haken 232
Haltungen 251
Handeln, 170, 298
Hausaufgaben 130, 172, 227, 336, 342
Heilung 8, 16, 24, 25, 134
Heilungs-Vertrag 135
Hemmende 117, 185, 227, 250
Hintertüren 188
Humanistischen 12, 316
Hunger 65
Hypothesen 20, 111, 316, 317

I

Ich-Zustand 21, 48, 244
Ich-Zustände 10, 18, 27, 29, 42, 50, 61, 127, 173, 177, 179, 259, 299, 301, 302, 308, 322, 344, 354
Identität 63, 170, 243
Identitätsbildung 316
inneren Dialog 178, 245, 256, 285
Integration 12, 168, 295, 299
Integrative 12
integrierte 240, 299
Intimität 14, 101, 339
Intuition 17, 146, 202, 257, 297
intuitive 19, 127, 129, 176, 181, 233

K

Kindern 343
Kind-Ich 13, 48, 60, 122, 130, 156, 168, 169, 202, 227, 241, 242, 249, 250, 251, 254, 256, 261, 290, 299, 303, 336, 340
Kind-Ich-Repertoire 50
Kind-Ich-Zustand 35, 176, 258, 260, 272, 273, 345
klassischen 13, 226
kleine 188, 238
Kommunikation 49, 50, 318, 336
Kommunikationsanalyse 48, 64, 194
Kommunikationsformen 331
Kommunikationsmodells 42
Kommunikationsmuster 323
Kommunikationsphänomene 336
Kommunikationsregel 44, 46, 56, 167, 176
Kommunikationstheorie 315
kommunikativen Muster 301, 326
Komplexe Gefühl 77, 213
Konfrontation 178, 190, 247, 248, 250, 333
Kontaktes 356
kopflos 101, 111
Korral 95

korrigierende Erfahrung 228, 250
Krankheit 22, 23
Kreativität 181, 256, 257, 333
Kreuztransaktion 49, 173
kritischen Eltern-Ich 31, 104, 179, 188, 281
kulturelles Skript 12

L

Lebens-Zeit-Strukturierung 120
Lebensgeschichte 111, 200, 201
lebensgeschichtlichen Modelle 35
Lebensgrundposition 94
Lebensmotto 122
Lebensmuster 185
Lebensplan 20, 90, 125, 191, 305, 323, 324, 326, 345
Lebensschlußfolgerungen` 115
Lebenszeitstrukturierung 102
Lieblingsgeschichten 126
lieblos 101, 111

M

Märchen 126
marsische 127
Masche 20, 78, 84, 85, 86, 87, 120, 154, 185, 192, 200, 203, 214, 217, 247, 326, 336, 339
Maschen- oder Skriptsystem 88, 191, 200
Maschenanalyse 84, 296
Maschengefühle 77, 281
Maschen-Skript-System 159, 297, 306
Maschentransaktionen 178
Menschenbild 13
Mini-Skript 103, 104, 159, 244, 250
Modell 42, 63, 191, 248, 250, 333, 336, 338
Modellbildung 20
Motivation 65, 248, 250, 324, 356
motivationale 296

Motivationsarbeit 254
Mythen 134
Mythologie 103, 120

N

Nähe 337
Neubeeltern 276, 277, 282, 337
Neuentscheidung 244, 261, 271, 284, 289, 324, 337
Neuentscheidungsarbeit 252
Neuentscheidungsschule 315
Neuentscheidungstherapie 169
Notausgängen 115
Nutzen 64, 330

O

O.K.-Corral 159
o.k.-Gitter 95
ok-Haltung 171, 189, 200, 338
Opfer 57, 251, 232
Opfer-Haltung 253
Opferpositionen 142

P

Paar 133, 180, 324
Parallel-Transaktion 43, 49, 56, 60, 175
passive 247
passivem Verhalten 157, 226, 233
Passivität 120
Passivitätsmuster 340
Persönliche 182, 226
Persönlichkeit 242, 317, 340
Persönlichkeitsanalyse 27
Persönlichkeitsstörungen 182, 185
phänomenologischen bildhaften Modelle 34
Phasen 132, 167
Planung 192
Problem 318

Problemstellungen 333
Problemverhaltens 229
Programm 93, 100, 111, 114
Protokolls 96
psychische Energie 38
Psychoanalyse 10
psychoanalytische 65, 131, 171
psychologische 46, 56, 58, 61, 64, 167, 176, 330
psychosomatischen 193
Psychotherapie 8, 11, 17, 47, 110, 129, 175, 316

R

Rabattmarke 62, 84, 155, 218
Racketgefühle, 171
Racket-Skript-System 296
Rationalität 17, 20
reagierendes 31
Realitätskontrolle, 337
Rebellen 188
Rebellion 121, 176, 237
rebellischen 116
redefinierende 50, 194, 233
Redefinition 179, 247
Regression 263, 337
regressive 249, 334
Retter 57, 251
Retter-Rolle 142, 232, 252
Rituale 339
Rollenwechsel 57, 200, 251
Rückzug 201

S

Schädigung 179
Schiff-Schule 60, 240
Schutz 133, 143, 171, 208, 240, 250, 316
Schutzelemente 15
schützende 257
Schwächen 257
Schweregrade 54

Selbst-Beeltern 252, 254
Selbst-Beelterns 257
Selbstkontrolle 134
Skript 90, 171, 193, 200, 227, 336
Skriptanalyse 92, 110, 112, 114, 119, 127, 185, 323, 324
Skriptänderung 210
Skriptarbeit 297
Skript-Einfluß 297
Skriptendauszahlung 90
Skriptentscheidungen 171, 326
Skriptformel 93
Skriptglaubenssätze 135
Skriptmatrix 97, 111, 324
Skriptmuster 184
Skripts 248
Skriptsätze 178
Skriptsignale` 113
Skripttyp 73, 101, 185
Skriptüberzeugungen 258
Skriptveränderung 25
soziale Diagnose 45, 64, 176, 308
soziale Modell 33, 56, 58
sozialen Gefühle 77, 330
Spielanalyse 53, 55, 231, 239, 252
Spielangebote 54, 178
Spiele 20, 55, 122, 142, 156, 169, 171, 191, 217, 226, 247, 303, 304, 336, 339
Spieleinstieg 231
Spielen 52, 200, 203, 248, 326, 330
Spieleröffnung 61
Spielformel 55, 60
Spielgrade 233
Spielhaken 177
Spielpartnern 62
Spielplan 157
Spontaneität 14, 101, 298
Stärke 208, 257, 324
Stimulation, 236
Stimulierung 70, 224, 337, 348, 357
Störung 24, 150
Struktur 223, 348, 357
Strukturanalyse 344
Strukturbedürfnis 68, 333
Stuhl-Arbeit 178, 244, 252, 337

supervidiert 358
Supervision 17, 107, 181, 198, 226, 342, 359
Symbiose 171, 284, 310, 322, 349, 350, 351
symbiotische 60, 142, 233, 324

T

TA-Diagnose 151
TA-Modelle 20, 191, 336
tangentiale 51, 194
therapeutische 201
Therapie 113, 123, 125, 126, 129, 142, 165, 170, 173, 236, 237, 241, 252, 253, 295, 358
Therapieabbruch 171
Therapieprozeß 254
Therapieverlauf 167
Transaktionen 20, 42, 43, 48, 49, 55, 169, 178, 191, 245, 302, 326, 336
Trübung 50, 157, 171, 190, 241

Verhaltensalternativen 244
Verhaltensanalyse 236
Verhaltensänderung 130, 169
Verhaltensanweisungen 179
Verhaltenslernen 63
Verhaltensmodell 30, 50, 78
Verhaltensmustern 316
Verhaltensweisen 112, 113, 201, 203, 243, 324, 333
Verlierer-Skript 90, 247, 250
verstärkenden 114
Vertrag 108, 129, 130, 131, 133, 141, 142, 143, 166, 167, 168, 169, 198, 206, 231, 232, 252, 257, 311, 312, 314, 316, 335, 336, 337, 341, 343, 356
Vertragsarbeit 131, 143, 257, 318
Vertragsarten 136
Vertragsfindung 139, 173
Vertragsinhalte 21
Vertragssituation 334
Verwirrung 201
Vorurteile 204, 241

U

Überanpassung 122, 234, 236
Übertragung 45, 190
Übertragungsphänomene 337

V

Veränderung 134, 171, 254, 316, 336
Veränderungsmöglichkeiten 134
Veränderungsprozessen 134
Veränderungswege 316
Verantwortung 14, 171
verdeckte 45, 49, 52, 53, 61, 252
Verfolger/Ankläger 57
Verfolger-Rolle 232
Verhalten 116, 188, 231, 236, 247, 331, 337, 338, 344

W

Weiterbildung 13, 358

Z

Zeitstruktur 318, 326, 331
Zeitvertreib 339
Zielbereiche 186
Ziele 319, 341
Zielorientierung 10
Zielsetzung 323
Zuwendung 71, 337, 338, 357
Zuwendungsaustausch 73, 304
Zuwendungshaushalt 74
Zuwendungsmangel 72
Zuwendungsmuster 296
Zuwendungsökonomie 349

Professionalisierung auf Basis der Transaktionsanalyse
bei den Autoren

Dr. Gudrun Hennig
Tannenbergstr. 29
90411 Nürnberg

Dr. Georg Pelz
Schwandorferstr. 16
93059 Regensburg

in der Arbeitsgemeinschaft **WEGE**

Transaktionsanalyse zum Kennenlernen
- Selbsterfahrungsseminare
- Einführungen in die Transaktionsanalyse (101-Kurse)

Transaktionsanalyse im beruflichen Alltag
- Supervision und Coaching für einzelne und Gruppen
- Fachtagungen, Vorträge und anwendungsbezogene Seminare

Zertifizierte Weiterbildung in Transaktionsanalyse
- Basisqualifikation (Zertifikat der DGTA)
- Geprüfte/r Transaktionsanalytiker/In (EATA-Prüfung)
- Ergänzungsqualifikation zum/zur Supervisor/In (DGTA)
- Leiter/In von Einführungskursen (101-Instructor)
- Vorbereitung auf das Lehrenden-Assessment (TEW)
- Lehrtrainer und Lehrsupervisor für TA (TSTA)

Informationen und ausführliche Programme erhalten Sie über die Geschäftsstelle von **WEGE**
Dr. Georg Pelz, Schwandorferstr. 16, 93059 Regensburg,
Tel.+Fax.: 0941-893621
oder im Internet: **www.ta-wege.de**

Lebe dich selbst!

160 Seiten, kart.
€ 12,90 [D]
ISBN 3-87387-502-0

Was bedeutet Glück heute für Frauen? Warum sind viele trotz neuer Rollenbilder, neuer privater und beruflicher Möglichkeiten unglücklich, und wie können Frauen in dieser sich schnell ändernden Welt zu einem verantwortungsvollen „Lebe dich selbst"-Prinzip finden?

Lassen Sie sich auf eine spannende Reise mitnehmen – die Reise zu sich selbst. Sie werden dabei viele neue Erkenntnisse gewinnen und einige „alte Zöpfe" abschneiden ... Persönliches Glück, eine erfüllte Partnerschaft, fröhliches Zusammenleben mit Kindern, beruflicher Erfolg – bei all diesen Zielen können wir unser Schicksal selbst in die Hand nehmen. Finden Sie Ihren eigenen Weg und haben Sie den Mut, ihn auch zu gehen!

Barbara Schütze machte zunächst eine Ausbildung als Kinderkrankenschwester. Nach dem Studium der Kommunikationswissenschaften folgte die Ausbildung zur NLP-Lehrtrainerin (DVNLP). Sie ist verheiratet, Mutter eines Sohnes und lebt bei München.

Monika Czernin arbeitet seit vielen Jahren als Fernseh- und Kulturjournalistin und Autorin. Sie lebt mit ihrer Tochter in München.

www.junfermann.de
www.active-books.de

JUNFERMANN • Postfach 1840 • 33048 Paderborn
eMail: ju@junfermann.de • Tel. 0 52 51/13 44 0 • Fax 0 52 51/13 44 44

JUNFERMANN

Richtig streiten kann man lernen

Simone Pöhlmann
Angela Roethe

Die Streitschule

Trainieren Sie Ihre Kommunikations- und Konfliktfähigkeit

Ein Arbeitsbuch

176 Seiten, kart.
€ 15,50 [D]
ISBN 3-87387-469-5

Kollegen vergraulen einander, Beziehungen scheitern, Geschäftspartner ziehen vor Gericht, weil sie sich nicht mehr verstehen ... es gibt viele Ebenen, auf denen wir uns mit anderen Menschen streiten. Kommunikations- und Konfliktfähigkeit als Basis unserer Beziehungen ist nur in den seltensten Fällen ein angeborenes Talent. Die meisten Menschen müssen sich Kompetenz auf diesem Gebiet erst aneignen. Ziel der *Streitschule* ist es, diese Qualitäten zu entwickeln und zu stärken.
In der *Streitschule* treffen ganz unterschiedliche Menschen zusammen, um miteinander und aneinander zu lernen, wie man sich im Konfliktfall behauptet, ohne andere zu verletzen.

Das Buch beschränkt sich auf kurze theoretische Ausführungen, dafür finden Sie viele Übungen und Rollenspiele. Das Einzige, was Sie zu diesem Trainingskurs mitbringen müssen, ist Ihre Neugier auf sich selbst und auf andere.

Simone Pöhlmann ist Rechtsanwältin. Sie betreibt eine Praxis für Mediation bei Trennung, Scheidung, Erbschafts- und Nachbarschaftskonflikten in München.

Angela Roethe ist Journalistin und Mediatorin in München und Vorsitzende von ‚KLASSE! Die AG Schulmediation'.

www.junfermann.de
www.active-books.de

JUNFERMANN • Postfach 1840 • 33048 Paderborn
eMail: ju@junfermann.de • Tel. 0 52 51/13 44 0 • Fax 0 52 51/13 44 44

Der Ball ist rund...

Elisabeth Beck

Mit der Schwerkraft spielen

Jonglieren als aktive Pause & als lebendiges Modell des Lernens in Training und Weiterbildung

100 Seiten, kart.
€ 15,50 [D]
ISBN 3-87387-495-4

Jonglierübungen im Seminar machen den Kopf frei für effektives Lernen und schaffen eine Atmosphäre von Aufnahmebereitschaft, Spaß und Begeisterung. Jonglieren ist Meditation, Körpertraining und Gehirnjogging in einem. Es löst einen Zustand hellwacher Konzentration aus, der noch lange nach der Übung anhält. Dieses Buch stellt Trainern und Dozenten das Know-how für den erfolgreichen Einsatz von Jonglierübungen in Seminaren zur Verfügung. Ein kleines Repertoire an Jongliertricks kann selbst erarbeitet und im Seminarzusammenhang eingesetzt und effektiv gelehrt werden, so daß Lernen zu einem lustvollen Erlebnis wird.

Elisabeth Beck ist selbständige NLP-Trainerin und -Therapeutin, Musikerin und Zirkuspädagogin. Sie studierte Psychologie, Pädagogik, Musiktherapie und Musikwissenschaften in Salzburg. Seit 1995 leitet sie spezielle NLP-Trainings für Sänger, Jonglierworkshops und artistische Kurse für Kinder.

www.junfermann.de
www.active-books.de

JUNFERMANN • Postfach 1840 • 33048 Paderborn
eMail: ju@junfermann.de • Tel. 0 52 51/13 44 0 • Fax 0 52 51/13 44 44

JUNFERMANN

Gehen Sie auf (geistige) Abenteuer-Reise...

240 Seiten, kart.
€ 24,90 [D]
ISBN 3-87387-493-8

Vera F. Birkenbihl
Autorin von "Stroh im Kopf?"

Das große Analograffiti Buch → ein Trainingsprogramm –
gehirn-gerecht zu mehr Intelligenz & Kreativität

→ mit CD: Live-Ausschnitte aus dem Seminar
→ mit farbigem Poster

Mehr als 350.000 Menschen haben Vera F. Birkenbihl bisher in Vorträgen und Seminaren live erlebt – und weit mehr im Fernsehen („ALPHA" – BR 3). Mit ihrer unnachahmlichen Art, auch sehr komplexe Zusammenhänge spannend und nachvollziehbar darzustellen, ist sie eine der gefragtesten Referenten in Europa. Alle, die immer schon wissen wollten, wie Vera F. Birkenbihl denkt, wie sie scheinbar Zusammenhangloses verbindet und gekonnt (oft humorvoll) präsentiert, werden in diesem Buch erfahren „wie es geht".

Die in diesem (geistigen) Abenteuer-Buch beschriebenen Analograffiti-Denk-Werkzeuge sind in besonderem Maße geeignet, Ihnen spannende Entdeckungen Ihrer eigenen Gedanken zu ermöglichen. Das vorliegende Buch ist nach Vera F. Birkenbihls eigener Aussage ihr „wichtigstes Buch nach ‚Stroh im Kopf?'".

Vera F. Birkenbihl zählt zu den führenden europäischen Trainern und gehört gleichzeitig zu Deutschlands (heimlichen) Bestseller-Autoren mit insgesamt über zwei Millionen verkaufter Exemplare. Sowohl in ihren Vorträgen und Seminaren als auch in ihren Büchern folgt sie konsequent ihrem Grundprinzip, die Inhalte gehirn-gerecht, d.h. entsprechend der Arbeitsweise des Gehirns (= leicht verständlich, unterhaltsam und populär) darzubieten.

www.junfermann.de
www.active-books.de

JUNFERMANN • Postfach 1840 • 33048 Paderborn
eMail: ju@junfermann.de • Tel. 0 52 51/13 44 0 • Fax 0 52 51/13 44 44

JUNFERMANN

Worte können Fenster sein...

Marshall B. Rosenberg

Gewaltfreie Kommunikation

Aufrichtig und einfühlsam miteinander sprechen

Neue Wege in der Mediation und im Umgang mit Konflikten

Vorwort von Vera F. Birkenbihl

208 Seiten, kart., € 18,– [D]
ISBN 3-87387-454-7

Man kennt es aus dem Alltag, sei es im Privatleben oder im Beruf: Ein Streit kann so ausarten, daß man sein Gegenüber mit Worten verletzt – oder daß man selbst verletzt wird. Manchmal dauert es dann sehr lange, bis solche Verletzungen heilen. Wie kann man sich auch in Konfliktsituationen so verhalten, daß man sich seinen Mitmenschen gegenüber respektvoll verhält und gleichzeitig die eigene Meinung vertreten kann – und zwar ohne Abwehr und Feindseligkeit zu erwecken? Geht das überhaupt? Man kann es lernen – mit dem Modell der Gewaltfreien Kommunikation. Die Methode setzt darauf, eine Konfliktsituation genau zu beobachten, unsere eigenen Gefühle auszusprechen, die Bedürfnisse hinter diesen Gefühlen aufzudecken, und dann den anderen zu bitten, sein Verhalten dementsprechend zu überdenken und zu ändern. Ehrlichkeit, Empathie, Respekt und Zuhören-Können stehen dabei im Vordergrund. Mit Hilfe von Geschichten, Erlebnissen und beispielhaften Gesprächen macht Marshall Rosenberg alltägliche Lösungen für komplexe Kommunikationsprobleme deutlich.

Dr. Marshall B. Rosenberg ist international bekannt als Konfliktmediator und Gründer des internationalen Center for Nonviolent Communication in den USA. Er lehrt in Europa und den USA und reist regelmäßig in Krisengebiete, wo er Ausbildungen und Konfliktmediationen anbietet.

www.junfermann.de
www.active-books.de

JUNFERMANN • Postfach 1840 • 33048 Paderborn
eMail: ju@junfermann.de • Tel. 0 52 51/13 44 0 • Fax 0 52 51/13 44 44